思想的・睿智的・獨見的

經典名著文庫

學術評議

丘為君　吳惠林　宋鎮照　林玉体　邱燮友
洪漢鼎　孫效智　秦夢群　高明士　高宣揚
張光宇　張炳陽　陳秀蓉　陳思賢　陳清秀
陳鼓應　曾永義　黃光國　黃光雄　黃昆輝
黃政傑　楊維哲　葉海煙　葉國良　廖達琪
劉滄龍　黎建球　盧美貴　薛化元　謝宗林
簡成熙　顏厥安（以姓氏筆畫排序）

策劃　**楊榮川**

五南圖書出版公司 印行

經典名著文庫

學術評議者簡介（依姓氏筆畫排序）

- 丘為君　美國俄亥俄州立大學歷史研究所博士
- 吳惠林　美國芝加哥大學經濟系訪問研究、臺灣大學經濟系博士
- 宋鎮照　美國佛羅里達大學社會學博士
- 林玉体　美國愛荷華大學哲學博士
- 邱燮友　國立臺灣師範大學國文研究所文學碩士
- 洪漢鼎　德國杜塞爾多夫大學榮譽博士
- 孫效智　德國慕尼黑哲學院哲學博士
- 秦夢群　美國麥迪遜威斯康辛大學博士
- 高明士　日本東京大學歷史學博士
- 高宣揚　巴黎第一大學哲學系博士
- 張光宇　美國加州大學柏克萊校區語言學博士
- 張炳陽　國立臺灣大學哲學研究所博士
- 陳秀蓉　國立臺灣大學理學院心理學研究所臨床心理學組博士
- 陳思賢　美國約翰霍普金斯大學政治學博士
- 陳清秀　美國喬治城大學訪問研究、臺灣大學法學博士
- 陳鼓應　國立臺灣大學哲學研究所
- 曾永義　國家文學博士、中央研究院院士
- 黃光國　美國夏威夷大學社會心理學博士
- 黃光雄　國家教育學博士
- 黃昆輝　美國北科羅拉多州立大學博士
- 黃政傑　美國麥迪遜威斯康辛大學博士
- 楊維哲　美國普林斯頓大學數學博士
- 葉海煙　私立輔仁大學哲學研究所博士
- 葉國良　國立臺灣大學中文所博士
- 廖達琪　美國密西根大學政治學博士
- 劉滄龍　德國柏林洪堡大學哲學博士
- 黎建球　私立輔仁大學哲學研究所博士
- 盧美貴　國立臺灣師範大學教育學博士
- 薛化元　國立臺灣大學歷史學系博士
- 謝宗林　美國聖路易華盛頓大學經濟研究所博士候選人
- 簡成熙　國立高雄師範大學教育研究所博士
- 顏厥安　德國慕尼黑大學法學博士

經典名著文庫039

形而上學

亞里士多德（Aristotle） 著
吳壽彭 譯
尤煌傑 導讀

經典永恆・名著常在

五十週年的獻禮・「經典名著文庫」出版緣起

總策劃 楊榮川

閱讀好書就像與過去幾世紀的諸多傑出人物交談一樣——笛卡兒

五南，五十年了。半個世紀，人生旅程的一大半，我們走過來了。不敢說有多大成就，至少沒有凋零。

五南忝爲學術出版的一員，在大專教材、學術專著、知識讀本出版已逾壹萬參仟種之後，面對著當今圖書界媚俗的追逐、淺碟化的內容以及碎片化的資訊圖景當中，我們思索著：邁向百年的未來歷程裡，我們能爲知識界、文化學術界做些什麼？在速食文化的生態下，有什麼值得讓人雋永品味的？

歷代經典・當今名著，經過時間的洗禮，千錘百鍊，流傳至今，光芒耀人；不僅使我們能領悟前人的智慧，同時也增深加廣我們思考的深度與視野。十九世紀唯意志論開創者叔本華，在其〈論閱讀和書籍〉文中指出：「對任何時代所謂的暢銷書要持謹愼的態度。」他覺得讀書應該精挑細選，把時間用來閱讀那些「古今中外的偉大人物的著作」，閱讀那些「站在人類之巔的著作及享受不朽聲譽的人們的作品」。閱讀就要「讀原著」，是他的體悟。他甚至認爲，閱讀經典原著，勝過於親炙教誨。他說：

「一個人的著作是這個人的思想菁華。所以，儘管一個人具有偉大的思想能力，但閱讀這個人的著作總會比與這個人的交往獲得更多的內容。就最重要的方面而言，閱讀這些著作的確可以取代，甚至遠遠超過與這個人的近身交往。」

爲什麼？原因正在於這些著作正是他思想的完整呈現，是他所有的思考、研究和學習的結果；而與這個人的交往卻是片斷的、支離的、隨機的。何況，想與之交談，如今時空，只能徒呼負負，空留神往而已。

三十歲就當芝加哥大學校長、四十六歲榮任名譽校長的赫欽斯（Robert M. Hutchins, 1899-1977），是力倡人文教育的大師。「教育要教眞理」，是其名言，強調「經典就是人文教育最佳的方式」。他認爲：

「西方學術思想傳遞下來的永恆學識，即那些不因時代變遷而有所減損其價值的古代經典及現代名著，乃是眞正的文化菁華所在。」

這些經典在一定程度上代表西方文明發展的軌跡，故而他爲大學擬訂了從柏拉圖的《理想國》，以至愛因斯坦的《相對論》，構成著名的「大學百本經典名著課程」。成爲大學通識教育課程的典範。

歷代經典．當今名著，超越了時空，價値永恆。五南跟業界一樣，過去已偶有引進，但都未系統化的完整舖陳。我們決心投入巨資，有計劃的系統梳選，成立「經典名著文庫」，希望收入古今中外思想性的、充滿睿智與獨見的經典、名著，包括：

- 歷經千百年的時間洗禮，依然耀明的著作。遠溯二千三百年前，亞里斯多德的《尼各馬科倫理學》、柏拉圖的《理想國》，還有奧古斯丁的《懺悔錄》。
- 聲震寰宇、澤流遐裔的著作。西方哲學不用說，東方哲學中，我國的孔孟、老莊哲學，古印度毗耶娑（Vyāsa）的《薄伽梵歌》、日本鈴木大拙的《禪與心理分析》，都不缺漏。
- 成就一家之言，獨領風騷之名著。諸如伽森狄（Pierre Gassendi）與笛卡兒論戰的《對笛卡兒沉思錄的詰難》、達爾文（Darwin）的《物種起源》、米塞斯（Mises）的《人的行爲》，以至當今印度獲得諾貝爾經濟學獎阿馬蒂亞・森（Amartya Sen）的《貧困與饑荒》，及法國當代的哲學家及漢學家朱利安（François Jullien）的《功效論》。

梳選的書目已超過七百種，初期計劃首爲三百種。先從思想性的經典開始，漸次及於專業性的論著。「江山代有才人出，各領風騷數百年」，這是一項理想性的、永續性的巨大出版工程。不在意讀者的眾寡，只考慮它的學術價值，力求完整展現先哲思想的軌跡。雖然不符合商業經營模式的考量，但只要能爲知識界開啓一片智慧之窗，營造一座百花綻放的世界文明公園，任君遨遊、取菁吸蜜、嘉惠學子，於願足矣！

最後，要感謝學界的支持與熱心參與。擔任「學術評議」的專家，義務的提供建言；各書「導讀」的撰寫者，不計代價地導引讀者進入堂奧；而著譯者日以繼夜，伏案疾書，更是辛苦，感謝你們。也期待熱心文化傳承的智者參與耕耘，共同經營這座「世界文明公園」。如能得到廣大讀者的共鳴與滋潤，那麼經典永恆，名著常在。就不是夢想了！

二〇一七年八月一日　於

五南圖書出版公司

目錄

導讀

尤煌傑　輔仁大學哲學系教授

一、亞里斯多德生平

亞里斯多德（Aristotle, 384-322 B. C.）出生於希臘北疆的瑟瑞斯（Thrace）地區的史塔傑拉（Stageira）城。父親尼高馬庫斯（Nicomachus）爲馬其頓王國的御醫。亞里斯多德於十七歲時（約367 B. C.）來到雅典加入柏拉圖學院學習，直至柏拉圖去世（約347 B. C.），親炙柏拉圖教導達二十年之久。

柏拉圖去世後，學院由其姪兒史博希普士（Speusippus）接掌，於是亞里斯多德離開雅典來到特洛德的阿梭斯（Assos, Troad）建立分院。過了四、五年（約343B. C.），亞里斯多德應馬其頓國王菲利浦二世（Philip II of Macedon）之邀請成爲王子亞歷山大（Alexander）的導師，直至亞歷山大登基（約335 B. C.）。其後亞里斯多德返回雅典創建自己的學院於利西翁（Lyceum），其思想逐漸擺脫柏拉圖的理型論，轉向注重經驗觀察的經驗論。亞里斯多德經常與其弟子漫步在學院的迴廊，在漫步中討論哲學問題，後來被稱之爲漫步學派（Peripatetics）。

亞歷山大大帝駕崩之時（約323 B. C.），雅典掀起反抗馬其頓的風潮，亞里斯多德因爲曾與亞歷山大的師徒關係而受迫害，被控「瀆神」罪名。亞里斯多德出逃雅典至歐坡雅的查齊斯（Chalcis, Euboea）。據說亞里斯多德出逃時，曾表示不願讓雅典再次危害哲學。（蘇格拉底因爲服從雅典法律而甘願受死，不肯脫逃。）亞里斯多德於隔年因病去世（約322 B. C.）。

亞里斯多德的早年著作多已佚失，現今流傳之著作屬於在學院期間的著作。著作有兩部分：

一部分是以一般大眾爲對象而寫作的對話體作品，現已流失；另一部分是學院內的教材，這是目前我們所可以接觸到的亞里斯多德著作的原本。亞里斯多德死後，其著作手稿曾經因爲避免被當政朝廷強索，而被藏匿二百餘年。當今亞里斯多德著作是源自漫步學派第十一代傳人，安卓尼庫斯（Andronicus of Rhodes）編纂出版（約60-50 B. C.）。

二、亞里斯多德哲學概要

亞里斯多德長期浸淫於柏拉圖的學說，後來卻又提出不同於柏拉圖思想。這兩位偉大哲學家之間的最大不同，在於柏拉圖的哲學主張理型世界與感覺世界是兩個分隔的世界。理型世界裡面的眾多理型是永恆不變的，而感覺世界裡面的事物是以混沌世界的物質分享理型而成的，是理型的模仿。而亞里斯多德嘗試把兩個世界結合成一個可以完全按照理性能力詮釋的合一的世界，讓形式與物質在個別事物中結合在一起。柏拉圖的哲學形成一個穩定不變的理型世界，對立著一個虛幻而流變的物質世界，這兩個世界之間的關係是一個神話式的神明戴米奧格（Demiurge），他拿混沌世界的物質來模仿理型而塑成感覺世界。此外，這兩個世界沒有其他的動態關聯性。

亞里斯多德如何把恆常、普遍的形式與變動不居的物質體結合在一起，他必須設計一個解釋變化的理論。於是他提出「四因說」（形式因、物質因、動力因、目的因）來說明參與變化的因素，用「實現」（act）與「潛能」（potency）、「缺乏」（poverty）來說明變化的歷程。一切變化都是由「潛能」到「實現」，潛能之所以嚮往實現，因爲事物在潛能狀態「缺乏」實現所具備的完備性，因而受到實現的完備性之吸引而朝向實現運動。每個存有者的存在，都是一種實現，亞里斯多德稱之爲「第一實現」（first act）；當這個存有者因爲變化的原理而新增新的形式，則成爲「第二實現」（secondary act）。例如：一個人的「誕生」，即是第一實現的狀態，當他成長並增加知識等等，則是新增了第二實現。

四因說裡的形式（form）因與質料（matter）因說明一切事物的靜態結構，而實現與潛能說明事物變化的狀態。一個普遍的形式和物質結合在一起成爲一個具體個別物（a concrete individual），同一個形式可以結合無數的物質，形成無數個具體個別物，所以「形式」等同於類概念，即是共相（universal），也就是一個類概念可以包含許多同類的個別物。如此，亞里斯多德提出「存有」（beings）的基本結構，它包含「形式」與「質料」。任何事物，無論爲物質物，或非物質物，或無論是過去事物，或現在事物，還是未來事物，皆是「存有」。「存有」結合「存在」（existence）才成爲現在存在之物。亞里斯多德哲學裡的「質料」（matter）因，不僅指稱物理界的「物質」，也包含物理界以外的非物質。所以我們對亞里斯多德哲學的「形式—質料」理論的最佳解釋爲：形式，意指作爲一事物的「限定原理」；質料，意指作爲一事物的「被限定原理」。因此，不只桌子、椅子等家具包含形式因與質料因，友愛、正直等觀念也包含形式因與質料因。我們可以說「形式—質料」理論不只是形上學的基本原理，它可以用來解釋所有學術的構成，包含知識論問題、倫理學問題，以及美學問題，都可以被應用。

柏拉圖說我們的靈魂在與肉體結合之前，已經在理型世界裡認識了各種理型。靈魂降生至現實世界之後，看到各種感覺世界的事物後，是這些事物引發我們「回憶」起曾經在理型世界裡看見過的理型，因而成爲我們此生的知識內容。亞里斯多德不承認「回憶」說，他主張我們利用靈魂中的理性能力，可以將感官知覺到的事物的形象，進行「抽象作用」（abstraction），抽取出此個別形象中的「形式」，而產生關於事物的「概念」。

關於靈魂與身體的關係，柏拉圖與亞里斯多德也有顯著的不同主張。柏拉圖認爲靈魂與身體各自爲獨立的個體，靈魂降生於人世間而與肉體結合，這種關係猶如馬車夫與馬車的關係。但是，亞里斯多德認爲一個完整的人，是由靈魂與肉體結合而成，靈魂是人的形式因，肉體是人的質料因。靈肉結合才成爲實際的人，兩者分離則不再存在爲人。靈魂是人的生命原理，也是使人成爲人的形式因或限定性原理。但是，柏拉圖與亞里斯多德，都接受靈魂不朽的主張。

亞里斯多德哲學體系，包含以下三大類：

1. 思辨哲學（speculative philosophy）：包含：第一哲學、數學、物理學。
2. 實踐哲學（practical philosophy）：包含：倫理學、經濟學、政治學。
3. 製作哲學（poetic philosophy）：包含：詩學、修辭學。

所謂思辨哲學亦可稱之爲理論哲學，舉凡爲滿足人類之無知而追求的純粹學問皆可以稱之；實踐哲學則以實踐人性行爲之獲得終極善爲目的的學問，倫理學涉及個人行爲的完善；經濟學涉及家庭成員之行爲的完善；政治學涉及城邦所有公民之行爲的完善。製作哲學可以稱之爲藝術哲學，希臘人認爲藝術即是一種生產（poesis）的技術（techne）。這個哲學分類的體系一直影響西方哲學的發展到近代時期，其後哲學的發展才轉向更豐富的分類系統。

三、亞里斯多德《形上學》各卷要旨及主要理論

亞里斯多德著作裡面，並沒有訂名爲《形上學》（Metaphysics）的論著，這個名稱是後來安卓尼庫斯所命名的。根據一般的說法，亞里斯多德把這部著作的內容認定爲「第一哲學」或「神學」。因爲從萬物變化的因果關係來看，這部著作觸及第一原因的問題，要問那個作爲「第一」的存有者是甚麼。既然作爲「第一」因，意味著它是所有後繼者的最初原因，而且它不再是來自其他原因的結果。那麼這個第一因顯然與一般存有者不同，只有「神」才能成爲第一因，所以他又將之稱爲「神學」。後來，安卓尼庫斯在重新出版亞里斯多德著作時，他把這部著作安排在亞里斯多德另一部著作《物理學》（Physics）之後，於是定名爲Metaphysics，意味這是《物理學》之後的續編。希臘文Meta有兩個意思，一個是「後面」，一個是「超越」。因爲這第二種意思更符合，《形上學》的旨趣，所以Metaphysics這個名稱就一直被保留下來。至於這部著作名稱的中文翻譯，是借自《易經．繫辭傳上傳》裡的「形而上者謂之道，形而下者謂之器」，意味著超越形象的是普遍的原理，而有具體形象的是個別的器物。所以中文譯名也相當符合其本意。

《形上學》原著爲希臘文，其最早的譯本是位丁文。後人編的亞氏全書之一爲：Aristotelis

Opera, edidit Academia regia Borussica (Berlin, 1831-1870),Vols.I-II, Aristoteles Graece ex recogn. 1. Bekker (1831)。[①]鑑於亞里斯多德在哲學史上的重要地位，後來世界各國的主要語言都有譯本。關於英譯本，國人比較熟悉的有：W. D. Ross的譯本（一九四一），以及Richard Hope的譯本（一九五二），另外John P. Rowan的譯本是包含在多瑪斯的形上學注釋本之中的。[②]此外還有Hippocrates C. Apostle的譯本（一九六六），他也是翻譯兼注解及名詞解釋。

亞里斯多德《形上學》包含十四卷，大致包含三部分，第一部分（卷一—四）作爲形上學導論，第二部分（卷五—十一）爲「實體論」，第三部分（卷十二—十四）作爲自然神學，以及其他補充。各卷重點如下：

第一卷至第四卷，亞里斯多德提出四因說，透過回顧前哲的哲學理論，按照四因說的範疇逐一檢討四因的形成過程，這個歷程可以被視爲最起初的形上學史。在討論的過程中，同時也導入形上學的基本問題。在第四卷第一章亞里斯多德對形上學的意義提出了有名的定義：「有一門科學，它研究存有之爲存有（being qua being），以及必然屬於存有的性質。」（1003a）

第五卷至第十一卷的部分，在第五卷對思辨哲學或理論哲學進一步分類，並說明其意涵。第六

---

① 參閱：孫振青，〈亞里斯多德的形上學〉，《哲學與文化》，十九卷五期，一九九二，頁480-482。doi:10.7065/MRPC.199205.0480。

② 同上注。

卷指出對於存有的首要探究是「實體」（ousia, substance）。在這第二大部分裡面，針對實體的問題，提出實體的說明與定義、本質。主要分析可感覺的實體的構成原理，包含質料與形式，實現與潛能，統一性，不矛盾原理，運動與變化。

第三大部分的第十二卷，主題是「不動的原動者」（unmoved mover），亦即討論自然神學。第十二卷的第一章區分實體分成三類：永恆的實體和可毀滅的實體（這兩類都屬可感的實體），第三類是不可被推動的實體。其中最重要的討論是論證必須有一個永恆且不被推動的實體。最後兩卷，用了許多篇幅討論數學對象的相關問題。

亞里斯多德《形上學》包含三個主題的轉折：存有學、實體學、神學。③存有學之意義在一開始定義形上學時提到「存有之爲存有」的探究。亞里斯多德對於「存有」的探究轉到對「存有者」的認識，然後對於「存有者」的意義理解成「實體」，於是從存有學過渡到實體學，《形上學》以最多篇幅討論與實體相關的課題。爲了圓滿解決從物理世界的所有運動變化的問題以至於一切種類的實體，並奠定一切存有的基礎，必須證明第一不動的動者作爲最後原因，因而使形上學最終成爲自然神學。

③ 參閱沈清松，〈亞里斯多德的形上學（三）〉，《哲學與文化》，九卷三期，一九八二，頁48-51。

四、亞里斯多德哲學對後世哲學的影響

中世紀初期的歐洲學者，對亞里斯多德的認識僅僅知道他的邏輯，並不知道他的整體思想體系。當時對亞里斯多德的《形上學》有研究的學者是阿拉伯的學者與猶太學者。這時候比較完整的亞里斯多德著作已經被翻譯成敘利亞文和阿拉伯文，後來因爲十字軍東征的緣故，而使亞里斯多德的著作重新被帶回歐洲，再從阿拉伯文翻譯成拉丁文。但是，這已經來到十二世紀了，歐洲哲學在此時期之前，哲學的主流思想是跟隨柏拉圖主義的理論。亞里斯多德哲學的重新出版，在學術界造成轟動，甚至引發教會一度禁止講授亞里斯多德哲學。

十三世紀，巴黎大學已經成立，正逢多瑪斯講學於此。多瑪斯極力讚揚亞里斯多德哲學，爲亞里斯多德的幾本重要著作一一予以注解，其中包含對《形上學》作注解，更加推廣亞里斯多德的影響力。多瑪斯行文中避諱亞里斯多德的名諱，直接用「哲學家」之名來專指亞里斯多德。

亞里斯多德哲學自近代哲學以來，飽受非士林哲學界的抨擊。多認爲亞里斯多德的自然哲學知識已經遠遠不及當時進步發展的自然科學，均持拋棄之的態度。主觀主義的立場的哲學家們也反對亞里斯多德的客觀實在論主張。

當代德國哲學家海德格，認爲亞里斯多德的《形上學》把形上學的任務從對「存在」的探究，轉變成對「存有者」的分類與描寫，完全喪失了對「存在」的認識，他宣稱亞里斯多德的形上學是「遺忘存在。」

從後人的觀點來看二千多年前的亞里斯多德著作，表面上看起來凡是不符合現代科學理論的部分都可以反對之，那麼亞里斯多德哲學在今日還有甚麼價值可言?本人嘗試從以下幾點來表明一下：

1. 亞里斯多德《形上學》是哲學史首部關於這個題材的著作，亞里斯多德以嚴格的理性，分析萬事萬物，建構一個存有層級的結構，讓我們可以有系統的思考事物的構成與變化原理。
2. 這是哲學史上首次可以完全不提及神明的干預，單獨憑藉理性能力就可以讓這個知識系統自行運作。
3. 希臘哲學首次在哲學論著中，明確地分辨形式與質料，精神與物質，透過四因說與實現——潛能，同時解說事物的靜態結構與動態變化。
4. 將形上學的最後高峰推到不動的原動者，藉助於理性的因果推理，建立自然神學，也為後世建立神學理論豎立一種思想模型。

以上幾點都是亞里斯多德形上學開創的價值，但是另一方面亞里斯多德所處的時空背景也是讓他成為哲學先驅的幸運兒。因為有從希臘第一位哲學家泰利斯以至柏拉圖一百多年的來的諸多哲學家們的哲學成果做亞里斯多德的哲學養分，才讓他有機會發展出四因說以及各種哲學理論，也成就了第一個形上學史。

無論是柏拉圖或亞里斯多德，他們都同意哲學的目的就是探究事物，並獲得共相。而形上學即是最佳的研究成果。柏拉圖代表一種唯心論的思考模式，而亞里斯多德則代表另外一種以經驗做出發點的實在論的思考模式。這是值得我們去效法其治學態度與學習其宏觀的學術視野。

形而上學

卷(A)一①

980a **章一** 求知是人類的本性。我們樂於使用我們的感覺就是一個說明；即使並無實用，人們總愛好感覺，而在諸感覺中，尤重視覺。無論我們將有所作爲，或竟是無所作爲，較之其他感覺，我們都特愛觀看。理由是：能使我們識知事物，並顯明事物之間的許多差別，此於五官之中，以得於視覺者爲多②。

980b 動物在本性上賦有感覺的官能，有些動物從感覺產生記憶，有些則不產生記憶。這樣，前者就比那些不能記憶的更明敏而適宜於學習。那些不能聽聲音的，雖也明敏，可是不能受教誨：譬如蜜蜂，及其他相似的種屬；除記憶以外，又具備聽覺的那些動物，就可加以教誨。

---

① 本卷首章簡述人類由感覺、記憶、經驗，積累智慧以建立理論學術，而哲學尤為寶貴。次章列敘自然研究中所識萬有之常態與變化，綜為四因；遂撮舉希臘先哲各家之說，略論其得失。995b5, 1059a18，等所稱「導言」（ἐν τοῖς πεφροιμιασμένοις）正當指此卷各章。一般詮疏家如耶格爾（Jaeger, W.）、羅斯（Ross, W.）等以卷A第九章與卷M第四、第五章相對勘，推論此卷當係亞氏初離柏拉圖學院後，在亞索（Assos）時所著錄，故行文語氣仍自儕於柏拉圖學派之列。本書邊注頁數行數係照亞氏全集希文本頁行數編錄，索引即憑此碼制定。

② 希臘學者一向認為視覺是五官中特重的一官，下文言及感覺時，往往單舉視覺。

除了人類，動物憑現象與記憶而生活著，很少相關聯的經驗；但人類還憑技術與理智而生
981a
活。現在，人從記憶積累經驗；同一事物的屢次記憶最後產生這一經驗的潛能。經驗很像知識與技術，但實際是人類由經驗得到知識與技術；浦羅說：「經驗造就技術，無經驗就憑機遇。」③從經驗所得許多要點使人產生對一類事物的普遍判斷，而技術就由此興起。做成這樣一個判斷：加里亞沾染過這種病，於他有益，蘇格拉底與其他許多病例也如此，這是經驗；但做成這樣一個判斷：所有具備某一類型體質的人沾染過這種病，例如黏液質的或膽液質④的人因病發燒，都於他有益——這是技術。

在業務上看，似乎經驗並不低於技術，甚至於有經驗的人較之有理論而無經驗的人更爲成功。理由是：經驗爲個別知識，技術爲普遍知識，而業務與生產都是有關個別事物的；因爲醫師並不爲「人」治病，他只爲「加里亞」或「蘇格拉底」或其他各有姓名的治病，而這些恰巧都是「人」。倘有理論而無經驗，認識普遍事理而不知其中所含個別事物，這樣的醫師常是治不好病的；因爲他所要診治的恰眞是些「個別的人」。我們認爲知識與理解屬於技術，不屬於經驗，我們

---

③ 語見柏拉圖：《喬治亞篇》（Plato: "Georgias" 448C, 462BC）。τέχνη（技術，音譯：德赫尼）與τύχνη（機會或運道，音譯：托赫尼）原文聲韻相切近，譯文不能聲義並達。

④ 古希臘生理學及醫學將人分別為四種體質：黏液質、血液質、膽黃質、膽黑質。因其體質不同，感疾與治病均不同。黏液質者其人恬靜，性遲緩，膽液質者其人胃弱，易怒。

認爲技術家較之經驗家更聰明（智慧由普遍認識產生，不從個別認識得來）⑤；前者知其原因，後者則不知。憑經驗的，知事物之所然而不知其所以然，技術家則兼知其所以然之故。我們也認爲每一行業中的大匠師應更受尊敬，他們比之一般工匠知道得更眞切，也更聰明，他們知道自己一舉足 981b 一投手的原因（我們認爲一般工匠憑習慣而動作——與非生物的動作相似，如火之燃燒——趁著自然趨向，進行各自的機能活動，對於自己的動作是不知其所以然的）；所以我們說他們較聰明，並不是因爲他們敏於動作而是因爲他們具有理論，懂得原因。一般說來，這可算是人們有無理論的標記，知其所以然者能教授他人，不知其所以然者不能執教；所以，與經驗相比較，技術才是眞知識；技術家能教人，只憑經驗的人則不能。

又，我們不以官能的感覺爲智慧；當然這些給我們以個別事物的最重要認識。但官感總不能告訴我們任何事物所以然之故——例如火何爲而熱；他們只說火是熱的。

當初，誰發明了超越世人官能的任何技術，就爲世人所稱羡；這不僅因爲這些發明有實用價值，世人所欽佩的正在他較別人敏慧而優勝。迨技術發明日漸增多，有些豐富了生活必需品，有些則增加了人類的娛樂；後一類發明家又自然地被認爲較前一類更敏慧，因爲這些知識不以實用爲目的。在所有這些發明相繼建立以後，又出現了既不爲生活所必需，也不以人世快樂爲目的的一些知

⑤ 括弧内語句很像是早期希臘詮疏家所做注釋，而其後混入正文的。以下各例仿此。

識，這些知識最先出現於人們開始有閒暇的地方⑥。數學所以先興於埃及，就因爲那裡的僧侶階級特許有閒暇。

我們在《倫理學》中⑦曾已講過技術與知識與各種官感的分別；這裡所要討論的主題是大家用來闡釋事物的原因與原理的所謂智慧；因此，如上所述，有經驗的人較之只有些官感的人爲富於智慧，技術家又較之經驗家，大匠師又較之工匠爲富於智慧，而理論部門的知識比之生產部門更應是
982a 較高的智慧。這樣，明顯地，智慧就是有關某些原理與原因的知識。

章二　因爲我們正在尋求這門知識，我們必須研究「智慧」（索非亞）是哪一類原因與原理的知識。如果注意到我們對於「哲人」的詮釋，這便可有較明白的答案。我們先假定：哲人知道一切可知的事物，雖於每一事物的細節未必全知道；誰能懂得眾人所難知的事物我們也稱他有智慧（感覺既人人所同有而易得，這就不算智慧）；又，誰能更擅於並更眞切地教授各門知識之原因，誰也就該是更富於智慧；爲這門學術本身而探求的知識總是較之爲其應用而探求的知識更近於智慧，高級學術也較之次級學術更近於智慧；哲人應該施爲，不應被施爲，他不應聽從他人，智慧較少的人應

⑥ 閒暇產生理論學術這一節，希臘詮疏家亞歷山大（Alexander Aphrodisiensis）與阿斯克來比（Asclepius）等注釋甚詳。幾何等學皆先興於埃及。

⑦ 參看《倫理學》1139b14-1141b8（凡涉及亞氏本人其他著作者，舉書名不再舉作者名。以下仿此）。

該聽從他。

這些就是我們關於智慧與哲人的詮釋⑧。這樣，博學的特徵必須屬之具備最高級普遍知識的人；因爲如有一物不明，就不能說是普遍。而最普遍的就是人類所最難知的；因爲它們離感覺最遠。最精確的學術是那些特重基本原理的學術；而所包含原理愈少的學術又比那些包含更多輔加原理的學術爲更精確，例如算術與幾何（度量）⑨。研究原因的學術較之不問原因的學術更爲有益；只有那些能識萬物原因的人能教誨我們。知識與理解的追索，在最可知事物中，所可獲得的也必最
982b 多（凡爲求知而求知的人，自然選取最眞實的也就是最可知的知識）；原理與原因是最可知的；明白了原理與原因，其他一切由此可得明白，若憑次級學術，這就不會搞明白的。凡能得知每一事物所必至的終極者，這些學術必然優於那些次級學術；這終極目的，個別而論就是一事物的「本善」，一般而論就是全宇宙的「至善」。上述各項均當歸於同一學術；這必是一門研究原理與原因

⑧「智慧」（σοφία）一字出於伊雄語，其要義有三：1.一般聰明與謹慎、2.敏於技藝、3.學問與智慧。其後在學術方面分別了小巧與大智，遂以此字專主大智。其初嘗以σοφός（智人）尊稱畢達哥拉斯。迨詭辯者濫用機巧小慧，為人所鄙薄，遂另以φιλόσοφος〔愛智者（哲學家）〕別於σοφιστής〔詭辯家（智者）〕，以φιλοσοφία（哲學）別於σοφιστική〔詭辯術（智術）〕；〔參看亞歷山大詮疏，見於白朗第（Brandis）輯詮疏525以下各頁〕。

⑨Γεωμετρα，「度量學」。中國將埃及希臘量地之法，據歐幾里得拉丁本而譯為「幾何」，始於明末利瑪竇與徐光啓、李之藻時，沿用已三百餘年。本書亦沿此譯名。

的學術；所謂「善」亦即「終極」，本爲諸因之一。

就從早期哲學家的歷史來看，也可以明白，這類學術不是一門製造學術。古今來人們開始哲理探索，都應起於對自然萬物的驚異；他們先是驚異於種種迷惑的現象，逐漸積累一點一滴的解釋，對一些較重大的問題，例如日月與星的運行以及宇宙之創生，做成說明。一個有所迷惑與驚異的人，每自愧愚蠢（因此神話所編錄的全是怪異，凡愛好神話的人也是愛好智慧的人）⑩；他們探索哲理只是爲想脫出愚蠢，顯然，他們爲求知而從事學術，並無任何實用的目的。這個可由事實爲之證明：這類學術研究的開始，都在人生的必需品以及使人快樂安適的種種事物幾乎全都獲得了以後。這樣，顯然，我們不爲任何其他利益而找尋智慧；只因人本自由，爲自己的生存而生存，不爲別人的生存而生存，所以我們認取哲學爲唯一的自由學術而深加探索，這正是爲學術自身而成立的唯一學術。

要獲得這樣的知識也許是超乎人類的能力；從許多方面想，人類的本性是在縲絏之中⑪。照雪

---

⑩ 神話為哲學先啓：亞里斯多德時混用「哲學」與「神學」兩詞。至西元後第一世紀，柏里尼（Pliny）猶別稱「菲洛索菲亞」（哲學）為「菲洛米茜亞」（神話學）。

⑪ 亞蒙尼（Ammonius，盛年約西元四八五）解釋：人類多欲，形役於日常所需，成為自己生活的奴隸，因此不復能尋求理智。

蒙尼得⑫的話，「自然的祕密只許神知道」，人類應安分於人間的知識，不宜上窺天機。如詩人之
983a 語良有不謬，則神祇亦復懷妒，是故人之以此智慧（洩漏天機）勝者，輒遭遇不幸。然神祇未必妒（古諺有云：詩人多謊）⑬，而且人間也沒有較這一門更爲光榮的學術。因爲最神聖的學術也是最光榮的，這學術必然在兩方面均屬神聖。於神最合適的學術正應是一門神聖的學術，任何討論神聖事物的學術也必是神聖的；而哲學確正如此：1.神原被認爲是萬物的原因，也被認爲是世間第一原理。2.這樣的一門學術或則是神所獨有，或則是神能超乎人類而所知獨多。所有其他學術，較之哲學確爲更切實用，但任何學術均不比哲學爲更佳。

可是，在某一含義上，修習這一門學術的結果恰與我們上述探索的初意相反。所有的人都從對萬象的驚異爲開端，如傀儡自行，如冬至與夏至，如「正方形的對角線不能用邊來計量」⑭等；說是世上有一事物，即便引用最小的單位還是不能加以計量，這對於所有未明其故的人正是可驚異

⑫ 雪蒙尼得（Simonides，西元前五五六—前四六八），啓奧人。可參看希勒（Hiller）編《殘篇》3。

⑬ 語出蘇倫（Solon），見希勒編《殘篇》26，又賴茨與希那特溫合編《希臘古諺》（Leutsch und Schneidewin, *Paroemiographi Graeci*）卷一，371。

⑭ Τὴν τῆς διαμέτρου ἀσυμμετρίαν此短語直譯為「直徑的不可計量性」。a邊之正方形，其對角線長為$\sqrt{2}a$，故云雖用最小單位也不能計量。

的。然而實際恰正相反，依照古諺所謂「再思爲得」[15]，人能明事物之故，而後不爲事物所惑；對於一個幾何學者，如果對角線成爲可計量的，那才是世間怪事。

這裡已陳述了我們所探索的學術是何性質，以及全部研究所必須達到的是何標準。

章三 顯然，我們應須求取原因的知識，因爲我們只能在認明一事物的基本原因後才能說知道了這事物。原因則可分爲四項而予以列舉。其一爲本體亦即怎是[16]（「爲什麼」既旨在求得界說最後或最初的一個「爲什麼」，這就指明了一個原因與原理）（本因）；另一是物質[17]或底層（物因）；其三爲動變[18]的來源（動因）；其四相反於動變者，爲目的與本善，因爲這是一切創生與動

[15] 參考《希臘古諺》卷一，62, 234；又卷二，357。

[16] οὐσία出於動字「是」，轉成「本體」、「財產」、「實物」、「性能」等義，茲譯「本體」。τὸ τί ἦν εἶναι事物之所以成是者，茲譯「怎是」。

[17] ὕλη原義為：1.樹林，2.多數為樹林，3.引申其義為木材，4.繼續衍生之字義為製造用的材料，5.最後轉成一般物質。須注意亞氏常引用此字代表一切事物之底層（ὑποκείμενος），較吾人慣用之「物質」一詞其義尤廣。

[18] κίνησις原義為「運動」，即近代「動力學」（kinetics）一詞所本。亞氏用此字每包括變化之義在內，因此本譯文中有時譯為「動變」，有時譯為「運動」。

983b 變的終極[19]（極因）。我們曾已在《物學》[20]中充分地研究了這些原因，現在讓我們喚起曾經攻研「眞理」而論證「實是」的諸先哲，爲我們學習的一助。他們也談到某些原理與原因；懂得他們的觀點，這於我們今日的探索自屬有益，而由那些舊說進而求取新解，或可藉以辨明我們所持的理論確當無誤。初期哲學家大都認爲萬物唯一的原理就在物質本性。萬物始所從來，與其終所從入者，其屬性變化不已，而本體常如，他們因而稱之爲元素，並以元素爲萬物原理。所以他們認爲萬物成壞，實無成壞，這一類實是畢竟萬古常在；譬如我們說蘇格拉底美而文明，其所爲美與文明者，可先有而後失，並不常在，然蘇格拉底則常在。正復如此他們就說事物或生或滅而實無生滅；因爲那些組成一切事物的實是——無論爲（元素）或爲若干（元素）——在萬物成壞中，依然如故。

可是他們對於這些原理的性質與項目，所想並不一致。這類學說的創始者泰勒斯說「水爲萬物之源」（爲此故，他宣稱大地是安置在水上的），大概他從這些事實得其命意：如一切種籽皆滋生於潤濕，一切事物皆營養於潤濕，而水實爲潤濕之源。他也可以從這樣的事實得其命意：如由濕生熱，更由濕來保持熱度的現象（凡所從來的事由就是萬物的原理）。

---

⑲ τέλος義為終極。

⑳ 四因見《物學》（或《物理》）卷二章三、章七；又見《解析後編》卷二章十一。亞氏稱為φυσική的一部分論文，包括宇宙萬物，涉及物理、化學、天文地理、生物等，較近代所稱「物理學」為廣。本譯文或作「物學」，或作「自然哲學」。

有些人[21]認爲去今甚久的古哲，他們在編成諸神的記載中，也有類此的宇宙觀念；他們以海神奧啓安與德修斯爲創世的父母[22]，而敘述諸神往往指水爲誓，並假之名號曰「斯德赫」[23]。事物最古老的最受尊敬，而凡爲大家所指誓的又應當是最神聖的事物。這種關於自然的解釋，究從遠古何
984a 時起始，殊難論定，但我們可以確言泰勒斯曾這樣地指陳了世界第一原因。一般都不以希波[24]之列入這一學派爲合宜，因爲希波的思想是瑣碎的。

阿那克西米尼與第歐根尼論爲氣先於水，氣實萬物原始的基體；而梅大邦丁的希巴索和愛非斯的赫拉克利特則以火爲先。恩培多克勒主於四元素並爲物始（以土加於上述三者），他說四元素或聚或散，或增或減，以成萬物的形形色色，而它們本身則出於一，入於一，古今一如，常存不變[25]。

---

[21] 似指柏拉圖；參看《克拉替盧》（*Cratylus*）402B，《色埃德托》（*Theaetetus*）152E, 180C, D中。

[22] 見荷馬《伊里埃》（Homer，*Iliad*）卷十四，201, 246。奧啓安為海洋之神，德修斯海洋女神。

[23] 同上，卷二，755；卷十四，271；卷十五，370。希臘神話中地獄有河，曰「斯德赫」（Στύξ從動字στυγέω（恨）衍成，故可意譯為「恨水」）。又泰勒斯以「水為物質之最古老原始者」。

[24] 參看〈靈魂論〉405b2。希波，傳為畢達哥拉斯弟子，或列於自然學派，彼亦有水為物原之說。

[25] 參考第爾士（Diels）編：《先蘇格拉底諸哲殘篇》（以下簡稱《先蘇格拉底》或《殘篇》）17。又蒲納脫（Burnet）《早期希臘哲學》108-108頁。

克拉左美奈的阿那克薩哥拉，雖較恩培多克勒年長，爲學則後於恩氏，其言曰原理爲數無窮（非一非四）；他認爲萬物各以其組成部分之聚散爲生滅，萬物皆如水火，水火各由「相似的微分」所積成，故生滅只是許多微分的聚散，而各各微分則永恆存在㉖。

從這些事實說來，我們將謂萬物的唯一原因就只是物質；但學術進步，大家開拓了新境界，他們不得不對這些主題再做研究。就算萬物眞由一元素或幾元素（物質）演變生滅而成宇宙萬有，可是試問生滅何由而起，其故何在？這物質「底層」本身不能使自己演變；木材與青銅都不能自變，木材不能自成床，青銅不能自造像，這演變的原因只能求之於另一事物。找尋這個，就是找尋我們所說的第二原因㉗——動因。那些初做這類探索的人們，說宇宙「底層」出於一因㉘，頗爲自得；

此節所述希臘舊說以水、氣、火、土為四元素，即印度婆羅門古教所舉「四大」，中國初期佛學翻譯，作「地、水、風、火」。希臘學者以四大為實體，與印度佛教斷言「四大皆空」者不同。與中國五行相比，希臘人因金屬可熔為液體，併入水元素中；又將木入火元素中；而另立了氣（即風）這一行。

㉖ 參看第爾士編《殘篇》4。又《說天》302a 28，及《成壞論》314a 24，均涉及阿那克薩哥拉之說。其義試以毛髮為例：一毛髮應為許多微分之毛髮生聚而成，其消滅也仍解散為許多微分毛髮；迨另一生物攝取諸微分，便又成一新毛髮。參看本書1056b28-30、1063b28。

㉗ 亞氏常將動因列為第三原因。這裡因跟著上文述各家所主物因，列為第二。

㉘ 指米利都自然學派泰勒斯（Thales，約西元前六二四—前五四七），阿那克西米尼（Anaximenes，約西元前

有些人則雖已由這第二原因引起考慮，而卻又像未能找到，而仍還執持於全宇宙在成壞論上是一個
984b 不變的「元一」；於其他演化而論，亦復如此㉙（這種原始信念爲初期哲學家共通的思想）。這就是他們所特有的觀點。凡專主宇宙爲元一的人們，除了巴門尼德以外，都未能找到這另一類原因，巴門尼德亦僅說在某種含義上，原因不只一，可有二㉚。但那些主於多元素的人㉛比較可能涉及這第二原因，他們於冷熱，於土水，均一例地作爲元素；他們就認爲火是能動的，而水、土等則列於被動類中。

即便在雜說繁興的時代，人們就已覺得這些思想還未足闡明萬物的創生，爲了眞理還得再探索我們上述的其次一項原因。事物在方生方存之際，或達其善，或成其美，總不能逕指如火如土以及其他類此之元素爲使那些事物成其善美之原因，宇宙也不曾照這些思想家的想法而演化；若說或善或美，並無所因，而只是些自發與偶然景象，這也不似眞理。於是有人起來說，這由於「理性」㉜——

五八五—前五二五）與赫拉克利特（Heraclitus，約西元前五三〇—前四七〇）。

㉙ 指埃利亞學派（Eleatics）巴門尼德（Parmenides）等。

㉚ 參看第爾士編《殘篇》8。

㉛ 似指恩培多克勒（Empedocles，約西元前四九〇—前四三〇）。

㉜ 指阿那克薩哥拉（Anaxagoras）：參看《殘篇》12。又參看柏拉圖《斐多》（*Phaedo*）97B, 98B。νοῦς之俗用字義，泛指心、意志、理、知等。阿那克薩哥拉所引用此字或譯為「天心」，或「自然之心」（mind of

在動物中是這樣，在全宇宙也一樣。萬物的秩序與安排皆出於這個原因，這麼，他比他前人的虛談確乎較爲明朗。我們知道這明朗的主張出於阿那克薩哥拉，但據說克拉左美奈的赫爾摩底謨㉝更早發表過這種主張。這主張說明了這一原理：事物所由成其善美的原因，正是事物所由始其動變的原因。

章四　人們或可推想希蕭特，或其他如巴門尼德，是第一個找尋「情欲」這樣一事物爲現存萬物的一個原理：因爲希蕭特在敘述宇宙創生時這樣說：

愛神是她計畫成功的第一個神祇㉞。

希蕭特又說：

---

nature），茲譯作「理性」。

㉝ 赫爾摩底謨（Hermotimus）生卒年月不詳，傳為畢達哥拉斯（Pythagoras）師傅。

㉞ 見於《殘篇》13。「她」當指亞芙洛第忒〔Aphrodite，金星，據辛伯里丘（Simplicius），盛年約西元五三三年〕。希蕭特（Hesiod），盛年約西元前七七六年。

最初是混沌
其次是寬胸的大地，……
在諸神中愛神位在前列[35]。

這暗示在現在萬物中最先必須有一個引致動變的原因，而後事物得以結集。這些思想家們誰
985a 先提出這個道理，讓我們以後再加考定[36]。但大家可以看到自然間種種形式往往包含著相對的性質——不僅有齊整與美麗，還有雜亂與醜陋，而壞的事物常多於好的，不漂亮的常多於漂亮的——於是另一個思想家引進了「友」與「鬥」作爲這兩系列不同素質的各別原因。我們倘跟蹤恩培多克勒[37]的觀點，了徹其囁嚅的詞意，照他的實義來解釋事物，則我們當可確言友（愛）爲眾善之因，而鬥（憎）乃眾惡之因。這樣，我們若說恩培多克勒提出了（或是第一個提出了）「眾善出於本善，眾惡出於本惡」的善惡二因爲世間第一原理，當不爲誤。

㉟ 見希蕭特《原神》（*Theogony*）116-120。

㊱ 後文未見此「考定」。

㊲ 《物學》卷四中亦述及恩培多克勒的兩儀思想。參看第爾士編《殘篇》17, 25。恩培多克勒之「友愛」（φιλία）異於上文希蕭特所舉「情愛」（ἔρως），而與柏拉圖《會語》所暢論之「友愛」相同，兼有仁愛、情愛、友愛之意。

我們在「論自然」[38]中所曾辨明的四因之二——物因與動因，這些思想家雖已有所領會，卻還是陰晦而不透徹的；那些論辯像未經訓練的拳術家之行動，他們繞轉對手的周遭，有時出擊，也表現了好身手，但總不能算高明的拳術，這些思想家也與此相似，於他們自己所說的道理未必湛熟；因爲，他們一般並不引用，或者只在有限的範圍內引用，自己所說的原因。阿那克薩哥拉引用了「理性」作爲創世的機括[39]，可是他平常總不用理性而用別的原因來解答問題，只在詞窮語盡，無可奈何的時候，他才提示「理性」[40]。恩培多克勒於自己所主張的原因，雖或引用稍廣，亦不充分，而且在引用時也不能免於牴牾。至少，他曾在好些地方將「友」用作事物離散的原因，將「鬥」用作事物結合的原因。如說宇宙萬物由憎鬥而解體，還原爲各個元素，那麼從另一方面看來，火即由此而重複集結在一起了，其他元素亦然；它們倘又因友愛而重聚爲萬物時，那幾個元素集團該又分散到各物中去了。

與他的前人比較，恩培多克勒該是第一個將動因分爲相異而相對的兩個來源。他也是第一個主
985b 於物質元素有四；可是他實際上，往往將四元素當作兩元素，把火列在一邊，土、氣、水作爲同類

[38]《論自然》即《物學》，指卷二章三與章七。

[39]《勞倫丁A抄本》（*Laurentian MSS.*）多一短語，引悲劇中常出現天神以扭轉劇情或解決艱難。貝刻爾本未有此短語。

[40] 參看柏拉圖《斐多》98BC、《法律》967B-D。

性質，列在相反的一邊。我們可以在研究他的詩句[41]時，看到他這些意緒。這一位哲學家所講的原理就是這樣，其數則或爲四或爲二。

留基伯與他的同門德謨克利特以「空」與「實」爲元素，他們舉「實」爲「是」，舉「空」爲「無是」；他們並謂是既不離於無是，故當空不逾實，實不逾空[42]；他們以此爲萬有的物因。那些以萬物出於同一底層物質的變化的人認爲「疏」與「密」爲變化之本，他們同樣認爲在元素上的諸差異[43]引致其他各種的質變。他們說這些差異有三：形狀、秩序、位置。他們說一切「實是」只因韻律、接觸[44]，與趨向三者之異遂成千差萬別；韻律即形狀，接觸即秩序，趨向即位置；例如A與N形狀相異，AN與NA秩序相異，Z與N位置相異。至於動變的問題——事物從何而生動變？如何以成動變？——這些思想家，和其他的人一樣，疏懶地略去了。

---

[41] 參看《殘篇》62。

[42] 留基伯（Leucippus，盛年約西元前四六〇）與德謨克利特（Democritus，約西元前四六〇—前三七〇）之空實論大意如此：如一立體六面，六面內為實，其外為空，然吾人試想其以空圍實耶，以實圍空耶，面內為空耶，面外為空耶，亞氏於留基伯及德謨克利特原子理論在《成壞論》卷一，《說天》卷一、卷三，《物學》卷八一再涉及。

[43] 「諸差異」（τάς διαφοράς）係指各元素中「原子」（ἄτομα）形狀、秩序與位置之差異。

[44] διαθιγῆ，亞斯克來比注釋謂非雅典文，為德謨克利特的阿布德拉（Abdera）方言，義為「相互觸及」。

關於這兩因，早期哲學家的研究似乎就發展到這裡。

章五

在這些哲學家以前及同時，素以數學領先的所謂畢達哥拉斯學派不但促進了數學研究，而且是沉浸在數學之中的，他們認爲「數」乃萬物之原。在自然諸原理中第一是「數」理，他們見到許多事物的生成與存在，與其歸之於火，或土或水，毋寧歸之於數。數值之變可以成「道義」，可以成「魂魄」，可以成「理性」，可以成「機會」——相似地，萬物皆可以數來說明㊺。他們又見 986a 到了音律的變化與比例可由數來計算——因此，他們想到自然間萬物似乎莫不可由數範成，數遂爲自然間的第一義；他們認爲數的要素即萬物的要素，而全宇宙也是一數，並應是一個樂調。他們將事物之可以數與音律爲表徵者收集起來，加以編排，使宇宙的各部分符合於一個完整秩序；在那裡發現有罅隙，他們就爲之補綴，俾能自圓其說。例如10被認爲是數之全終，宇宙的全數亦應爲10，天體之總數亦應爲10，但可見的天體卻只有9個，於是他們造爲「對地」——第十個天體——來湊

㊺ 亞歷山大詮疏：畢達哥拉斯學派以四為二之乘方，取其方意為「道義」之值。靈魂或理性，其數為一。「機會」之數為七。又可參看第爾士編《殘篇》，卷一，303, 15-19。

足成數⑯。我們曾在別篇⑰更詳明地討論過這些問題。

我們重溫這些思想家的目的是想看一看他們所舉諸原理與我們所說諸原因或有所符合。這些思想家，明顯地，認爲數就是宇宙萬有之物質，其變化其常態皆出於數；而數的要素則爲「奇」「偶」，奇數有限，偶數無限；「元一」衍於奇偶（元一可爲奇，亦可成偶）⑱，而列數出於元一；如前所述，全宇宙爲數的一個系列。

這學派中另有些人⑲說原理有十，分成兩系列⑳：

⑯「只有九個天體」謂日、月、五星、地球，及恆星天。「對地」（ἀντίχθονα）為畢達哥拉斯學派所想像之另一天體，繞宇宙中心之火而旋轉，與地球相背向，以為地球之平衡。

⑰除本書卷N末章等外，亞氏曾專論畢達哥拉斯數理者，有《說天》卷二，章十三。又亞氏《殘篇》中1513a 40-b20亦為評論畢達哥拉斯學派之剩語。《別篇》或指失傳之專篇《論畢達哥拉斯教義》（Περί τῆς τῶν Πυθαγορείων δόξης）。

⑱亞歷山大、色烏．斯米爾奴（Alexander, Theo Smyrnaeus）解為奇數加一則成偶，偶數加一則成奇。希司（Heath）：「亞氏著作中之數理」解為單雙者一與一一，皆出於一。

⑲蔡勒（Zeller）考證此對成行列出於菲絡賴烏（Philolaus）。

⑳τὰς συστοιχίαν λεγομένας，「行列」或「配列」，在本書屢見。1.卷A，986a23及卷N，1093b12，用以指陳畢達哥拉斯學派之事物分類，配成兩列，一善一惡。2.另見於卷Γ，1004b27，卷K，1066a15，卷Λ，1072a 31，所指兩列，一為可知物，一為闕失（不可知物）。3.另見卷I，1054b35, 1058a 13者，蓋以指科

有限	奇	一	右	男	靜	直	明	善	正
無限	偶	眾	左	女	動	曲	暗	惡	斜

阿爾克邁恩[51]似乎也曾有同樣的想法，或是他得之於那些人，或是那些人得之於他；總之他們的學說相似。他說人事輒不單行，世道時見雙致，例如白與黑，甘與苦，善與惡，大與小。但他的 986b「對成」與畢達哥拉斯學派又稍有不同，他的對成隨手可以拈來，不像畢達哥拉斯學派有肯定的數目與內容。

從這兩學派，我們得知「對成」爲事物之原理；至於對成的節目則我們應向各個學派分別請教。可是這些原理怎樣能與我們所述諸因相貫通，則他們並未說明；似乎他們將這些要素歸屬於物質；照他們所說，憑此類要素爲內含成分就可以組合而範造本體。

從這些舊說，我們已可充分認取古人所云「自然爲多元素所成」的眞義；但也有些人把「宇宙

屬同異之行列。1054b 29 σχῆμα τῆς κατηγορίας，「云謂諸格」，在卷Δ，1016b 33中曾謂與科屬共同外延者，似與συστοιχία τῆς κατηγορίας範疇行列相符。卷Δ，1024b 12-16所述「科屬」之一義蓋與範疇相同。

[51] 羅斯（W.D.Ross）校印本刪去ἐπὶ γέροντι Πυθαγόρα（在畢達哥拉斯之晚年時代……）。阿爾克邁恩（Alcmaeon），克羅頓人，為畢達哥拉斯初從弟子。

擬爲一個實是」[52]，他們（主一論者）立說有高卑，而各家所說與自然實際現象相符合的程度也不同。我們在這裡研究自然諸因時，當不能詳論他們的觀點，他們所說實是之爲一，並不以「一」創造「實是」，這與有些自然哲學家既以實是爲一而又把一當作物質來創造實是者有異，他們立說不同於那些人；自然哲學家附加有「變」，他們則說「宇宙不變」。我們現在的研究，只做簡要的介紹就夠了：巴門尼德之所謂一者似乎只是「一於定義」[53]而已；梅里蘇則「一於物質」，因此巴氏謂一有限，而梅氏謂一無限[54]。齊諾芬尼（據說他是巴氏老師）原是一元論的創始人，於此並沒有明確的論述，那後起兩家的宗旨似乎他也並未深知，可是論及全宇宙時，他說「一於神」[55]。我們現在於略嫌疏闊的齊諾芬尼與梅里蘇兩家存而不論；唯巴門尼德在好多方面頗有精義。他宣稱「**是**以外便無**非是**」，存在之爲**存在者**必一，這就不會有**不存在者**存在（這些我們已在《物學》中說

---

[52] 埃利亞學派一元論，詳看亞氏《齊諾芬尼、梅里蘇、喬治亞三家學術論》。

[53] τὸν λόγον ἑνός或譯作「一於命意」。參看《物學》187a1行，巴門尼德語為πὰνταέ ν,ἐ τοὸν ἕν σημαίνει（倘實是之命意為一，則一切現存事物必為一）。可參看第爾士編《殘篇》8。埃利亞之「一」常具有「全」之義。

[54] 參看《物學》185a 32-b3；207a15-17。梅里蘇（Melissus），薩摩島人，著名海軍將領，為一元論派。

[55] 埃利亞學派的神祇觀念，湯瑪斯·阿奎那（T.Aquinas, 1225?-1274）詮疏言之特詳。

得較爲詳明）[56]；但在見到我們官感世界非一的現象與他「自然之定義必一」的主張有所扞格時，987a 他又提出了兩因兩理，名之曰熱與冷，即火與地；於此兩者，他把熱歸屬於「是」，冷歸屬於「非是」。

從現在與我們列座共論的這些古哲處，我們已獲益匪淺了。這些古哲，一部分以物質爲世間第一原理，如水如火，以及類此者皆屬實體；這部分人或謂實體只一，或謂非止一種，至於其意專主物質則大家相同。另一部分人則於物因之外又舉出了動因；這部分人或謂動因只一，或謂動因有二。

於是，直到[57]義大利學派以及此後的學派止，哲學家們對這些問題的討論還是晦澀的，只是實際上他們也引用了兩因——兩因之一是動變的來源。這來源或一或二。但畢達哥拉斯學派也曾說到世間具有兩理的意思，又輔加了他們所特有的道理，認爲有限與無限[58]不是火或地或類此諸元素之

---

[56] 見《物學》卷一，章二、三、四；卷三，章九，又參考本書卷N，1089a 3。

[57] μέχρι 一向聯繫時代作解：（自古代各學派）「直到」義大利學派，即畢達哥拉斯學派為止。阿微勒斯（Averroes）就是這樣詮釋的。但上文已講到恩培多克勒，其年代後於畢達哥拉斯。畢達哥拉斯，薩摩斯人（約西元前五八〇—前五〇〇），曾於義大利塔倫頓授徒：故近人或將μέχρι別作聯繫地點解，意即（自希臘）「直到」義大利為止。

[58] το πεπερασμένον καὶ τὸ ἄπειρον,「有限與無限」亦為有定與未定之意。「無限與元一」亦即「無限與有限」。

屬性，「無限」與「元一」正是他們所謂事物之本體：這就是「數」成爲萬物之本體的根據。他們就這樣說明這一問題；他們開始說明事物之怎是而爲之制定定義，但將問題處理得太簡單了。他們所製定義既每嫌膚淺，在思想上也未免草率；他們意謂詮釋事物的定義中，其第一項目就可作爲事物的本體，猶如人們因爲「二」是用來指示「倍」的第一個數目，就將「二」當作「倍」。但「倍」與「二」實在不同；它們倘屬相同，則一物便可成爲多物了。——這樣引申的結論，他們眞也做了出來㊾。從這些先哲與其後繼者我們所能學到的有這麼多。

章六 在上列學術諸體系之後，來了柏拉圖的哲學，他雖則大體上步趨於這些思想家，卻又與義大利學派頗有不同㊿。在青年期，他最初與克拉底魯相熟識，因此嫻習了赫拉克利特諸教義（一切
987b 可感覺事物永遠在流變之中，對於事物的認識是不可能的），在他晚年還執持著這些觀點。蘇格拉底正忙著談論倫理問題，他遺忘了做一整體的自然世界，卻想在倫理問題中求得普遍眞理；他開始用心於爲事物覓取定義。柏拉圖接受了他的教誨，但他主張將問題從可感覺事物移到另一類實是上

㊾「一物可成為多物」謂4、6、8等均可算「2」了。其實例如數論派曾以「2」代表「條教」，又以代表「勇敢」。參閱990b 30注。

㊿五章與六章中畢達哥拉斯與柏拉圖時代相隔頗遠，不能相接。蓋以兩家均論及本體與怎是即事物之本因（或式因），而數與意式（理念）又多方面相似，遂連類相及。

去——因爲感性事物既然變動不居，就無可捉摸，哪能爲之定義，一切通則也不會從這裡製出。這另一類事物，他名之曰「意第亞」[61]（意式）ἰδέα。凡可感覺事物皆從於意式，亦復繫於意式；許多事物凡同參一意式者，其名亦同。但這「參」字是新鮮的；畢達哥拉斯學派說：事物之存在，「效」於「數」；柏拉圖更其名而別爲之說曰：事物之存在，「參」於「意式」。至於怎樣能對通式或「參」或「效」，他們留給大家去捉摸。

他說在可感覺事物與通式以外，還有數理對象[62]，數理對象具有中間性，它們異於可感覺事物者爲常存而不變，異於通式者爲每一通式各獨成一體，而數理事物則往往許多相似。

---

[61] 亞里斯多德以ἰδέα為「意式」（理念），εἶδος為「通式」；此兩字在柏拉圖書中互通互用，並無顯著區別。ἰδέα舊譯「觀念」、「概念」、「理型」或「理念」。其中「理型」頗切原義，「理念」已較為通用。陳康譯柏拉圖〈巴曼尼得斯篇〉（商務印書館一九四六年版）改譯作「相」，並議論舊譯諸失甚詳。其改譯根據是以ἰδέα，εἶδος出於動字εἴδω（觀看），故由視覺為聯想而作「相」。但εἴδω本義為「觀看」亦為「認識」；而柏拉圖引用此字實已脫離官感而專重認識；故舊譯實無大誤。本書中因亞里斯多德有時將ἰδέα與εἶδος兩字分別引用而又具有相聯關係，故將其一譯為「意式」，另一譯為「通式」。所引「式」字取義於《老子》「為天下式」一語中「式」字義。亞氏於εἶδος一字又有三種用法，其一為同於或類於「理型」之普遍「通式」，其二為個別「形式」，其三為起於差異而形成之類別形式，即「品種」；本書分別以三不同名詞譯此一字。

[62] 數理對象或譯數理事物，指算術數與幾何圖形。

通式既爲其他一切事物之因，他因而認爲通式之要素即一切事物之要素。「大與小」之參於一者[63]，由是產生了數，故數之物因爲「大與小」，其式因爲「一」。他同意畢達哥拉斯學派所說元一是本體，不做其他實是的云謂，也同意他們所說數是一切事物所由成實的原因；但在涉及「無限」時，他不以無限（無定）爲一個單純原理，而用「大與小」爲之構成，並舉示有所謂「未定之兩」——關於這一點他是特殊的。他認爲數離開可感覺事物而獨立存在，這也與他們相異，畢達哥拉斯學派認爲事物即數。他將一與數從事物分離開來，又引入了通式，這些與畢達哥拉斯學派分歧之處大抵由於他對事物定義的研究引起的（早期思想家全不運用辯證法[64]）；他將「一」以外的另一原理，作爲「未定之兩」，是因爲他相信除了素數[65]以外，各數均可由「兩」作爲可塑材料[66]，

---

[63] 原文μέθεξιν「τοῦ ἑνὸς」或作「τὰ εἴδη」（依蔡勒的考證），這就應譯為「參於意式者」。

[64] 參看卷Γ，章二，1004b17-27。又卷M，章四，1078b22-27。

[65] τῶν πρώτων大都作素數解，但全句不能盡通，故海因茲（Heinze）建議以περιττῶν改正τρώτων。亞歷山大原曾詮釋πρώτων可作奇數解。羅斯英譯本注明此語未盡精確。一與「未定之二」所能製成的數只是二及二的連乘數：參看卷N，1091a 9-12。柏拉圖在《巴門尼德》143C-144A，說明三出於一與二，三以上各數可由二與三之乘積製成。柏拉圖原文在「三以上各數」似乎包括了一切數在內，未言明「素數應為例外」。參看1084a 5注。

[66] ἐκμαγείου譯「可塑材料」亦可譯「原模」，原義有如字模以蠟為模而製成。柏拉圖《蒂邁歐》50C曾用此

隨意製成。

988a 事實並不如此；這不是一個健全的理論。他們使通式只一次創成，而許多事物可由物質製出，然而我們所見到的則是一桌由一物質製成，那製桌的雖只一人，卻於每桌各應用了桌式而製出許多桌來。牡牝的關係也類此；牝一次受精，一次懷孕，而牡則使許多牝受孕；這些可與那些原理相比擬。

柏拉圖對於這些問題就這樣主張；照上述各節，顯然他只取兩因，本因與物因[67]。通式爲其他一切事物所由成其爲事物之怎是，而元一則爲通式所由成其爲通式之怎是（本因）；這也明白了，通式之於可感覺事物以及元一之於通式，其所含擬的底層物質（物因）是什麼，這就是「大與小」這個「兩」。還有，他也像他的前輩，如恩培多克勒與阿那克薩哥拉[68]一樣，分別以善因與惡因配

字。「未定之兩」詳見第十三、十四卷。數論或意式數論，以「一」（有取、有定、奇數）為製數之式因；以未定之兩（即未定之「大與小」或某量，亦即無定、無限者）為製數之物因，即材料。譬如一線在未定時，兩端可做無盡伸縮。迨制定「一」線段為之標準而在那未定線上畫取若干線段，此「若干」即成為有定之列數。

[67] 柏拉圖《對話》中屢提及動因（效因），例如《詭辯家》265B-D、《蒂邁歐》28C以下全節；又屢提及極因，例如《菲拉菩》20D、53E，《蒂邁歐》29D以下全節。但亞氏於這些未加重視。

[68] 見上文984b 15-19, 985a 32-b4。

屬於兩項要理。

章七　我們簡略地重敘了前人所說的原理與實是，以及他們的大旨；我們雖已獲益良多，但他們所言原理或原因，在我們的《物學》中[69]都已指明，他們雖各有所涉及，內容還都是浮泛的。有些人以物質爲基本原理，而對這些物質又各有不同的觀點，有些人主張物質只有一種，有些人則認爲不止一種，有些人認爲物質具有實體，有些人則認爲是非實體的；如各舉其實例，這就是柏拉圖所謂「大與小」，義大利學派所謂「無限」，恩培多克勒所謂「四元素」（火、地、水、氣），阿那克薩哥拉所謂「相似微分」組成無盡事物。於這種原因，這些，皆各有所見；還有那些人以氣爲主，以火爲主，或以水爲主的，以及另一些人，應以某種較火爲密、較氣猶稀的物質爲主（有些人曾說明基本元素應是這樣[70]），他們也各有所領會。

這些思想家只把握了這一個原因；但另外一些人提到了動變的來源，例如有人以友與鬥，或理

---

[69] 見《物學》卷二，章三、章七。

[70] 參看第爾士《先蘇格拉底》第三版，卷一，18.8-21, 415.32-416.27。四大元素之外別有「基本元素」，蓋指阿那克西曼德（Anaximander，約西元前六一〇—前五四六）所言「未定元素」（τὸ ἄπειρον）。阿為米利都人，泰勒斯弟子。

性，或情愛[71]爲基本原理。

於「怎是」，或本體實是，沒有人做過清楚的說明。相信通式的人於此有所暗示；他們不以通
988b 式爲可感覺事物的物質，不以元一爲通式的物質，也不以通式爲動變的來源，他們認爲一個通式如當它爲動變之源，毋寧作爲靜持之源，這就使通式成爲其他一切事物的怎是而元一則成爲通式的怎是。

動作與變化以及運動之所緣起，他們雖則也推求其故，卻並不明認到這應是自然本體中的一因。主於理性，主於友愛的人將這些歸之於善類；他們認取動變由此開始，可是他們沒有認見事物之所由生成與存在正爲此故。同樣，那些人說元一或存在是善，說這是本體的原因，他們並不說本體正是爲了善而生成與存在的。所以他們同時又像知道又像不知道善是事物的一個原因；他們只說事物具有善的屬性，並未確認善正是那事物成實的極因。

那麼，所有這些思想家既不能另出新因，這應該證知我們所陳四因爲確當而且無可復加了。凡有所詢求於事物之原因，宜必並求此四因，或於四因中偏取其某因。讓我們接著考察各家議論的得失以及他們在有關第一原理這問題上各說所可引起的疑難。

章八 於是，那些人主張宇宙唯一，一唯物質，而物質又專指那些具有量度的實體，他們顯然走

---

⑪ 見上文984b 21-31。

入多歧的迷途了。儘管存在著非實體事物，他們卻只講實體事物的要素；在陳述事物一般物質現象與其生成滅壞原因時，他們遺棄了動因。又，他們不談事物的本體，不問其怎是（本因），也是錯的；除了「地」（土）以外，輕率地就將單純實體當作第一原理，不復追詢它們——火、水、地、氣——如何互相生成，這也是錯的：因爲事物或由併合而生成或由析離而生成，這於它們的先天性與後天性是大有區別的。

因爲1.最基本的元素物質應該是由它們的併合來組成最初的事物的，這種質性應是屬於實體中
989a 精細的微粒。以火爲原理的人與這論點最爲符合。其他各家所講實體元素的秉賦也與此意相近。至少是這樣，凡主張基本元素只一種的人沒有誰曾舉出「地」爲這唯一元素，明顯地這因爲地的粒子太粗。其他三元素則各有人爲之主張；作爲基本元素，有人主於火，有人主於水，有人主於氣（何以他們不像普通人一樣主於地土呢？俗語云：「萬物皆土（生出於土，滅歸於土）。」希蕭特見希蕭特[72]說一切實體之中，地最先生成；這意見久已成爲最原始而通俗的意見了）。照這微分論點，那些主於地、水、氣以及主於某種密於氣而疏於水的元素的講法，都不如主於火爲正確。但2.若說先於本性的當後於生成，組合物於生成論雖在後，於本性論便應在先，則與我們上面所述的相反者才算正確——那麼就應該水先於氣，地先於水。

[72]《原神》116，又見本書984b28。

主於一元素爲原因的就是這些問題。主於不止一元素者如恩培多克勒，以萬物具有四實體的論點，也未能免於疑難；有些問題與我們上面所指的相同，另一些則是由他理論的特點所引出的。我們常見到實體互生互成，火並不常是火，地也並不常是地（這曾在我們的自然哲學論文中[73]講過）；關於動變的原因以及四元素可否歸結於一元素或兩元素這問題，他講得既不明確也不漂亮。照他的論點——冷不生熱，熱不生冷；這樣質變是不可能產生的。如果認爲變化是可以產生的，這就得承認還有某些事物來含容這些「對成」，還得有一個實是，它能成火亦能成水；這個恩培多克勒是不承認的。

至於阿那克薩哥拉，人們如果說他曾主張過兩種元素[74]，這與他有些論點是完全符合的；他雖沒有明言這種觀念，若有人從他的言語中指證這種觀念，他就必須承認。說宇宙玄始一切事物是混 989b 雜的，這實在荒謬，因爲照此說來，在未混雜以前，事物當有他的單淨形式，而自然又何嘗容許任何偶然的事物做偶然混雜；並且照這觀念，諸秉賦與屬性將可由本體析離（因爲混雜了的事物應該能夠析離）；可是人們如果緊隨著他，將他所有的示意都貫串起來，似乎這又將顯見他的思想相當清新。假如一切眞沒有一些可離析的，那麼現存的本體也眞將無可爲之申說了。試舉例以明吾意，

[73] 《說天》卷三，章七。

[74] 阿那克薩哥拉的兩元素即下文所云「一」與「別」兩者，指「理性」（νοῦς）與「相似微分」（ὁμοιομέρος）。

這應沒有白，沒有黑，沒有灰色，也沒有它色，這就必須是無色；苟謂有色，這必得有諸色之一色。依這論法，相似地，也必須是無味，也沒有其他的屬性；因爲這不能有任何質，任何度量，也不能有任何情況明確的物類。如其不然，事物就成爲有色，或有味，或有可舉說的特殊形態，但因一切事物悉歸混雜，這就不可能了；因爲這特殊形態必須是已析離了的屬性，但他說除了理性，一切皆混，唯有理性獨淨不混[75]。從這裡，再跟上去，他就得說原理是「一」（「一」是單淨而未混雜的）與「別」（這「別」的性質就是某些尚未獲得確定形式的「未定物」）。他並未明確表達出自己的思想，但他意向所指，後起的思想家似乎較他自己更清楚地捉摸到了。

總之，這些思想家所熟習的只是關於生滅與動變的理論；他們就只爲這些找尋原理與原因。但人們若開其視野，遍看一切存在的事物，一切可眼見與不可眼見的事物，而明白地於這兩類事物加以研究，當會得知我們正該用更多時間來考查什麼符合於他們的觀點，而什麼又不符合我們目前的探索。

畢達哥拉斯學派對原理與元素的想法比之那些自然哲學家較爲奇怪。他們不從可感覺事物追求
990a 原理，而他們所研究的數理對象除了天文事物以外，都是一類無運動的事物。可是他們所討論與探索的卻正是這物質宇宙的諸問題；他們記述「諸天」之創造並觀察諸天的各部分與其活動和演變；

[75]《殘篇》12。

他們使用各項原理與原因來解釋這些現象時，恰又與自然哲學家們所言略同——他們所謂「諸天」所包含的事物原也不殊於這物質宇宙的萬物。但我們已說過[76]他們所提示的原理與原因本可以導向更高境界的實是，這些原理與原因在自然理論上也不如在那些更高境界中來得適用。可是他們並沒有告訴我們世上倘只有「有限與無限」和「奇與偶」，動變如何可能，而沒有動變，生滅又如何可能，或是經行於天宇間的列宿又如何能照現在的軌跡而行動。

又，人們倘承認空間量度[77]由這些要素組成，或者就算這些已經得到證明，我們還得詢問何以有些實體輕，有些則重？從他們所執的前提與所持的議論來判斷，他們於可感覺事物與數理對象該是當作可相通轉的；我推想他們所以不談火或地或類此之實體，就因他們認爲在數理對象之外，於可感覺事物已沒有什麼特殊的道理。

再者，我們怎樣才能將這些信念結合起來，何以數與數的屬性是一切存在事物的原因，是自古迄今一切天體現象的原因？何以世界只能按照他們所說的那些數目來組合，不能照其他數目？在某一特殊的區域中，他們安置了「條教」與「機運」，在這稍上或稍下安置「不義」與「分離」或「混合」並「指證」，這些庶事各都是一個數；可是這裡各處先已安置有一套由陣列成而具有量度

[76] 989b31-33。

[77] μέγεθος，空間量度或譯幾何量度。量度之於幾何猶數之於算術。

的諸實體——就是這樣，抽象的眾數與物質世界的眾數是相同的數，抑或不相同的兩類數呢⑱？柏拉圖說這是不相同的；可是他也認爲數可以做事物之量度，也可以成爲事物的原因，其分別恰是這樣，事物本身的數是感覺數，爲之原因之數則是理知數。讓我們暫時離開畢達哥拉斯學派，我們所涉及於他們的已夠多了。

990b **章九** 至於主張以意式爲原因的人，他們爲了掌握我們周圍諸事物的原因，先引入了與諸事物爲數一樣多的形式，好像一個人要點數事物，覺得事物還少，不好點數，等到事物增加了，他才來點數。因爲通式實際不少於事物，或是與事物一樣多，這些思想家們在對事物試作說明時，從事物越入通式。對於每一事物必須另有一個脫離了本體的「同名實是」，其他各組列也如此，各有一個「以一統多」（意式），不管這些「多」是現世的或超現世的。

再者，我們⑲所用以證明通式存在的各個方法沒有一個足以令人信服；因爲有些論據並不必引

⑱ 畢達哥拉斯學派以「條教」為「三」（另一些殘篇作「二」）。「三」處於宇宙某一區域，這區域中之諸實體均屬「三」，如氣亦屬「三」（照敘利安諾（Syrianus）詮疏）。這樣，在同一區域（數區）中有些是庶事抽象，有些是物質實體，而所繫屬的「數」則相同。

⑲ 此章若干節與卷M，第四章若干節幾盡相同。但在此卷中亞氏用第一人稱「我們」，自儕於柏拉圖意式學派之列。卷M中，轉以第三人稱指稱意式論者。

出這樣的結論，有些則於我們常認爲無通式的事物上也引出了通式。依照這個原則一切事物歸屬多少門學術，這就將有多少類通式；依照這個「以一統多」的論點[80]，雖是否定，亦將有其通式；依照事物滅壞後，對於此事物的思念並不隨之滅壞這原則，我們又將有已滅壞事物的通式，因爲我們留有這些事物的遺象。在某些比較精審的論辯中，有些人又把那些不成爲獨立級類的事物引到了「關係」的意式[81]，另有些論辯則引致了「第三人」[82]。

一般而論，通式諸論點，爲了意式的存在消失了事物，實際上我們應更關心於那些事物的存在：因爲從那些論點出發，應是數（2）爲第一，而「兩」卻在後，亦即相關數先於絕對數[83]。此外，還有其他的結論，人們緊跟著意式思想的展開，總不免要與先所執持的諸原理發生衝突。

又，依據我們所由建立意式的諸假定，不但該有本體的通式，其他許多事物都該有（這些觀念不獨應用於諸本體，亦應用之於其他，不但有本體的學術，也有其他事物的學術；數以千計的相

[80] 見於柏拉圖《理想國》596A。

[81] 見柏拉圖《斐多》74A-77A、《理想國》497A-480A。

[82] 見於柏拉圖《巴門尼德》131A, D-133A。其要義謂如果X符合於「人的意式」而確定它是「人」，必須有一個「第三人」，俾在它身上，兩個人格可以合一。參閱本書卷Z1039a2，以及《詭辯糾謬》178b36-179a10。

[83] 柏拉圖以「未定之兩」（ἀορίστος δυὰς）為製數兩原理之一。參看1079a18注釋。

似諸疑難將跟著發生），但依據通式的主張與事例的要求，假如通式可以被「參與」，這就只應該有本體的意式，因爲它們的被「參與」並不是在屬性上被「參與」，而正是「參與」了不可云謂的本體。舉例來說明我的意思，譬如一事物參加於「絕對之倍」也就參加了「永恆」，但這是附帶的；因爲這「倍」只在屬性上可用永恆作云謂㉞。所以通式將是本體；但這相同的名詞通指著感覺
991a 世界與意式世界中的本體（如其不然，則那個別事物以外的，所謂「以一統多」的，意式世界中的本體，其眞義究又如何㉟）。意式若和參於意式的個別事物形式相同，這將必有某些性質爲它們所公有，「二」在可滅壞的「諸二」中或在永恆的諸「二」中均屬相同。何以在絕對「二」與個別「二」中就不一樣的相同？但是，它們若沒有相同的形式，那它們就只有名稱相同而已，這好像人們稱呼加里亞爲「人」，也稱呼一木偶爲「人」，而並未注意兩者之間的共通性一樣㊱。

最後，大家可以討論這問題，通式對於世上可感覺事物（無論是永恆的或隨時生滅的）發生了

㉞ 可感覺的成倍之事物並無永恆性。絕對之倍（διπγασίος ἀυτὸ）是有永恆性的。事物之參加於「倍」自可獲得倍的本體與其屬性，但事物所以參與「倍」是參與倍的本性（即算術上的倍乘作用），並不為要得其屬性如永恆者。

㉟ 此節只能看作是一種直捷論法（或武斷論法，ἐνθύμημα），亞氏所提論據與其結論只是這樣：因為通式是本體，它們必須屬於本體。

㊱ 990b2至991a8各節又見於本書卷M，1078b34-1079b3，僅在字句上稍有更動。

什麼作用；因爲它們既不使事物動，也不使之變。它們對於認識事物也不曾有何幫助[87]；因爲它們甚至於並不是這些事物的本體，它們若爲事物的本體，就將存在於事物之中，它們倘不存在於所參與的個別事物之中，它們對這些事物的存在也就無可爲助。它們若眞存在於個別事物之中，這就可被認爲是原因，如「白」進入於白物的組成中使一切白物得以成其「白性」，但這種先是阿那克薩哥拉[88]，以後歐多克索及他人也應用過的論點，是很容易被攻破的；對於這觀念不難提出好多無以辯解的疑問。又說一切事物「由」通式演化，這「由」就不能是平常的字意。說通式是模型，其他事物參與其中，這不過是詩喻與虛文而已。試看意式（理型），究屬在製造什麼[89]？沒有意式做藍本讓事物照抄，事物也會有，也會生成，不管有無蘇格拉底其人，像蘇格拉底那樣的一個人總會出現；即使蘇格拉底是超世的，世上也會出現。同一事物又可以有幾個模型，所以也得有幾個通式；例如「動物」，與「兩腳」與「人」自身都是人的通式。通式不僅是可感覺事物的模型，而且也是通式自己的模型；好像科屬，本是各品種所繫的科屬，卻又成爲科屬所繫的科屬；這樣，同一事物將又是藍本又是抄本了[90]。

---

[87] 此節亞氏反對柏拉圖意式（理念）的超越性，可參看柏拉圖《巴門尼德》134D。

[88] 見《殘篇》12。

[89] 《蒂邁歐》28C，29A，柏拉圖曾言及以意式為「型」（παραδείγματα）範造萬物。

[90] 品種為個體之模型，科屬為品種之模型，故品種為科屬之抄本，又為個體之藍本。

991b 又，本體與本體的所在兩離，似乎是不可能的；那麼，意式既是事物之本體，怎能離事物而獨立？在「斐多」見「斐多」⑨①中，問題這樣陳述——通式爲今「是」（現成事物）與「將是」（生成事物）的原因；可是通式雖存在，除了另有一些事物爲之動變，參與通式的事物就不會生成；然而其他許多事物（例如一幢房屋或一個指環），我們可說它們並無通式，卻也生成了。那麼，明顯地產生上述事物那樣的原因也可能是其他事物存在與其生成的原因⑨②。

又，若以通式爲數，它們如何能成爲原因？因爲現存事物是其他系列的數嗎？例如人是一個數，蘇格拉底是另一數，加里亞又是另一數？那麼，一系列的數又怎能成爲另一系列數的原因？即使前一列是永恆的，後一列是非永恆的，這仍不足爲之證明。如果在這可感覺世界中的事物（例如音樂）是數的比例，那麼凡屬數比就另成一級事物。假如這——物質——是一些確定的事物⑨③，數本身顯然也將是某些對某些的比例。例如，假定加里亞是火、地、水、氣間的一個比例，他的意志也將含存若干底層物質；而人本身，不管他是否確是一個數或不是一個數，卻總該是某些事物間的

⑨① 100C-E。

⑨② 991a8-991b9各節論旨後又見於卷M，1099b12-1080a8。

⑨③ 991b15 εἰ δή τι τοῦτο，ἡ ὕλη，此子句中「物質」一字在全句中詞旨似不符，卻又似與下文相聯屬，姑仍其舊。

一個數比，而不是數本身；不應該因爲這是（某些底層物質的）數比，就以意式爲數[94]。

又，眾數可成一數，但怎能由眾通式成爲一通式？若說一個數，如一萬，並不由眾陣列成而是由諸單位（諸一）組成，那些單位又何如？無論說它們在品種上是相似的或不相似的，都將引出許多荒謬的後果（無論是說一個定數中的諸單位相異，或說一個定數與另一定數中的諸單位相異）[95]；它們既各無特質，將憑何物以成其相異？這不是一個可讚美的觀念，而且也與我們對單位的想法不符。

又，他們必須建立第二類的數（在算術上運用這些二），並建立被某些思想家所引稱的「間體」；這些又如何存在，從何發生？又或要問，在現世事物與理想數之間爲何需要有間體？

又，說是二中的兩單位，每一個都應從一個先天之二[96]中得來；但這是不可能的。

992a 又，爲什麼一個數由若干單位合成之後就必須作爲一個整體？

再者，除了上述諸疑難外，單位倘有多種，則柏拉圖學派就該像那些講元素有四或有二的人一樣，各各予以明析；但那些思想家將火與地稱爲元素，並不曾先闡明它們有何相同的底質——如

[94] 本節若干句原文造語累贅而有所未達，可能有抄本錯誤。991b19-20行「數比」非「數」之論點也未必能令數論派折服。可參看1092b20-22。

[95] 此節大意可於卷M章六、七，窺見一斑。諸單位之相通或不相通，可參看1081a5-12。

[96] 先天之二即未定之「兩」。

都有實體——而是分別賦予「元素」這一通名。事實上柏拉圖學派所講單位也像火或水一樣，是全體勻和而同質的；若然，數便不是本體[97]。明顯地，如果有一個「絕對一」而以此爲第一原理，則「一」當須具有雙關命意以適應不同作用；如其不然，這就不能成立（爲類乎「元素」之單位）[98]。

當我們希望將實物抽象爲原理時，我們將線敘述爲「長與短」（「大與小」諸品種之一），面爲闊狹，體爲深淺。可是如何又面能含線，而體能含面或線呢？因爲闊狹與深淺是不同類的。在這裡並不包含有數，因爲「多少」（數）與「長短」、「闊狹」、「深淺」（量度）也各非同類；明顯地高級類不存現於低級類中。「闊」也不是一個可以包容深的科屬，如果是這樣，體將成爲面屬中的一個品種了[99]。

又，圖中所含的點將由什麼原理演化？柏拉圖嘗否定這一級事物，謂之幾何寓言（幾何教條）。他將線原理名爲「不可分割線」——這個他時常論及[100]。可是這些必得有一限止；所以論證

---

[97] 這就只該是計算用的數學之數。參閱卷M，1081a5-12。

[98] 由992a9-10一句顯明亞里斯多德所指柏拉圖學派的「一」（ἑνὸς）主要的意義是「單位」（μονάδος）。

[99] 992a10-19，參閱卷M，1085a9-19。

[100] 柏拉圖曾否定點的存在。至於「不可分割線」之說應是齊諾克拉底（Xenocrates）學說，《亞氏全集》中有《不可分割線》一篇為之駁辯。齊為柏拉圖弟子，西元前三三五年繼斯泮雪浦為柏拉圖學院主持人。

線如何存在，就跟著會說明點的存在[101]。

一般說來，雖則哲學旨在尋求可見事物的原因，我們曾忽視了這旨趣（因爲關於變化所由發動的原因我們從未談到），而正當我們幻想自己是在陳述可見事物的本體時，我們執持了本體的次級存在，我們主張它們作爲可見事物的本體之緣由都是空談；我們先前已說過[102]，所謂「參與」實際是假託的。

通式對於我們所見藝術上的原因也沒關係，對於藝術，整個自然與人類的理性是在作用著的[103]——這一種作用，我們認爲是世界第一原理；但近代思想家[104]雖說是爲了其他事物而做數學研究[105]，卻把數學充當哲學。

---

[101] 亞里斯多德，如當代幾何學家一樣，以點為線之末限，線為面之末限。

[102] 見991a20-22。

[103] 亞氏意指極因，即善因。

[104] 指斯泮雪浦，另看本書卷Z，章二。斯泮雪浦（Speusippus，？—前三三六），柏拉圖侄，西元前三四七年繼其叔為學院主持人。

[105] 參看柏拉圖《理想國》卷七，531D, 533B-E。992a30-34指責斯泮雪浦等以數學籠蓋一切，造句說理是不充分的。其大意是在陳述藝術上有「美善」為極因，而數與通式照數論派與意式論派的講法，均屬式因，沒有極因的學術不應充當哲學。

992b 又，人們可以照他們的講法推想，作爲本體的底層物質，作爲本體的云謂與差異者，也屬於數，亦即是說這些底層擬於物質而本身並非物質。這裡我所指的是「大與小」，如同自然哲學家所說「密與疏」一樣，爲底層的初級差別；因爲這些也就是「超越與缺損」的諸品種之一。至於動變，「大與小」若作爲動變，則通式顯然將被動變；它們若不作爲動變，動變又將從何產生？自然的全部研究就此被取消了。

說事物悉歸於一——想來這是容易爲之作證的，實際還沒有證明；因爲所有例引的方法[106]只證明有「絕對之一」（本一）存在，即便我們承認所有的假設——也未證明所有事物悉歸於一。假如我們不承認通例（普遍）是一個科屬，則「絕對之一」那樣的結論也不可能引致；而且這在有些事例上原來也是行不通的[107]。

在數之後，線與面與體怎樣發生而能存在，以及它們具有哪些意義，這也未能予以說明；因爲這些既不能是通式（因爲它們不是數）也不是「間體」（因爲間體是一些數學對象），也不是可滅

[106]「例引」：由實事設例而引向抽象結論，可參閱本書卷Z，1031b21；卷N，1090a17。ἔκθεσις可譯作「例引法」，或「解釋法」。亞歷山大注疏說明其法大略如此：舉若干個人而求其共同之處，以定人之通例，再舉人、馬、猴等而求其間之通例，最後萬物必通於一。

[107]蓋指「關係」與「否定」詞項。

壞事物。這明顯地是一個（與上三類）不同的第四類[108]。

事物之存在含融著許多不同命意，不辨明其複雜性而要覓取所有存在的要素，一般是不可能的，用這樣含混的方式研究事物組成要素之性質是無益的。因爲所能發現的要素只是本體的要素，至於什麼是「作用」或「被作用」，或「深固」不可及處的要素，實際是不一定能發現的；所以說要統研一切現存事物的底蘊，或自意謂已掌握了一切要素，都是未必確到的。

我們怎能習知一切事物的要素？明顯地我們不能先知而後學。開始學習幾何的人，即使他嫻於其他事物的知識，可是於所擬修習的幾何這門學術當是全無知識的；其他類此。那麼，若像有些人所主張的，世人有一門統括一切事物的學術，則修習這門學術的人該是先前一無所知的了。可是一切學習無論是用「實證法」或用「界說法」進行，必須先知道某些「前提」（知道一些或全部前
993a 提）以爲依憑；界說（定義）的要素必須先已知道而熟習；用「歸納法」來學習也相似[109]。若說知識眞的基於宿慧[110]，這很奇怪我們不知道自己具有這樣偉大的知識。

---

[108] 見本書卷M，1080b23-30, 1085a7-9。

[109] ἀποδείξις（實證）出於動字「攤開來」，或譯「證明」。ὁρασμός（定義）出於動字「劃定界限」故又譯「界說」。ἐπαγωγὴ（歸納）出於動字「引致」（或「引導」）；柏拉圖《政治家》278A，用此字作「引誘」意。προοίμια為導言，譯作「前提」，指論證或定義上之要素。

[110] τυγχάνοι συμφύτος οὖσα，知識「出於自身」，或知識「真屬內在」；其意所指在柏拉圖的「宿慧」

又，人怎樣得知一切事物用什麼構成，知道以後又怎樣能將自己所知向人表明，這也是一個疑難；因爲意見可以互相牴觸；例如關於某些字母，有人說ζ（za）是σ與δ與α三音注的拼合，另有些人則說這是另一個音注⑪，與我們其他已熟識的音注沒有一個相切。

又，如沒有具備相應的官感，我們怎能認識各種不同感覺的各類事物？可是，如果像複雜的聲調可由適當的通用字母（音注）組成一樣，一切事物所由組成的要素苟爲各官感都能相通的要素，那麼我們應該就能（看音樂或聽圖畫）。

章十　從以上所述，於是這明白了，人們似乎都在尋求我們在「物學」中所指明的諸原因，我們再沒有找到過其他原因。但他們的研索是模糊的；他們有些像是說到了，又像全沒說到。因爲古代哲學正當青年，知識方開，尚在發言囁嚅的初學時期。雖是恩培多克勒也只會說骨的存在由於其中的比例⑫，比例就是事物的怎是，亦即定義。相似地，肉與其他組織也應是元素的比例，否則就該都不是比例，照他這論點，肉與骨及其他不是因他所曾列舉的——火、地、水、氣——物質而存在，只因其間的比例而存在。這些引申了的意思他自己並未明白說出，但我們今日爲之引申了，他

（ἀνάμνησις）。見於柏拉圖《美諾》（Meno）81C、《斐多》72E。

⑪ ζ為一獨立的希臘字母，但音與σδα三拼音相似。

⑫ 參看第爾士編《先蘇格拉底》第三版，卷一，214.22-215.6。另見本書1092b20。

是必得同意的。

關於這些問題，我們已表示了我們的想法；但讓我們重複列舉在這些論點上所可引起的疑難[113]；這些於我們以後的辨析也許有所幫助[114]。

---

[113] 此句所示，以後見於卷B。

[114] 「貝刻爾本」第九章直至993a25止，第杜（Didot）巴黎校印本最先將993a11以下分為第十章。

卷(α)二①

章一　對於自然眞理的探索，正不容易，但也可說並不困難。世人固未嘗有直入眞理之堂奧，然993b人各有所見，迨集思廣益，常能得其旨歸，個別的微旨，似若有裨而終嫌渺小，或且茫然若失，但既久既眾而驗之，自古迄今，智慧之累積可也正不少了。因爲眞理像諺語的門戶，沒有人會錯入②，以此爲喻，則學問不難。然人們往往獲致一大堆的知識，而他所實際追求的那一部分確眞摸不著頭緒，這又顯得探索非易了。

迷難本起於兩類，也許現在的迷難，其咎不在事例而正在我們自己。好像蝙蝠的眼睛爲日光所閃耀，我們靈性中的理智對於事物也如此炫惑，實際上宇宙萬物，固皆皎然可見。

---

① 此卷尚論本體與四因，自然真理與一般學術研究：其內容與卷一、卷三上下均不銜接。奧古斯丁．尼夫（Augustine Niphus）認為此卷原從某卷或某章中刪出，而後人復為之編存於A卷之後。亞歷山大與亞斯克來比均謂此卷開章語及物理，不宜以之入「哲學」。依湯瑪斯．阿奎那意見，此卷論題亦與卷A有關，故世傳各本均仍舊編。近代譯文或標為「卷A附篇」，以後各卷依次挨下，全書作十三卷。茲照多數譯本列為卷二，全書作十四卷。舊注曾述及此卷為巴雪克里（Pasicles）所作。《哲學》一書之近代詮疏家耶格爾估量為巴雪克里聽講筆記。

② 《希臘古諺》卷二，678。

我們受益於前人，不但應該感荷那些與我們觀點相合的人，對於那些較浮泛的思想家，也不要忘記他們的好處；因爲他們的片言剩語確正是人們思緒③的先啓，這於後世已有所貢獻了。誠然，若無提摩太，我們將不會有多少抒情詩；可是若無弗里尼，就不會有提摩太④。這於眞理也一樣；我們從若干思想家承襲了某些觀念，而這些觀念的出現卻又得依靠前一輩思想家。

哲學被稱爲眞理的知識自屬確當。因爲理論知識的目的在於眞理，實用知識的目的則在其功用。從事於實用之學的人，總只在當前的問題以及與之相關的事物上尋思，務以致其實用，於事物的究竟他們不予置意。現在我們論一眞理必問其故，如一事物之素質能感染另一些事物，而使之具有相似素質，則必較另一事物爲高尙（例如火最熱，這是一切事物發熱的原因）；這樣，凡能使其他事物產生眞實後果者，其自身必最爲眞實。永恆事物的原理常爲最眞實原理（它們不僅是有時眞實），它們無所賴於別的事物以成其實是，反之，它們卻是別的事物所由成爲實是的原因。所以每一事物之眞理與各事物之實是必相符合。

③ ἕξις出於動字「持有」，參看卷Δ第二十章注。在此句中，應作別解。亞歷山大解作「能力」，以後各家，或解作「研究的習慣」，或解作「思想的能力」，或解作「心理的經驗」：茲譯為「思緒」。

④ 提摩太（**Timotheus**，約西元前四四六（？）—前三五七）與弗里尼（**Phrynis**）均希臘抒情詩人。弗里尼略早，約與戲劇家亞里斯托芬（約西元前四四八—前三八〇）同時。

994a **章二** 顯然，世上必有第一原理，而事物既不能有無盡列的原因，原因也不能有無盡數的種類。因爲1.一事物不能追溯其物質來由（物因）至於無盡底蘊，例如肌肉出於地土，土出於氣，氣出於火，歷溯而終無休止。也不能根究其動變來源（動因）成爲無盡系列，例如人因氣而動，氣因太陽而動，太陽因鬥爭而動⑤，類推而竟無休止。相似地極因也不能無盡已地進行——散步爲了健康，健康爲了快樂，快樂爲了其他，其他又爲了其他，這樣無盡已地「爲了」。怎是（本因）的問題亦復如此。因爲在「間體」問題上，「間體」必有前後兩個名詞，前名必爲後名的原因。如果人們詢問三者之中誰是本因，我們當以第一名爲答；末一名不是原因而是成果，間體又只是它後一名的原因（那麼本因自應求之於最先一名了）（間體之爲一或爲多，這裡並沒有關係，其數有盡或無盡也沒關係）。如果間體的系列是無盡的或種類是無盡的，一直下去到任何一個間體爲止仍還都是間體；如沒有那個「第一」這就沒有本因。

在上面建立了一個起點以後，也不能向下面無盡地進行，如云水由火故，地由水故，不能是一有「所由」便產生無盡後果。「由」（ἐκ）之爲義有二——這裡，「由」不作「在後」解，例如我們說，「在」伊斯米賽會以「後」，來了奧林匹克賽會⑥；其一義如「由」兒童以至成人，兒童變

⑤ 此例出於恩培多克勒宇宙學。

⑥ ἐκ，前置詞有「由於」與「後於」兩義；這裡亞里斯多德專用其前一義而再析為二解。希臘人每兩次奧林匹克節間舉行一次伊斯米節。凡遇此節年，伊斯米會排在春季，奧林匹克會排在夏季（參閱卷Δ章二十四）。

則爲人；或另一義如氣「由」於水。我們說「人由童來」，其意所指是「一物變而另一物成，一物終而另一物始」（創變本在「現是」與「非現是」之間；因爲學徒是一個在創造中的大師，所以我們說一個大師是「由」學徒變成的）；另一方面，「氣由於水」則其意所指是一物毀而另一物成。
994b 所以前一類變易是不可回復的，成人不能復還於兒童（因爲這是由於變易遂成現是，並不是出於「此是」而轉爲「彼是」；又如說天曙而成白晝，就因爲白晝跟在天曙以後；類乎如此，我們也不能倒轉說白晝成爲天曙）；但另一類的變易則是可回復的。在這兩類事例上，都不能有無盡數的項目。因爲前一類項目就是間體，必須有所休止，而後一類則互爲變化；它們之間的成壞是相通的。

同時，第一原因既是永恆的，就不該被毀滅；因爲創變過程向上行時不是無盡的（必然得有一個最初原因），後繼的事物須由這第一原因的毀滅而次第生成，那麼這第一原因將不是永恆的⑦。

又，極因是一個「終點」，這終點不爲其他什麼事物，而其他一切事物卻就爲了這個目的；有了這末項，過程就不至於無盡地進行；要是沒有這末項，這將沒有極因，但這樣主張無盡系列的人是在不自覺中抹掉了「善」性（可是任何人在未有定限以前他是無可措手的）；世上也將失去理性；有理性的人總是符合於一個目的而後有所作爲，這就是定限；終極也就是「定限」。

---

⑦ 這一節原文晦澀而論旨不明。上文994a11-19既列舉四因，又言明第一因必須是永恆的。此節末一子句與上文相矛盾（參看羅斯注釋）。

「怎是」也不能引致另一個更充實的定義⑧。原定義比之衍生定義總是較切近的一個定義；在這樣的系列中，如果第一項定義沒有做對，以後的步趨也不會走準。還有，這樣說的人實際毀壞了學術；因爲要想達到無可再解析詞項，這是不可能的。依照這些想法，知識也成爲不可能；事物如眞具有如此無盡的含義，人將從何認取事物？因爲這並不像一條線那樣，可能做無盡分割，可是實際上，於線而論那個無盡微分還是不可想像的，所能想像的只是一些假設爲有定限而頗短的線段而已（人們如欲追尋一條無盡可分割的線，他就沒法計算多少線段）——憑可變事物來想像物質之無盡也不可能。若說無盡事物能存在，則這個無盡觀念便非無盡。

但是2.原因的種類若爲數無盡，則知識也將成爲不可能；因爲我們只有肯定了若干種類原因以後，才可以研究知識，若說原因是一個又一個地增加，則在有盡的時間內人們就沒法列舉。

995a **章三** 對於一群聽衆，學術課程的效果須看聽衆的習性；我們樂於聽到自己所熟悉的言語，不熟悉的言語違異我們的慣常，就好像難以理解，又好像是外邦人語。可理解的言語就是習慣的言語。習慣的力量可以律法爲證，因積習而逐漸造成的律法，其中神話⑨以及幼稚的成分常常比理知成分

⑧此語簡略，可以人的定義為例示而加以說明：怎樣是人？「人是理性的動物。」「怎樣是理性動物？」「這是理性的有官感的活體。」這樣一定義引致另一定義，總不能無盡地進行

⑨神話之入律法者，其例，如坤母神話以大地女神為人類之祖母，雅典與斯巴達均以之訂入法律。柏拉圖亦嘗

佔優勢。有些人，除非講演者以數學語言說教，他們就不傾聽，有些人則要求他舉實例，還有些人則但願他以詩爲證。有些人要求一切都說得精密，另有些人則以精密爲厭忌，因爲他們自身粗疏，精密的言語於他們的思想聯繫不上，或則因爲他們拿精密當作煩瑣。精密是具有一些煩瑣性質的，因此在商業上和辯論上都被輕視。

所以人們必須先已懂得而且習知各式辯論的方法，因爲各門知識與修學方法兩者均需要艱巨的功夫，這不能在研究各種專門學術中，同時又教授以修學的方法。並不是所有的問題都要求高度的教學精密[10]，精密只是超物質問題上有此需要。全自然既假定著具有物質，自然科學便不需要過度精密的方法。我們必須先研究自然是什麼，再進而考察自然科學所討論的是些什麼。〔以及研究事物的原因與原理是否屬於一門或幾門學術。〕[11]

論及以坤母神話訂入法律可以增進人民對於鄉土國家之忠忱。

[10] 參看《尼哥馬可倫理學》卷一章三；《解析後篇》卷一，章十三、十四。

[11] 末一子句與995b5-6那一子句相似，蓋被重複傳抄而誤植於此。

卷(B)三①

章一 我們於所習學術應列舉所擬最先討論的主題。這些包括各家哲學諸原理以及前人所未省察到的任何觀點。凡願解惑的人宜先好好地懷疑；由懷疑而發爲思考，這引向問題的解答。人們若不見有「結」，也無從進而解脫那「結」。但思想的困難正是問題的癥結所在；我們在思想上感到不通，就像被鎖鏈縛住了；捆結著的思想，也像縛住了的人，難再前進。所以我們應將疑難預爲估量；因爲欲做研究而不先提出疑難，正像要想旅行而不知向何處去的人一樣。若不先做說明，各人 995b 也無從揣測自己能否在一定時間內找得所尋求的解答；問題的究竟雖則對先已研究過的人是清楚的，對於起疑的人則並不清楚。又，對於一個事例，已得聞兩方面論辯的人當然就較善於辨別其是非。

第一個問題曾在我們的「導論」中有所涉及。這是——1.原因的探索屬於一門抑或數門學術。2.這樣一門學術只要研究本體的第一原理抑或也該研究人們所憑依爲論理基礎的其他原理（例如可否同時承認而又否定同一事物以及其他類此諸通則）。3.如果這門學術專研本體，是否所有本

① 卷(B)三與卷(A)一相銜接。參看卷A末句。所列舉之疑難問題以後分別在E-I、MN各卷中論及。Γ 1004a33, I 1053b 10, M 1076a 39, 1076b 39, 1086a 34, b15均提及此卷，稱為「諸疑難篇」（ἐν τοῖς διαπορήμασιν）。

體可由一門學術來總括或須數門共商；若爲數門，則各門是否相關極密，而其中是否有的就該稱爲智慧，其他的則給予別的名稱。4.這也是必須討論的一題——是否只有可感覺本體才算實際存在，或另有其他與之一同存在；而其他這些（非感覺本體）只有一類，抑有數類，如相信通式與數學對象的人所揣想者，在可感覺事物與這些本體之間還有本體。對於上述這問題，又必須詳察，5.是否我們的研究限於本體，或亦旁及本體的主要屬性。還有「相同」與「有別」，「相似」與「不相似」、「對反」，以及「先於」（先天）與「後於」（後天）和其他②——辯證家們以通俗前提做辯論開始時，常試爲查考的這些名詞——這將是誰的業務對於這些悉予詳察？又，我們必須討論這些名詞的主要屬性，不僅要問它們各是些什麼，更須查詢每一事物是否必有一個「對成」。又，6.事物的原理與要素就是科屬抑爲其部分，即事物所由組成而亦可析出的各個部分；若爲科屬，則是否應爲每一個別事物所歸隸的最高科屬，例如「動物」或「人」，亦即以離品種愈遠而統屬愈廣之級類爲原理。7.我們更必須研究而且討論在物質之外，是否別有「由己」因果，而且這類因果是否只有一種，或可有多種；又在綜合實體以外是否另有事物（我所謂綜合實體就指物質連同憑物質爲之表明的事物），或是在某些情況中，綜合實體③以外可以另有事物，而在另一些情況中就沒有，

② 這些名詞見於本書卷Δ。又見於「命題」。

③ 「綜合實體」（σύνολον）參看卷H，章八。

996a 而這些情況又究屬如何。又，8.我們請問原理在定義上和在底層上其爲數或爲類是否有定限。9.可滅壞事物與不滅壞事物之原理是否相同；這些原理是兩不滅壞，或是可滅壞事物的原理也是可滅壞的。又，10.最難決最迷惑的問題：「元一」與「實是」是否並無分別，正如畢達哥拉斯學派及柏拉圖所主張，確爲現存事物的本體；抑或這些並非事物之本體，而恩培多克勒所說的「友」，又或另一些人說④的「火」，又一些人⑤說的「水」與「氣」才是事物的底層？又，11.我們請問第一原理是普遍性的，抑有類於個別事物，以及12.它們是「潛能」抑爲「實現」，還有它們的所謂潛能與實現是對動變來說的呢，抑另有含義；這些問題也將顯示許多迷惑。又13.「數」與「線」與「點」與「面」是否具有本體的含義？若爲本體，它們又是否結合於可感覺事物之中，抑與之分離？關於上述各端不僅難得眞實的結論，即欲將所有疑難一一明白列敘也不很容易⑥。

---

④ 指希巴索（Hippasus）與赫拉克利特主以火為萬物原始。希巴索略遲於赫氏。

⑤ 指泰勒斯主水，阿那克西米尼與第歐根尼（Diogenes）主氣。

⑥ 第一章十三項問題均在下文重提：1.見於本卷996a 18-b26；2.996b 26-997a 15；3.997a 15-25；4.997a 34-998a 19；5.997a 25-34；卷Γ，1003b 22-1005a 18；6.本卷998a 20-b14；998b14-999a 23；7.999a 24-b24；8.999b 24-1000a 4；9.1000a 5-1001a 3；10.1001a 4-b25；11.1003a 5-17；12.1002b 32-1003a5；卷Θ，章六；13.1001b 26-1002b 11。羅斯譯本分為十四主題，第六題分成兩題。

章二

1. 我們最先提到的問題是研究所有各項原因屬於一門抑或數門學術？如果各項原理並非對成，怎能由一門學術來認取各項原理？

還有許多事物，它們並不全備四因。一個動變原理或性善原理怎能應用於不變事物？每一事物，如其自身或其自性是善的，則自己就是一個終極，而成爲其他事物所由生成而存在的原因；爲了某一終極或宗旨，這就將有所作爲；有所作爲方可見其動變；這樣，在不變的或具有本善的事物上，動變無可作爲，動變原理也不能應用。所以，數學絕不應用這一類原因來做證明，也沒有人用——「因爲這個較善或那個較惡」——這樣一類理由來解答數學問題；實際上沒有人在數學中提到這類問題。爲此之故，詭辯派，如亞里斯底浦，常常譏諷數學，他認爲以藝術而論，卑微莫如木工與鞋匠，猶必以「做得好」或「做得壞」爲評比，可是數學家就不知道宇宙內何物爲善，何物爲惡。

996b 但，各類原因若須有幾門學術，一類原因歸於一門學術，則我們將試問哪一門最是我們所當研求，或哪一門的學者最爲高尚？同一事物可以全備諸因，例如一幢房屋，其動因爲建築術或建築師，其極因是房屋所實現的作用，其物因是土與石，基本因是房屋的定義。從我們以前對於這問題的討論[7]來判斷，四因都可以稱爲智慧的學術。至於其中最高尚最具權威的，應推極因與

[7] 參考卷A，982a 8-19。

善因之學，終極與本善具有慧性——萬物同歸於終極而復於本善，其他學術只是它的婢女，必須爲之附從而不能與相違忤。但照先前關於本體的討論[8]則事物之怎是爲最可知的原理，而式因便應最接近於智慧。因爲人們可以從許多方面認知同一個事物，凡是以事物的「如此如此」而認取一事物的人，較之以其「不如此不如此」而認取事物者，其爲認識宜較充分；以事物之如此如此來認取事物的一類人，又須有所分別，凡獲知事物之「怎是」者於認識事物最爲充分，至於那些憑量，或質，或自然所加或所受於此事物之其他事項來認取事物的人不會有最充分的認識。又，於一切其他諸例，我們意爲對於每一事物，即便這是可得爲之證明的事物，也必須得知其怎是而後才能認識其存在，例如說何謂「使（長方形）成方」，答覆是，「在（長方形的）長短邊上求得一個適當中數（作爲正方的邊）」；其他一切情況也相似。我們知道了動變來源也就知道動作與變化及每一動變的發展；而這有異於終極，也相反於終極。那麼，這些似乎該得有幾門學術來分別研究幾類原因[9]。

2.但說到實證之原理和原因，它們是否屬於一門或數門學術原爲可爭論的問題。我所指實證原理就是大家都據以進行證明的一些通則，例如「每一事物必須肯定或否定」以及「事物不能同時存

---

⑧ 參考同卷982a30-b2。

⑨ 996a 18-b20可參考卷K，1059a 20-23（其中996a 21-b1可參考1059a 34-38）。

在而又不存在」；以及類此的前提。問題是，實證之學與本體之學應屬同一門學術，或不同的學術，如果兩者不是同一門學術，則我們應追求哪一門學術。這些主題說是應屬於一門學術未必合理；爲要闡明這些內容，有何理由使之專屬於幾何或其他任何一門學術？若說不能屬之於一切學術，而又可以屬之於任何一門，那麼對於這些主題在本體之學上之所認識者便與在其他學術中所
997a 認識的並不相殊了。同時這又怎樣才能有一門研究第一原理的學術？我們現在固然知道這些通則實際是什麼（至少在各門學術中正把它們當作熟識的定理在運用著）；但是如果眞要成立一門實證之學專研這些，這就將有某些底層級類，有些是可證明的，有些則是無可證明的通則（因爲一切通則均須先得證明是不可能的）；實證須先有某些已定前提憑作起點，以爲某一主題證明某些事物。所以，凡由此得到證明的一切事物將必歸屬於可證明的一個級別；因爲一切實證之學是憑通則來求證的。

假如本體之學與通則之學有所不同，兩門學術應以何者爲先，何者爲主？通則是一切事物中最普遍的公理。如果說這不是哲學家的業務，又將有誰來詢問它們的眞僞呢[⑩]？

3. 一般說來，是否一切本體歸於一門學術或分屬數門？如須分屬數門，則哪一類本體該屬之於哲學？另一方面來說，要一門學術管到一切事物又不是確乎可能的；因爲這樣，一門實證之學就得

⑩ 996b 26-997a15，參看1059a 23-26，答案見於卷Γ，章三。

處理一切屬性。每一門學術的業務各依據某些公認通則，考察某些事物的主要屬性。所以，有各級類的事物與屬性就有各級類的通則與學術。主題屬於一類知識，前提也是一類，無論兩者可以歸一或只能分開；屬性也是一類知識，無論它們是由各門學術分別研究或聯繫各門做綜合研究[11]。

4.[12]又，我們是否只研究本體抑應並及它們的屬性？試舉例以明吾意，倘一立體是一個本體，線與面亦然，同一門學術的業務是否應該知道這些並及其各級屬性（數理之學就是爲這些屬性提出證明的），抑或讓後者分屬於另一門學術？如果屬於同一門學術，本體之學也將是實證之學；但事物的怎是照說是無可實證的。若爲另一門，則研究本體諸屬性者，將是一門什麼學術？這是一個很難決的疑問[13]。

5.又，是否只有可感覺事物存在抑或另有其他事物？本體只有一類，或可有若干類，如有些人認
997b 爲數理所研究的通式及間體也是本體？通式是原因也是獨立的本體，這含義我們曾在初提及這

[11] 997a 15-25，參考1059a 26-29，答案見於卷Γ，1004a 2-9及卷E，章一。

[12] 第二章及以下各章中各節號碼是譯者對照第一章所提各問題次序編列的。希臘文本無此號碼。全書其他各節括弧內號碼均譯者所加。

[13] 997a 25-34, 1059a29-34，其答案參看1003b22-1005a 18。

名詞時說過⑭；通式論的疑難甚多，其中最不可解的一點是說物質世界以外，另有某些事物，它們與可感覺事物相同，但它們是永在的，而可感覺事物則要滅壞。他們不加詮釋地說有一個「人本」，一個「馬本」，一個「健康之本」——這樣的手續猶如人們說有神，其狀是人。或謂神的實際就是一個永恆的人，而柏拉圖學派所說的通式實際也就是一些永恆的可感覺事物。

又，在通式與可感覺事物之外若涉及兩者的間體，我們又將碰到許多疑難。明顯地，依照同樣的道理，將在「線本」與「可感覺線」以外，又有「間體線」了，它類事物亦復如此；這樣，因爲天文學既是數學中的一門，這將在可感覺的天地以外別有天地，可感覺的日月以外（以及其他天體）別有日月了。可是我們怎能相信這些事物？假想這樣的一種物體爲不動殊不合理，但要假想它正在活動也不可能。——光學與樂律所研究的事物相似；由於同樣的理由，這些都不能離可感覺事物而獨立。如果在通式與個別事物之間還有可感覺事物與感覺間體，則在動物之本與可滅亡動物之間顯然地當另有動物。也可以提出這樣的問題——我們必須在現在事物的哪一類中，尋找間體之學？倘幾何之同於地形測量的只有這一點，後者所量爲可見事物，前者所量爲不可見事物，那麼醫藥學以外顯然也得另有一門學術爲「醫藥之本」與「個別醫藥知識」之間的間體；其他各門學術依此類推。可是怎能如此？這樣，在可見的「健康事物」與

⑭「我們說過」（λεγόμεν），亞里斯多德以柏拉圖學派身分發言。又本卷第六章1002b 15，參看卷A，章六、章九。

「健康之本」間另有「健康」。同時，地形測量是在計量可見而亦是可滅壞的量度，那麼在可滅壞事物滅壞時，學術也得跟著滅壞。這個也不能是確實的。

但，從另一方面說，天文學既不能研究可見量度，也不能研究我們頭上的蒼穹。一切可見線都
998a 不能正像幾何上的線（可見直線或可見圓形，都不能像幾何學上的「直」與「圓」）；普羅塔哥拉常說「圓與直線只能在一點接觸」，而一般圓圈與一直杆不可能只是一點接觸的，他常以此否定測量家⑮。天體的運動與其軌道⑯也不會正像天文學所擬的那樣，星辰也不會正像星辰學家所製的符號⑰那樣性質。現在有人這樣說，所謂通式與可見事物兩者之間體就存在於可見事物中，並不分離而獨立⑱；這論點是多方面不可能的，但列舉以下一些就足夠了：說只有間體在可見事物之中而不說通式也在其中，這是不合理的，通式與間體實際是同一理論的兩部分。又照這理論來講，在同一地位就該有兩個立體，若說間體就在那個動變的可見立體之中，這就不能

⑮ 此節所引普羅塔哥拉（Protagoras）語可能見於《論數理對象》（Περὶ τῶν Μαθημά-των），此書失傳；書名見於第歐根尼「拉爾修」（Diogenes, L.）《列傳》卷九，《亞里斯多德本傳》所附「書目」。

⑯ ἕλικες字根出於滾動，可作圓軌道解，亦可作螺旋運動解。

⑰ 「符號」（σημεῖα）：巴比倫所傳星象學，黃道十二宮星座均以符號代表之，如白羊♈春分（三月二十一），巨蟹夏至（六月二十一日），天平秋分（九月二十二日），摩羯冬至（十二月二十一）。

⑱ 這論點出於一個半畢達哥拉斯、半柏拉圖學派。

說間體爲不動變的了。究屬爲什麼目的，人們必須假定有間體存在於可見事物之中，像我們前已述及的同類悖理將跟著出現；天地之外將別有天地，只是這一天地還與原天地在同一位置，而並不分離；這是更不可能的⑲。

章三

6. 關於這些論題做確當的陳述是很難的，此外是否應以一事物的科屬抑或不如以其原始組成爲事物的要素與原理，這樣的問題也是很難說的。例如各種言語均由字母組成，通常都不以「言語」這科屬通名，而以字母爲要素與原理。在幾何上有些命題不證而明，而其他的一切命題或多數命題的證明卻有賴於這些命題，我們稱這些命題爲幾何的要素。還有，那些人說物體爲幾種元素或一種元素組成，其意也在以組成部分爲物體的原理；例如恩培多克勒說火與水與其他爲組成事物的元素時，他並不以這些爲現存事物的科屬。此外，我們若要考察任何事物的素
998b
質，我們就考查其各部分，例如一張床，我們懂得了它的各個部分及其合成，就懂得這床的性質了。從這些論點來判斷，事物之原理不應在科屬。

可是，若說我們要憑定義認識每一事物，則科屬既是定義的基本，亦必是一切可界說事物的原理。事物依品種而題名，人能認知此品種即便認識了這事物，而認識品種必以認識科屬爲起理。

⑲ 997a 34-998a 19，參看1059a 38-b 21，其答案可參考卷Λ，章六至十，及卷M、N。

點。至於那些人以「一」與「是」[20]，或「大與小」[21]爲事物之要素，其意就在將原理看作科屬。

但原理不能用兩個不同的方式來說明。因爲本體只能是一個公式；而以科屬來取定義就不同於以其組成部分來說明事物[22]。

再者，如以科屬爲原理，則應以最高的科屬，抑應以最低的品種爲之原理？這也是可以引起爭論的。如果認爲愈普遍的總是愈近於原理，則明顯地，最高科屬應爲原理；因爲這些可以做一切事物的云謂。於是，全部事物如可分多少基本科屬，世上就將有多少原理。這樣，實是與元一均將是原理與本體，因爲這些是一切事物的最基本云謂。但無論「一」或「是」又都不可能成爲事物的一個獨立科屬；因爲科屬中各個差異必須各自成「一」並成「是」；但科屬脫離其所含有的各個品種，就不應該含有其間差異的云謂；那麼如果「一」或「是」作爲一個科屬，其中所有差異均不會成「一」而爲「是」。可是若把原理作爲科屬，則一與是倘不是科屬，也就不能成爲原理。又諸間體包括其差異一直到最後不可復爲區分者爲止，在理論上應爲科屬；但實際上，這個，有些或被認爲是科屬，有些則未必是。此外差異之可稱爲原理，也並不減於

[20] 指學派與柏拉圖（參看996a6）。

[21] 指柏拉圖（參看卷A987b 20）。

[22] 998a 20-b 14答案見於卷Z，章十、十三。

科屬，甚至可說更接近於原理；如果差異也稱爲原理，則原理的數目實際將成爲無盡，尤其是999a 我們所假定爲原理的科屬愈高則所含的差異也愈多。

但是，如以元一爲更近於原理，而以「不可再分割者」爲一，所謂不可分割者就指每一事物在數量與品種上爲不可分割而言，於是凡不可再分割的品種就應先於科屬，而科屬則可以區分爲若干品種（「人」不是個別諸人的科屬），那麼，這應是作爲最低品種的不可分割物，爲更近於元一。又，凡有先天與後天分別的事物，必與其所先所後的事物相聯繫（例如「二」若爲列數中的第一個「數」，各個品種數以外便不能別有一個科屬數；相似地各樣品種「圖形」以外也不會別有一個科屬「圖形」；這些事物的科屬倘不脫離其品種而存在，其他事物的科屬也應如此；要是有可分離而獨立的科屬，想來就該是「數」與「圖形」）。但在各個個體之間其一既不是先於，另一也未必是後於。又，凡一事物較優，而另一事物較劣，則較優者常爲先於；所以在這些事例上也沒有科屬能夠存在。

考慮了這些問題以後，似乎那些說明個別事物的品種才應是原理，不宜以科屬爲原理。但這仍難說，品種是在怎樣的命意上作爲原理。原理與原因必須能與其所指的那些事物一同存在，而又能脫離它們而獨立存在；但除了統概一切的普遍原理之外，我們又能假設什麼原理能與不可再分割物一同存在？假如這理由是充分的，那麼，毋寧以較普遍的爲合於原理；這樣，原理還該是最高科屬㉓。

章四

7.與這些相聯的，有一個疑難等著我們加以討論，這是最不易解決而又是最應該考查的一個疑難。在一方面講，脫離個別，事物就沒什麼可以存在，而個別事物則爲數無盡，那麼這又怎能於無盡數的個別事物獲得認識？實際上總是因爲事物有某些相同而普遍的性質，我們才得以認識一切事物。

若說這有必要讓某些事物超脫於個體之外，那麼科屬——無論是最低或最高科屬——就該脫離個體而存在；但我們方才討論過，這是不可能的㉔。又當我們講到以物質爲云謂的事物時，假如充分承認綜合實體之外存在另一些抽象事物，那麼在一系列的個體之外，就必須是
999b 1.這一系列中每一個體皆存在有另一事物，或一部分存在著有而另一部分沒有，或2.全沒有㉕。1.倘在各個個體以外，全都沒有另一抽象事物存在，那麼所有事物就只是感覺對象而世上

㉓ 998b 14-999a 23答案參看卷Z，章十二，1038a 19與章十三。這一節與上節的問題參看1059b 21-1060a 1。

㉔ 見本卷第三章。

㉕ 此句末一短語原文與全句開始時「假如」子句的詞旨不符。

就不會有理知對象，所謂知識就只是感覺，感覺之外便無知識[26]。

又，永恆與不動變的事物就也不可能有；因爲一切可感覺事物皆在動變而悉歸滅壞。但，如果全無永恆事物，創造過程也不會有；一物必由另一物生成，在這生生不息的創造系列上，必須存在有一原始的非創造事物；萬物總不能由無生有，因此這創造與動變的發展也必須有一個初限。每一動變必有一目的，沒有無盡止的動變。凡創造之不能達到一個目的，完成一個事物者，這種創造就不會發生；一個動變達到之頃正是一個事物完成的時候。又，因爲「物質」總是不經創變便已存在，物質所由以成就爲本體者，即「怎是」，也就存在，這可算是合理的；「怎是」與「物質」若兩不存在，則一切事物將全不存在，而這是不可能的；所以綜合實體之外，必須另有事物，即「形狀或通式」[27]。

但是，2.假定了我們承認綜合實體之外另有抽象事物，這還難決定，哪些事物可有，哪些沒有，因爲明顯地，這不會一切事物都可有抽象存在；我們不能說在若干幢個別房屋以外，另有一幢房屋。

此外，所有個體，例如全人類中的各個人，是否只有一個怎是？這也是悖解的，因爲一切事物，如其怎是相同，它們將成爲一。那麼該有許多的怎是麼？這也不合理。此外，物質怎樣成

---

[26] 這裡所提是普羅塔哥拉學說（柏拉圖《色埃德托》152E-153A）。

[27] 999b 5-15一節可參看《物學》卷六，章五。

爲每個個體？綜合實體又怎樣能並包〈物質與通式〉兩個要素[28]？

8.再者，關於第一原理，人們可以提出以下一問題。如果諸原理只於種類爲一則其數便不得爲一，雖是本一與本是也不得爲一。在全系列的諸個體中，若全沒有一些共通的事物，這將怎樣認識？然而若說有一個共通要素，在數量上爲一，諸原理也各自爲一，不像可見事物那樣，相異事物各有相異原理（例如一個音節在種類上到處都是一樣，拼成這個音節的字母在種類上也是到處一樣；但在各個書卷中音節與字母的數量就不同了），若說原理在數量上爲一，不是在種類上爲一，則諸要素以外就再沒有別的原理（因爲在數量上成爲一與我們所稱個體的意義正相同，而我們所稱「普遍」則用爲諸個體的共通云謂）。那麼原理倘如拼音字母一樣，爲數有定限，世上的言語將被限於ΑΒΓ，因爲同種類的更多的字母與音節是不能有的[29]。

9.有一個與其他任何問題一樣重大的疑難常爲古今哲學家所忽視——可滅壞事物與不可滅壞事物原理相同或有異？若說相同，何以有些事物歸於滅壞，有些則否，其故何在？希蕭特學派和一切神學家的思想頗有自得之意，而未必切中我們的疑難。他們將第一原理寄之於諸神，誕

[28] 999a 24-b 24，參看1060a 3-23,b23-28。其答案見於卷Z章八、十三、十四，卷Λ章六至八；卷M章十。

[29] 999b 24-1000a 4，參看1060b 28-30。其答案見於卷Z章十四；卷Λ章四、五；卷M章十。此節末，特來屯尼克（Tredennick）英譯本添入如下一句：「其他現存事物與其原理也將如此。」

衍於諸神，他們說，萬物初創時，凡得飲神酒、嘗神膏㉚者，均得長生不死；他們所用的言語在他們神學家之間誠已互相嫻習，默契於心，可是如欲憑彼等所遞傳之神話爲我們闡述宇宙因果，我們總難聆會其旨。倘諸神歡欣鼓舞而酣飲取食於神酒神膏，酒食之供應固非諸神所由得其生存之源，若諸神還須靠酒食以維持其生存，則這樣的神祇何得謂之永生？對於神話學家的機智我們無須認眞加以研究。可是對於那些用實證來講話的人，就必須加以嚴格考查而最後提出這樣的詢問，何以由同樣要素組成的事物，有些滅壞，有些卻得到永存的性質。這些思想家於此既未能有所說明，照他們所說，也無以解釋事物的常理；萬物的原理與原因顯然不全相同。雖是大家公認爲說得最周到的恩培多克勒，也不免於此誤；他主張毀滅的原因在於鬥，然而「鬥」，除了不能產生「一」以外，似乎也能產生任何事物；除主神而外所有事物都從鬥發生。至少，他說過：

一切過去、現在和將來的萬物都從此始㉛。
由以孕育了男女，和開花的草樹，

㉚ τοῦ νέκταρος καὶ τῆς ἀμβροσίας，「涅克泰」為神酒，「安勃洛西」為神食。

㉛ 此節亞氏所云宇宙原始之「一」（ἑνὸς）與「神」（θεὸς）在恩培多克勒為「球」（σφαῖρας）。亞斯克來比舊注謂恩培多克勒詩句含混，亞里斯多德固執而說之，未必悉如原旨。

以及鳥獸和水中的魚，
還有長生的神祇。[32]

1000b 即便在字裡行間，道理也很明白；照他說來，「鬥」若不見於事物，事物便歸一致；事物正在結集，鬥就站到外邊[33]。跟著他的理論說來，最有福的神還當是較不聰明的；他不曾盡知所有要素；他自身沒有鬥；而知識卻是同類事物的感應。同聲相應、同氣相感意，可參看柏拉圖《蒂邁歐》[34]。他說：

因爲我們具有土，所以能見土，因水見水，
因清明的氣見氣，因火而見熾烈的火，
因愛見愛，因陰暗的鬥也見到了鬥[35]。

㉜《殘篇》9-12，21，23。
㉝《殘篇》36。
㉞又，恩比里可，《反數學》（Sextus Empiricus, *Contra Mathmatica*）第113章。
㉟《殘篇》109

但——這就算是我們的起點——照他所說，鬥爭是分裂而毀滅的原因，同樣也是生存的原因。相似地，友愛也並不專是生存的原因；因爲將事物結集於元一，這也毀滅其他一切事物。同時，恩培多克勒沒提到動變身身的原因，他只說過事物的所以如此，出於自然。

然而當鬥爭最後在斯法拉（球）的肢體中長大了，
他站起來要求應得的光榮，時間已經來到，
這曾由一個嚴肅的誓言，規定了他輪值的次序㊱。

這詩末行暗示了動變是必然的，但他沒有說出所以必然動變的原因。可是，在這裡只有他說得最周到了；因爲他並不說有些事物可滅壞，有些事物永不滅壞，他只說除了元素以外，其他一切事物均可滅壞㊲。而我們現在的疑難則是，事物苟由同一原理支配，何以有些可滅壞，有些不滅壞。關於可滅壞與不滅壞事物必須有兩種不同原理，我們的說明暫止於此。

但若說原理眞是兩別，問題又來了，滅壞原理也跟著事物滅壞，不滅壞原理也跟著不滅壞？假

㊱ 《殘篇》30。
㊲ 參看第爾士編《先蘇格拉底》第三版，卷一，209, 11-21。

如它們是可滅壞的，它們仍還是由元素組成的事物，因爲一切事物之滅壞就是那物體解消而復歸於組成它們的各個元素；這樣說來，在這些可滅壞原理之先必然還另有其他原理。但這又是不可能的。是否這樣的追溯將以達到某一定限爲止，抑將是進行至於無窮？又，可滅壞原理若歸消失，則可滅壞事物如何還能存在？若說原理永不滅壞，何以有些依此原理組成的事物卻仍歸滅壞，反之依別的原理組成的事物卻並不滅壞？這些或不盡然，但是其然或不然，總得費很大的勁來進行證明。實際並沒有人眞的堅持「可滅壞與不可滅壞事物出於各別的原理」這樣的
1001a 主張；大家都認爲同樣的原理可以應用於一切事物。他們將我們上面所提的[38]疑難當作一些碎屑，囫圇嚥了下去[39]。

10.最難解而又是最需要研究的眞理還在「是與一」是否即事物的本體，是否各極其本，一爲一，是爲是，而並無別義，抑或「一與是」另還含有其他相依的性質。有些主於前說，有些主於後說。柏拉圖與畢達哥拉斯學派認爲「是與一」並無別義，這就是它們的本性，它們就只是「是與一」而已。但自然哲學家們引向另一線的思緒；例如恩培多克勒——似乎他是想使人們對於「一」更易明瞭——或問一是什麼？他答覆說一是友（愛）：一切事物只是爲了友（愛）的

[38] 見於1000a5-b21。

[39] 1000a 5-1001a 3參看1060a 27-36。其答案見於卷Z章七至十。

原因才合成爲一。其他的人又說一切事物所由以組成的這個「一與是」爲火[40]，另有些人說是氣[41]。還有那些人說明元素不止一種；這些人的觀點仍還相似，亦即說「一與是」恰眞與他們所說的諸原理相符。

1.如果我們不以「元一與實是」爲本體，其他普遍將沒有一個是本體；因爲兩者都是一切普遍中最普遍的。若無「本一」與「本是」則在其他任何情況下都不可能有脫離個體的任何事物了。又，「一」若非本體，「數」也顯然不能作爲具有獨立性質的事物；因爲數是若干單位，「單位」就是某種類的「一」。

2.若承認有本一與本是，則元一與實是必然爲它們的本體；因爲普遍地說明事物之所以成是與成一者，不是別的，就是元一與實是。但假定有了一個「本是」與「本一」以後，要提出其他的種種事物又有很大的困難。——事物之爲數怎麼又能超過一。照巴門尼德的論點，萬物皆一，一即天下之實是，因此事物之異於實是，亦即異於一者，不會存在。

1001b 這兩論點都有謬誤。無論說元一不是一個本體，或者說確有所謂「本一」，數總歸不是一個本體。假定元一不是本體，應有的結論，我們已經說過[42]；若說是本體，則與實是論上相同的困

---

[40] 謂希巴索與赫拉克利特。
[41] 謂阿那克西米及與第歐根尼。
[42] 1001a 24-27。

難又將引起[43]。「本一」之外將何來「另一」？這必然是一個「非一」了；但一切事物只能是「一」或「多」，而「多」卻是積「一」所成（不是「非一」）。

又，照芝諾的定理[44]，本一若爲不可分，則將成爲無是。他認爲凡增之而不加大，損之而不減小的事物，均非實是，這樣，他所謂實是顯然都得有量度。如有量度，這又將是物體；實是之具有物體者，具有各個量向（長短、闊狹、深淺）；其他數學對象，例如一個面或一條線則在某兩個或某一個量向可以增損，在其他量向是不能增損的[45]；而一個點或一個單位則是全沒有量向的。但他的理論不算健全（不可分的事物相併時，雖不增益其量度，卻可增益其數）而且不可分物這樣的存在就在否定他的理論——一個量度怎能由這樣一個或多個不可分物來組成？這就像是說一條線是由點製成的一樣。

即便做出這樣的假定，依照有些人的說法，數出於「本一」與「另個非一的某物」，我們還得提出這樣的疑問：如這「非一」就是「不等」[46]，與「本一」同爲數和量度之原理，何以「本一

[43] 1001a 31-1001b 1。

[44] 參看第爾士編《先蘇格拉底》第三版卷一，170, 16-38。埃利亞人芝諾（Zeno，約西元前四六一），巴門尼德弟子。

[45] 例如線與線相接則其線引長，然線與線相併則並不加闊。

[46] 指柏拉圖的數理哲學，參看卷M1081a 24。

與不等」之產物，有時爲數，有時又爲量度。這可不明白，怎麼量度可以由「一」與「這個原理」得來，也可以由某些「數與這個」原理得來[47]。

章五

11.與此相聯的一個問題是「數」與「體與面與點」是否爲本體一類。若說不是，這使我們迷惑於事物的本體究是什麼，實是又是什麼。演變、運動、關係、趨向、比例似都不足以指示任何事物的本體；因爲這些都可爲主詞的說明，卻都不是「這個」（事物之所成爲實是者）。事物之最能指示本體者宜莫過於水與火與地與氣了，四者萬物之所由組成，而熱與冷以及類此者則是它們的演變，不是它們的本體；只有那在如此演變著的物體才是一些常存而實在的事物，也就是本體。但在另一方面來說，體較之於面，面較之於線，線較之於點與單位確然更遜於本體，因爲體由面來包持，無面不能成體，而無體時面卻還自成立（面於線、線於點亦然）。所以大多數哲學家，其中尤以早期諸先哲爲甚，認爲本體與實是應即爲事物之實體而其他只是實體的演變，因此實是的基本原理就是物體的基本原理；而較近代，也是一般認爲較聰明的哲學家[48]，

---

[47] 1001a 4-b 25答案見於卷Z 1040b 16-24；卷I，章二。「一與這個」即「一與不等」，「數與這個」即「數與不等」。

[48] 意當指畢達哥拉斯學派與柏拉圖。

卻想到了應以數為基本原理。我們已說過，這些若不是本體，世上將絕無本體亦絕無實是；至於這些本體的屬性就不該冒稱為實是。

但是，如果承認線點較之體更為本體，我們看不到它們將屬之於何種實體（它們不能存在於可見體中），這就無處可覓本體了。又，這些顯然是體的分解——其一為闊狹，另一為深淺，另一為長短。此外，立體之中並無形狀；石塊裡是找不到赫爾梅（藝神）像的，正方立體中沒有半立方體；所以面也不在體內；若說面在體內，半正方立體的面也將是在正方立體內了。於線與點與單位也如此。所以，一方面講來，立體是最高級的本體，另一方面講來（面線點與單位）這些既有勝於立體，卻不能舉作本體的實例；這真令人迷惑，究屬何謂實是，又何謂事物的本體。

除上述各節外，生成與滅壞問題也使我們面對著好些疑難。如本體先未存在而現時存在，或是先曾存在而以後不存在，這樣的變化就被認為是經歷了一個生滅過程；但點線面的一時存在、一時不存在並不能說也已經歷了一個生滅過程。因為當各體相接觸或被分割，它們的界面在合 1002b 時則兩界成一界，在分時則一界成兩界；這樣，在合併時一界不復存在，歸於消失，而當分離時則先所不存在的一界卻出現了（這不能說那不可分的點被區分成為兩）。如果界面生成或消失了，這從何生成〈或消失〉？相似的講法也可用之於時間的當前一瞬；這也不能說時間是在一個生滅過程之中，卻又似乎沒有一刻它不在變異；這顯示時間不是一個本體。明顯地這在點線面也是如此；因爲它們的定限或區分都與時間相同，可以應用同樣的論點[49]。

章六

12.我們最後可以提出這一問題，在可感覺事物與間體之間[50]，何以我們必得覓取另一級事物，即我們所謂通式。數理對象與可感覺事物雖有些方面不同，至於同級事物可以爲數甚多，這於兩者卻是一樣的，所以它們的基本原理爲數不能有定限（正如世上全部言語的字母，其種類雖有定限，爲數則無可爲之定限，除非你指定了某一個音節，或一句言語，那爲之拼音的字母才有定數；間體也如此；同類間體爲數是無定限的）。若說可感覺事物與數理對象之外，並沒有像所主張的一套通式存在，則其數爲一而其類亦爲一的本體將不存在，而事物之基本原理也就只有定類，不能有定數了：若然如此，這也就必須讓通式存在。支持這樣論點的人往往執持其旨而不能明晰其義，他們總是說通式之爲本體就因爲每一個通式都是本體，沒有哪一個通式是由屬性來成立的。

㊾ 答案見於卷M，章一至三（1090b5-13尤重要），章六至九：卷N，章一至三、章五至六。第14和12問題參考1060a36-b 19。

㊿ 參看卷A987b 14-18。

但，我們若進而假定通式存在，並假定原理爲數則一，爲類不一，我們又得接觸[51]到那些必然引致的不可能的結論[52]。

1003a 13.與此密切相聯的問題，元素是潛在，抑以其他狀態存在？如果以其他狀態存在，那麼世界應還有先於第一原理（諸元素）的事物。作爲原因而論，潛能先於實現，而每一潛在事物並不必須都成現實事物。但，若以元素爲潛在，則現存各事物就可能全不實現。有實現可能的也許現時尚未存在，但，現未存在的卻可能在後實現其存在，至於原無實現可能的，那你就不能望其出現[53]。

14.我們不應僅以提出第一原理爲已足，還得詢問原理的「普遍性與特殊性」。它們倘是普通的，便不該是本體；凡是共通的云謂只指說「如此」，不能指示「這個」，但本體是「這個」。倘以其共通云謂來指示「這個」，指示某一個體，則蘇格拉底將是幾種動物——「他自己」、「人」、「動物」，這些都各指一體，各自爲一「這個」了。若以原理爲「普遍」，所得結果就該是這樣。

---

[51] 見999b 27-1000a 4。

[52] 第12.題1002b 11-31，與4.7.及11.（次序依第一章所列編排）各題相近。本卷第一章末列此第12.題。第12.題亦可併於11.。

[53] 1002b 32-1003a 5答案見於卷Θ章八，卷Λ章六、七。

若說原理的性質不是「普遍」而是「個別的」，它們將是不可知的；任何事物的認識均憑其普遍性。那麼，若說有諸原理的知識，必將有其他原理先於這些個別性原理爲它們做普遍的說明[54]。

---

[54] 1003a 5-17，參看1060b 19-23，其答案見於卷Z章十三、十五，卷M章十。

卷(Γ)四①

章一　有一門學術，它研究「實是之所以爲實是」，以及「實是②由於本性所應有的秉賦」。這與任何所謂專門學術③不同；那些專門學術沒有一門普遍地研究實是之所以爲實是。它們把實是切

---

① 卷四論哲學主題，而為之範圍，於本體及卷三提出的若干問題始作解釋。湯瑪斯·阿奎那嘗稱卷B為「辯難篇」，卷Γ為「釋疑篇」。第三章以下反覆詳論相反律（矛盾律），第七章兼及排中律。此兩律在「解析後篇」中稱「一級通則」。

② ὄν，出於動字εἰμὶ，意謂「是」或「存在」。凡「物」各為其「是」，各「有」其所「是」。故「是」為物之「本體」（οὐσία）。或問「這是何物」？答曰「這是某物」。又問「這怎麼是某物」？答「這因這麼而是某物」。故「怎是」（τό τι ἦν εἶναι）為某物之所以成其本體者，包括某物全部的要素。卷M τὸ τί ἐστι ἀρχὴ δὲ τῶν συλλογισμῶν（1078b 25）謂「怎是」為綜合論法（三段論法）之起點。本體之學出於柏拉圖《巴門尼德篇》與亞里斯多德《哲學》兩書，本書譯τὸ ὄν為「是」或「實是」。「是」通於「有」，「非是」通於「無」。「是」通用於「事」與「物」及「行為」（πρᾶγμα，χρῆμα，ἔργον）。非是通用於「無事」「無物」及「無為」。舊譯或以「是」為「有」，以「萬物」為（眾是）「萬有」，義皆可通。本書均譯「是」。「是」之語尾變化甚繁，近代西方語文多淵源於拉丁與希臘者，其語尾可得為相近似之變化。漢文無語尾諸變化，故譯文中於此特為費勁而仍不免有疣贅之處。

③ 照原文ἐν μέρει λεγομένων亦可譯「所謂局部知識」。

下一段來，研究這一段的質性；例如數學就在這樣做。現在因爲我們是在尋取最高原因的基本原理，明白地，這些必須是稟於本性的事物。若說那些搜索現存事物諸要素的人們也就在搜索基本原理，這些要素就必須是所以成其爲實是的要素，而不是由以得其屬性的要素。所以我們必須認清，第一原因也應當求之於實是之所以爲實是。

章二　一事物被稱爲「是」，含義甚多，但所有「正是」就關涉到一個中心點，一個確定的事物，這所謂「是」全不模糊，一切屬於健康的事物，關涉到健康，其一說是保持健康，又一說是產
1003b 生健康，又一說是健康的徵象，又一說是具有健康的潛能。一切屬於醫療的事物，關涉到醫學，一事物因具有醫療知識而被稱爲醫學事物，另一個因天然適應於醫療，又一事物則因受到了醫學方面的運用。我們當可檢出其他相似的應用名詞。這樣，一事物在許多含義上統是關涉著一個原理（起點）；有些事物被稱爲「是」者，因爲它們是本體，有的因爲是本體的演變，有的因爲是完成本體的過程，或是本體的滅壞或闕失或是質，或是本體的製造或創生，或是與本體相關係的事物，又或是對這些事物的否定，以及對本體自身的否定（爲此故，我們即便說「非是」也得「是」一個「非是」）。於是，這既可以有一門學術專管一切有關健康的事物，同樣其他事物也可以有其他各個專門學術。不但事物之屬於一名稱者其研究應歸之一門學術，凡事物之涉及一性質者亦可歸之一門；性質相通的事物名稱當相通。那麼這就明白了，研究事物之所以成爲事物者也該是學術工作的一門。——學術總是在尋求事物所依據的基本，事物也憑這些基本性質題取它們的名詞。所以既說這

是本體之學，哲學家們就得去捉摸本體的原理與原因。

每一級事物出於一類感覺，爲之建立一門學術，例如語法這一門學術研究所有言語。因此，研究所有實是諸品種，在科屬上論其所以爲實是的原因與原理這任務，歸之一門綜合性學術，而各個專門性學術的任務則分別研究實是的各個品種。

「實是」與「元一」，作爲原理與原因倘（假如）本屬相通，實際它們原也是相同而合一的事物，雖則並不用同一公式來說明（它們設定爲不同公式，實際沒有分別——而且這是可以互相加強其說明的）；例如「一人」與「人」是同一物，「現存的（正是）人」與「人」也同，倍加其語爲「一現存的人」與「一人」也沒有什麼分別④（因爲所加於原事物的「一」，在生滅動變上均不影響原事物）；相似地「一現存的人」實際於「現存的人」並未增益任何事物；所以這是明白的，所加之「一」與「現存的人」相同，「元一」不異於「實是」；又，每一事物之本體倘（假如）不是偶然而爲一，相似地亦確由於本性而爲是——若然如此，（倘上所假定都是對的）則有多少元一
1004a 也就有多少實是。研究這些要義的，在科屬上爲同一門學術——舉例而言，像討論「相同」、「相似」以及類此的觀念者便是；而幾乎所有的「對成」也可以溯源於此義；這些我們已在「對成選

④ 27-30行如簡括其意即「是」與「一是」不異，「一」與「是」亦不異。羅斯詮注，謂凡人稱道某物曰，「此『是』某物」，或曰「此『是』某物」，其意無殊；故「一」與「是」無殊。

錄」⑤中研究過了，不再詳言。

再者，有多少類別的本體，哲學也就有多少分支，所以在這門學術中必然有第一義與其相從的各義。實是與元一逕歸於諸科屬；所以各門學術也歸於相應的各科屬。「哲學家」這字的慣用上本類於「數學家」；數學分爲若干部分，有主（第一級數學）有從（次級數學），以及在數學範圍內循序而進的其他級別⑥。

現在，因爲每一門學術的任務應須研究「對反」，而「眾多」相反於「元一」，所以研究元一之「否定」與「闕失」，也屬於同一門學術，我們對元一與其否定或闕失一同加以研究（我們或說某事物沒有，或說於某類特殊事物中沒有某事物；前一說法是專指某一事物被否定，否定元一就指元一並不存在，至於闕失則只因其所闕失的部分而立論⑦：）看到了這些事實，我們這一門學術的範圍也就該包括上述的「對成」諸觀念，「有別」與「不似」與「不等」以及從這些或從「眾多與元一」衍生的其他各項。「對反」是這些觀念之一；因爲對反爲差異的一類，差異爲「有別」的一

---

⑤《對成選錄》（ἐκλογὴ τῶν ἐναντίων）此書失傳。亞氏《殘篇》1478b35-1479a5, 1497a32-1498b43，可見其內容之一斑。「對成」取義於「相對相成」與「相反相成」意。

⑥ 1004a2-9可參看卷B 995b10-13, 997a15-25；又卷E章一。

⑦ 若以否定為某一屬性的否定，則闕失就只指在一類事物中某個缺少它同類所共有的某屬性。參看卷Δ章十「對反」，章二十二「闕失」釋義。

類。因爲事物之稱爲一者，含有許多命意，這些詞項也將有許多命意，但所有這些詞項，仍歸一門學術來研究——名詞之分屬於不同學術者不僅因爲它有不同命意，而是因爲它既命意非一而他的諸定義又不能歸屬於一個中心命意，所以才不能歸屬於一門學術。一切事物當以其基本含義爲依據，例如我們稱爲一的事物，必然比照於基本之一，這個我們於「相同」、「有別」及「對成」等也當如是；所以，在辨明了每一事物所述及的各個云謂以後，我們必須確定其中哪一命意是基本的，而其他則如何與此基本命意相關聯；譬如有些事物取名於其所持有，有些則取名於其所製造，有些又取名於其他途徑（但所指則必須符合於事物的基本含義）。

於是，這明顯了，同一門學術應該闡明本體，也應闡明列舉的這些觀念（這也是我們在「辯
1004b 難卷」中諸疑問之一⑧），而哲學家的事業原也該能考察一切事物。如果這不是哲學家的事業，將有誰來研究這些問題：蘇格拉底與坐著的蘇格拉底是否同爲一物？或者各事物是否各有一個對成？或者何謂對成，或者這有多少命意？以及類似的其他問題。這些觀念不同於元一與實是之爲數或線或火之類的演變，而眞是元一之爲元一和實是之爲實是的主要秉賦，因此這門學術就應該考察這些觀念的要義和它們的質性。研究這類問題不算離開哲學範圍，只是對於本體缺乏正確觀念的人，忘記了本體應該先於這些事物，這才是錯了。數之所以爲數具有特殊屬性，如「奇與偶」、「可計量

⑧ 見卷B章一，995b18-27，章二997a25-34。

性」與「相等」、「超過與缺損」，這些或是直屬於數，或具有相互關係。相似地，實體、不動體與動體、無重量體與有重量體，各具有特殊的屬性。實是之各具有上列哪些特殊質性者，哲學家也得研究其中所存的眞理。可以提起這一例示：辯證家與詭辯派穿著與哲學家相同的服裝；對於詭辯術，智慧只是貌似而已，辯證家則將一切事物囊括於他們的辯證法中，而「實是」也是他們所共有的一個論題；因而辯證法也包含了原屬於哲學的這些主題。詭辯術和辯證法談論與哲學上同類的事物，但哲學畢竟異於辯證法者由於才調不同，哲學畢竟異於詭辯術者則由學術生活的目的不同。哲學在切求眞知時，辯證法專務批評；至於詭辯術儘管貌似哲學，終非哲學。

又，在對成序列中，兩行之一[9]爲「闕失」，一切對成可以簡化爲「實是與非是」，和「一與衆」，例如靜屬一，動屬多。實是和本體爲對成所組合，這是幾乎所有思想家都同意的；至少他們都曾提起過各自的對成作爲第一原理——有些舉出奇偶[10]，有些舉出冷熱[11]；有些舉出定限與無定
1005a 限[12]，有些舉出友與鬥[13]。所有這些以及其他諸對成明顯地都可簡化爲「一與衆」（這簡化我們可

⑨ 參看卷A986a23注腳。
⑩ 畢達哥拉斯學派。
⑪ 巴門尼德。
⑫ 柏拉圖學派。
⑬ 恩培多克勒。

以承認⑭），其他思想家所述原理也完全可以此爲科屬而爲之歸綜。經過這些考慮，這就明顯了，研究實是之所以爲實是者應屬之於一門學術。因爲一切事物或即對成或爲對成所組合，而「一與眾」實爲一切對成之起點。不管這些命意是否單純，它們總得歸屬於一門學術。也許它們實際不止一個命意；可是即使「一」有多種命意，這多種命意必然相聯於一個基本命意（諸對成的例也相似），即使實是或元一不作爲一個普遍通例，在各例上也並不全同，或是仍各結合於個別事物（實際上「一」有時是公共的參考標準，有時是一一相續的串聯），這還得相通於一個起點。爲此故，做一個幾何學家就不研究什麼是「對成」或「完全」與「元一」或「實是」，以及「相同」或「有別」這類問題，他逕是承認這些爲理所當然，憑此假設爲起點，推演他自己的論題。

於是明顯地，這一門學術（哲學）的任務是在考察實是之所以爲實是和作爲實是所應有的諸質性，而這同一門學術除了應考察本體與其屬性外，也將考察上列各項⑮以及下述諸觀念，如「先於」、「後於」、「科屬」、「品種」、「全體部分」以及其他類此各項。

章三　我們必須提出這一問題，研究本體和研究數學中所稱公理（通則）是否屬於一門學術。顯然，對於通則的探索，該屬於一門哲學家的學術；因爲這些眞理爲一切事物所同然，並不專主於某

⑭ 參看亞氏《殘篇》1478b36-1479a5。
⑮ 即1005a12，所舉數項。

些獨立科屬。每一科屬咸各有其實是，而這些眞理於實是之爲實是確切無誤，由是遂爲世人所公認而通用。但世人應用它們卻各爲滿足自己的要求；因此凡是適宜於爲他們所研究諸科屬作證的，他們就照顧這些通則。這些通則既於一切實是皆顯然無誤，那麼於一切事物如欲問其實是，則研究那實是之爲實是的人們，自然也將研究這些通則。凡進行專門研究的人——如幾何學家或算術家——均不問這些通則是眞是假。有些自然哲學家（物理學家）就是這樣在進行研究，其研究過程也能夠爲大家理解，他們還意謂唯有他們正是在研究整個自然以及實是。但另有一類思想家，超乎自然哲學家之上（「自然」只是「實是」的一個特殊科屬），他們所考察的都是普遍眞理與原始本體，因此這些眞理的研究也將歸屬於他們。物理學也是一種智慧，但這不是第一級智慧⑯。還有些人於應該承認的眞理也試做論辯，這些人⑰往往缺乏「分析能力」⑱，他們應該在進行專門研究之前先熟習這些通則，不應在傾聽學術講授的時候才來過問。

---

⑯ 1005a19-b2，參看卷K章四。

⑰ 可能是指安蒂瑞尼（Antisthenes，約西元前四四〇（？）—前三六六，雅典人，世稱犬儒宗）。

⑱ 「分析能力」（ἀναλυτικῶν）或譯「名學訓練」。亞里斯多德所稱「分析」即後世所稱「名學」（Logica），或譯「邏輯」。但用Logica一字為專門之學，推原其始，出於西塞羅，此字未嘗顯見於希臘著作。

因此，明顯地，研究一切本體的哲學家也得研究綜合論法（三段論法）[19]。誰最精習於一科屬的事物，誰就必然能夠陳明有關這一門的最確實原理，所以誰最精習於現存事物（現是）者也必然能夠陳述一切事物的最確實原理。唯有哲學家能如此，最確實的原理是萬無一誤的原理（因爲常人每誤於其所不知）。這樣的原理宜非虛語，而且應該爲眾所周知。凡爲每一個有些理解的人所理解的原理必不是一個假設；凡爲有些知識的人所必知的原理當是在進行專門研究前所該預知的原理。

現在，讓我們進而說明什麼是這樣一個最確實原理。這原理是：「同樣屬性在同一情況下不能同時屬於又不屬於同一主題」；我們必須預想到各項附加條件，以堵住辯證家趁機吹求的罅隙。因爲這符合於上述的界說，他就是一切原理中最確實的原理。傳聞赫拉克利特曾說「同樣的事物可以爲是亦可以爲非是」，這是任何人所不能置信的。一個人的說話當然不是必須置信；假如相反屬性不該在同時屬之於同一主題（常有的條件必須循例予以附加），假如一條規律反駁另一條規律者便與之相反[20]，那麼這就顯然是不可能的：「同一人，在同一時間，於同一事物，既信爲是又信爲不

---

⑲ *συλλογιστικῶν*即舊譯「三段論法」，茲依字義譯「綜合論法」。

⑳ 「矛盾」*ἀντίφασις*（*ἀντιλογία*）直譯為「反駁」，作為名學詞類譯「相反（矛盾）」。「矛盾」出於《韓非子．勢難》：「人有鬻矛與盾者，譽其盾之堅，物莫能陷也，俄而又譽其矛，曰：『吾矛之利，物無不陷也。』人應之曰：『以子之矛陷子之盾，何如？』其人弗能應也。」希臘無此典故。可參考梅厄（Maier）《亞氏綜合論法》（*Syl.of A.*）卷一，41-101，評論亞氏矛盾律與排中律。

是」；如果有人發生這樣的錯誤，他就同時執持了兩相對反的意見。爲此之故，凡是逐節追求證明的人，總是逼到最後一條規律爲止；終極規律自然地成爲其他一切原理的起點㉑。

章四　我們曾說起有些人不但自己主張「同一事物可以既是而又非是」，還說這可讓世人公論，事理確乎如此㉒。其他如自然科學的作家，也常用這樣的言語。但我們現在認爲任何事物不可能在同時既是而又非是，並且認爲這原理能自明爲一切原理中最是無可爭論的原理。有些人甚至要求將這原理也加以證明㉓，實在這是因爲他們缺乏教育；凡不能分別何者應求實證，何者不必求證就是因爲失教，故而好辯。一切事物悉加證明是不可能的（因爲這樣將做無盡的追溯，而最後還是有所未證明的）；假如承認不必求證的原理應該是有的，那麼人們當不能另舉出別的原理比現在這一原理（矛盾律）更是不證自明了。

㉑ 本卷第三章可回看卷B995b6-10, 995b26-997a15。1005b8-34可參看卷K1061b34-1062a2。1005b23-26可參看1062a31-35。1005b22-32全節要點：**甲**不能同時是「**乙**」與「**非乙**」，所以沒有人該認為**甲是**「**乙又是非乙**」（注意1012a14注腳）。

㉒ 指上一章1005b23-25所涉及赫拉克利特，似並及麥加拉學派。歐幾里得（Euclid，西元前四五〇—前三七四）崇奉蘇格拉底，於蘇氏亡後，回故鄉，創為麥加拉學派。

㉓ 似指安蒂瑞尼。

可是關於這個論點（同一事物既是而又不是）只要對方提出一些條理，我們當用反證法來爲之說明這不可能成立；如果他一點條理都不提出，我們也無法向一個不能做任何發言的人作答。這樣的人，基本上不比草木聰明。現在我來辨明反證與實證，實證中若將某一假定當作既定論據就被認爲是丐理，但如果另有人提出一論據，則這論據就由他負責，我們所做的不是爲之證明而是爲之反證㉔。所有這裡的辯論，其起點並不要求對方說出某些事物之或是或不是（因爲這個也許就被看作爲丐理），我們所要求於對方的只是將某些事物說得兩方都能明白其詞旨；如果他正想發言，這就應該如此。若他詞不達意，於自己和別人兩不明白，這樣的人理解能力不夠。要是有人承認這些，我們就由此既具有一些明確的事物，證明就可得進行；可是該負責的並不是提出實證的人，卻正是聽受證明的人；因爲正在他解明一個理論時，他又聽受著另一理論。又，要是人們承認這個，也就已承認了有些事物可以不經證明而顯見爲眞理〔因此每一事物就不該如是而又不如是〕㉕。

這裡，明顯地是眞確的，「是」或「不是」應各是一個限定的命意，這樣每一事物將不是「如是而又不如是」㉖。又，假定「人」只有一個命意，我們就稱之爲「兩足動物」；限定一個命意以後——假如「人」的命意是「X」，而A是一個人，則X就將是A之「所以爲人」的命意（若

㉔ 1006a5-18參看卷K1062a2-5。

㉕ 〔〕內文照Ab抄本增入，E、J抄本均無。

㉖ 「如是與不如是」參看柏拉圖：《色埃德托》。

1006b 有人說一個名詞有幾個命意，只要它的命意爲數有限，道理還是一樣；因爲每一個定義還得提出一個異字。例如，我們可以說「人」不止一個而有幾個命意，則每一命意總得有一個像「兩足動物」一類的定義，有幾個命意也只是有幾個定義，其爲數是已有定限的了；對每一個定義都得繫之以一特殊名稱。可是若說命意不必有定限，一字可有無盡數的命意，這顯然不可能理解；因爲不確定一個命意等於沒有什麼命意，若字無命意，人們也無從相互理解，這樣，理知就被取消了。我們只能著想於一件事物，不將思想屬之於一件事物而要思想任何事物，這等於什麼都沒想到。凡是可能著想的任何事物，就會有一個名稱繫之於這事物）。於是，如上所述及㉗，讓這名稱有一個命意，而專指一個事物；如果「人」不但對於其主題有所表白，而且只限於表白一個含義，那麼誰要說「是一個人」恰無異於「不是一個人」，這是不可能的（這裡應分明，「限於表白一個含義」與「對於其主題有所表白」不全相同，如果這裡含混了，誤解就可以引起，如說「有文化的」與「白的」與「人」，三者雖同指某一事物，並非一個含義）。

同一事物既是而又不是，除了同義異詞而處，必不可能，同義異詞之例有如我們稱之爲「人」的，別人稱之爲「非人」；但問題不在於它的稱謂之是「人」或「非人」，而在它實際上究竟是什麼。現在，假如「人」與「非人」，其字義並無分別，則明顯地指一物而稱之謂這「是

㉗ 見1006a31。

人」與稱之謂這「不是人」也無分別，因爲它們雖屬異詞，同指一物。譬如穿在我們身上的或稱爲「衣」或稱爲「服」，衣與服所指的只是具有一個定義的一件事物。假如「是一個人」，與「是一個非人」要成爲同義，它們就得同指一件事物。但這已經說過㉘，這樣的名稱應指不同事物。所以任何事物凡稱爲人的必須是一個「兩足動物」；因爲這就是爲「人」所擬定的命意。所謂「必須是」的含義就是說它不可能成爲「不是」，必須是人就不能不是一個「兩腳動物」。所以在同一時間，指同一事物「是人又是非人」，不能是眞確的。

1007a 同樣的道理於「不是一個人」也可適用，「是一個非人」與「是一個人」不同，「是白的」與「是一個人」其旨亦復不同；（「非人」與「人」）前者其旨相反，比之於後者，具有更強烈的差別，這必然另指不同的生物。如果有人說「白」與「人」是同一物，這我們在上面曾已說過㉙，若對同一事物的不同表白混淆爲同一含義則不僅相反的事物將混一，一切事物皆將混一。如果承認這樣是不可能的，只要對方一一答覆我們的問題，結論就會因這些問答而顯明。

當我們提出一個簡單的問題，苟在答覆中包含了一些相反（矛盾），他就不是在答覆問題。他若對此同一事物作答，說它既是人又是白的以及又是其他種種，大家都不會予以攔阻；但假如主題

㉘ 見上節1006b11-15。

㉙ 見上文1006b17。

是這樣：這「是一個人」，請問這是對的或是不對？我們的對方應得在「是人」與「不是人」中，擇一以答，而不應加上說這「又是白的」，「又是大的」。事物之偶然屬性爲數無盡，不勝枚舉；讓他悉舉或讓他不舉吧。相似地，即便這同一事物曾一千次做過「人」，又一千次做過「非人」，但當我們的對方被請問到這是否爲一個人的問題時，他絕不能說這是一個人而同時又是非人，這樣他還得將這事物前前後後所曾經爲「是」與曾經爲「不是」的一切偶然屬性，悉數列舉出來；他若是這樣作答，他就違反了辯論的規矩㉚。

一般講來，這樣作答，實際是將本體與其怎是都取消了。因爲他列舉所有出於偶然的屬性，這樣凡所以成其爲「人」或「動物」的主要質性就沒有了。如果具有了所以成其爲人的主要質性，這個就絕不是「非人」或「不是人」（這些都是所以成其爲人的否定）；因爲事物的「怎是」（所以成其爲事物者）其意只指一點，這就是事物的「本體」。舉出事物的怎是，而爲本體題以名稱後，其命意已有所專指，不能再妄指其他的事物。但，若說「所以成其爲一個人者」與「所以成其爲一個非人者」或「所以成其爲一個不是人者」，三者主要地相同，那麼我們就只能向別處去找「怎是」了。那麼，我們的對方將必說，任何事物均不能有定義，而一切屬性均出偶然；然而，本體與偶然屬性是有所區別的——

㉚ 1006a18-1007a20，參看卷K1062a5-20。1006b28-34參看1062a20-23。

「白」之於「人」是偶然的，因爲他雖是白色，但白非其怎是。一切說明若都取之於屬性，
1007b 一個主題悉以偶然者爲之云謂，事物將完全沒有基本成因；於是這樣的云謂必須無盡已地累加。但這是不可能的；因爲在屬性云謂中，諸屬性名詞只要超過兩項就不便於複合㉛。因爲1.一個偶然不是另一個偶然的偶然，這兩偶然只因是同屬一個主題，才能做連續的云謂。例如我們可以說那個「白的」是「有文化的」，與「那個有文化的是白的」就因爲兩者都屬於人。但是。2.若說蘇格拉底是「有文化的」，這兩詞就並不同爲另一事物之屬性。這裡的云謂分明有兩類用法，1.「有文化的」像「白的」一樣是蘇格拉底的屬性，這一類云謂是不可以無盡已地向上說去的；例如「白蘇格拉底」就不能再加另一屬性；因爲要另找一個字來表明兩字所指的事物是找不到的（如「有文化的」可與蘇格拉底合一就不能與「白蘇格拉底」合一）。又，2.這也不能另用一個名詞，例如「有文化」，來做「白」的云謂。因爲兩者之各爲屬性，哪個都不能說包含了或勝過了哪一個；兩者即便因主題相同而聯在一起，似若相屬而實不相屬。以「有文化的」作爲蘇格拉底的

㉛ 1.亞歷山大舉例：「希樸克拉底是一個最精明的醫師」並非一個主題有兩個屬性，因為「最精明的」只是「醫師」的屬性；2.亞蒙尼（Ammonius）解此支句為「一詞不能有二定義」。參考《解析前篇》卷一章一。

（「那個白的」）屬性，這類[32]云謂不同於前一類[33]，在這類云謂系列中這個偶然是偶然的偶然，但這不能所有云謂全屬偶然。其中必然有某些云謂表明著本體。若然，這就昭示了相反（矛盾）不可以同時作爲一事物之云謂。

又，假如對於同一主題，在同一時間內所有相反說明都是對的，顯然，一切事物必將混一。假如對任何事物可以任意肯定或否定，同一事物將是一艘樓船、一堵牆與一個人，這理論凡是同意於普羅塔哥拉思想的都得接受。人們倘認爲人不是一艘樓船，他就明明白白地不是樓船；苟謂相反說明兩皆眞實，那麼他也是一艘樓船。這樣我們就落入了阿那克薩哥拉萬物混合[34]的教義；這麼，純一的實體將全不存在。他們似乎在講一些「無定物」，當他們想著「實是」的時候，卻在口說著「非是」；「無定物」就只是那些潛在而並未實現的事物。但他們必須容許任何主題的任何云謂均可加以肯定或否定。因爲這是荒謬的：若說每一主題其自身可予以否定，而其他云謂苟有某些不容否定的，就不做否定。譬如「一個人」卻說他「不是一個人」，他認爲這沒有說錯，那麼明顯地，你說他「是一艘樓船」或「不是一艘樓船」也都不算錯。照樣，若正面地肯定（是樓船）可以作爲

㉜ 兩類云謂，其一類如蘇格拉底是有文化的，以屬性明本體。另一類那「白的」是「有文化的」，因本體已有所指明而附加其義。所有附加云謂雖似增廣主題，亦復使之所限愈狹，不能無限地發展。

㉝ 同前注。

㉞ 見第爾士編《殘篇》。

他的云謂，反面的否定（不是樓船）必然也可以作爲他的云謂；如果不能以肯定爲云謂，則主題的
1008a 云謂之否定較之主題本身的否定更可隨便作爲云謂。這樣，你可以否定「人」這主題爲「不是一個人」，則「樓船」的被否定爲「不是一艘樓船」當然也可以；這些否定，既可以隨便，那麼肯定的話該也可以隨便地說㉟。

於是，那些堅持這個觀點的人逼得還須做出這樣的結論，對一事物不必肯定，也不必否定。假如一事物「既是**人**而又是**非人**」，兩屬眞實，顯然這事物也就可以「既**不是人**而也**不是非人**」。兩個正面相應於兩個反面。正反兩詞合成的前一命題確相應於另組正反合成的後一命題，而前後兩命題又恰正相反㊱。

又，1.或則是這理論完全都眞確，一事物可以「既白又不白」，「既存在又不存在」，其他正與反也都可以。2.或則是這理論只有一部分眞確，其他不眞確。假使不完全眞確。2.則矛盾終只有一面眞，另一面就必然是假的。但是，假如這理論完全都眞確。1.則(1)其正面眞確時，反面也就該眞確，反面眞確時，正面也就該眞確；(2)或者是正面眞確處，反面必然眞確，而反面眞確處，正面不必然眞確。在後一情況，(3)一個反面已確定，這將是不可爭議的信條；「無是」既然可知而且不

㉟ 1007b18-1008a2參看卷K1062a23-30。

㊱ 1008a6-7可參看卷K1062a36-b7。

可爭議，則其反面的「正是」應更爲可知了。但是，若說⑷一切凡可否定的均可予以肯定，那麼是否可將「是又不是」那兩個云謂分開來，讓他做確切的答覆呢（例如不說「白又不白」而說「此物爲白」，再說「此物爲不白」）。

如要1.說是那兩個云謂不可分開，足見我們的對方想假借「可是可不是」的「未定物」來搪塞，這些未定物當沒有一件是現實存在的；但非現實存在的事物，怎能像他一樣說話或走路呢？照這論點，如上已言及㊲，一切事物悉成混一，如人與神與樓船以及它們的相反都將成爲同一事物。相反既可同做每一主題的云謂，一事物與另一事物就無從分別；因爲它們之間若有所分別，則這差異正將是某些事實而相殊的質性。2.假如將那兩個相反云謂分開來作答，除了引致上述各樣事物的混一外，也得引致這樣的結論，一切事物可以是（眞）對的，也可以是（假）錯的；而我們的對方承認自己是在錯的一邊。——我們和他的質疑問難顯屬徒勞；因爲說了許多等於什麼都沒說。他既不說「是」亦不說「不是」，他老是說「是又不是」；而且他進而又否定這些，說「也無是也無不是」；因爲除了這最後一語以外，別的措詞還包含著些可捉摸的「有定事物」。

倘把這條理訂定：「當正面是眞實時，反面應是虛假，而反面是眞實時，正面應是虛假。」這
1008b 樣要同時肯定而又否定同一事物將成爲不可能。然而他們也許竟會說問題就在這裡。

㊲ 見1006b17, 1007a6。

又，有人判斷一事物，或云「如是」，或云「不如是」，另有人判斷一事物謂這「既如是而又不如是」；是誰的判斷對，誰的判斷錯了呢？若說那兩可的人對，那麼具有這樣一類性質的現存事物他們究向何處去指尋？若說他並不對，可是比較那一位將事物既分明之爲「是」又分明之而爲「不是」的人，他仍然較爲妥當，即便他不能算對，你也不能算他錯。然而一切都無分別，眞假混在一起，落在這樣境界的人實際不能說出也不會說出任何可以令人明瞭的事物；因爲他同時說「是」與「不是」，對於一切事物不做判斷，只是混混沌沌的，若有所思，若無所思，這樣的人與草木何異？

這樣，該是十分明白了，凡主張這樣理論（矛盾兩可）的人以及任何其他的人實際都沒有眞的站住這一立場。爲何一個人當他想到要去麥加拉的時候，他就不再留在家裡而走向麥加拉呢？他在某個早晨上路的時候，他爲什麼不走入一口淵井，或走上一個懸崖？我們看到他步步留心，當然可以知道他並不意謂墮入深淵或墜於懸崖，是「又好又不好」或「無可無不可」。顯然他判斷著怎麼走比較好些，怎麼走比較不好。大家如不以此類判斷爲妄，則他也必將某一事物確定之爲「人」而另一事物確定之爲「非人」，某一事物謂之甜，另一事物謂之不甜。因爲他不將一切事物等量齊觀，所以當他在要喝水時，就進向水邊，當他要訪人時就進到人前。假定同一事物既可是人而又可不是人，那麼他就得將一切等量齊觀了。但是，如上所述，每一個人的行動沒有不是在趨吉（向於某些事物）而避凶的（免於另一些事物）。似乎舉世的人，即使不能判明舉世一切事物，他總是會斷定若干事物的利害善惡的[38]。如果說這些不算知識，只是意見（猜忖），他們還應是切求眞理的人，猶如一個病人之切求健康較之一個無病的人更爲急迫；於認取眞理而論，只會猜忖的人較之於眞有所識知的人，當然他尙不算健全。

又，一切事物盡可以「如是與不如是」，在事物的性質上，仍還有過與不及的差別存在，我們絕不該說二與三同樣地是偶數，也不能說一個誤四爲五的人，與一個誤八爲千的人，其誤相等。若說他們所誤不等，則那個誤差較小的，應是離眞實也稍近些。假如一事物於某一事物的性質多具備一些，這總該是較接近於那事物。若說這類差別未足爲眞理之徵，可是認明這些差別，我們總找到了較肯定而更接近眞理的事物，我們毋寧拋棄那拖泥帶水的教義[39]，免得妨礙大家思想上常有的判斷能力。

章五　普羅塔哥拉的教義也是從同一意見發展出來的，要是正確就兩[40]皆正確，要是謬誤就兩皆謬誤。一方面，假如承認一切意見與現象均屬眞實，所有言論將同時又眞確而又虛假。因爲許多人

---

[38] 1008b12-27參看卷K1063a28-35。

[39] λσγουάπηλλαγμένοι或譯「濫用了的理論」，指「是非兩可論」。

[40] 其一為前章之意見兩可論，另一是普羅塔哥拉之現象兩可論。普羅塔哥拉教義之一，以現象為實，如甲之現示為乙者，便為乙。

的信念是互相衝突的，人們常認爲與他不同的意見是錯的；所以同一事物必須又是而又不是。另一方面這樣說，所謂「有人認爲對，有人認爲錯」，相反的只是各人的意見；同一事物確定可以「又是又不是」；那麼所謂實是倘眞爲這樣，一切就都無不是了。明顯地，這教義也出於同一思想方式。

但是，對於不同的對手不宜用同樣的辯難方式；有些人需要與之講理，有些人只能予以強迫。因爲有些人接受辯論，旨在貫通自己的思想，所以只要將困惑各點予以啓發，引導他逐步進入明亮的地方，他就豁然開朗，治癒了他的愚昧。然而對於那些仰仗著言語與名詞，專爲辯論而辯論的人，除了否定他的辯論，就沒法爲之診治了㊶。

那些確實感覺到有所疑難而發生這樣意見的人，大抵是由於對可感覺事物的觀察所引起。

1. 他們想諸相反或諸相對應同時都屬眞實，因爲他們見到了相對事物從同一事物中出現。假如事物之非是者便不能由事物變現，那麼苟有所變現，必爲事物的對成中原已具備著的事物，如阿那克薩哥拉所說「萬物混於萬物」；德謨克利特立說亦復如是，因爲他說空與實隨處都相等而並存，其一爲是其一爲非是㊷。對於這些由此引起其信念的人，我們將認爲他們在某一意義上說

㊶ 1009a16-22參看卷K1063b7-16。

㊷ 1009a6-16, 22-30參看卷K1062b12-24。

得對，在某一意義上說錯了。成爲實是可有兩義，其一昔者無「是」，今日有「是」，其另一爲「無是」不能成「是」，而同一事物則可以成爲實是與不成爲實是——但其道不同。因同一事物在潛能中可以同時含有一個對成的兩端，但在實現時，就不能再含有兩端了㊸。此外，我們還要請他們相信在一切現存事物中，別有一級本體，對於這本體，動變與生滅均不相屬。

1009b 2.相似地，還有些人是從可感覺事物的現象之眞實性這類觀察引起了這些意見。因爲他們想到眞理並不由持有信念的人數之多寡來決定；同一物，有些人嘗之爲甜，另有些人嘗之爲苦；由此推廣而循思之，若世人皆病，或世人皆狂，其間二三子獨健或獨醒，世人必以二三子爲病爲狂，而不自謂其病與狂。

又，他們說許多動物由感覺所得印象與我們人類不同；即便同是人類，各人的官感也不全同。誰的印象眞實，誰的印象虛假，這並不明白；這一組人或動物的印象未必勝於另一組，然而兩者同屬某一事物之印象。爲此故，德謨克利特要這樣說，或者眞理是沒有的，或者至少我們於眞理還沒有明白。

這些思想家一般假定知識就是感覺，感覺的差異則出於身體的差異，一切出現在我們感覺中的

㊸ 1009a30-36參看卷K1062b12-24。普羅塔哥拉另一教義即「無不成有」，故事物之能演變者必先含有兩對成。

事物必然是眞實的；這樣，恩培多克勒與德謨克利特，幾乎也可以說所有其他的思想家，都成了這一類意見的俘虜。恩培多克勒曾說人的思想隨人身體而爲變：

人之於智度因滋養而日增㊹。

在別篇中，他又說：

他們的體質怎樣的改變，
思想也常發生怎樣的改變㊺。

巴門尼德也有同樣的講法：

㊹ ἐναύξεται（動字ἐναυξένω）原義「滋養」或「增益」。亞氏取其用字渾樸處作雙關解，其義類於「體胖則心廣」。原語見《殘篇》106。

㊺《殘篇》108。

許多關節巧妙地組成人體。
也這樣組成人的思心；
各人的思想皆由此多關節的肢體發生。
而思想竟是那麼繁富㊻。

阿那克薩哥拉致其友人的一句箴言也與此攸關——「事物就有如所意想那樣的事物」。而且他們說荷馬也有這樣的講法，因爲他敘述赫克篤被打失了知覺以後躺著胡思亂想㊼——照這講法一個受傷而失去思想力的身體仍還有所思想，只是他那傷體的思想已異於先前未傷體的思想了。於是明顯地，倘這兩類都算是思想，而此刻的胡思亂想與先前的思想所寄，恰又同屬某一實物，則此實物該可說「既如是而又不如是」了㊽。就在這一方向，開展討論最爲困難。假如那些見到了這些事例的人認爲這樣的眞理是可能的，而且認爲這樣的眞理正是他們所最喜愛而樂於追求的——假如那些具

㊻《殘篇》16。色烏弗拉斯托（Theophrastus，西元前三二一—前二六八）為呂克昂學院亞氏之繼任主持人。他在《論感覺》第三章中所引此節，文句略異。

㊼參看《伊里埃》第二十八章698行：但原書此節不是說的赫克篤而是在敘述歐里耶羅（Ερααλύς）。

㊽1009a38-b33參看卷K1063a35-b7。

1010a 有這樣意見的人來宣揚這樣的眞理，初進於哲學研究的人不將自然地失望嗎？因爲這樣的尋求眞理何異於追逐空中的飛鳥[49]。

思想家們所以要執持這樣意見，其緣由就在實是中求其所是的時候，他們將感覺當作了實是；可是在可感覺世界中，存在有許多未定性質——那些未定物所存在的特殊意義，我們上已述及[50]；所以他們說得相當高明，但所說並不眞實——與其像愛比卡爾謨那樣的批評齊諾芬尼[51]，毋寧做這樣的批評。因爲在動變中的事物無可爲之做成眞實的敘述，他們看到了自然界全在動變之中，就說「既然沒一時刻沒一角落不在動變，所以沒一事物可得確實地予以肯定」。就是這一信念發展成上面提及的理論，如那個聞名已久的赫拉克利特學派克拉底魯所執持的學說，可算其中最極端的代表，他認爲事物既如此動變不已，瞬息已逝，吾人才一出言，便已事過境遷，失之幻消，所以他最後，凡意有所指，只能微扣手指，以示其蹤跡而已；他評議赫拉克利特所云「人沒有可能再度涉足同一條河流」[52]一語說：「在他想來，人們就是涉足一次也未成功。」

---

[49] 參看《希臘古諺》卷二，677。

[50] 見於1009a32。

[51] 參看凱伊培爾（Kaibel）編《殘篇》252。大約愛比卡爾謨（Epicharmus）曾對齊諾芬尼（Xenophanes）思想做過這樣的批評：「這既不高明也不確實」或「這是確實的但並不高明」。

[52] 《殘篇》91。

可是，我們將答覆這辯論說，他們關於動變的想法是有些道理在內的，然而總是可訾議的，雖說在變動中的事物尚非實在的事物，可是事物之有所消失者必先有此可消失者在，事物之今茲變現者，必先有某些事物在。一般說來，一物滅壞，必將因此而變現有某物；一物生成，必有所從而生成之物在前，亦必有爲彼而有此生成之物在後，而這一過程不能無盡已地進行。——但暫且不管這些問題，讓我們堅持這一點，同一事物，所變的不在量與質。即便事物在量上並非恆等，我們總是憑它的形式認識每一事物[53]。——又，我們這樣批評執持那些意見的人應可算是公正的：他們就是對可感覺事物也僅見極小部分，卻要將自己的意見應用於全宇宙；因爲這只有緊繞於我們周遭的可感覺世界才是常在生滅的不息過程之中；但這世界——就這麼說吧——只是全宇宙中的一個小小的分數而已[54]，所以這才較爲公正，應該爲著那另一部分而放棄這世界小小的可感覺部分，不宜憑這一部分去評判那另一部分[55]。

---

[53] 1010a22-25參看卷K1063a22-28。

[54] 亞里斯多德以天宇及星辰（星辰即神或神之所居）為永存而不變不壞；可參看卷Θ，章八。我們在這裡用「宇宙」或「世界」譯ὀρανός與κόσμος。舊詮，「世」為遷流，即過去、未來、現在；「界」為方位，即東南西北上下。又云，上下四方為「宇」，古往今來為「宙」。「世界」與「宇宙」兩義相同，均為抽象名字；兩希臘字有時為實指「天空」與「地球」之名詞（κόσμος原義「秩序」）。

[55] 1010a25-32參看卷K1063a10-17。

於是，我們正要將我們所早已有的結論[56]告知他們；我們必須向他們證明，要他們認識：宇宙間必有全無動變性質的事物存在。實際那些主張事物同時「既是而又不是」的人，如欲由此而有所引申，則與其說一切均在動變，毋寧說一切皆歸安定；因爲一切屬性均已備於一切主題，天地萬物，各如位育，殊已無所需於動變了。

1010b 關於眞實的性質，我們必須認定每一呈現的物象，並不都屬眞實；第一即使感覺不錯——至少感覺與感覺對象互相符合——印象也並不一定與感覺符合。又，這應當是公正的，我們於對方提出那些問題表示詫異；事物在遠距離與在近處所呈現於人眼前時是否尺度相同，是否顏色相同；其所呈現於病人與健康人眼前時是否相同；事物的重量呈現於強壯的人與衰弱的人手中時是否相同；事物的虛實呈現於入睡的人與醒著的人是否相同。明顯地，他們並未想到這些都是問題。至少沒有人當他身在里比亞時，卻幻想自己在雅典，正出門去參加奧第雄[57]的晚會。又，關於未來的事物，如柏拉圖所說[58]，例如一個病人是否會得痊癒，一個醫師的意見與一個普通人的意見，分量不是一樣的。再者，對於一個陌生對象與相當熟悉的對象，或是對於一個親近的對象與官感相應的對象之

---

[56] 參看1009a36-38。

[57] 奧第雄（ὤδειον）大廈，為貝里克勒（Pericles，西元前四九五—前四二九）仿照波斯閣幕形式建築之音樂廳：希臘詩藝與樂藝大會均於此廳誦奏。

[58] 見於《色埃德托》178B-179A。

間[59]，各官感本身就不是同等可靠的；對於色，只有視覺可靠，味覺就不可靠；對於味，只有味覺可靠，視覺就不可靠；每一種官感永不會在同時說同一對象這「既如是又不如是」。就是不在同時，這一官感有時前後不符，其所示異，也不是事物之性質，而只是那同一性質的異感。試舉例以明吾意，同樣的酒，或因酒變了質，似乎可以一時爲美酒一時爲不美；但是至少當酒之爲美酒時，彼所爲美固確乎存在，這酒美是不變的，飲酒的人對那一刻的酒美也是領會得不錯的，於那一刻之所以爲酒美，其性質必然是「如是而又如是」（「如彼而又如彼」）[60]。可是那些觀點（錯覺）破壞了這個必然，他們捨棄了任何事物的怎是，也使世上不再有必然的事物；因爲所謂必然就不能又是這樣又是那樣，所以任何事物若有所必然，就不會「又如是又不如是」了。

一般說來，假如只有可感覺事物存在，那麼若無動物（活物）[61]就沒有這世界，因爲沒有動物，也就沒有感覺器官。現在說是可感覺性與感覺兩不存在，這樣的論點無疑是眞實的，因爲兩者都只是在感覺者身上所產生的感應。但是，若說那感覺所由發生的原因，那個底層也不應存在，這

---

[59] 參看《論感覺》440b29。

[60] 1010b1-24可參看卷K1062b33-1063a10。

[61] ἐμψύχων，「有靈魂物」即動物及一般生物。希臘人之「靈魂」（ψυχὴ）（拉丁譯為anima）觀念多本於畢達哥拉斯靈魂即生命之義。靈魂分三類：1.植物靈魂僅有生命，2.動物靈魂兼有生命與感覺，3.人的靈魂兼有生命、感覺與精神三者（參看1017b16，1046a36，1070a29）。

1011a 就不可能。因爲感覺絕不只是感覺自身，而必有某些外於感覺者先感覺而存在；主動的總是先於被動的，這兩個相關名詞也可適用於感覺問題。

章六　在篤信這觀點的人以及僅是侈談這些理論的人之間，有人提出這樣一個難題，將是誰來斷定人的健康與否，又將是誰來斷定每一類問題的虛實。但這一類問題與考查我們現在是睡眠抑是醒著一樣。所有這些問題都屬同一性質。這些人們爲每一事情舉一理由[62]；因爲他們要找一個起點，由這起點來做別的證明，而他們又想要用證明來找起點，從他們的方法上看來，能否找到，他們也並無自信；但他們的情調恰如我們以前曾說過的：實證的起點原本不是另一個實證，他們卻要爲說不出理由的事物找尋理由。

這些，要旨並不難於領會；然而那些專求辯論必勝的人老是尋找那些不可能的事物；他們主張容許大家互反（自相矛盾）——這種要求本身一開始就是一個矛盾[63]。但事物若並不盡屬「關係」範疇，有些事物可以自在而獨存，這就不必是每一呈現於感覺者都屬眞實；唯有見此事物之呈現的某些人明白這些現象；所以誰若以現象爲盡屬眞實，他就使一切事物均成「關係」。所以依照他們的論點，同時要求在辯論中可以有所必勝，那麼他們就必須時時檢點自己，不要說眞實存在於其所

---

⑫ 似指安蒂瑞尼。

⑬ 1011a3-16參看卷K1063b7-16。

呈現，只是說眞理存在於向他呈現的，在那時候，在那官感上，與那情況中呈現的現象。他們提出任何論題若不是這樣講法，他們很快就會發現自己在否定自己了。因爲這可能，同樣一物看來是蜜，嚐來卻不是。又因爲我們具有兩眼，如果兩眼視覺不一，一事物就可以呈顯兩現象。對於那些執持著我們先前說過的[64]那些理由的人們以現象爲眞實，也認爲一切事物無須以眞假相諍，因爲事物之呈現於各人，所得現象原不一致，即便呈現於同一人時，前後也不一致，甚且常常同時發生相反的現象（當一物置於我們交叉的兩手指間，觸覺則謂二，視覺則爲一）[65]——對於這些人們，我們將說是的，但這不在同一官感上，不在同一時間內，不在同一情況下，如果這些條件具備，所呈現的將屬眞實。但彼不爲決疑解惑、僅爲辯論而辯論的人，於此又將說，依你所論，也只是於那一感受的人是眞實，並不能說這於一切人均屬眞實。如上曾述及[66]，他必使一切盡成「關係」——使一切相關於意見與感覺而後已，這樣就沒有一個已存在或將生成的事物能脫離某些人的意想之如是或如彼而自行存立。但事物之已存在或將生成者，顯然並不一律有賴於人們的意想。

又，事物之爲一者，應與一事物或與某些決定性事物爲關係；如一事物成爲兩半而相等，其爲

[64] 參看1009a38-1010a15。
[65] 1011a31-34參看卷K1062b33-1063a10。
[66] 參看1011a19及以下。

「等」，與爲「倍」並無直接關係[67]。於是，思想於事物的人與被思想著的事物如果相同，人將不是那思想者而將合一於那被思想著的事物。每一事物如果必須相關於思想此事物的人，則此思想的人將累累地相關於無盡相關的各別事物。

這些當已足夠說明1.一切信條中最無可爭議的就是「相反敘述不能同時兩都眞實」，2.如認爲兩都眞實，這引出什麼些後果，以及3.爲什麼人們會得誤認**相反**者兩都眞實。「**相反**」既不應在同時，於同一事物兩都眞實，「**相對**」亦應是這樣。相對[68]的兩端之一是另一端的對成，也是它的「闕失」，而且闕失了的必是主要的質性；闕失是對於一個確定了的科屬取消其應有的云謂。於是，假如不可能同時肯定與否定，相對的兩端也不可能同時屬之於一個主題（除了兩端都以變稱關係，或一端爲原稱，一端以變稱關係來屬之於那一主題）[69]。

章七　另一方面，在相反敘述之間也不能有間體，於一個主題我們必須肯定或否定一個云謂。首

---

[67] 意謂「等」只與「等」相關，「半」只與「倍」相關；不應做一切皆互為關係的看法。1010b1-1011b12的詞旨是這樣：若事物因別人的感覺而為存在，則人只是存在於他人的思想中，將為一「被思想物」，而世上便無「能思想物」。

[68] 對反四式：相反、相對、闕失、相關。參看卷Δ章十。

[69] 1011b17-22參看卷K1063b17-19。

先我們若將「眞與假」解釋清楚，這就可明白，凡以不是爲是、是爲不是者這就是假的，凡以實爲實、以假爲假者，這就是眞的；所以人們以任何事物爲是或爲不是，就得說這是眞的或是假的；若說這「既非是又非不是」，則事物將在眞假之間。——又，相反之間的間體將類似黑與白之間的灰色，或如人與馬之間的「非人非馬」。1.如果間體是像後一類的，那麼它是不能變向相對兩端的（因爲「變」，是從不好變好，或從好變不好），而間體總得變向兩端，或兩端變向間體。至於相反（矛盾）這就無可互變。2.如果（像前一類）這確實是一間體[70]，這也就會得變白，但這不是從
1012a 非白變出來的；這是從灰色中未爲人見的白變出來的。——又，理知亦得肯定或否定每一個理知或思想的對象——這由定義上看來[71]就該明白了。定義總是說怎麼是眞實，怎麼是虛假。事物以肯定或否定之一式爲聯結則成眞實，以另一式爲聯結便成虛假。

又，如果人不僅爲辯論而辯論，這就必須在一切相反之間，都設立一個間體，唯有這樣他才能說世上畢竟有了「既非眞實又非虛假」的事物，而在那些「是與不是」的事物之間將可得成立一「中性」事物，在生成滅壞之間也造爲一類變化間體。

又，有些事物，凡否定一個屬性就等於肯定其相對的另一端，竟說是在這樣一類事物中也有一

---

[70] 灰為黑白的間體，因為灰色中有一部分黑、一部分白在內。

[71] 見1011b25-26。

個間體；例如，在數理範圍內據稱有既非「奇」又非「非奇」的一種數。但這從定義[72]上看來顯然是不可能的。

又，這過程將無盡地進行，實是的數目不僅將增加總數一半，而且將增加得更多。這也將可能有人再否定這間體爲正反兩端的比照[73]，因而別立新間體，這些新間體既另有其怎是，也就將另成一套事物。

又，當一個人被詢問一物是否爲「白」時，他說「不」，他所否定就只在「是」（白）；它的「不是白」是一個負反。

有些人獲得這些觀念同他們獲得其他悖理一樣；當他們不能否定一個詭辯譎詞[74]時，就承認那個論點，同意那些結論爲眞確。有些人就因此表現這些想法；另有些人因爲要求每一事物必須舉一理由，也表現這樣的想法。應付所有這些人們就當以建立「定義」爲起點。定義之所以爲人所重就在於它必有所指明；由名詞組成的公式將所解釋的事物劃出了界限[75]。赫拉克利特學說以一切事物

[72] 亞里斯多德所云定義未知是何定義。也許是說每一數必須是或奇或偶。

[73] 假如**甲**與**非甲**之間，可有**乙**為**非甲**與非**非甲**，這也將可以另立一個新間體**丙**，使這**丙**既為**非乙**又非**非乙**。

[74] λόγους ἐριστικούς，埃里斯底克兹譯「譎詞」，義為好辯與吵嘴；好辯者大抵用捉白字法或用雙關語取勝，其論點都無實義而必求勝人。

[75] 1011b23-1012a24參看卷K1063b19-24。

爲既是而又不是，似乎使一切事物悉成眞實；而阿那克薩哥拉在兩項相反之間設立間體，又似乎使一切事物悉成虛假；因爲當事物全是混合物時，混合既不是好也非不好，這樣誰都不能明確指出一件眞實的事物。

章八 經過這些分析，這該明白，有些人所宣揚的那些片面理論是站不住的——理論的一方面說沒有一樣事物是眞實的（因爲，他們說世上並無規律限止人們不使所有的陳述都作爲「正方形的對角線可以用它的邊爲計量」這樣一類的敘述），另一方面的理論則說一切事物盡屬眞實。這些觀念
1012b 實際與赫拉克利特的觀念相同；他說「一切皆眞，一切盡僞」這一句話的兩節應是可以分開來說的，分成單條，其所說既屬不可能，合成雙聯後其說也必不可能。兩個相反顯然不能同時都眞——另一方面，也不能一切敘述都是假的，雖則照我們以前所曾說過的道理，這似乎比較地可能。但，爲要撇清所有這些議論，我們必須要求，如前所述及[76]，不說某事物「是或不是」，應明確某事物有何含義，這樣，我們就必須依據一個定義來進行論辯，例如所謂眞假就得先確定什麼是眞，什麼是假。所要肯定是眞的若與所要否定是假的事物並無異致，這就不可能一切敘述都是假的；因爲照這情形，那兩相反中必有一個是眞的。又，假如關於每一事物必須承認或否定它，這就不可能都是錯的；這兩相反中，只有一個是錯的。所有這些觀念常是自相刺謬，戳破自己的理論。因爲他在說

[76] 參看1006a18-22。

「一切皆實」這一敘述時，他已對反了自己下聯的敘述（因爲它的相對敘述就在否定這眞實），所以他自己這敘述就成爲不眞實的了。他在說一切皆虛，引出的結論也相似，使他自己也成爲一個撒謊者⑰。如果前一位（說「一切皆實」的）除外了那相對的一個條例（一切皆虛），說世上唯有那一條不實；而後一位（說一切皆虛的）則除外了他自己，說世上只有他不虛；這樣，他們已經被逼到替眞實與虛假做出無限止的假設了。若要爲他的眞實理論注明所由稱爲眞實的境界，這過程將無休止地進行。

又，那些人說「一切皆在靜定」顯然是不正確的，那些人說「一切皆在動變」也不正確。假如一切皆在靜定，則同一敘述將永是眞的，同一敘述也將永是虛的——但這明顯地在動變；因爲那做此敘述的人（自己就在動變），先前他未在世上，過一會兒他又將不在世上了。假如一切皆在動變，世上又將沒有一件實在的事物；於是一切盡假。但我們曾已說明這是不可能的。又，凡是變化的必須原是一事物，因爲變化是由某些事物變爲某些事物。再者，若說「一切事物咸有時而靜定或咸有時而動變」，沒有一樣事物是「永靜」或「永動」，這樣說法也不切實；宇宙間總該有一原動者，自己不動，而使一切動變事物入於動變⑱。

---

⑰ 1012a24-1012b18參看卷K1063b24-35（1012b13-18參看1062b7-9）。

⑱ τὸ πρῶτον κινοῦν ἀκίνητον αὐτό，「自己不動的原動者」一向被基督教神學家引證為亞里斯多德對於主神（天主或上帝）的認識。亞氏此項觀念實由宇宙論與物理學引出，並不著重於神學或宗教教義（參看卷Λ）。

卷(Δ)五①

1013a **章一** 「原」②的命意：1.「原始」事物之從所發始，如一條線或一條路，無論從哪端看，都得有一起點。2.「原始」是事物之從所開頭，如我們學習，並不必須從第一章學起，有時就從最好入手的一節③學起。3.「原本」是事物內在的基本部分，如船先有船梁，屋先有基礎，而有些動物有心④，有些有腦，另有些則另有性質相似於心或腦的部分。4.「原由」不是內在的部分，而是事物

---

① 上數卷論定哲學思辨的範圍。此卷集釋有關本體論中常用的重要名詞。但其中有數詞與此書無關。似原為另一專篇。著錄時間或早於此書。所傳西元前希茜溪（Hesychius）《亞氏書目》中有《詞類集釋》一卷，或即指此作。以後被夾入此書中。本書卷（E）六末句與卷（Z）七開始句均提及περί τοῦ πολλάκως，《名詞集釋》（關於名詞諸含義）亦當是指這卷的。希臘詮疏家亞歷山大將此卷編為第四卷，與Γ卷對換。拉丁學者，如湯瑪斯·阿奎那則編為第五卷。

② 各民族言語文字發生時，若干原始字根，均出於人生基本活動，故多相似。然其日久孳乳則因生活、環境與思想變化而頗相異致。凡一字數義，即雙關或數關之字，各民族必難得相同的一字，其所關數義均屬一致。因此本書各卷譯文中（例如ἀρχή）往往不能不以兩個或三個以上（例如「原始」、「原理」、「淵源」）的中文名詞來譯取一個希臘名詞。

③ 參看《範疇》章八。

④ 亞里斯多德以心臟為動物發生之起點，見《動物發生》738b16。亞氏在生物學上有許多成就，而這卻是一個

最初的生成以及所從動變的來源，如小孩出於父母，打架由於吵嘴。5.「原意」是事物動變的緣由，動變的事物因他的意旨從而發生動變，如城市政府、寡頭政體、王制以及暴君都叫做「原」（ἀρχαί）（主）。技藝亦然，尤其顯明的是大匠師的精於設計者。6.「原理」是事物所由明示其初義的，如假設是實證的起點（因為「原因」與「原始」之義相通，所以「原」有六義，因也該有六義）。這樣，所謂「原」就是事物的所由成，或所從來，或所由以說明的第一點；這些，有的是內含於事物之中，亦有的在於事物之外；所以「原」是一事物的本性，如此也是一事物之元素，以及思想與意旨，與怎是和極因——因為善與美⑤正是許多事物所由以認識並由以動變的本原⑥。

章二

「因」⑦的命意：1.是事物所由形成的原料，如造像因於青銅，杯碟因於白銀，以及包括

錯誤。

⑤有的版本此一字作κακὸν（惡）即以「善」與「惡」一個對成為事物之極因。此與亞氏理論不符。

⑥ἀρχή一字與漢文「原」字頗相切合。這裡亞氏述「原」有六義；有的譯本將君主與匠師兩句分開，成為七義。在中古以前「哲學」並無定名。奧雷根（Origen）自題其通論神學與物學的著作曰《關於原理》（Περὶ Ἀρχῶν）。

⑦αἰτία通俗用為「關係」、「原因」、「因果」、「罪過」、「責任」等義。本書譯「因」。如1013a16所云，「因」與「原」相通。全書中常見原理與原因並舉，或兩詞互代。

類此的各級物料。2.事物的通式或模型，亦即事物的基本定義（如2：1比例與一般的數是八度音程的原因）以及包含在內的各級通式和定義的各個部分。3.變化或停止變化最初所由以開始者，如建議人是某一舉動的原因，父母是子女的原因，一般說來，造物者就是所造物的原因，致變者是所變化的原因。4.事物之所以成爲事物的目的；例如爲了健康，所以散步。「人何爲散步？」我們說：「這使人健康。」我們認爲這樣說，就算解答了散步的原因。爲了達到目的而引入的各種方法或工具，凡是推動別一事物之進程的，也可與此同論，譬如人要獲得健康就引用消瘦法，或清瀉
1013b 法，或藥物或醫療器具；雖則方式各異，或爲工具，或爲動作，其目的卻都是爲了健康。

這些，就是所謂原因的全部要義。原因常有幾種講法，同一事物可有幾個原因，幾個不相符屬的各別原因。例如造像之因是雕塑藝術與青銅，兩者都不爲別的，只是爲造像；可是兩者並不一樣，其一爲物因，另一則是動變的來源。而事物也可相互爲因，如體操爲健康之因，也可以說健康爲體操之因；其一爲極因，另一爲動因。又，同一事物可以是相對反事物的原因；有了這個，發生某一事物，沒有這個，卻發生相對反的事物，例如我們認定船隻遇險是沒有舵手之故，那麼船隻平安就應是有了舵手之故；這樣舵手之「在船上」與「不在船上」就成爲船的動因。

現在，所敘諸原因，很明顯地，歸於四類。音節出於字母，製成品出於原料，物體出於火、土及類此的元素，全體出於部分，結論出於假設；這些都是各樣事物所由造成的原因。這些，有的是底層（例如部分）（物因），有的則爲怎是（如全體、綜合與通式）（本因）。一般的作者，如種子、醫師、建議人，當是一切致動或致靜的原因（動因）。末一類原因是一切事物所企向的終極

與本善⑧；爲有此故，世間萬物都有了目的而各各努力以自致於至善（極因）；至於我們說這是本善，或只是表面的善，那並不是重要的差別。這些就是原因的四項類別。

雖則歸綜起來爲類不多，但諸因的個別品種是爲數繁多的。「因」的含義說起來頗爲分歧；即使是一類之因，有些就說是「先於」，有些則說是「後於」；如體育教師和醫師都是健康之因；又如2：1比例和數都是八度音程之因；以及某些包括各別事例的普遍原因就是各個事例的通因。還
1014a 有在某一屬性或某一級屬性上論原因的，例如一個講法是雕塑家造了這像，另一講法是帕里克力圖造這像，因爲那雕塑家恰巧是帕里克力圖；推而廣之，凡包括各級屬性的普遍詞項也都可連帶成爲原因，如說「人」或廣泛地說「動物」，也是這造像的原因；因爲帕里克力圖是人，而人是動物。屬性原因中有些從屬關係較遠，有些較近（例如，說那位「白的」與「那位有文化的」是這造像的原因，而不說「帕里克力圖」或「人」）。除了這些類別之外，原因無論是由於本性或由於屬性，又分爲能作用的與在作用兩種；例如說房屋的被造成由於建築師，或說一個瓦匠正在造屋。由因而及果，也有各樣差別說法；例如某一事物可說是這個雕像之因，或說是一個雕像之因，或說是一般造像之因，又可說這像出於這塊青銅，或說出於青銅，或說出於一般物料⑨；屬性因果也與此相

⑧ ἀγαθὸν（善）作為事物之決定原因，則哲學論點與倫理（道德）論點合一：此為亞氏哲學的基徵。

⑨ 參考《物學》卷二194a33，有相似語句。

似。又，屬性與本性諸因可以併合起來說；我們可以既不說「帕里克力圖」也不說「雕塑家」，卻說「雕塑家帕里克力圖」。

但所有這些可以別爲六級[⑩]，而每級則歸於兩列：1.一列是出於個別的或科屬的或屬性的原因或以其科屬包括了屬性原因，這些又可以合取，也可以單舉。2.另一列是「正在作用」或是「能作用」的原因。在作用上來分別原因，就可見到某些個別的人或事物與他們所作用著的人或事物應同時存在或不同時存在，例如這一診病者與這一受診者，又如這一建築師與這一正在被建築物，兩者均同時存在；至於能作用（潛在）原因就不盡然了；房屋並不與建築師同時死亡或毀滅[⑪]。

章三　「元素」（要素）[⑫]的命意是：1.(1)事物內在的基本組成，於物類而論是不能再分析爲別

⑩ 六級舉例：一個造像的原因：1.雕塑家、2.藝術家、3.帕里克力圖、4.人、5.雕塑家帕里克力圖、6.有文化〈藝術〉的人。5.與6.由1.3.與2.4.所組成。

⑪ 此章可參考《物學》194b23-195b21。

⑫ 泰勒斯等早期學者以ἀρκή（原）作「原素」（物原）義用。亞里斯多德別取στοιχεῖον（原義為字母）為「元素」新詞，蓋得之柏拉圖：參閱《命題》。又參閱第爾士：《元素》（*Elementum*）29頁。亞氏廣義引用στοιχεῖον一字，近代化學上之「元素」狹義地引用此字，符合於本章六義中第四義，2.(1)。

的物類的；如言語的元素是字母（音注），字母組成爲言語，言語分解爲字母後就無可再分解了。事物於既分解後，若要再分解，那麼它們再分出來的部分還是同類的，如水加以分割，每一部分仍然是水。至於一個音節分開來卻並不是音節（而是一些不同的字母）。(2)相似地，凡人們說物體的元素就指那將物體分析到無可再分的種類；這樣分析出來的事物，無論只有一種或有多種，大家就稱之爲「元素」。(3)所謂幾何證明的要素（元素）與一般證明的要素，性質也相似；凡在實證中都得引用到的基本條例都叫做實證要素；「綜合論法」以一個中項來聯繫前後兩項，進行證明，就有這樣的性質。2.(1)人們也將「元素」這字移用於那些單一而微小的物質，這樣的命意在好多方面是有用的。這樣，凡是微小單純與不可再分割的事物就稱爲一種「元素」。因此(2)事實上「元素」就成爲普遍事物。這些元素以其「單純」（一）存現於萬物的「複雜」（眾）之中，每一事物或包含所有各種元素或包含若干種元素。有些人因此認爲「單位」與「點」是事物的第一義。(3)於是所謂「科屬」（族類）既是普遍而不可分割的（關於這些不能再有所說明，或爲之界釋⑬），有些人就說科屬是元素；科屬較之品種確實更爲普遍，因爲凡是品種所存，必具有科屬的性質；而科屬所在，品種卻以差異出現。元素的通義就是每一事物內在的基本組成。

---

⑬ 這當指最高科屬，其所含存者為所有一切品種的通性。

章四　本性（自然）的命意：1.若將φύσις這字的υ讀長音⑭，這就應是生物的創造。2.一生物的內在部分，其生長由此發動而進行。3.每一自然事物由彼所得於自然者，開始其最初活動。那些事物由於與某些其他事物接觸，或由有機結合（或由有機吸附，如胚胎⑮），因而獲得增益者，此之謂生長。有機結合有異於接觸；有機結合的各個部分不僅相接觸，並在量和延展上一起生長（雖則質不必相同）；至於接觸只是兩者碰在一起而已。4.「本性」的命意又指任何自然物所賴以組成的原始材料，這些材料是未成形的，不能由自己的潛能進行動變；如青銅就說是造像的「本性」也是青銅器的本性，木器的「本性」就是木，餘者以此類推；這些物料被製成產品以後，它們的原始物質仍然保存著在。就是這樣，人們對組成萬物的自然元素也稱爲「本性」，有些人舉出這元素是「火」，有些人則舉「地」，有些人舉「氣」，有些人舉「水」，又有些人舉其他類此者；又有些人舉其中的幾種，又有些人悉舉四元素。5.「本性」的命意又是自然事物的本質，有些人就說本性

---

⑭ φύσις原義是「生長」其動字φύεσθαι中υ字母常作長音讀。其所孳衍的各義為「性」、「族」、「生理」、「特質」等。廣義上，此字包括生物與非生物之本性而言，因此又作「自然萬物」或「自然」解。近代文中「本性」、「自然」、「萬物」、「生物」、「物質」、「本質」等不同字義，在希臘文中統可以此一字來表達。

⑮ ἔμβρυον謂雌性生殖，上一句則指種籽、精子等雄性生殖。

是萬物的原始組合，有如恩培多克勒說[16]：

1015a 現存的萬物無所謂本性，
只是（四元素）一回兒聚一回兒散，
本性就是人們所賜予這些混合物的名稱。

因此自然所生的一一事物，或現已在，或即將出現，除了已獲有它們的通式或形狀者之外，我們就說它們還欠本性。唯有兩者[17]都具備了的事物，才算具有本性，譬如動物和牠的各個部分；這麼「本性」就不僅是那原始物質，亦須是那「通式」或「怎是」，那是創生過程的終極目的。關於那些原始物質可有兩種含義，一是指這一個別事物所關的原始物質，另一是指一般的原始物質；譬如就青銅器而論，青銅是原始物質，但就廣義而論，也許應說水是原始物質，因爲凡是可熔性物質（包括青銅）都是水。6.引申本性在這方面的命意，則每一怎是都可稱爲本性，每一事物的本性均

⑯ 恩培多克勒語見《殘篇》8。

⑰ 兩者，指萬物的生成必須具備「通式」與「物質」。這樣「本性」便與「綜合實體」相符合（參看卷Z，章十七）。

屬某一級類的怎是（事物之所由成爲事物者）。

從以上所說的看來，這已明白，「本性」的基本含義與其嚴格解釋是具有這類動變淵源的事物所固有的「怎是」；物質之被稱爲本性（自然）者就因爲動變憑之得以進行；生長過程之被稱爲本性，就因爲動變正由此發展。在這意義上，或則潛存於物內或則實現於物中，本性就是自然萬物的動變淵源。

章五 我們說「必須」（必然）1.⑴一事物，若無此條件，就不能生存；例如動物必須呼吸與食品；因爲沒有這些，它是不能生存的；⑵若無此條件，善不能生存，惡不能免去；例如我們要療疾就必須服藥，人欲經商獲利[18]就必須航行愛琴海中。2.凡阻礙或抑止自然脈動與要求的強迫行動與強迫力量我們也說這是「必需的」；這樣的必需是痛苦的，歐維諾[19]說：「一切必需品常是可厭的。」而強迫就是「必需」的一種形式，索福克里[20]說：「可是強力迫得我做了這樣的事。」這樣的「必需」既相反於自然要求與人類理性，遂又被認爲是無法避免的事情。3.我們說，除了這樣，

---

⑱ ἵν᾽ ἀπολάβῃ（為了牟利），舊本作μὴ ἀποβαλῇ或μὴ ἐπιλάβῃ，詮釋家解謂「免得財物被劫」，係指在西元前四八〇年雅典因東方有警，居民相率攜帶財物上船入海避難事。

⑲ 見希勒編《殘篇》8。歐維諾（Evenus）為朴羅詩人，約與蘇格拉底同時。亞斯克來比謂歐為詭辯學派。

⑳ 語見索福克里詩劇《埃來克特拉》（*Electra*）256行（劇本原文微異）。

別無它途，這就是「必需」，必需的其他一切含義都由茲衍生：一事物在接受或在做著它所必須做的事情，只是因爲某些強迫力量迫得它不能照自己的脈搏來活動；因爲有所必然，事物就不得不然。關於「生」與「善」也與此相似；如果沒有某些條件，這就不能有「生」與「善」；這些條件是「必需的」，而凡是這一類原因就說是一種必需。4.又，實證也是一種「必需」，因爲有充分的證明，結論就不能不是這樣的結論了；這個「必需」的原因就是第一前提，憑著那些前提，綜合論法的進行就非如此不可了。

有些事物以別事物爲它們所必需；而另一些事物則自己成爲別事物所必需，自己卻全無所需。在本義與狹義上講，「必需〈必然〉者」應是單純事物，這樣的事物只在一個狀態存在。不能說它既在這個狀態，又在那個狀態存在；要是這樣，它就實際上不止一個狀態了。所以，凡是不變而永恆的事物，就由於單純之故，無可加以強迫，也沒有什麼抑止自己的本性。

章六　「一」（元一）的命意，1.是由於屬性而爲一，2.是由於本性（由己）而爲一。

1.屬性之爲一者：例如哥里斯可與「文明的」以及「文明的哥里斯可」（這麼說都指同一事物）；又如文明的人與正直的人和文明的哥里斯可與正直的哥里斯可。所有這些都在屬性上成爲一；文明與正直都是同一本體的屬性，文明與哥里斯可則一個是另一個的屬性。相似地，「文明的哥里斯可」與「哥里斯可」也是一，因那短語中「文明的」一字正是另一字哥里斯可的屬性；而「文明的哥里斯可」與「正直的哥里斯可」也該是一，因爲這兩短語的一部分都是同一主題的屬性。說明一科屬或任何普遍名詞的屬性者，亦與此相似，例如說「人」與「文明人」相合一；因爲「文明」可以是一般人的屬性，也可以是某個人（如「哥里斯可」）的屬性。可是這兩屬性雖則同歸於人，其間卻又有所不同，文明之屬於人類者，合一於包括科屬之本體，文明之屬於哥里斯可者合一於個別本體的狀態或其秉賦。事物之由於屬性而爲「一」的，就是這樣。

2.事物之由於本性而爲一的，⑴有些爲了它們是延續的，因而稱之爲「一」，例如棒用繩捆成一束，木片用膠黏成一塊；一條線，即使是彎曲的，因爲它是延續的，所以仍被稱爲「一」，又如身上的各部，臂與腿亦稱爲一體。關於這些凡是自然延續的應較之於用技術使之延續的更富於一性㉑。事物之具有延續性者只能有一個運動，不能有分歧的運動；一個運動當是在時間上講來爲不可區分的運動。自然延續的事物，不以接觸而爲一；將木片放在一起，互相接觸，你不能說這已合成爲一木，或一物或一個延續體。事物若因延續而稱爲一者，即使彎曲的也仍應是一，不彎曲的更應是一，例如脛與腿較之股更應是一。直線較之曲線更應是一。曲線之成折角者我們說它是一，也說它非一，因爲它全體的各個部分可以在同時動作，也可以不在同時活

㉑在這一節中亞氏的「一」屢做比較格用。應這樣來分別「一」：絕對的一是沒有比較格的，另一個「一」是與「多」相對的；這既可以有「更多」，亦就可以有「更一」這類措詞。

動；直線是同時的，折線則可以一段靜時，一段在動。

(2)①在另一意義上，事物之被稱爲「一」是因爲它們的底層相同；這些底層在官感上是同一而不可區分的種類。所謂底層是指事物終極狀態的最裡層或最外層。從一方面看，酒是一，水亦是一，兩者各不能再做分析；從另一方面看，則油與酒均爲液體，作爲液體，兩者可合爲「一」；推而廣之，可以包括一切可融解的物質，因爲它們的底層是相同的；都是水或氣。

②那些事物，雖以相反的差異作爲區別，若它們都在同一科屬，則仍稱之爲一，因爲它們的科屬底層是統一的，例如馬、人、狗都是動物，就歸於一（類）；這與上節所舉物質底層歸一的道理相似。有時這統一性當求之於更上一層的科屬㉒（假如它們是科屬中的最低品種）——例如等角三角形與等邊三角形，因爲都是三角，作爲圖形是同一的；但它們於三角而論卻並不是相同的。

③若爲求其「怎是」而所得定義無異者，這樣兩件事物也稱之爲一。這樣，不管事物或增或減，只求其不離於定義，仍還是一，例如平面圖凡符合於圖式定義的就應爲一。一般說來，

㉒ 例如馬、人、狗均為一動物。但我們若真要稱之為「一」是，只能說這些是一樣的生物，不能說是一樣的動物，牠們於動物論並非一個科目。

那些事物，尤其是實物，其本體在時間上，在空間上，或在定義上不可區分的，總說是一。那些不容區分的事物，只要尚未被區分，總得被稱爲一；例如兩件事物，若作爲人而論無可區別，那就同稱爲人的一類；於動物就同爲動物一類；於計量，就同爲計量一類。

現在我們可以辨明有些事物是由於與其他成一的事物相並類或相比附而稱一；但有些則因其本義而稱一，如本體之爲一，就是其中的一類。這個「一」可以出於延續，或出於形式，或出於定義；凡延續或形式，或定義非一的，我們也就不可以「一」計，而以「多」來計算它們了。任何事物若有量而延續，但除非它已是一個整體，具備統一性的形式，我們不稱之爲一；例如見到各小塊的皮已湊集在一起，還不能說這是「一」（鞋）；我們只有在這些小塊已縫成爲鞋，具備了某鞋的形式，方得稱之爲「一」。正由此故，在所有的線中，圓是最眞實的「一」，因爲它「完全」。

3. 一之所以爲「一」是數的起點；我們最先認知每一級事物必始於第一計量；所以「一」是各級可知事物的開端。但每個一（單位）在各級事物中不盡相同。這裡是一個四分音符㉓，那裡是一個母音（元音）或一個子音（輔音）；那裡又是另一個重量單位或另一個運動單位。但所有

㉓ δίεσις（音譯：第埃雪斯）西方舊譯本多用原文（音譯）。另見於《動物之發生》卷一章十五、《解析後篇》卷一章二十三。此字用作音樂術語，近似今之「四分音符」（demi-demi-quaver）：奧溫（Owen）譯《解析》一書中有詳細說明。

各「一」總在量與數上爲不可區分。現在將那個在量上不可區分，而沒有一個位置的，稱之爲一「單位」；在任何向度上不可區分，而有位置的稱之爲「一點」；在一個量向上能區分的稱之爲「一線」；兩量向的爲「一面」；三量向均可區分的爲「一體」。顚倒了次序來解釋體、點、線、面，單位亦如此。

又，有些事物是以數爲一，有些以品種爲一，有些以科屬爲一，有些以比爲一；從數的，一於物質；從品種的，一於定義；從科屬的，一於範疇（同科屬的用同樣云謂做說明）；從比的，如以第三與第四事物相類衡。後者的合一常連及於前者；例如一於數者亦一於種，然彼於種爲一，則未必於數亦爲一；一於品種者亦一於科屬，然彼於科屬爲一，則未必於品種亦爲一；一於科屬者亦一於比，然彼於比爲一，則未必於科屬亦爲一㉔。

顯然，「多」的命意相對於「一」；事物之稱爲多者有些因爲它們不是延續的，有些因爲它們的物質——內層或外層——是可以區分爲不同種類的，另有些因爲敘述它們本體的定義不止一個。

章七　事物被稱爲「是」（實是）㉕分爲1.屬性之「是」2.與本性（絕對）之「是」。

㉔ 元一同於實是，可參看卷Γ，章二；卷I，章一。

㉕ 參看卷Γ，1003a22注。

1.由於屬性的，例如我們說「這正直的作者是文明的」，「這人是文明的」以及「這文明的是人」，正如我們說「這文明人在造屋」，因爲這造屋者恰正「是」文明的，或文明人正「是」造屋者；這裡說「一物是另一物」的含義就表明「一物正是另一物的屬性」。我們前曾提及各例也如此；當我們說「人是文明的」與「這文明的是人」或說「那個白的人是文明的」，又或「這文明的人是白的」，最後兩語所舉出的屬性兩都屬於同一物；第一語的「本是」爲白的人，而以文明爲屬性之「是」；至於說「這文明的是人」則以「文明」爲人的一個屬性（同樣的意義，「不白」之成「是」也像「白」的所以爲「是」）。這樣，當一事物在屬性上被說成是另一物，這可以因爲它們原屬於同一物，所以同成其所是，或則因爲那屬性所屬而成其所以爲「是」或則因爲那具有一屬性的主詞本身以此爲云謂而爲之「是」。

2.主要諸「是」的分類略同於云謂的分類（範疇）㉖，云謂有多少類，「是」也就該有多少類。云謂說明主題是何物，有些說明它的質，有些說量，有些說關係，有些說動或被動，有些說何地，有些說何時，實是總得有一義符合於這些說明之一。至於說這人正在恢復健康或說這人恢復健康，以及說這人正在步行，或正在切削，或說「這人步行或切削」，（正是與是）其間有何分別，這裡暫不予以置意；餘者類此。

㉖ σχήματα τῆς κατηγορίας，「云謂分類」或「云謂諸格」其中κατηγορία一字在文法上譯為「云謂」，在名學上譯為「範疇」。

3.又，「是」與「現是」表明一個記載爲眞確，「非是」就表明一個記載不實，是假的——這與是非格相似；例如「蘇格拉底『是』文明的」，表明這是確實的，或如「蘇格拉底『是』不白的」，也表明這是確實的，如果說「一個正方的對角線『不是』可以用它的邊來計量的」，這裡表明了誰若說「是」就成爲假的了。

1017b 4.又，「當是」與「實是」表明我們所提及的事物有些潛在地「是」，有些則爲完全實現的是。我們於見到尚潛在的事物與已實現的事物，總是都已見著；我們於認識那能實現的事物，與認識那正在實現著的事物總是都認識了；我們於已安定了的與可得安定的事物，也都算它是安定。同樣也可與共論本體；我們說赫爾梅（藝神）是在大理石中，或說半線是在全線中，還沒有成熟的顆粒也說這是穀。至於，事物何時可謂潛在，何時尚未爲潛在，當於別處另述㉗。

章八

我們稱爲「本體」㉘的1.是單純物體，如土、火、水之類，和一般由此類單純物體組成的

㉗ 見於卷Θ章七。

㉘ οὐσία與ὄν同出一字根，即動字「是」，已見卷Γ章一注②。十九世紀初泰勞英譯本用拉丁語譯作essentia（怎是，所是）。近代英譯大都用substance（本體）或essence來譯此字。essence譯義等於「怎是」，即此章所舉本體之第四義。

事物，包括動物與鬼神[29]，和它們的各個部分。所有這些都被稱爲本體，因爲它們不爲別的主題做云謂，而別的事物卻爲它們做云謂。2.是那些內在的事物，雖不標指著主題，卻是使事物所由能成爲「實是」的原因，例如魂是動物所由成爲「實是」的原因。3.是那些事物中所存在的部分，憑這些部分做範限與標記而後事物才得成爲獨立個體，而這些部分若毀滅，那些事物也全毀滅，例如有些人說[30]，失其面則體不立，失其線則面不成；那些人於「數」也認爲有類此的本性；因爲他們說，失其數則萬物不存，萬物皆因數以成其範限。4.「怎是」，其公式即定義，這也被稱爲各事物的本體。

這麼，「本體」可有二義：1.凡屬於最底層而無由再以別一事物來爲之說明的，2.那些既然成爲一個「這個」，也就可以分離而獨立[31]的——這裡第二義並以指說各個可獨立的形狀或形式。

章九　「同」的命意1.是從屬性上說的，例如「白」與「文明的」其所同在於都作爲某物的屬性；「人」同於「文明的」是因爲一物是另一物的屬性；「文明的」同於「人」則因「文明」爲「人」的屬性。「實是」的同體複合應相同於各單體，各單體的實是應互同並相同於實是的複合，

㉙ δαίμων 一字亞氏書中極少見，或譯「神物」，或譯「鬼物」。

㉚ 指畢達哥拉斯學派與柏拉圖。

㉛ 參看卷Η，1042a29。

「這人」與「這文明的」相同於「這文明的人」；「這個」亦與那些相同。所以這些敘述是沒有普遍性的；你如說「所有的人全都文明」這就不確實了（因爲普遍性出於事物的本性，而屬性僅偶然
1018a 從屬於事物）；這些敘述只能各別應用於個別事物。「蘇格拉底」與「文明的蘇格拉底」可以被認爲相同；但蘇格拉底不能作爲蘇格拉底以外別個人的主詞，所以我們不能像說「每個人」那樣說「每個蘇格拉底」。

除了上述命意外，「同」的別一命意是2.從本性上說的，這裡「一」有幾項含義㉜，「同」的含義也就可有幾項，物質可以類爲一，或以數爲一，或因其怎是而爲一者，凡事物之由此而爲「一」者亦即爲「同」。所以同就是多於一的事物之「合一」，或是一事物而被當作多於一事物之合一；有時我們說一物與它本身相同，因先前我們拿它當作了兩物。

事物被稱爲「別」，如果它們的種類，或物質，或其怎是的定義超過了一；一般講來，「別」之各義與「同」相反。

「異」應用於1.那些事物雖各有別而在某些方面仍有所同的，如於科屬，或於品種，或於比擬，各有所同而不是悉數相同，2.那些科屬有別以至相對反的事物，並適用於一切在本體上有別的事物。

㉜ 參看本卷第六章1015b36。

在各方面有相同屬性的事物被稱爲「似」，那些事物，其性質是相同的，以及其相同的屬性多於相異的屬性者也被稱爲「似」；一事物與另一事物，大多數的屬性，或屬性中較重要的能變屬性（每一對成屬性的兩端之一）㉝爲兩相共通者，這兩事物亦相「似」。「不似」的含義，反於「相似」。

章十　「相反」（對反）一詞應用於相反（矛盾），與對成，與相關，與闕失和持有，以及生成和消解所從發生和所向演進的兩端；凡一切事物的質性，其兩極可含融於同一事物中而不能同時出現的——無論是它們的本身或其組成——被稱爲相反。一物不能同時是灰與白；所以灰與白的原色㉞是「相反」的。

「相對」㉟（對成）一詞應用1.於科屬相異的屬性，這些屬性不能同時歸屬於一個主題的。2.

㉝ 這類屬性指冷熱、燥濕、粗細、軟硬、黑白、甜苦。亞里斯多德於這六對成中認為冷暖、燥濕（即近代氣象學上的溫度與濕度兩者）最為重要。

㉞ 灰與白的原色是黑與白，灰色由黑產生：黑白相反，在同一物中只可先後出現。

㉟ τὰ ἐναντία或τἀναντία譯「相對」取敵對義：事物之相反者，於高一級或深一層看皆是以相合成，故又譯作對成。作者於此詞，在實指各項相對相成之事物時，常偏取「對成」義，舉以論述相對之性質（ἐναντιότης「對性」）時，常偏取「對反」義（參看索引三Contrary條）。ἀντικεῖται依本義譯「相反」，作者屢以此字

在同科屬中其間差異最大的兩事物。3.在同一廣含事物中所可含有差別最大的屬性。4.在同一職能中所管轄的最相異之事物。5.事物之間，在科屬而論，或品種㊱而論，或就其自身而論，其差別最大的也可應用這一詞。除了上述數類外，凡事物持有上述各類的對成，與容受或產生，或可能容受與產生，或正在容受與產生，或是接受與拒絕，或是在持有與褫奪著上述那些對成的，也被稱爲相對。因爲「一」與「是」含義甚多，其他諸名詞從此衍生，所以「同」、「別」、「相對」等詞亦必相符而有甚多命意，所以它們在各範疇中亦必有各別的含義。

1018b 「品種有別」應用於同一科屬而互不相從的事物，或在同一科屬而有所差異的事物，或事物在它們本體上含有一些相對性，以及含有所以各自成爲獨立品種的相對性（包括所有的相對性或所謂

為各式相反、相對、相關之總名，故又譯作「對反」（或「對反式」）（參看索引Opposition條）。邏輯上或言論上之「相反」（ἀντίφασις）常附加（矛盾），以為識別。中國現行譯文如「相對論」中之相對，本書譯作「相關」（τὰ πρός τι）（參看索引the Relatives條）。

㊱ γένος（科屬）原為種族之意。在近代生物分類學中此字為「屬」，用以統括品種：另在屬以上置「科」、「門」、「類」等為之逐級統轄。亞里斯多德用此字包括「科」、「屬」、「門」、「類」之意，故譯科屬，亦可譯「綱目」或「科目」。與此並舉之εἶδος指事物的本身或其形態，西方譯本作分類學名詞譯為「品種」。如下文「品種有別」一詞，若依普通字義直譯亦可作「形態有別」。

基本上的相對性）[37]；這樣，那些事物在同一科屬（門類）中，其品種可得各自製成定義的（例如人與馬同爲動物類，而牠們各自的定義則不同），以及那些事物本體相同而仍有所異的[38]，這些也稱爲「品種有別」。「品種相同」的各個命意與上述的「有別」卻正相反。

章十一　「先於」與「後於」[39]應用於1.⑴事物之較近於某些起點（假定每一級事物各有其起點，即準始），這起點或出於自然，以絕對事物爲準，或以某事物或某地點或某人爲準；如說某物在空間位置上先於某物，即較近於某處，這某處或爲自然體系所確定（如說在中間或在最末位置），或是以某一偶然事物爲準；說某事物爲「後於」，即較遠於那個爲準的某事物。⑵其他事物在時間上說「先於」；有些是因爲較遠於現在，即過去事件，特羅亞戰爭「先於」波斯戰爭，因爲

---

[37] 參考1018a25-31，與31-35中所析出的分別。

[38] 這一分句詞意模糊，一向沒有滿意的解釋。亞歷山大認為亞里斯多德意指實物如土與水之為別並非相反，而火與水之為別則為相反；這兩種分別本身就有所不同。亞斯克來比認為這分句所指的可以人為例，人與人本性相同，而冷暖有異。羅斯認為可以同一事物在不同時間中前後的變異為例。

[39] πρότερα（先於），ὕστερα（後於）兩前置詞在邏輯上用作名詞時，即被譯成「先天」與「後天」。照麥洪（M'Mahon）英譯本作priority and subsequent，則可譯為「先因」與「後果」。

那是去今較遠；有些則因爲較近於現在，即將來事件，例如說尼米亞賽會「先於」比色亞賽會[40]，我們將現在作爲一個起點，凡較近於這起點的就說是「先於」。⑶其他事物，因較近於原動者，在動變上說「先於」，例如小孩「先於」成人；至於原動者的動變則由自己開始而是絕對的。⑷其他事物，因爲它權能超越，就在權能上說「先於」，亦即是以權能較大的爲「先於」；這樣凡是「後於」的必須跟從「先於」的意旨；「先於」（先天）令動，「後於」（後天）就動；在這裡，意旨就是起點。⑸其他事物，又有在「序列」上說是「先於」的；這些是依照某些規律，以某一特定事物爲準來安排各個事物，例如在合唱中，第二歌者[41]先於第三，在豎琴上鄰末弦先於末弦；因爲在合唱中，是以第一歌者爲領導，而在豎琴上則以中弦爲音準[42]。

除了上述的意義稱爲「先於」外，2.另一意義是凡「先於」認識的也絕對地作爲「先於」；這些定義上「先於」的並不在感覺上也相應是「先於」。在定義上以普遍爲「先於」；關於感覺，則

---

[40] 希臘賽會可參考卜德：《希臘掌故》（Potters, *Gr.Antiquities*），卷二，章二二至二三。

[41] 《阿斯克來比抄本》（Asclepian MSS.）作πρωτωστάτης，亞歷山大（A.A.）注釋此字是軍事術語，指「兩翼領隊者」。其他抄本有作παραστάτης者，指一集體中右手第一人；在樂隊即第二人（指揮是第一人）。

[42] 希臘豎琴八弦：E首弦，F鄰首弦，G食指弦，A中弦，B鄰中弦，C末三弦，D鄰末弦，E末弦。亞氏所言豎琴弦數為偶數，實無中弦，而沿用七弦琴之第四弦（EFG'A'BCD）稱「中弦」。參看本書卷N，章六。又《集題》919b20。

以個別為「先於」。又，在定義上，屬性「先於」整體，例如「文明的」應「先於」「文明人」，因為定義不能沒有各個部分以成其整體；可是「文明性」又必須有一個文明人才能示現。3.凡「先於」事物，其屬性也被稱為「先於」，例如直「先於」平；因為直是線的屬性，平是面的屬性（線
1019a 應先於面，所以直也應先於平）。有些事物被稱為「先於」與「後於」就是這樣。

又，4.事物有由於本性與本體而做先後之別，物有可不依它物而自存在的，而它物則必須依之而後能存在——這個區別，柏拉圖曾講過㊸。我們若考慮到「實是」㊹的各個命意，那麼，(1)主題應是「先於」，亦即本體應是「先於」；(2)有些事物可因潛在而成為先於；有些則因其完全實現而成為「先於」；例如以潛能論，則未完成之線「先於」全線，部分「先於」完全，物質「先於」其綜合實體；但以其完全實現論，則這些是「後於」；因為只在整體解散後，那些組成部分才能獨立存在。所以有時一切事物就因為適應於這第四義而被稱為「先於」與「後於」。有些事物，在創生上說，可以不依它事物而存在，其全體不賴部分（來構造），有些事物，在解消上說亦然，其部分不待全體（的解散）。其他情況亦復相似。

㊸ 此節似指柏拉圖所言「離合」（διαιρεσις καί συναίρεσις），可參考謨次曼《亞氏析理》（Mutchman, *Divisiones Aristoteleae*），27-28頁。

㊹ 參看本卷第七章。

章十二 潛能㊺（能），（潛在）的命意是1.動變之源，這能力不存在於被動變的事物，而存在另一物之中，或存在於那動變事物但不在被動變的狀態；例如建築技術是一能力，這並不存在於哪一幢被建築物中，至於治病也是一能力，這就能在病人身上找到，但當這病人發生自療能力時，他一方面雖是病人，另一方面卻又是自己的醫師。一般說來，「能」是使它物動變之源（或是將自己當作它物而使之動變）。2.亦可說是一事物被另一事物動變之源（或被自己動變如被另一事物動變）。這樣，一病人忍受某些痛苦，我們就說他有忍耐能力；這個我們有時對他忍受了任何一些痛苦就這樣說，有時則專指他的忍耐能力有益於使病痊癒的這部分而言。3.做好一項工作的才幹（或是能做得稱心如意）可說是「能」，我們有時對那些只能走路而不能好好走的，只能說話而不能稱心如意地說話的人，說他們「不能」走路，「不能」說話。4.在被動變而論，亦然㊻。5.事物若由於某些品德而達成絕對不受動，不變化，或不易變壞的，這也被稱爲「能」；因爲事物之被打碎、壓破或彎曲，或一般的被毀滅，並不是由於它們有「能」而正是由於它們缺乏某「能」，或缺乏某

㊺ δύναμις（能），其動詞δύναμαι在希臘字義上包括主動與被動兩方面作用，漢文「能」字不能當「被能」用。δύναμις（能）有兩含義（可參看1045b35-1046a11, 1048a25-1048b4）：其一義為一事物使另一事物變化之能力；另一義為一事物內在之潛能俾自身由某一狀態變向另一狀態。前一義為「能」，後一義為「潛能」。

㊻ 4.與2.同，未列例示。

物之故；對於這些破壞過程，事物倘能不受影響，或雖受影響而幾乎無所動變，這就表現它具有一種「能」，因此它達到了某種積極境界，而於被動變中能有所自見。

「能」既有這些不同的命意，「能者」的一義1.就指某一事物能使其他事物，或將自己當作另一事物開始一個動變（凡能使一運動中的事物歸於靜止的，也是能者之一義）。2.另一義是對於
1019b 這事物，另一些事物具有這些「能」（即被動變的能）。3.另一義是，事物之有變化爲另一事物的「能」，亦稱「能者」，不管是變好或變壞（即使是由變化而至於滅亡，我們也稱之爲「能」變，苟無此「能」，它就無以自就於滅亡；實際上，這該是它具有某一趨向與原因與原理才使它能忍受滅亡；有時也可以這樣來理解，它或是獲得了些什麼，或是褫奪了些什麼（所以趨於滅亡）；但「褫奪」可作爲獲得了某一個「闕失」解，失去某物等於獲得某物的「褫奪」；這樣，事物就在兩方均可有所「能」了，包括正面的有（某物）與反面的有（即有某物之褫奪）；如果「闕失」不從反面來看作「有」，「能者」便得應用兩個不同的含義）。4.又一義是事物之稱「能者」，因爲沒有其他事物（或自己作爲其他事物）具有可以毀滅它的「能力」與原理。又5.所謂「能者」，只是偶然發生的，可有可沒有、可遇可不遇的某種「能」。在非生物中這也可碰著，例如樂器倘音色良好，我們稱這支豎琴「能說話」，另一支音色不好，我們就講它「不能說話」。

「無能」是能的闕失，亦即是將上述有關「能」的各義取消——這「能」可以指一般的能或某些方面應具備的能，或在某時期有關的能；由於這些意義我們就懂得，於一孩子，一成人與一閹人沒有子女時，該說誰於生殖「無能」。又於上述各種的「能」就各該有一相反的「無能」——包括

產生動變的「能」和將這些動變做好的「能」在內。

由於這樣的「無能」，有些事物就被稱爲「不可能」，其他事物則在別的含義上被稱爲「不可能」。「可能與不可能」⑰兩詞被應用如下：「不可能」者，凡所相反的必確，例如一個正方形的對角線可以用它的邊來計量應稱爲「不可能」，因爲這一敘述是一個謊話，相反的論題不但眞確而且是必然的；若說這是可計量的，那就不但是假的，更必須是假的。與此相反，「可能」的相反並非必假，例如說人應得有座位，這是可能的；可是說他並未得有座位，卻不是必然假的。如上所述，「可能的」一義就是那個並非必假的。另一義就是那個眞的，又一義是那個可能是眞的。

在幾何中，「能」（方）的含義⑱是變更了的。這裡的「能」或「可能」，沒有力的含義。

1020a 力能是「能」的基本類型；這就是使別一事物動變之源（或使自身動變如使別一事物一樣）。其他事物之被稱爲「能者」，有些是因別事物對它保持有某「能」，或則因爲對它沒有某「能」，或則只在某一特殊方式上，對它有此「能」。關於事物之「無能者」亦然。所以基本類型的「能」（潛能）之正當定義就是使別一事物動變之源（或使自身動變如使別一事物）。

---

⑰ 這裡δυνατὸν καὶ ἀδύνατον「能者」與「無能者」兩詞，另作「可能」與「不可能」解，詞同而義變。

⑱ 在幾何中「方」亦名為δύναμις（能）（參看柏拉圖《理想國》587D、《蒂邁歐》31C）。近代數學中乘方、立方、自乘指數亦稱「能」（power），即出於「方」與「能」雙關之義。

章十三　量㊾（量元）的命意是凡事物可區分爲二或更多的組成部分，已區分的每一部分，在本性上各是一些個體。——量，如屬可計數的，則是一個眾（多少），如屬可計量的，則是一個度（大小）。對那些可能區分爲非延續部分的事物而言的爲眾；對那些區分爲延續部分的事物而言爲度。關於大小，那些延續於一向度空間的是長，二向的是闊，三向的是深。這些如眾有定限即爲數，如長有定限則爲線，闊爲面，深爲立體。

又，有些事物因其本性而稱爲「量」，有些則因其屬性；例如線之爲量由於本性，而文明之爲量則由於屬性。由於本性而爲「量」的，有些得之於本體，例如線〔某些本體的定義就含有量元（每一段線的定義與全線的定義是一樣的）〕；有些則得之於本體的某些秉賦與狀態，例如多少、長短、闊狹、深淺、重輕以及其他。「大與小」和「較大與較小」，在它們本身和相互間，原本是量性事物的特質，但這些名詞也移用到其他事物。由於屬性而爲「量」的，如「文明」與「白」，因爲那具有文明的事物與白色的事物本身具有量性，因而它們也得了量性；有些則是在運動與時間上得其量性，因爲運動與時間一類的事物原應是一類量元，凡以運動與時間爲屬性的總是延續而可區分的。這裡我不是指那被運動的事物，而是指那在其中運動的空間；因爲空間是一個量元，所以

㊾ ποσόν譯「量」，亦可譯「量元」，拉丁本譯為quantum，即今物理學「量子」一詞所從來。「名學」《範疇》第六章亦論「量」。

運動亦當是一「量元」；又因爲空間是一量元所以時間亦當是一量元。

章十四

「質」（素質）[50]的命意1.是本體的差異，例如人是具有某些素質的動物，因爲他是兩
1020b 腳的，馬也是具有某些素質的動物，因爲牠是四腳的；圓是一個具有特質的圖形，因爲這是沒有角的——這些顯示主要差異的就是質。這是質的一義。2.其第二義應用於數理上的不動變對象，列數各有某些素質，例如不止一向度的組合數，若平面（兩向）與立體（三向）就是二次與三次數[51]的抄本；一般地說數的本體，除其所固有的量性外，還各有素質；每一本體是指那事物之一成不變者，例如六是二的倍數、三的倍數等，這不是六的本體，六之一成爲六，而不復變爲非六者，才是六的本體。3.能動變本體之一切秉賦有所變化（例如冷與熱、黑與白、重與輕和其他類此的）而物體也跟著演變者，這些秉賦亦稱素質。4.各種品德之稱爲「素質」者，通常就指善與惡。

這樣，「質」實際有兩類含義，其中之一應爲本義。「質」的第一義就是本體的差異，列數的素質就具有這類基本差異，這些差異有關事物的怎是，但這些限於不在動變中，或不做動變論的事物。第二義是事物在動變中所起的質變與動變差異。品德的善惡屬於這類；質變爲這些動變表明了

---

[50]《範疇》第八章亦論「質」。

[51] οἱ ποσάκις ποσοὶ ἢ οἱ ποσάκις ποσοὶ ποσάκις直譯「這麼多的這麼多」與「這麼多這麼多的這麼多」；意譯為「數×數」與「數×數×數」。自亞歷山人詮疏中即確定此語為平方數與立方數，故譯二次與三次數。

差異，有些活動良好，有些活動卑劣；在一方向的活動可以成德達善的，在另一相對的方向活動，就墮德濟惡了。以善惡爲素質的，尤以生物爲然，於生物中，尤以有意旨的生物爲然。

章十五　事物之「關係」（相關）[52]，1.如倍與半，三倍與三分之一，一般說來，就是那些相互以倍數或分數爲涵受的事物以及那些相互爲超過或被超過的事物。2.如那些能熱的與能受熱的事物，那些能剪切的與能被剪切的事物，一般說來，就是主動者與被動者。3.如計量與可計量的事物，認識與可認識的事物，感覺與可感覺的事物。

1.第一類的關係詞有因「數與數」及「數與一」的有定或未定的關係而言者，如「倍與一」是已定的數關係，至於說「若干倍大」，雖則也是一個數關係而它與一的關係則未定。說這是某物
1021a 的一半大，這是一個已定的數關係；說這是某物的 $\frac{n+1}{n}$ 倍[53]則對另一物是未定的數關係，猶如若干倍大與一的數關係未定一樣。那些超過與那些被超過的，在數關係上是未定的；因爲數總

[52] 「關係」論題另見於《範疇》章七與《命題》卷四章四。

[53] τὸ δέπιμόριον πρὸς το ὑπεπιμόριον καιά ἀόριστον直譯為「那個未定數在上的與一」和「在下的未定數」之關係：用數學公式表明為 $\frac{\text{那個未定數}+1}{\text{那個未定數}}$ 或 $\frac{n+1}{n}$ 倍。

是可計算的，數不能用來說明不可計算的事物，可是那些超過與被超過的關係只是多了些，或少了些；這多些或少些是未定數；因爲從那另一事物的相等數起，凡以上或以下所有不等數都可以說是超過與被超過。所有這些關係，用數來說明，又用數來決定。這些在另一路徑上想就是「相等」、「相似」以及「相同」。因爲所有的數都以一爲比照，凡本體是一的即相同；凡素質是一的即相似；在量上是一的即相等。一者數之始，數之準，所有這些關係雖路徑不同，而必有數存於其間。

2.凡活動的事物相應有一主動或被動的潛能與這些潛能的實現；例如能熱與能被熱的相關，因爲這個「能」使那個熱；而這個熱與那個被熱的相關，以及這個剪切與那個被剪切的相關，是因爲它們正在實現著這些事情。但數關係的實現只見於某一特殊意義，這已在別處講起[54]；在動變的意義上，數並無實現。能的關係，有些是相應於某一段時間的，例如曾經製造的與已被製造的事物，以及將要製造與將被製造的事物之間是有所相關的。一父親被稱爲是這一小孩的父親，就是曾經主動與受動的關係（即過去的關係）。又，有些相關詞的含義指能的褫奪，即「無能」一類的名詞，例如「不能見」。

所以包含「數」與「能」的關係詞，都是因爲它們的本體包含著別事物的關係，並不是別事物

---

[54] 這裡指亞氏《論意式》（Περὶ ἰδεῶν）與《論畢達哥拉斯教義》（Περὶ τῆς τῶν Πυθαγορείων δόξης）兩專篇。卷Δ章十二1019b35，卷Θ章九論及數之實現不如其他事物之有賴於力能，蓋與此句語意相通。

聯繫上它們的怎是。可是3.涉及可計量或可認識或可思想的事物之被稱爲「相關」，則是因爲別事物聯繫到它的怎是。我們說那些可想到的就指有一個思想想到那事物，但這思想與那個因彼而成其爲所思想的原物則不必相關；要是那樣，我們就得一事物做兩回說了。思想是想到某些事物；相似
1021b 地，視覺是視見某些事物，這並不指那個「因彼而成其爲所視見的」（雖則這樣說也是眞確的）；實際上，這只是與顏色或類此的（引起視覺的）關係。若照另一方式來講，同一事物就得做兩回說了——「視覺是視見那個被視見的」[55]（顏色）。

事物之因它們的本性而被稱爲「相關」的，有時就如上述這些含義，有時是因爲包括它們的科屬是一個關係詞，所以它們也成爲相關；例如學術是關係詞，因此學術中的一門，醫學也成爲一個關係名詞。還有些事物因爲它們所具有的品質而被稱爲「相關」，例如相等性是相關的，因爲「等」是兩事物間的關係，相似性也如此，因爲「似」是兩事物的關係。另有些事物因屬性而「相關」，例如一人與某物相關，只因他碰巧是某物的一倍，而倍是一個關係詞；又或白之成爲一關係詞，只因碰巧那一物既是某物的倍而又是白的。

---

[55] 「關係」之第㈢節主觀思想與客觀事物之關係素為經院學派所重視。㈢節末句1021b2「視覺」例或譯為「思想是思想那個被思想的」。

章十六

凡被稱爲「完全」[56]的1.是在這以外，再找不到它的部分，一個零件也找不到；例如每一個事物的「全期」就是說在這時期以外，你再也找不到旁的時間屬於此期。2.是這事物的優越沒有可被超過的；例如說我們有一個「完全的」醫師，或一個「完全的」笛師，他們精湛於各自的本行，是無以復加的了。轉到壞的一方面，我們說一個「完全的」流氓或一個完全的竊賊；有時我們竟也說他們「好」，如「好一個竊賊」、「好一個流氓」。優越是完全；每一事物，每一實質，所擅的形式苟已無復任何自然的缺陷，它們就是「完全的」了。3.是事物之已臻至善者，被稱爲完全，善終即是完全。如將以終爲極的意義轉到壞的方面說，一事物已被「完全」搞壞了，「完全」毀滅了，就意味著已毀到一點也不剩。因此詞藻上就以死爲終；死與終均爲事物的結束。最後目的也是一個終點。——這樣，事物在它們的本性上被稱爲「完全」就是這些含義；有些是因爲它們已屬全善而無復缺陷，無復遺漏，亦莫能超越；另一些是因爲它們優於品級，一切齊備，不待外求；再有些是依於上述兩項的「完全」，或持有其義，或分沾其旨，或附麗其事[57]或聯類相及，也因而被稱爲「完全」。

---

[56] τέλειον（完全）出於τέλος（「終點」或「極」）。1021b20以「優越為完全」為亞氏道德論（以善美為人生目的亦為宇宙目的）之格言。

[57] 亞斯克來比詮釋以荷馬《伊里埃》中所敘亞基里（Achilles）全美，其手中所持長槍亦全美，為附麗之實例。

章十七　限（定限）[58]的命意1.是每一事物的末點，在這一點以外，再不能找到這事物的任何部分，在這一點以內，能找到這事物的每一部分。2.是佔有空間量度各物的外形。3.是每一事物之終極〔極是事物活動之所指向，不是活動之所出發；但有時也可包括兩者（以始點爲初限，終點爲末限）〕。4.是每一事物的本體與其怎是；因爲這是認識之定限，既是認識之定限，亦即事物之定限。所以，明顯地，「限」有「始」的各義而更有其他含義；「始」是「限」的一端，而每個「限」並不都是「始」。

章十八　「由彼」（由何）[59]有幾種命意：1.是每一事物的通式或本體，例如說「人之善也由彼」，這「彼」就是「善」性。2.是由以找到物性所在的近層，例如顏色由表面上找到。這樣「由彼」的基本含義是事物的通式，次級含義是物質與其切身底層。一般說來「由彼」與「原因」有一樣多的含義。我們常不經意地說。3.「他何所爲而來」，或說他「由何」目的而來？以及4.他「由何」而相涉，或「由何」而誤涉？或其相涉或誤涉的「原因」何在？又5.「由彼」應用於位置，例

[58] πέρας或譯為「界」，其要義為「定限」。

[59] καθ' ὅ，「由何」或「由彼」（或「由此」）或譯「由彼之故」、「由彼性故」。καθ' αὑτὸ，「由己」或譯「由於自性」，或譯「由自性故」。漢文「由」字應用的範圍不如καθ'那麼廣泛，因此譯本有時用「為了」或「緣於」等代替「由」。καθ' αὑτὸ作副詞用常譯為「絕對地」。

如說他「由彼」而立（他「爲了」那個立場站住）或他「由彼」而行（他「緣著」那個走），所有這些短語都指位置與地點。

因此「由己」也應有相似的幾種命意。事物之屬於「由己」者如下：1.每一事物的怎是，例如今日加里亞之爲加里亞者「由己」，昔之加里亞亦然。2.凡「什麼」之中，都有「由己」者存在，例如，加里亞之爲一動物者必「由己」，因爲動物就存在於他自己的定義；加里亞是動物中的一個。3.凡事物之任何質性直接得之於己，或部分受之於己皆稱「由己」；例如一個表面的白色是「由於自性」發白；一個人活著是「由己」而活著，因爲生命所直接寄託的靈魂是人的一個部分。4.那些事物除了於它自身外，找不到其他緣因的亦稱「由己」；一人有多種緣因——如動物，如兩腳動物——但人總是「由己」而爲人。5.一切質性之專屬於一事物者，或分離於自性之外而可當作是專屬的質性也可稱「由己」[60]。

1022b **章十九** 「安排」[61]的命意是指那些從部分合成的事物，各因其地位、能力、種類而加以安置；各個部分自有其應處的部位，「第亞色茜」（διάθεσις）這字的原義就是使事物各得其所。

---

[60] 此節末句以獨立質性論「由己」，詞未暢達。原文經過各家詮疏造成各種不同解釋，均難通曉。似原文有失漏。

[61] διάθεσις（安排，音譯：第亞色茜）由動字διατίθημι（安定與部序之意）孳生，或譯「志趨」。

章二十 「有」[62]（持有過程）的命意1.是持有者與其所有物的一種活動，類如一個動作或動變。因爲一個製造與一個被製造之間，應有一個「製造過程」；這樣在那個有一衣服，與他所有的衣服之間應有一個「希克雪斯」（ἕξις）（持有過程）。實際上，這一類的「有」顯然是不能有的；因爲，如果容許這樣的「有」，「有」將累進至於無盡。2.「有」或「固有」（習慣或常態）的含義就是安排，從安排來解釋，有的安排得好，有的安排得不好，有的做內部安排，有的是依外物爲參考而安排；例如健康是一個「常態」，也是如此的一個安排。3.假如只是如此安排的一部分，我們也說是一個「希克雪斯」（常態）；因爲部分的好處亦必爲整體所「固有」。

章二十一 秉賦（感受）[63]的含義1.是一些素質，對於這些素質，一事物能被變改，例如白與黑、甜與苦、重與輕，以及其他類此者。2.是這些變改的實現——已實現了的上述諸變改。3.以之

---

[62] ἕξις（音譯：希克雪斯），名詞由動字ἔχω（「持」、「有」、「得」諸義）孳生。此字除了「持有」（持有狀態或過程）之本義外，在各方面轉出若干實義，如「習慣」（行為）、「態」（生理與心理）、「方式」（生活）等。此類由訓詁說事理的文章，因漢文和希文構造相異，難得貼切。

[63] πάθος音譯：「巴淑斯」，本義指引起痛苦的情事，即感情所由以激動者。古人以為感情衝動則致樂致哀，均為病態。「巴淑斯」並見於《範疇》第八章，義為「被動」，與「主動」相對。本書中此字或譯「秉賦」，或譯「演變」，或譯「感受」時，均與被動意有關。

專指有害的變改與活動，尤其是慘痛的損傷。4.不幸的遭遇與慘痛的經驗，其巨大者被稱爲「巴淑斯」（πάθος）。

章二十二

我們說「闕失」（褫奪）⑭，1.倘一事物原應有的屬性，它卻沒有（生來就沒有，或以後失去）；例如一植物說是「闕失」眼睛⑮。2.倘一事物，本身或其同族（科屬）原應有的質性，它卻沒有；例如一個盲人與一鼴鼠雖同爲失明而其義兩異；以鼴鼠而論，動物皆能視而彼獨失明，以盲人而論，則他原本有眼能視，以後失明。3.倘一事物原應有的質性，在那原應有這質性的時間內，它卻沒有；例如盲是一個「闕失」，可是人不一定一生全盲，他只應在能見的年齡內而不能見才被稱爲失明⑯。相似地，有盲於介體的，有盲於機能的，有盲於對象的，有盲於環境的⑰，

---

⑭ στέρησις出於動字στερέω（剝奪、折服、失利、貧乏等義）。亞氏用此字與「希克雪斯」（「有」）一字相對（例如1055a34）。此字引用於法律即為「褫奪」。論「闕失」另見於《範疇》第十章「相反」論題內；《釋文》第七章亦涉及此題。

⑮ 說植物缺眼睛並非「闕失」之正例。

⑯ 動物嬰兒期無視覺，未為失明。

⑰ 人在暗夜不能見、不能以耳為視、不能看見聲音、不能見背後或遠處，在以上四情況，即介體、機能、對象與環境不相應者，均不應指為失明。

相應於這些，只在他原應能見的情況中而不能見時，才謂之「失」明。4.用強力取去任何事物被稱爲（闕失）「褫奪」。

實際，我們有多少個「不」（ἀ-）（或「無」）的字頭[68]就該有多少種「闕失」；例如一事物說是「不等」就因失去了相等性，而那相等性它原應是有的；又如說「不可見」，當是因爲它全沒
1023a 有色，或只有不明顯的色，又如說「無腳」當是因爲它全沒有腳，或是只有不健全的腳。一個「闕失」詞可應用於雖有其屬性而不良好的，例如「無核」；或應用於雖有其屬性而不順適的，例如一事物缺乏可切削性，這可以說它全切不動，也可以說它很難切削。「闊失」詞也可應用於全無此物的；這樣，我們所稱爲盲人應指那雙目失明的，不是指那獨眼的人。所以，這不是每個人非「善」即「惡」，或「義」或「不義」，人也有在中間狀態的。

章二十三

「有」（「持有」）（愛希音）[69]的含義甚多：1.依自己的性情或意向來處理一事物；這麼，疾病「有」其身，暴君「有」其城，人民「有」他所穿的衣。2.事物之能接受而持存之者亦稱「有」，如青銅「有」雕像的形狀，以及身「有」疾病。3.事物之能容受而持存之者；例如我們說瓶「有」水，城「有」人，船「有」水手；全體之「持有」其部分也如此。4.阻止別一事物

⑱ 以下所舉「不等」、「不可見」、「無腳」（ἄνισον, ἀόρατος, ἄποδα）希文均有ἀ-字頭。

⑲ ἔχειν為動字ἔχω（持有）之無定式。或譯「有」，或譯「持」。此論題另見《範疇》第十五章。

依自己的意向而活動亦稱為「持有」，如杜持有屋頂的重壓；又如詩人有亞特拉斯「持」（有）天[70]之說，否則天就要塌落，有些自然哲學家也這樣說的[71]。推廣「持有」的含義，凡使事物結合而不致因各自的衝動而分散者也稱為「持有」那個所結合的事物。

「存在於某事物」具有相似與相符於「持有」的命意。

章二十四

「從所來」的含義1.是從某些事物來，如**從物質來**，可有兩類，或從於最高科屬或從於最低品種；其前一義有如可融之物均從水來，而另一義則如雕像從青銅來。2.是**從第一動因來**；例如打架從何來？從吵嘴來，因為吵嘴是打架的起源。3.從物與形的綜合體來，如部分從全體來，詩句從「伊里埃」來，**石塊**從房屋來（所有這些，其整體總是物與形的綜合；因為形是**終極**，**凡物**能達其終極者方為完全）。4.從部分來的通式，例如**人從「兩腳」**動物來，音節從音注來，這與雕
1023b 像從青銅來的含義有別；因綜合實體從可感覺物質來，而通式則是從通式材料來的。**有些事物從別**的事物來，就是這樣。5.另有一些事物是從其他事物中的一部分來的；例如小孩從父與母來，植物

⑳ 希蕭特《原神》517行 ’Ατλας δ’ οὐρανὸν εὐρὺν ἔχει 謂亞特拉斯支持（持有）昊天。神話解釋：亞特拉斯為古天文學家，常在山頂觀天象，後世敬神其能，稱彼力能持天體（星辰）。

㉑ 「自然哲學家」，據亞斯克來比注釋謂指阿那克薩哥拉，參看《說天》284a20-26。又本書卷Θ亦有憂天之說，似指恩培多克勒等。

從大地來，它們只是「**從**」**父母**與大地中的一部分「來」的。6.另有些「從所來」是**時間上**在一事物之後，例如黑夜從白日來，風暴從晴朗來，因爲一事物跟在別一事物之後。關於這些，有的像上所引兩例指示先後的變化；有些則僅是時間相銜接而已，例如「從」春分開航，意即航程始於春分之後；「從」第雄尼西（酒神）節日「來」了柴琪里（初果）節日⑫，因爲初果節是在酒神節之後。

章二十五

「部分」的命意是1.⑴一量元所可以成爲區分的；例如二是三的一部分，在一量元中作爲量而取出的，就稱爲這量元的一個「部分」。⑵這只在第一義上被稱爲部分；因此，二稱爲三的一「部分」，這只能以三作爲一個全體看，方能成立，倘三不作爲一整體，二就不算三的「部分」。2.一類事物不在量上做成區分，而在形式上做成若干區分，也被稱爲它的「部分」；因此我們說品種（宗姓）是科屬（種族）的「部分」。3.一個全體分成若干要素；或是若干要素組成一個全體，這全體就是具有通式的事物；例如對於銅球或銅立方，它們所賴以表達通式的物質，銅和圓弧或正方角——這些要素都是這些全體的部分。4.在定義中所賴以闡釋這一事物的諸要素也是全體

⑫ 第雄尼西節（Διονύσια）（亦稱巴沽節）慶祝酒神，在三月間。柴琪里節（θαργήλια）慶祝初果（收穫節），祭日神亞浦羅與月神亞爾特密，在五月末，葡萄新熟時，為雅典嘉節。參看卜德《希臘掌故》卷二第二十章。

的部分；因此科屬也可稱爲品種的一個部分，雖則在另一含義上，品種正是科屬的一部分。

章二十六　「全」（全體）的命意1.是說這個作爲一個天然的整體，不缺少應有的任何部分，2.這個包容了成爲一個整體所必須包容的事物；這所包容的各事物可以本各是一而合成爲整一，亦可並非各一而合成整一。⑴以類爲「全」，同類諸物原是各成一物的，但總持起來，以全類做一整體說也是眞確的，例如人、馬、神等本各是一生物，因此用一個普遍名詞爲之做成統稱。但⑵以各個不同的部分組成爲一全體，延續而有外限，其部分只是潛存而未實現的事物（已實現的事物作爲部分而包含於全體之中也是可以的）。關於這些事物，其天生爲「全」的較人造的「全」爲高，這是我們在上面釋「一」時[73]已說過了，「全體性」實際上就是「統一性」之別格。

1024a 又，諸量元之有始、中、末者，凡在各段落內沒有差別的，這些量元被稱爲「共」。凡在各段落內位置有差異的稱爲「全」。兩方面都具備的則既稱「共」亦稱「全」[74]。這些事物在其各個部分的位置移動後，形狀雖變而本性不變，例如蠟或塗料。它們就既爲「共」又爲「全」；因爲它們具備兩種特性，水及所有的液體與數是以「共」計的，人們不說「全水」或「全數」（除了將

[73] 見1016a4。

[74] ὅλος譯為「全體」，ὁλότητος照字義譯應為「全體性」，與第六章釋一，1016b13「統一性」（ἑνότητος）相符。但在此處文義上須有所分別，故譯為「共」。

「全」字含義予以推廣）。事物作爲整一而集在一起時稱「共」，作爲分離而獨立的個體集在一起時稱「總」。「共計」就是「這些單位的總數」。

章二十七 量性的事物沒有任何境況可被說在「剪裁」；這必須是一個「全」（整體）而又能區分的事物方可應用這名詞。兩個被取去一個時，我們不說是「剪裁」（因爲剪裁所移去的部分總是不等於剩下部分的），一般的「數」不說「剪裁」；凡說「剪裁」，怎是（要素）必須仍留存在剩餘的部分；倘一杯被剪裁，仍必不失其爲杯；但於數而論就大不同了。又，即便事物由不同部分組成，也不能說這些都可剪裁；於某一含義上講，數可以作爲相同部分組成，也可以做不同部分組成的（如三可以說是三個一組成，也可以說是一與二組成）；一般說來，凡事物其中的位置無關的，如水，都是不能被剪裁的；凡事物可加剪裁的，必須其中要素有位置關係。而且它們必須是延續的；因爲一句樂譜由不同音節組成，各音節是有一定位置的，可是這就不容許「剪裁」。此外，對一個整體的事物施以剪裁，並不是任何部分均可截去；截去的部分，不應是那個含決定因素的部分，也不是不管其位置而截去其任何部分；例如一個杯，倘穿透一個洞，這不是「剪裁」；只有杯柄或其突出的部分被截去，方可稱爲剪裁；一個人被「剪裁」（截肢）[75]不是說他的肌肉或脾臟割掉，這是說他的手足或指被肢解，而那一經解去的部分還須是不能再生。所以發禿不算「剪裁」。

---

[75] κολοβός（剪裁）出於動字κολούω（剪裁，割截）。作為技術名詞，可為「裁衣」，及外科手術之「截肢」等。

章二十八

「科屬」（種族）一詞應用於1.事物的生殖，同型而延續的，例如說「族類長存」就是「生命延續」而不絕的意思。2.這名詞應用於生物的始祖；因此在「種族」上，有的稱希臘人，爲的他們是希倫的子孫，有的稱伊雄人，就爲了伊雄是他們的始祖。這字用於生殖者總以父系爲主，雖則有時也用於供應生殖物質的母系⑯，人們也有由母系取得其族姓者。例如我們說是「妣拉」⑰的後裔。3.科屬的含義之一是以平面爲一切平面形的類型，立體是一切立體形的類型；每個平面與立體圖雖爲形不一，而爲類於平面與立體者則一：這就是異形間所可求得的類同。又，4.凡在定義中「什麼」所包括的基本組成要素即是「屬」，屬內的差異就成爲品種之質別。這樣，「屬」就應用於1.同類的生殖延續，2.同類事物動變中的作始者，3.凡差異或質別所從產生的底層稱爲物質，因此我們也將「屬」作爲物質。

那些事物稱爲「於屬有別」者，1.其切身底層不同，一事物的底層不能析爲別一事物的底層，亦不能將兩事物的底層析成同一事物，例如通式與物質「於屬有別」；以及2.事物隸於實是

⑯ 亞里斯多德於生殖觀念上以男性為式因（或動因）、女性為物因（供應子體以營養物質）。

⑰ 妣拉（*Πύρρα*）在希臘傳說中為洪水後再傳人類的王母。希臘種姓始於杜加里雄與妣拉夫婦。二人生希倫。希倫王於鐵撒利南部弗茜烏部落，其後裔遂稱「希臘人」（希倫子孫）。希倫生埃烏盧，其裔為「埃烏族」。又生杜羅，其裔為「杜哩族」。又有孫伊雄，其裔為「伊雄族」（格洛忒（Grotē）《希臘史》卷一100頁，卷二315頁）。

之不同範疇者；事物之所以成其爲事物者，或由怎是，或由素質，或由上所曾分別述及的[78]其他範疇；這些也不能互爲析換，不能析爲同一事物（所以範疇有別即是「於屬有別」）。

章二十九

「假」[79]的命意是1.作爲一事物，這是假的，⑴因爲這些不能拼合在一起，或則並沒有拼合在一起，例如「正方形的對角線可以其邊來計量」或「你是坐著」；因爲前一句在任何時候都是假的，而後一句則有時是假的；如上兩義，它們都是「無此事物」。⑵有些事物雖然存在，而其所示現的事物實不存在，或似有而實無，例如一個夢或一張草圖；這些雖也是一些事物，但憑它們所示現的景象，我們無處可求得其著落。於是我們就說這些是「假」的——或則它們實不存在，或則它們所示現者實不存在。

2.一個「假」紀錄（一句「假」話）是那並不存在的事物之紀錄，事物既假，關於它的紀錄亦必爲假紀錄。凡你所記錄，並非你所實指的，這也是假紀錄；例如，一個「三角」，你卻做成「圓」的紀錄，這是「假」的。在某一意義上講，一事物只有一個紀錄，就是它的本體之紀錄；但在另一意義上講，一事物可有許多紀錄，因事物與事物本身而加之以其屬性仍爲同一事物，例如「蘇格拉底」與「文明的蘇格拉底」是同一個人（一個假紀錄則除了別有解釋之外，並不是任何事

[78] 見上1017b24-27。

[79] 此論題並見《詭辯糾謬》章二。

物的紀錄），所以安蒂瑞尼認爲一個主題只有一個云謂，除了對本身紀錄以外，事物不能有其他的說明——這樣，他是太簡單了；照他的說法，世間將不可能有矛盾，而且也不可能有錯誤了[80]。但我們可憑事物本身來敘述每一事物，也可以用另些事物來說明它。這麼，有時可能全攬成假話，可 1025a 是有時也能做出眞確的說明；例如八可以憑二的定義作爲倍數來說明。這些事物的被稱爲「假」就是這樣。

至於3.一個「假」人（說謊者）是指這樣的人，他喜歡並且做「假」紀錄，他就是習慣於作假而作假，並無旁的理由，他善於用這樣的紀錄使人產生假印象，確如一些假事物造成假印象一樣。所以《希比亞》篇中證明同一人「既假又眞」是引人入於錯誤的。篇中假定誰能謊騙他人（亦即是誰有知識，聰明而能作謊騙的人）誰就是假人[81]；引申起來，誰是自願作惡的誰當較好[82]，因爲人之自願跛行者較之非自願跛行者爲佳。這是歸納法的一個錯誤結論。這裡柏拉圖用跛行一字做效擬跛行的意思（自願效擬的當然較非自願的學得好些），可是這些，若例之於道德行爲，則自願學壞

---

[80] 「不可能有矛盾」參閱《命題》104b21；伊蘇克拉底《希倫那》（Isocrates, *Helena*）10, 1；以及柏拉圖《歐色第漠》285E-286B。「不可能有錯誤」參看伊蘇克拉底著作上述一節，及《歐色第漠》283E-284C 286C—D。

[81] 見柏拉圖對話《希比亞短篇》365—9。

[82] 見《希比亞短篇》371—6。

的人不應是較好，而應是更壞的人。

章三十　「屬性」（偶然）[83]的命意是1.凡附隸於某些事物，可以確定判明爲附隸，但其所以爲之附隸者既非必需[84]，亦非經常，例如有人爲植樹而挖土，尋得了窖金。「尋得窖金」對於「這位挖土的人」是一個「屬性」（偶然）；因爲尋得窖金不是必須植樹，植樹也不是必然尋得窖金；而且植樹的人也不是常常尋得窖金的。一個文明人也許是白的，但這不是必需的，也不是經常的，因此我們就稱它爲一個屬性。凡屬性都是附隸於主題的，但它們有些只是在某一時與某一地附隸於某一主題，以成其爲一屬性，並不是必此主題，也不是必此時或必此地而後爲之屬性。所以，對於一個屬性只有偶然原因，沒有確定原因。倘有人被風暴所飄蕩或爲海盜所劫持而航行入愛琴海，這非由預定的航行就是一個「偶然」；這偶然是遭遇了——但這不是由於主人的本意而是出於別的緣由——風暴是他來到此地的原因，此地是愛琴海，那並不是他原想去航行的。

---

[83] 名詞συμβεβηκός（屬性）出於動詞「行」的過去分詞，添字頭後成為「同行者」，引中為「從屬」及「偶然」等義。拉丁譯accidens，英譯作attribute，或作accident。在漢文中雙關著「偶然」與「從屬」兩義的字是難找的。此字在本章包括一般屬性；但全書中有時以此指偶然屬性，另以ὑπάρχοντα（所繫屬物）指較永久的屬性，本書譯「質性」。

[84] 參閱本卷第五章，釋「必需」（即必然）（ἀναγκαῖον），其義與「偶然」相反。

「屬性」有2.另一個命意，凡出於事物自身而並非事物之怎是者，這類也稱爲「屬性」，所有三內角的總和等於兩直角是附隸於三角形的一個屬性。這類屬性可以是永久的，別類屬性均非永久。這我們在別處解釋[85][86]。

---

[85] 見亞氏「名學」《解析後篇》第十卷75a18-22, 39-41, 76b11-16。又《命題》卷四，章一，亦論及「屬性」。

[86] 舊有「五不譯」例中，四例均因漢文中沒有與外文同樣含義或雙關含義而應用音譯。本書於名物度數之異於中國者（例如貨幣）多用音譯。學術名詞，雖漢希字義不能完全相符，仍用漢文意譯，在注腳中附有若干音譯。少數音譯名詞見於本文中者多附有意譯（例如1047a30「隱得來希」）。

卷(E)六①

1025b **章一**　我們是在尋求現存事物，以及事物之所以成爲事物的諸原理與原因。健康與身體良好各有其原因；數學對象有基本原理與要素與原因；一般運用理知的學術，或精或粗，均在研究諸原因與原理。所有這些學術各自劃定一些特殊（專門）實是，或某些科屬，而加以探索，但它們所探索的卻不是這些實是的全稱，亦不是這些實是之所以成爲實是者，或哪一門類事物之「怎是」；它們以事物之本體爲起點——有些將怎是作爲假設，有些將怎是作爲不問自明的常識——於是它們或強或弱的，進而證明它們所研究的這門類中各事物之主要質性。這樣的歸納，顯然不會對本體或怎是做出任何實證，只能由某些路徑稍使暴露而已。相似地，各門學術都刪略了這一問題：它們所研究的這門類是否存在；這問題與闡明事物之究竟和事物之實是，屬於同一級的思想活動。

因爲物理之學和其他學術一樣，專研一個門類的事物，這類本體，其動靜皆出於己②，故物理

① 卷(E)六卷(E)六與(Γ)四相銜接，重論其中題旨，商略哲學之範圍，並及學術的分類，說明在理論學術中本體之學超於自然之學，而研究高一級的對象。此卷若干論題並見卷(K)九。第二、第三章說明偶然之是，第四章說明真偽之是，均應由名學《解析》為之研究：哲學範圍中所當研究的為各範疇之是和潛在與實現之是，即以下ZHΘ三卷之論題。

② 自然萬物動靜可參看《物學》卷一、三、七。

之學既非實用之學，亦非製造之學。凡物之被製造，其原理皆出於製造者——這是理知或技術，或某些機能；凡事物之被做成者，其原理皆出於作者——這是意旨，意旨之所表達，亦即事物之完成。如謂一切思想必爲實用、製造與理論三者之一，則物學應是一門理論學術，但它所理論的事物，都是那些容受動變的事物，其本體已被界說爲不能脫離物質而獨立。現在，我們必須注意到事物的怎是與其定義；若無定義，研究是徒勞的。至於在被界說之事物中其「什麼」（怎是）應予說明者，可以「凹鼻」與「凹」③爲例。兩者的分別就在「凹鼻」必須與鼻的物質相結合，而凹則能
1026a 離感覺物質而獨立存在。假如一切自然事物的本性皆可比擬於凹鼻——例如，鼻、目、臉、肌、肉、骨，與一般的動物；葉、根、桿，與一般的植物（因爲這些都常具有物質，必須與動變相涉而後能爲之定義）；這是明顯的，我們對於自然諸對象必須如何探索並解釋其「什麼」（怎是），而關於靈魂（作爲一自然對象）的研究也應屬之自然學家，靈魂在某一意義上講，它不能脫離物質。

由於這些考慮，這該已明白，物學是一門理論學術。數學也是理論的；但其研究對象是否不動變而可脫離物質，此刻還不清楚；可是有些數學定理是先假定了數理對象爲不動變而可離物質，然後建立起來的。但世間倘有一些永恆、不動變而可脫離物質的事物，關於這一類事物的知識顯然應屬於一門理論學術——可是這並不屬之物學，也不屬於數學，而應屬之一門先於兩者的學術。因爲物學研究可獨立而非不動變的事物，數學的某些部門研究不動變而包含於物質之中不能脫離物質

③ 凹鼻或扁鼻（σιμὸς）與「凹」（κοῖλος）之例屢見本書，參看「索引」Snub凹鼻喻條。

的事物；至於這門第一學術則研究既是獨立又不動變的事物。一切原因均須具有永恆性，而於此爲特重；這一門學術所探求的原因，於我們看來就很像是神④的作用。這樣，理論學術就該有三門，數學、物學以及我們可稱之爲神學的這一門學術，因爲這是明顯的，如果神存在於某處，那就該是在這些事物中了。最高學術必然研究最高科屬。理論學術既優於其他學術而爲人們所企求，則這一門就應優於其他理論學術而更爲人們所企求。人們可以提出這樣的問題，這門第一哲學是統究萬類的普遍性學術抑或專研實是這一科屬；在這方面，即便是數理各門也並不全然相似——幾何與天文各研究某些特殊事物，而數理則普遍地應用於這些專門學術。我們答覆說，假如自然所成各物以外別無本體，則自然科學（物學）將是第一學術；然而，世間若有一個不動變本體，則這一門必然優先，而成爲第一哲學，既然這裡所研究的是最基本的事物，正在這意義上，這門學術就應是普遍性的。而研究實是之所以爲實是——包括其怎是以及作爲實是而具有的諸性質者，便將屬之於這一門學術⑤。

④「神」或「神聖事物」（θέιον）指引致天體（日、月、星、辰）運動的事物，參看卷Λ，章七、章八，亞氏詳論天體運動的原因。

⑤本卷第一章參考卷B，995b10-13, 997a15-25：卷K，章七。此卷所論原題為哲學研究普遍性抑研究專門實是，其結論則為哲學能研究普遍性亦研究不變本體這一類專門實是。

章二　實是這全稱名詞前曾說過⑥有幾種命意，其一爲屬性偶然之是，另一爲眞是（非是爲
1026b 假），還有各範疇（例如怎是、質、量、地、時，以及實是所有相似的命意），此外，則爲潛在之是與實現之是。在實是的這許多命意中我們先須說明，關於偶然屬性不能做成科學研究。事實上也沒有一門學術——實用之學、製造之學，或理論之學——自投於這種研究。一方面，建造一幢房屋，當初並沒有建造那些與之俱來的許多屬性，這些屬性不勝列舉；已造成的房屋對於有些人很洽意，於另一些人則受到了損害，另有些人又覺很合實用，總之，這些都是無關這一實是的題外事物⑦；建築術的目的全不在這些事物。同樣，幾何學家並不研究諸圖形的偶然屬性，求得三角形諸角之和等於兩直角的通理以後，就不問各三角形間的偶然差異。屬性，實際僅是一個名詞；這是自然間的遭遇。在這裡柏拉圖⑧正不錯，他說詭辯派是專討論「無事物」的。因爲詭辯派的論題老是糾纏於事物之屬性；例如「文明的」與「讀書的」爲同抑異⑨，以及「文明的哥里斯可」與「哥

⑥ 見卷Δ，章七。

⑦ 此句應注意下文（12-21行）事物同異之辯，以題外事物混亂本題，此類詭辯當時盛行於希臘。

⑧ 見柏拉圖《詭辯家》237A, 254A。

⑨ 亞歷山大詮釋詭辯難題之一：甲是讀書的，∴讀書的甲＝甲；∴甲是文明的，∴文明的甲＝甲；∴讀書的＝文明的。但乙雖讀書而不文明，∴讀書的≠文明的。兩結論相衝突。

里斯可」是否相同⑩？以及每一事物並不常是而今是者，是否便當成是，由茲而引致「悖解」的結論，說假如文明人而成爲讀書的，讀書人就必然成爲文明的⑪——以及一切類此的辯論；屬性顯然切近於「無是」。從下面的論題看來這也是明顯的：凡現存的事物其生成與消失必有一個過程，而屬性事物則不然。然而，我們還得盡可能地追蹤偶然屬性之本質與其來由；也許因此可得明白何以不能成立有關屬性的學術。

在現存事物中，有些保持著常態而且是出於必然（不是強迫意義的必需；我們肯定某一事物，只是因爲它不能成爲其他事物）⑫，有些則並非必然，也非經常，卻也隨時可得而見其出現，這就是偶然屬性的原理與原因。這些不是常在也非經常的，我們稱之爲偶然。例如，在犬日（伏天）⑬，而起風寒，我們就說這是偶然，若逢酷暑則不謂之偶然，就因爲犬日季節自古以來常熱而

---

⑩ 假如「哥里斯可」與「文明的哥里斯可」相同，則亦當與「文明的『文明的哥里斯可』」相同，如此重沓至於無窮。見《詭辯愛倫基》175a 34。

⑪ 此亦為詭辯一題：有讀書而文明的，故讀書的即文明。又有不常讀書而文明的，則不讀書亦即文明。因此不常是者亦能成是。更加推演，則凡文明者將必先已成讀書的，而讀書將必先已文明。凡此類引致荒謬結論者，大抵強以不必然者為必然，遂使是非錯亂。

⑫ 見於卷Δ，章五。

⑬ κύων（音譯「可尼」）為犬。天狼星座（天狗）即名「可尼」，其主星稱「閃流」（sirius），為冬夜最明亮

1027a 不常冷。人之色白爲偶然（因爲人臉不必常白，亦不必眾人皆白），但人之爲動物則非偶然屬性。建築者使人健康爲事出偶然，因爲使人健康乃醫師的本性，不是建築師的本性——這只是碰巧，那個建築師也是醫師。又，一個廚司⑭，爲了使人高興，將所煮菜肴加以裝點，但這不是廚司的正務；所以我們說「這是一個『偶然』事件（附帶事件）」，在某一意義上講，這可以說是那廚司做的，在單純的廚司本義上講，這不是他做的。於其他事物總可以找到產生這事物的機能，但對於偶然事物是找不著這樣相應的決定性機能或其製造技術的；因爲凡是「偶然」屬性所由存在或產生的事物，其原因也是偶然的。所有事物並不都是必然與經常的存在或發生，世間大部分的事物只是大多數如此而已，所以，偶然必定是存在的；例如一個白人，並不常是也非大多數是文明的，只是有時遭遇著一個文明的白人，這就應是偶然屬性（若說這個不對，那麼世間一切將盡成必然）。所以，這必定是出乎常然的物質才得成爲偶然屬性的原因⑮。

再有一個問題，或許所謂既非經常又非大多數如此的事物實際是沒有的。我們必須以這問題爲

之恆星。巴比倫及希臘天文學，七月三日至八月十一日間（當中國節令小暑大暑）太陽宿天狼座；希臘習俗稱為「狗日」，其時當酷暑。

⑭ ὀψοποιός或譯「鹽漬物製造者」。

⑮ 此句論發生偶然的原因必是一個「非常然」，蓋出於名學論證；神學家每據此指稱亞里斯多德將由此進而承認神的權威為一切不可測事物之總因。

討論的起點。確定地，這是不會沒有的。那麼，在這些以外，世上當另有或然的與偶然的事物。然而事物倘只是大多數如此而已，那麼，世間又究竟有無經常事物，與永存事物呢？這些當俟以後再行討論⑯。但因一切學術都只研究那些經常的或是大多數如此的事物，研究「偶然」這一門學術是明顯地沒有的（因爲除了經常與大多數如此的事物以外，人們怎能互相教授與學習？例如，水、蜜溶漿於一傷寒病人有益，這是大多數如此的）。至於那些反乎常例的事物，學術上是無法陳述的；譬如說在新月初生的一晚，可遭遇什麼些事情，我們所能陳述的總只是經常在或大多數在新月初生之晚所遭遇的事情，假如請問在哪一個新月初生之晚不遭遇這事情，這就無法陳述；偶然就是反乎這樣的常例的。這裡我們已說明了什麼是偶然屬性與其發生的原因，也說明了這是沒有哪一門學術加以研究的。

章三　明顯地，沒有生滅過程而生滅的原理與原因該是有的。假如沒有，那麼一切事物均將盡成必然，因爲一切進入了生滅過程的，其生滅就成爲勢所必然。甲事是否發生？倘有乙事，甲事會發生；不發生乙事，甲事亦不發生。而乙事是否發生，則須問丙事。這樣從頭歷溯，節節逼近，無論
1027b 多麼悠遠的事，總可追蹤到現今。於是這人將暴死，或因病而死，若他出門；他將出門，若口渴；他將口渴，若遭遇某事；這樣追溯著到現在這一事情，又繼續追溯到更遠的事情，出門由於口渴，

⑯ 參看卷Λ，章六至八。

口渴由於喝酒；酒是可喝可不喝的；因此他或是必然死或必然不死。相似地，假如再往前追溯，這一類紀錄也同樣好用；總之過去的條件存現於此刻的事情。每一將來的事情都將是「必然的」；活著的人必然有一天他將死亡；因爲在他有生之日，某些條件，如與生活爲對成的死亡因素已進入他的生體之中[17]。但他將死於疾病，或忽然暴卒，則尚未確定，這還得看其他遭遇的事情。這該清楚了，一切追溯將有時而碰到一件未定的事情。這樣追溯就得停止，而事情之所必然的原因，也無可更爲遠求了，這未定之事就將是「偶然」的基點。然而關於或然（機會）事件，對其起點與原因，這樣的追溯終將何以爲之繫屬——屬之於物質（物因），抑作用（極因），抑動能（動因）——這必須謹慎地予以考慮。

章四[18]　我們已充分說明了屬性（偶然）之是的性質。現在不復贅敘。實是各類中有以「眞」爲「是」，以「假」爲「非是」者，其「眞假」應依「組合與析離」爲斷，複合詞之眞假應依其各部分的對反搭配爲斷，凡主題與其云謂相合的爲之組合而予以肯定，苟兩者相離則不爲之組合而予以否定者，這些就是眞實；至於虛假判斷便與此相反（這裡引到另一問題，我們如何於事物發生離合

---

[17] 1027a 32-1027b 10所引事例雖簡略，但已可意會。本卷此章為自由意志與定命論問題的基礎論點，舊有詮釋甚詳。

[18] 萊比錫本，本卷分三章。第杜巴黎印本分為四章。

之想；所謂合，我的意思不是串聯而是成爲合一的整體）；這裡眞與假不在事物——這不像那善之爲眞與惡之爲假，存在於事物本身——而只存在於思想之中；至於單純的諸怎是，則其爲眞爲假（「是」與「非是」）便不在思想之中。——在這裡所涉的問題，我們須俟以後再考慮⑲。但憑組合與析離所成的眞假既只在思想而不在事物，因爲思想可以將主題的怎是或其某一素質，量，或其
1028a 他範疇加之於主題或從主題取去，依照這樣的意義，眞與假已是原事物以外的另一類「是非」，那麼屬性之「是」與眞假之「是」均毋庸置論了。前者原爲未必之「是」而後者亦僅爲思想的演變，兩者都是「實是」的支族，並不能作爲諸實是中獨立的一類。於是讓我們擱開這些，而研究實是之所以爲實是的原理與原因⑳〔實是有幾種命意，這在討論各種名詞含義的時候已說清楚了〕。

⑲ 看卷⊙，章十。柏拉圖學派以真假為是非一類，漫步派以真假在主題與云謂之離合，出於主觀判斷，而是非有無則為客觀存在，故兩不同論。

⑳ 章二至四可參看1064b 15-1065a 26。

卷(Z)七①

章一　在先前集釋名詞時，我們已指陳過事物之稱「是」者有幾種含義②。「是」之一義爲一事物是「什麼」，是「這個」；另一義是質或量或其他的云謂之一。在「是」的諸義中，「什麼」明顯地應爲「是」的基本命意，「什麼」指示著事物之本體。因爲，當我們舉出一事物的素質時，我們舉其是善是惡，不舉其爲三肘③長或爲一個人；但若說這是「什麼」時，我們不說是「白」或「熱」，亦不說「三肘長」，而說這是「人」或「神」。其他的所謂「是」就因爲那是這「基本之是」的量或質，或其變化，或對這事物有所釐定的其他云謂。這樣，人們又可以請問「行」、「坐」、「健康」以及相似的其他詞語是否也各自存在？這些沒有一件能脫離本體而獨自存在。假如有所存在，則存在的實際是那個或行、或坐、或健康的事物〈人〉。這些所以看來比較地實在，正因爲在它們的底層存有某一確定的事物（即本體或個體）爲主題，而它們則爲之云謂；假如

---

① 卷七起句與卷六末句意重複，為兩卷相銜接之明證。此卷詳論本體，為全書中極重要的一卷，與後兩卷相貫聯。學者每合稱這三卷為「本體論」，或簡稱為「ZHΘ」。

② 見於卷Δ章七，又參看《範疇》第二至四章。

③ πῆχυς（肘）為希臘古度量。古匠人折肱而為量，自肱彎至中指尖為一「肘」，約當今日十七英寸半，建築工人之曲尺亦作折肱狀。參看1087b 36注腳。

沒有「這個」，我們就無從使用「好」或「坐著」這一類詞語。明顯地，這是由於這一範疇之爲「是」，而後其他範疇也得以爲「是」。所以取消一切附加的含義，而後見到單純的原稱，則本體才是「原始實是」。

事物之稱爲第一（原始）者有數義：1.於定義爲始，2.於認識之序次爲始，3.於時間爲始——本體於此三者皆爲始。其他範疇均不能獨立存在，則本體自必先於時間。每一事物之公式其中必有本體的公式在內；故本體亦先於定義。於認識而論，我們對每一事物之充分認識必自本體始，例如，人是「什麼」？火是「什麼」？然後再進而及其質、量或處，我們必須先認識其怎是，
1028b 而後可得認識質或量等每一云謂之所以爲是。

所以從古到今，大家所常質疑問難的主題，就在「何謂實是」亦即「何謂本體」。也就是這個問題，有些人④主於本體只一，另有些人謂這不止一，有些人⑤主張其爲數有定限，另有些人⑥謂其數無定限。因此，我們必須基本地概括地探求義屬本體的實是之本性。

章二 最明顯地，一般人輒以實物爲本體；所以我們不但於動植物及其部分均稱本體，於火、

④ 指米利都與埃利亞學派。
⑤ 指畢達哥拉斯學派與恩培多克勒。
⑥ 指阿那克薩哥拉與原子學派。

水、地一類自然實物以及所有由此組成的實物（整體或其部分），例如，天宇與其各部分，星月與日也稱本體。但，是否就只這些是本體，抑另有其他？或所有這些，只有其中一部分是本體抑另一部分也是；或這些全不是本體，別有其他事物才是本體？這些必須予以考慮。有些人⑦就認爲實物之外限，即面、線、點、單位是本體，而且這些較之實物或立體更應是本體。

又有些人認爲除了可感覺事物以外別無可爲本體，但另有些人則想到了永恆本體較之可感覺事物其數既更多，而且也更爲實在；例如柏拉圖闡明了兩類本體——通式與數理對象——與那第三類可感覺實物的本體並存。而斯泮雪浦製作了更多種類的本體，以元一爲始，爲各類本體假定了許多原理，其一爲數之原理，又一爲空間度量原理，另一爲靈魂原理；照這樣發展著，他增加了本體的種類。又有些人⑧說通式與數本性相同，其他事物由此衍生——如線與面等——一直到宇宙本體和可感覺事物⑨。

關於這些，我們必須考察哪一個論點眞確，哪一個錯誤，以及本體究竟是些什麼，可感覺事物以外有無本體，以及可感覺事物如何存在，是否有脫離可感覺事物而自存的本體，或絕無或可有

⑦ 指畢達哥拉斯學派。

⑧ 指齊諾克拉底學派。

⑨ 第二章關於各家本體諸說蓋為卷A章三至六中若干節的撮要。本章所提示諸本體，大別為兩類：1.柏拉圖、斯泮雪浦、齊諾克拉底等，重於超物質本體；2.希波、伊壁鳩魯等，重於可感覺本體。

（如可有，則何以能存在，怎樣存在）。我們必須先簡敘本體的性質。

章三　「本體」一詞，如不增加其命意，至少可應用於四項主要對象；「怎是」與「普遍」與「科屬」三者固常被認爲每一事物的本體，加之第四項「底層」。這裡我所說「底層」（主題），是這樣的事物，其他一切事物皆爲之云謂，而它自己則不爲其他事物的云謂。作爲事物的原始底 1029a 層，這就被認爲是最眞切的本體，這樣，我們應得先決定底層的本性。一個想法是以物質爲底層，另一爲形狀，而第三個想法則是兩者的組合（舉例以明吾意：物質是青銅，形狀是模型，兩者組合是雕像，那完全的整體）。假如認爲形式先於物質而更爲切實，同樣理由，這也將先於兩者的組合。

現在我們已概括了本體的性質，顯示了它可以底層爲主詞而其他一切即便爲之云謂。但問題還沒有明白；這說明不充分，而且有些模糊。照這說法物質將成爲本體。要是不照這樣說，我們又難於別爲之措詞。一切都剝除了以後剩下的就只是物質。因爲其餘的既是實物的演變、產品，與潛能；而長、闊、深又是度量而不是本體；這些毋寧是本體的基本演變而已。然而作爲實體外限的長、闊、深被取去以後，形狀就不能存在（度量不是本體，那麼這以度量爲主的形狀也非本體）。照這樣來研究這問題似乎只有物質是本體。這裡我所指物質，它自身既不是個別事物也不是某一定量，也不是已歸屬於其他說明實是的範疇。這些範疇都各有所云謂，其所云謂的實是亦各異。因爲一切其他事物用來說明本體，而這裡所標指的是物質；所以終極底層自身既不是個別事物，也不是

25 某一定量，也不是具有其他正面特性的事物；並且也不是這些的反面，因爲反面特性也只有時偶爾
附隨於物質。

於是，我們倘接受這觀點，物質就應是本體。但這是不可能的；因爲本體主要地是具有獨立性
30 與個別性。所謂本體，與其認之爲物質，毋寧是通式與通式和物質的組合。而通式與物質的組合是
可以暫予擱置的，它的本性分明後於通式。物質在這一含義上也顯然爲「後於」。我們又必須考察
第三種本體（通式），因爲這是最迷惑的。

34 有些可感覺事物一般是被當作本體的，我們必須先予顧視⑩。

1029b3 **章四**　大眾修學的程序，宜必如此——經由個別的感覺經驗所易識的小節進向在本性上難知的通
4、5 理。如同我們的行事應始於個別之小善，而後進於所有個別盡爲稱善的絕對之大善，我們的研究也
10 當始於各自所能知，而後進求自然之深密。這裡於某些人所能知而且認爲是基本的道理，世人往往
11 不易盡曉，而且其中也往往頗不切於實際。但我們必須在這些不甚了了的知識中，各就其少有所知
12 以爲始，進而試求那宇宙絕對不易的大義。

⑩ 1029a33與1929b1可相承接，1029a34這一句與上下文不相聯貫。照貝刻爾本章節，第三章至1029b10為止；羅斯校本將1029b1-2兩行移在12-13之間，作第四章開始，較為合適。但1029b第三行起仍與上文1029a末行文義不貫。似全節均為錯簡。全節原文造句頗為晦澀，僅可識其大意。

1、2、 開頭⑪我們就說明了決定本體的各個專案，其中之一即所謂「怎是」，我們現在必須研究
13 這個⑫。讓我們先做些言語上的詮釋。每一事物的怎是均屬「由己」⑬。「由於什麼」而成爲
18 「你」？這不是因爲你文明。文明的性質不能使你成爲你。那麼「什麼」是你？這由於**你自己**而成爲**你**，這就是**你的怎是**。但這於「怎是」，還沒有說得完全明確；所以爲「面」與所以爲「白」是不同的，因此，白性之由於表面就不能作爲「由己怎是」，但若複合起來說「由於這是一白面」，這也不是面的怎是，因爲以「面」說「面」是不能解釋原事物的。說明一名詞不應該用原名詞，應該用別的字來表示它的含義；怎是的公式也得如此。因此釋一「白面」就說這是一「平滑的面」⑭，以平滑釋白，白與平滑因相同而成一⑮。

但因爲說明其他範疇的複合詞是有的（每一範疇例如質、量、時、處與動作均有一底層），我

---

⑪ 1028b33-36。

⑫ 釋「怎是」見於本卷四至六章。此題亦見於《解析後編》卷二章十一。

⑬ 參看卷Δ，章十八。

⑭ 此節例示蓋出於德謨克利特的色論，其要義為：色起於物面的組織狀態對於人眼的感應，如一個平滑的表面可感覺為白色。可參看《感覺論》442b11與《成壞論》316a10；又色烏弗拉斯托《感覺論》73-75。

⑮ 此節末句所釋為「白」，並未釋面：上句「所以為面」者，下文未有著落。

們必須研究是否每一範疇各有怎是公式，例如「白人」這樣的複合名詞亦有其怎是。試以X⑯代表複合名詞。什麼是X的怎是？但，這可以說仍不是一個「由己」的說明：作爲一個主詞的由己云謂有兩例是不合格的，其一爲增加一個決定性名詞，另一爲缺少一個決定性名詞。前一類的例就像要解釋「白」的怎是，卻陳述了那白「人」的公式，這就多了一個決定性名詞。後一類的例，譬如以X代表「白人」而解釋X爲「白」，主詞中另一個決定性名詞被刪除了；白人誠然是白的，但他的怎是卻不在其成爲白。

然而所由爲X者，是否確爲一個怎是？不是的。怎是應爲某一事物確切的所是；當一個主題附加了另一個屬性時，這複合詞便不再確切地是那原來的「這是」（個體），例如「白人」就不能確切地作爲那個「這是」，因爲這些「這是」（個別性）只能屬之確切的本體⑰。那麼只有那些事物，其說明可成爲一個定義的，方得有其怎是。但，這並非每字與其說明相同就算定義（若然如

⑯ 此處原文ἱμάτιον原義為外套，西方舊譯本均直譯。近代譯本依其文義在舉任何一物為之代表，故用X為代。

⑰ 這裡行文簡略，亞氏的詞旨須加詮釋：ἄνθρωπος-δίπουν-ζῶον（人—兩腳—動物）是一類合乎「怎是」的複合名詞，因為人是兩腳動物，也是動物，義無二旨。ἄνθρωπος-ἄνθρωπος λευκός（人—白人），由單純名詞進於複合名詞，就無由得其怎是，因為「白」非怎是範疇，這不能說人人都是「白人」；對於一個「白人」（臉白的人）不能做出通用定義。λευκός為白，此處作「人」的形容字時，其義為臉白，或膚色較淺的人，非人種之別（此例另見卷Δ，章七、九，卷H，1044a25，卷I，1058b34，卷K，1068a17，均同）。

此，則任何一組的字都將成爲定義；這像伊里埃[18]也可以說是某一物的定義了）。這必須對一事物於基本上有所說明才可以。基本事物均不能以另一物來說明某一物。凡不是科屬中的品種之一，就不會有（科屬之）怎是——只有各個品種才能具此怎是，因爲這些不僅由於參與（科屬）而獲得（科屬的）偶然屬性或秉賦（而是具備了科屬的怎是的）[19]。至於其他一切事物，若得有一名稱便也得各有一個如其名稱的公式——即「某主題具有某屬性」[20]——或不用這簡單公式，另用更精確的公式，可是這些總不是定義，亦非怎是。

或者，如某物是什麼，其定義可以有幾種命意？某物是什麼，其一義爲本體與「這個」，此外各義就是量、質等諸云謂。一切事物都各有其「是」，但其爲是各有不同，或爲之基本之「是」，或爲之次級之是；某物是什麼？其原義所指爲本體，其狹義則指其他範疇。如我們常問其質若何？所以質也是一個「什麼是」——可是這「是」就不是單純的原義，而卻像「無是」的例，有些人[21]假借言語的機巧以「無是」爲是——這非複單純的本是，而只用以**是其所是**如「無是」者而已；質也如是。

---

⑱《伊里埃》（'Ιλιὰs）荷馬史詩名，此處用其原字義為「一堆」（意即「一堆的字就算一個定義」）。

⑲參看1037b14-21，解釋此意。

⑳ τόδε τῶδε ὑπάρχει直譯為「這個屬於這個」即「某屬性屬於某主題」。照特來屯尼克譯本為「X屬於Y」。

㉑見於柏拉圖《詭辯家》237，256全節。

無疑地，我們必須研究怎樣使問題的每一方面都說明白，而不超過這問題的實際。現在這該明白了，不管我們用什麼言語，「怎是」像「某物是什麼？」一樣，其初級原義總得隸屬於本體，其次級命意則屬於其他範疇，如一個質或一個量。我們說這些「都是」，那就必須是雙關語（同語異義），或則於「都是」的命意上有所損益（例如我們說，凡所不知也是知）㉒——事實應是這樣；我們用這「是」字該既不含混也不取雙關，但確像我們應用「醫務的」一字，其義相關於同一類事
1030b 物，而所指的事物則沒一件相同，然而卻毫不含混；因爲一位病人、一次手術，與一件醫療器具同稱爲「醫務的」，其所示固非同一事物，卻相關於一個共同目的而毫不含混。

在兩個敘事方式中，你用哪一方式並無限制；這是明顯的，定義與怎是均在基本上以單純含義隸屬於本體。它們亦可屬之其他範疇，只是在那裡的含義就不是基本的了。可是這樣說，每字之定義並不必然就相同於其任何公式；這只能相同於某一特殊公式；假如這是某一成爲「元一」的事物，就只有那作爲元一的主要公式才能滿足那成爲元一的定義之必要條件，像「伊里埃」那樣的一堆字，或紮攏的一捆棍棒，都不滿足元一的要義。現在所稱爲「是」的事物，其本義是指「這個」，其別義則指量，又指質。即便是「白人」（這樣的複合詞）可有一公式或定義，然其含義與「白的」定義或「本體」的定義迥然不同。

㉒ τὸ μὴ ἐπιστητὸν ἐπιστητόν，其語義為「知其所不知者也是知」。這一括弧內支句似為後人因原文「損益」語不易索解，而為之添入的注釋，用「不知之可以為知」來比擬「無是之也可為是」。

章五　假如有人否定附加一個決定詞㉓的公式可以成爲一個定義，這樣的疑問就來了，兩合而不單純的名詞如何能加以界說？因爲我們若要說明複合詞就得增加一個決定性詞語。例如鼻與凹與凹鼻，鼻與凹兩者互相結合而成爲凹鼻，凹鼻成爲鼻之本性，不是凹性所偶然賦予的屬性㉔；這不像加里亞的白臉或人的白臉之出於白性（只是加里亞是人而碰巧又是臉白），卻像是「雄性」之屬於動物和「等性」之屬於量，以及所有這些「由己屬性」之已成爲主題的秉賦一樣㉕。這樣的秉賦已包含在那個主題的公式或名稱之中，沒有這個，我們就無法說明那個主題；例如白可以脫離人來加以說明，我們無法脫離動物來說明雌性。因此，對於這些事物或是沒有怎是與定義；若是有的，這些就得出於以前所舉的怎是之別義㉖。

但關於這些，又有第二個疑問。假如我們說凹鼻就是塌鼻，則「凹」將與「塌」成爲相同；但是凹與塌並非相同（因爲「塌鼻性」是一個由己屬性，不能離事物而獨存，它實際是「凹性在於鼻」），所以要就不說塌鼻，要說塌鼻的話，塌鼻的解釋當是一個凹鼻性的鼻，就得說兩回的鼻。

㉓ 見於1029b30。

㉔ 這裡應注意到成為秉賦的只是「凹鼻性」（σιμότης）而不是「凹性」（κοιλότης），與下文出於白性（λευκότης）之不出於白臉性者有異。

㉕ 「由己屬性」之為秉賦，見於《解析後篇》卷一，73a37-73b3。

㉖ 1030a17-1030b13。

這樣一類的事物欲求得其怎是是荒謬的；假如要問什麼是塌鼻性的鼻，解釋又得加一個「鼻」，這樣就得無休止地重疊。

1031a 於是，清楚地，只有本體可做定義。假如其他範疇也可界說，這就必須包含有一個決定性詞，例如質就得這樣來做界說；奇（數）不能離開了數而爲之界說；雌（動物）也不能離開動物而爲之界說。在以上各例（當我說「爲之附加一決定性名詞」實際就是沓語㉗），若然，兩合名詞，如「奇數」也是不能予以界說的（因爲我們的名詞（公式）就是不眞確的，只是大家不注意而已」，假如這些也是可界說的，那就得別有界說方法，或是像我們前已說過的道理，定義與怎是有本義與別義而不止一個含義。所以在一方面說，除了本體之外，不能有定義，也不能有怎是，在另一方面講，其他事物也可有定義與怎是。於是，清楚地，定義是怎是的公式，而怎是之屬於本體，或是唯一的或是主要地與基本地和單純地屬之於本體。

章六 我們必須研究每個事物與其怎是之同異。這於研究本體是有益的；因爲一般認爲每一事物不異本體，而怎是即各事物之本體。現在，在屬性複詞上，事物與其怎是一般認爲是相異的，例如白人異於白人的怎是。若說它們相同，人的怎是與白人的怎是也得相同；人們既說人就是白人，那麼白人的怎是與人的怎是該相同。然而，屬性複詞的怎是，也許並不必相同於單詞的怎是。外項與

㉗ 1030b22，1031a5 ἢ δὶς τὸ αὐτὸ λέγειν「一事重說兩回」，或簡譯「沓語」（tautalogy）。

中項的成為相同並不是這樣的。也許，兩個屬性外項應可成為相同，例如白的怎是與文明的怎是；可是事實上情況並不是這樣㉘。

但在本性名詞（由己事物）上是否一事物必與其怎是相同呢？例如有些本體，再沒有其他本體
1031b 或實是先於它們（有些人認定意式就是先於一切的本體），於這樣的事物而論又如何？——假如善的怎是異於善的本身，動物的怎是異於動物自身，實是的怎是異於實是本身，則第一，在那些已肯定的本體與實是與意式之外，將另有本體與實是與意式，第二，這些若也作為實物，它們將先於本體。倘使先本體與後本體互相分離，則1.那個先本體將無以得其認識（意式或物本），而2.後本體則沒有實是（分離的意思，我就指本善若脫離怎是，善的怎是，也沒有成善的本質）。因為1.我們只有認識其怎是才能認識每一事物。2.若說善的怎是不復是善，其他的事物情況也將像善一樣，

㉘ 這裡的辨析可為說明如下：一、**21-24**行：一假如1.白人的怎是=白人；因為2.白人＝人，而3.人＝人的怎是：∴4.白人的怎是=人的怎是。這是荒謬的。亞氏認為「白人的怎是」≠「白人」。

二、**24-25**行：指明1. 3.兩公式在本體上為之是，而2.公式則是屬性偶然之為是。所以上項推演未能為之歸謬。

三、**25-27**行：假如5.文明人=文明人的怎是，6.人=文明人，2.白人=人，1.白人的怎是=白人：∴7.白的怎是=文明的怎是。這兩個屬性外項相等是荒謬的。謬誤出於6. 2.兩假定，以屬性複詞同於單詞。

實是的怎是不復是實是，元一的怎是也不復是元一。一切怎是都是這樣；那麼實是倘不成為是，其他也沒有一個可以成立。又，凡不包含善的怎是[29]的就不善。善必與善的怎是合一，美合於美的怎是；凡一切由己事物，基本上自足於己，無所依賴於其他事物者，都該如是。若然如此，則即使它們都不是通式，就這個便已足夠了；也許毋寧說它們正都是通式，這也就足夠了（同時，這也是明白的，有些人所說的意式，苟確乎存在，底層便不會成本體；因為意式必須是本體而它不含有底層；意式若包含底層，它們就會因參加於個別事物而存在於個別事物之中）。

那麼，每一事物的本身與其怎是並非偶然相同而是實際合一的，這從上節的辨析以及「認識事物必須認識其怎是」這理論，兩方面看來，都是清楚的。經過這些例引，應可知道兩者確實必須合一。

〔但是，於一個屬性名詞例如「文明」或「白」，因為這有兩義，這就不能說它本身與怎是完全相同；因為屬性與其所屬兩者都是白的，在這一含義上屬性與其怎是相同，另一義便不相同；白之所以自為白（怎是）與其為屬性之白是相同的，但與那個人或白人是不相同的。〕

假如對於各個怎是另給與名稱，兩離的謬誤也可顯見，因為這樣除了原怎是而外，又得再來一

[29] 即善的意式（或本善），見1031b5。

個怎是，例如對於馬的怎是，又得有第二個怎是㉚。因爲怎是就是本體，這不該從開始就認定某些
1032a 是它們的怎是麼？但實際上，不僅一事物與其怎是應合一，像以前所曾述及，它們的公式也相同；例如元一的怎是並非由於偶然屬性之一而與元一爲相合一。又，它們如不相同，則其（求是的）過程將進至於無窮；因爲我們既將1.「元一的怎是」與2.「元一」兩名詞作爲異詞，則在相續的詢問中，元一之怎是的系列就得跟著發展㉛。

於是清楚地，每個基本的與由己事物確乎與其怎是合一而相同。詭辯派對於這論題的各種忮詞㉜以及「蘇格拉底與其所以成爲蘇格拉底者是否相同」，這類問題，都可以同樣的解釋予以答覆，這從提出問題和答覆問題所該有的立場看來，都無二致。這裡，我們已說明了每一事物，在什麼意義上與其怎是相同，又在什麼意義上與之不相同。

㉚ 假如事物與其怎是相同：則例如「何謂馬？」（怎是馬？）「馬是四足獸。」「何謂四足獸？」「四足獸者如馬即是。」假如不相同：則「何謂四足獸」就得另說「四足獸」的怎是；如是問答將無盡已。亞里斯多德認為無盡已問答是荒謬的，不應進入那無盡已的第一步。

㉛ 這樣「一的怎是」又得異於「一的怎是的怎是」以至於無盡。

㉜ ἔλεγχος茲譯「忮詞」，「忮」作「以詞害意」解。此字原義「混亂」，詭辯法輒使通常的是非顛倒，故以此名之。

章七　關於創生的事物，有些是自然所成，有些是技術所成，有些是自發所成。每一事物之創生必有創之者，必有所由來，又必有所成就。我所指創生所成就的事物可在任何一個範疇中見到；這可以是一「這個」或是一些量，或是一些質，或是某些處所。

自然事物爲自然所創造；其所由來爲物質；其所成就即自然間現存萬物。或爲一人或爲一草一木，或爲類此之物，凡自然所創造而有所成就者，我們均稱之爲本體——自然或人工（技術）所造一切事物都有物質；這些事物各都可能成是或成非是，而這潛能就是每一事物中之物質。一般說來，萬物所由生成者爲自然，萬物所依以生成之範型亦爲自然，其所生成者如一草一木，或一動物皆具有自然本性。故萬物所憑以創造之自然本性同於通式，自然個體前後相生成，雖物質各別，而所憑自然形式皆相同；人遞傳爲人。

自然產物是這樣生成的，其他產物則稱爲「製品」。一切製品或出於技術，或出於機能，或出於思想[33]。有些事物自發地出現，或者由偶然的機遇而生成，正像自然產物的生成一樣；同樣的事物有時由種籽產生，有時不由種籽也產生了。關於這些我們稍後再說[34]。從技術造成的製品，其

[33] 參看卷E，1025b22。

[34] 參看1032b23-30，1034a9-21，1034b4-7。低級生物之自發生成理論可參看《物學》卷二第五、第六章以及《動物志》卷五第一章等。古希臘於自發生物或推其因於太陽熱能，此與印度經典述生物除胎生卵生外有濕生等相似。此類謬誤的生物理論一直流傳。至近代芮第（Redi）、巴斯德（Pasteur）等才相繼闡明低級生物

1032b 形式出於藝術家的靈魂（形式的命意，我指每一事物的怎是與其原始本體）。即便是對成事物在某一含義上其形式亦復相同；一個闕失之本體即是一個相反本體；例如健康是疾病的本體（因爲疾病就是失去健康）；而健康是在靈魂中的公式或是某些認識。健康主題由下列思想歷程產生——健康是這樣：主人若須健康，他必須具備這個，例如全身生理調勻；若要生理調勻，他又必須有這個，例如熱；醫師繼續這樣推想，直至他將最後的某一「這個」，化成他所能製造的某些事物。於是由此倒轉，從而獲得的健康，就稱爲一個「製品」。所以結論是這樣的，健康由於健康（通式），房屋由於房屋（通式）；有物質的由於非物質的（因爲造成健康與房屋的技術就是健康與房屋的通式）。當我舉出沒有物質的本體，我意指「怎是」。

關於製造過程，一部分稱爲「思想」，一部分稱爲「製作」——起點與形式是由思想進行的，從思想的末一步再進行的功夫爲製作。每個間體製品也是這樣產生的。例如，主人若要健康，應使生理調勻。怎樣能使生理調勻？或由此法或由那法。這需要使他溫暖。怎樣能得溫暖？又得有另一些事物。這些在製造健康過程中的諸事物都潛寄於健康之中，也都得之於醫師的能力。

於是，造成健康的有效原理與其起點，如爲技術，則應出於醫師靈魂中的通式[35]，如爲自

（如古希臘人所指「自發生物」）以至黴菌，均由卵或苞子生殖。

㉟ 參看1032b 1。

發㊱，則爲此偶然所發始的任何一點。憑技術以致健康的起點可能是溫暖，這個醫師用按摩來產生。體中溫暖爲健康的一部分，或是經此而直接或者間接地逐步引致使人健康的各個部分，這就成爲健康的切身事物——一幢房屋也如此（石塊是房屋的切身事物），其他各例亦然㊲。

1033a 所以老話說得對，假如先無事物，就不能產生任何事物。明顯地，現存各物必出於先在各物；物質就是先在的部分；物質既見於創生的過程，也由此創成爲某些事物。然而，物質是否可算公式內的一個要素？什麼是銅球？我們當然從兩方面敘述：我們說它的物質是銅，又說它的形式是如此如此的圖狀；而圖狀就是它所歸隸的切身科屬。這樣銅球的公式中是包含有物質的。

至於由某物質（那個）製造的事物，在製成之後則不再說「某物」（那個）而說是「某物（那個）製的」；例如雕像不是「石」而是「石製的」。一個健康的人則不是以彼所由來而爲之稱呼。理由是，一個失去健康的病人復獲健康，同時那病人原亦是人，那健康的人仍是從人這底層物質製造起來的；但健康的由來與其說是出於人（底層），毋寧說是出於「闕失」，即「失健的人」（病人），所以健康的主題便不是「病人」而仍是「人」，這還是那「人」現在成爲健康的了。至

㊱ 參看1032a12，又1032b15-17。

㊲ 房屋健康兩例並列，其中稍有參舛：由溫暖以致健康，溫暖為物因亦為動因（效因）；由石塊以成房屋，石塊僅為物因。τοῦτο δ᾽ ἔσχατον「切身事物」，或譯「限點」，或譯為「極」，但這裡的用意則同於「起點」。

於事物如銅或木材和磚的形式或秩序原是隱晦而無名的，當它們製成銅球與房屋，大家看不出它們被褫奪了什麼原形式，因此不像健康主題那樣著重於「闕失」（健康的人常被當作病癒的人看），而就稱銅球爲銅製品，房屋爲磚木製品。這裡在言語上凡由物質製成的，就不以原物質稱，而加以語尾變化，如雕像非石而爲石製的，房屋非磚木，而爲磚木製的㊳（雖則我們仔細地考察這些情況，可知石之於雕像，磚木之於房屋，在製造過程中所改變的卻並非持久性的物質而也是石與磚木的原秩序或形式）。這就是我們運用這樣言語的理由。

章八　因爲任何創製的事物，必有創之者（這個我稱之爲製造的起點），又必有所由來（這個我姑取物質，不取闕失，其用意已在上節說明），亦必有所成就（或爲一銅球或爲一銅圈或爲其他）；而這所製成的既爲一銅球，那麼我們就不是製銅，雖則銅球的形式相應而爲球，我們在這裡

㊳ 此節藉希臘文語尾上的運用說明對於製造過程中一個環節與其分別，譯文不能貼切。西方各譯文也因語尾變化方式不一，而難做完全符合的翻譯。所用字例如下：ἐκεῖνο-ἐκεινώνον，那個—那個制的：χαλκός-χαλκεῖον 銅—銅製的：ξύλον-ξύλινος，木—木製的：λίθος-λίθενος，石—石製的：πλίνθοι-πλινθένη，磚—磚製的。關於「健康」雖其底層物質為「人」，而不說「人製的」；這就說明病人為「失健康的人」，健康人為病痊的人，乃從「闕失」著想，不從物質材料著想。

亦不是製球。製作「這個」就得由底層物質十足地製成一個個體㊴（我的意思是這樣，使銅成圓不 1033b 是爲製圓或製球，而是將這形狀製於某些物質。因爲如上所預擬，欲製一形式必須假用著某些先在的事物㊵。例如我們製一銅球，就是以銅製成球形的一個銅球）。如果我們也得製造事物的底層，則其製造過程將追溯至於無盡。於是，明顯地，我們也不是創製通式（或是在可感覺物中所體現的形狀之任何其他稱號）。這既不是通式的產品，也不是通式的怎是；因爲「這個」是由某些其他事物，被技術或被自然或被機能所製作而成就的。這裡是「一個銅球」，這個就是我們所製作的。我們由銅料與球形來製成「這個」；我們將形式賦予這個特殊物質，其結果爲一個銅球。若說要製作的是一般球形的怎是，那麼球形又由什麼來製作？製造物必須有某物爲它的前身。每一製品均將成爲可區分的兩部分，其一必然是物質，另一必然是通式。假如球形是「每一點與其中心的距離均相等」這樣一個圖形，以此通式爲中介，一以現其爲球形，一以成其球於某些物質之中，而其綜合體則爲一銅球。從上面這些說明，這可以懂得所製造的不是通式或怎是，而是一個由此取名爲銅球的綜合㊶實體。在每一被創製的事物中，物質總是在內的。這綜合實體一部分爲物質，另一部分爲通

㊴ 參看1029a 3，個體為形式與物質之組合。

㊵ 即物質，參看1032a25。

㊶ 貝刻爾本σύνολος，舊本作σύνοδος，拉丁譯本作concursus，為天文名詞「交會」。交會之意，於此句亦符合，但不如譯「綜合」為切。

式。

於是，在個別的球體以外是否有一球式，在磚木之外另有一房屋通式呢？要是這樣，「這個」就永不會生成，通式的含義是「如此」，不是「這個」——不是一個確定了的事物；但藝術家由「這個」製作一個「如此」，或父親由「這個」生育一個「如此」；在既誕育之後，這是一個「這個如此」㊷。「這個」整體，加里亞或蘇格拉底，相當於「這個銅球」，而人與動物則相當於「一般銅球」。於是，明顯地支持通式的原因（依照有些人的想法，通式是存在於個體以外的事物）是空虛的，至少在創造問題與本體問題上是不充分的；通式不須成爲自存本體。在有些自然產物的實例上，如生父與嫡子總是品種相同（他們形式相同，但並非同一物體），只是有時也會遭遇反乎本性的情況，例如一匹馬產生了一匹騾（即便是這些特例，事情也仍相似，因爲馬與驢所共 1034a 有的性質，可以成立一個馬驢之間的科屬，雖則現在尚無這名稱，而要是有這名稱當然就是騾屬了）。明顯地，所以，這不需要成立一個通式作爲典型㊸（我們若要找通式，就可以在這些實例中找；因爲生物正是最確當的本體），父親能製造產品，也正當是在物質中造成形式的原因。如此如此的一個形式，體現於這些肌肉與骨骼之中，當我們已得有此綜合實體，這就是加里亞或蘇格拉

㊷「如此」（τοιόνδε）即通式，「這個」（τόδε τι）作物質，「這個如此」（τόδε τοιόνδε）為綜合實體，如蘇格拉底或銅球。

㊸通式作典型，參看卷A章七，卷Λ章四。卷Z章八為漫步派通式，異於柏拉圖學派意式之基本理論。

底；他們因物質各別亦遂各成爲一「這個」，但其形式卻相同；他們的形式是不可區分的。

章九

可以提出這樣的問題，何以有些事物，如健康，可以由技術製造或由自發；其他如房屋則不然。理由是這樣，任何製品或製品的一部分所由以造成的物質，有些具有自動能力，有些沒有；在具有自動能力的物質之中，有些能自動向某一特定的途徑發展，有些則不能；例如人皆能自發的跳動，而並不是都能跳一個某式的舞。物質如石塊，是不會向房屋這一特殊形式自動去排列起來的；這必須有別的事物去動它；像火就會自動燃燒。所以有些事物，如無人爲之製作，就不會發生，有些卻不必依靠別人；動作可以自動進行，或由其他並無技術的事物或由事物之中先已潛在的某部分予以觸發，而自動進行㊹。

依上所述，這是明白的，每一技術製品總是由於與它同名稱的事物製造出來（如自然產物的產生一樣），或由它本身的一部分同名稱事物製造出來（如房屋由房屋製造出來是指造屋的意想；因爲意想就是技術也就是形式）㊺，或由某些包含著它的部分之事物製造出來——偶然產生的事物除外。凡一物直接從本身生產一物的原因，就成爲那產品的一部分。按摩者的手使病人身體發熱，這

㊹ 事物內含有自動發展要素者於1032b26-1033a1及1034a12，均有所涉及。

㊺ ἡ τέχνη τὸ εἶδος（技術）即「形式」，如中國舊謂「營造法式」，即「建築技術」。εἶδος一字在個別事物上用指「形式」，在一般事物用即「通式」或「法式」。

就是健康，或健康的一部分，或是由此而得以引致健康，或健康的一部分。這樣就說熱是健康的原因，由這原因所得的結果正是健康。

所以在綜合論法中，「怎是」爲一切事物的起點（綜合論法的起點，「這是什麼？」）。我們也在此找到了創造的起點㊻。

1034b 自然所成事物與技術製品也相同。種籽的生產作用正像技術工作；因爲這潛存有形式，而種籽所由來與其所發生的事物，都取同一名稱——只是我們也不能盼望父子完全同稱，如說「人」之所生必爲「人」，因爲「男人」有時生了一個「女人」。天然生殖有時獲得畸形的後裔，那麼名稱也就相異，所以騾的父母不是騾㊼（像上述人造事物那樣）㊽，自然事物中有能自發的，大抵其所具物質內含有自動性能如種籽一樣；不具備這種自動性能的物質，除了父母生產外，那就不能自爲生產。

我們的理論不但證明了在本體上形式不產生形式，而且也適用於所有基本級類，即量與質等其他範疇。如以銅球而論，所產生的既不是銅亦不是球。就以銅而論，在未成爲銅球以前那銅塊也得

㊻ 指上頁24行「形式」。

㊼ ἡμιόνος（騾）原義為「半驢」。騾出於馬驢雜交，為畸形後裔（亞氏《動物志》卷六，第二十三、二十四章。

㊽ 參看1034a9-32。

是一個綜合實體，因物質與形式必須皆先在。在本體上如此，在質與量與其他範疇上也如此；質不能離開材料而獨成其爲質，量也不能離一支木料或一個動物而示其長短大小之量度。所不同的是本體之特性在於必須先有一已經完全實現的另一本體爲之父母，如一動物之產生必先有另一動物；但品質等則不須先有另一品質，只要先有所潛在就夠了。

章十[49] 因爲一個「定義」就是一個「公式」而每個公式有若干部分；公式之於事物若是者，公式的一部分之於事物的一部分也該如是；這樣，問題也就來了：各部分的公式是否存在於那全體的公式之內？有些全體公式記憶體在有部分公式，有些則並不存在。圓公式中不包括斷弧公式，但音節公式卻包括了字母（音注）公式；然而圓可以分爲若干弧，音節可以分爲若干字母。又，部分若先於全體，而銳角爲直角的部分，指（趾）爲動物的部分，則銳角應先於直角而指應先於人。但是後者卻被認爲先於前者；因爲在公式中，部分是從全體上來索解；又在各自能夠獨立存在的觀點看來，全體應先於部分[50]。

---

[49] 章十以下與章六以上，各章相承，論述（章三首句所提）那些應用於本體之主要對象。七、八、九章另成「創造各式」一論題。

[50] 章十至十二，研究「以怎是為定義」而引起部分與全體孰先孰後的問題。此章分析定義之全公式與其各部分公式。凡名學定義，「全體先於部分」；但於物質組成而論，「部分先於全體」。

1035a 也許，我們該說「部分」是在幾個不同的命意上引用的。其中的一義是用部分來做別一事物的計量，這一命意暫予擱置。讓我們先研究組成本體的各部分。假如物質爲一事，另一爲形式，而兩者之綜合又作爲另一本體，那麼物質就可說是這一事物的部分；在另一情況，物質就不是其中的部分，這裡只有形式公式所由組成的諸要素。例如，肌肉，對於凹不是其部分，而於凹鼻則肌肉爲其一部分（因爲肌肉是產生凹鼻的物質）；銅是整個銅像的一部分，但不是那像的一個部分（事物常憑其形式取名，而不憑其物質原料取名）。這樣，圓公式不包括弧公式，但音節公式包括字母公式；因爲字母是形式公式的一個部分，不是物質公式的一個部分，而弧則在物質的含義上作爲圓的一個部分，其形式則由這些物質導成，可是弧與銅相比擬，弧之成圓形與銅之爲銅球相比擬，則弧較爲接近形式。但在某一意義上講，也不是各種字母均存在音節公式之中，例如，特殊的蠟字母或空中所畫字母；因爲這些在作爲音節的一個部分，我們只取它的可感覺物質[51]。因爲即便是線分割爲兩半，人破壞爲骨與肉，這還不能說線由半線組成，人由骨肉組成而得有半線與骨肉的怎是，線與人所得於這些部分的還只是其物質；這些確是綜合體的各個部分，而不是公式所擬的形式之各個部分；因此它們並不存在於公式之中。有些部分公式並不依照那綜合整體公式而擬定，有一類定義

---

[51] 以字母的音注為物質而組成音節。蠟製字母與空中書寫字母有形狀，而不會發聲，在音節上均不必管它們。「可感覺物質」這裡只指「可聽到的聲音」。

就必然包括這樣的部分公式，有一類則必不包括。因此，有些事物壞死（消失）時拆爲它們原來組成的各個部分，有些則不然。那些以物質與形式相結合而成的事物，例如凹鼻或銅球，壞消時還爲這些原料，而其中的一部分就是物質（那些不包括物質的事物，或非物質事物，其公式只是形式公式，不會壞消——或是全不壞消，至少不以如此方式壞消）。所以這些原料是綜合實體的部分與原理，不是形式的部分與原理。泥像消失於泥，銅球消失於銅，加里亞消失於骨肉，還有圓消失於斷弧（這裡圓是作爲具有物質的事物看的。「圓」字雙關，可用以指一個淨圓，亦可以指某個個別
1035b 圓，因爲對於個別圓物體，我們就稱之爲一個「圓」）。

眞相已陳述了，但再做一番討論，問題可以更明白。公式可以區分爲若干部分公式，這些部分都可以先於全公式，也可以其中一部分先於全公式。可是直角的公式不包括銳角的公式，而銳角的公式依憑於直角；因爲人們用直角來界說銳角，說「銳角是一個小於直角的角」。圓與半圓的關係亦然，因爲半圓用圓來界說；照樣，指也用全身來解釋，說：指是人身上如此如此的一個部分。所以，凡事物的各個部分之屬於物質者後於全體，全體消失時就分解爲這些物質。但那公式與依公式爲本體的各個部分則先於全體，或其中某些部分先於全體。動物之靈魂（即有靈生物的本體）依公式就是某科屬軀體的形式與其怎是〔至少我們若要明白地解釋動物，就不能不照顧到各部分的機能，這些如不提到感覺（與靈魂）就說不明白了〕，所以靈魂必是全部或其中某些部分先於動物這綜合實體，於每一個別動物也如此。軀體與其部分後於靈魂這主要本體；綜合實體分解於物質的各個部分，這個本體不分解爲物質，在這意義上它是先於全體。在另一意義上靈魂就不先於全體，因

爲它不能離整個動物而存在；因爲在一個活動物身上時是一個指，但一隻死指就只名稱是「指」，而實際已無復「指」的眞義了。靈魂也相似。有些部分對全體而論既不先於，也不後於，這些是個體的主要部分與公式（亦即其本體的怎是）緊接地出現於個體之中，例如心或腦[52]（究竟是心是腦爲動物主體則無關要旨）。至於人與馬以及此類以普遍性應用於個別事物的名詞則並非本體，這些只是這個個別公式與這個個別物質所組成的個別事物被當作普遍性事物來處理或講述而已。作爲個體，蘇格拉底已經將切身的個別物質包括在他軀體之中。其他的例也相似。

一個部分，可以是形式（怎是），或是形式與物質的結合體，或是物質的部分。但只有形式的
1036a 各個部分才能是公式的各個部分，公式是具有普遍性的；因爲一個圓與其「所以爲之圓」，即怎是相同，靈魂也與其「所以爲靈魂」者一樣。然而當我們接觸到那綜合實體，例如「這圓」，一個個別的圓，無論是可感覺或可理知的（我所說理知的圓即數理上的圓，所說可感覺的圓即銅或木材所製的圓），關於這些個別事物，定義是沒有的；它們只憑思想或感覺來認識；當它們從完全的現實消失以後就不知其或存或亡；但「圓」卻總是由普遍公式來爲之說明並得以認識。至於物質本身是無由自知的。有些物質是可感覺的，有些可理知的。可感覺物質，例如銅與木材與一切可變化的物

㉜ 參看卷Δ，章一。

質都是的；可理知物質爲存在於可感覺物質之中的不可感覺事物，例如數理對象[53]。

於此我們已講明了關於全體與部分以及它們「先於」與「後於」的問題。然而當有人詢問究屬直角、圓、動物是「先於」抑或那些組成它們的與可以由它們分解出來的各個部分是「先於」呢？我們不能簡單地答覆這問題。如果以靈魂爲動物或一切生物之本，每個個別靈魂即爲個別生物之本，所以爲圓即圓，所以爲直角即直角，而直角的怎是即直角，那麼全體就得被認爲後於部分，即其公式內所包括的各部分與個別直角的各部分（因爲銅所製的物質直角與線所成的直角兩皆後於其部分）；同時則那非物質直角是後於公式所包括的直角之部分，而先於任何個別實例所包括的部分。所以問題不能做成簡單的答覆。可是，靈魂與動物若不是合一而是相異的事物，那麼如前所曾述及各個部分中將有些稱爲先於，有些不稱爲先於動物。

章十一　另一問題可以自然地提出，哪一類的部分屬於形式，哪一類不屬於形式而屬於綜合實體。假如這問題不先弄明白，事物就難爲之定義；因爲定義是屬於形式而具有普遍性的。倘不明白哪一類部分屬於物質，哪一類不屬於物質，事物之定義也不能明白。一個圓可以存在於銅或石或木，凡由各種不同材料所表現的事物，其材料如銅，或木石，不是圓的怎是之部分，因爲圓的怎
1036b 是，可以脫離某一材料而在另一材料上表現。倘人們所見的圓都是銅的，銅實際上仍不是形式的部

[53] 參看卷M，章二、三。

分；然人們便不易將銅在圓的意念中消除。例如人的形式常表現於骨肉以及類此的部分；這些是否人的公式與形式的部分呢？不是的，那些都是物質；然而我們從未由別種物質找到人，因此我們就難分離它們，以取得眞確的抽象。

因爲抽象被認爲可能而常是不很清楚，所以有些人[54]就提出圓與三角等不能以線與延續體爲界說，有如人不能以骨肉，雕像不能以銅或大理石爲界說一樣；於是他們將一切事物簡化爲數，而指稱線的公式即「二」的公式。而那些提出「意式」這主張的人們中，有些[55]認爲二即「線本」，有些則認爲二是「線的公式」；因爲他們說「通式與通式所示現者同」，例如「二」與「二的形式」應相同；但他們線上這問題上又不說什麼了[56]。

跟著將是這樣的結論，許多形式不同的事物，卻屬於一個通式（畢達哥拉斯學派也得面對著這樣的結論），這也可能建立一個絕對通式以統概一切而否認其他諸通式爲尚非眞通式；然而這樣，一切事物均將歸於一體。

我們曾經指出，在定義問題上有些疑難，以及這些疑難的來由。欲將一切是事物簡化爲通式而消除物質是無益的工作；有些事物確乎是某一特殊形式見於某一特殊物質或某些特殊事物見於某些

---

[54] 指畢達哥拉斯學派。
[55] 指柏拉圖學派，可能是連柏拉圖亦包括在內。
[56] 參看卷H章三第一節。有些人認「線本」即「二」，有些人認線是「長度上的二」。

特殊狀態。小蘇格拉底[57]所常引的「動物」[58]之例是不健全的；因爲這引人離開眞理，使人誤信，像圓可以脫離銅而存在一樣，人也可以脫離其部分（骨肉）而存在。但這兩件事物是不相似的；動物是具有感覺的，不能摒棄了活動來界說動物，因此也不能不聯繫到他在某種狀態中的各個部分。在任何狀態中或在某一個狀態中的一隻手不能統算是人的一個部分，只有那隻活著的能工作的手才算是人的一個部分；假如是一隻死手，那就不算是人的一個部分。

關於數理對象，何以部分公式不能成爲全體公式的一部分；例如半圓公式並不包括在圓公式之內？這不能說「因爲這些部分是感性事物」；它們並無感性。然而這些也許並無關係；因爲有些不可見事物還是有物質的，實際上，每一事物，凡不僅爲獨立的怎是與形式，而卻正是一個體，這就
1037a 總得具有一些物質。於是半圓雖不是一般圓的部分，卻如上所曾言及[59]，正應是個別圓的部分；因爲物質有兩類，一類是可感覺的，另一是可理知的。

這是清楚的，靈魂是原始本體，身軀是物質，人或動物是兩者的結合而被當作了普遍名詞。即

---

[57] 小蘇格拉底（Socrates Junior）生卒年不詳。其人屢見於柏拉圖諸對話中，蓋與色埃德托為弟兄，並非老蘇格拉底的親屬。參考柏拉圖《色埃德托》147D、《詭辯家》218B、《政治家》275C、《埃比諾米》358D。

[58] 參看1036a 34-1036b 7，所舉「人」例，以人為動物之一種。

[59] 見於1035a30-b4。1035b 1的「淨圓」即1037a 3的「一般圓」。

便是蘇格拉底的靈魂可以被稱爲蘇格拉底[60]，蘇格拉底或哥里斯可應有兩個含義（有些人用這名詞來代表靈魂，有些人用這名詞代表綜合實體）；但「蘇格拉底」或「哥里斯可」若單純地指稱某一個別靈魂或某一個別身軀，則綜合個體便相似於普遍性的結合[61]。

是否在這些本體物質以外另有一級物質，我們可否在這些本體以外另找到一級本體，例如數及類此的事物，這須在後再研究[62]。在某一含義上研究可感覺本體原是物學，即第二哲學的工作，我們爲了這一問題也得試著爲可感覺本體的性質做一決定；自然學家不但應該闡明物質，也該懂得公式所表現的本體，而且應更重視公式。至於公式中諸要素如何成爲定義的各部分以及何以定義爲一公式（因爲明顯地事物合於整一，但這既有各個部分，又如何成爲一體？）。關於這問題，必須在後再研究[63]。

何爲怎是與何以怎是能獨立自存，先已做成通例而爲之普遍說明[64]。又，何以有些事物其怎是的公式包含其定義的部分，有些則不包含？我們說過物質部分並不存在本體的公式之中（因爲它們

---

[60] 參看1036a16-17，卷H 1043b2-4。

[61] 這裡的語意是：普遍性的人是普遍性靈魂與身軀之結合，蘇格拉底是這個靈魂與這個身軀之結合。

[62] 參看卷M、N。

[63] 見於本卷章十二及卷H章六。

[64] 見本卷，章四。

是綜合實體的部分，不是那本體公式的部分；但是這裡，公式或有或無，以物質論，則物質無定型，就沒有公式，以原始本體論就有一本體公式——例如人，有靈魂爲公式——因爲本體是形式所寄，形式與物質兩者就結合爲綜合實體[65]。例如「凹性」就是這類形式之一，凹性與鼻結合就成爲一個「凹鼻」，而見其「凹鼻性」）；物質部分只存在於綜合實體，例如一個凹鼻或加里亞則其中存在有物質[66]。我們說過事物本體與其怎是有時是一樣的；這在原始本體中確乎是這樣，例如在原
1037b 始曲線上，曲率即曲線的怎是（所謂「原始」本體我的意思就指那些不再包含物質爲之底層的本體）。但是，凡具有物質本性的，或其整體包含有物質的事物，則其怎是與它們本身就並不相同；偶然的綜合如「蘇格拉底」與「文明的」，其怎是與他本身也不相同；因爲這些只是偶然的會合於同一事物[67]。

章十二 現在讓我們先討論在「解析」中沒有討論到的有關定義各事項[68]；其中所列問題[69]對於

[65] 見此章及前章。
[66] 見本卷，章五。
[67] 見本卷，章六。
[68] 參考《解析後編》卷二，章三至十、十三。
[69] 同上，97a 29。

我們研究本體時是有益的。我指這問題：例如人，說以「兩腳動物」爲其公式，而以「人爲兩腳動物」做定義，這些從何獲致其結合？「動物」與「兩腳的」何以合成爲一，而不爲多？在「人」與「白」的例，當一詞與另一詞不相屬時，兩詞是被當作「多」看待的；當它們兩相結合，人這主詞就具有某一屬性；這樣就合成爲一，而我們就有了「白人」。另一方面，如「人與兩腳」之例，一詞與另一詞並不互相容受；科屬並未被認爲已參加於差異（因爲科屬所由區分的諸差異具有對反的性質，科屬參加差異就將是同一事物參加於諸對反中）。而且即便算作這科屬參加於諸差異，同樣的辯論還得應用上去，因爲人在動物科屬中有許多差異，例如，「有足」、「兩腳」、「無羽」。何以這些不成爲多而還歸於一？這不是爲了這些統都於一事物身上出現；照這原則，一事物將因所有的屬性之歸一而成一。這許多項屬性必須在定義上歸一；因爲定義是單獨的公式，並是本體的公式，所以這必然是某一個別事物的公式；因爲按照我們的主張，本體是「一」，並是「這個」。

我們必須考察由於分類法所造成的定義。除了基本科屬與其差異而外，定義中就再不用別的了。其他諸科屬只是那基本科屬，次第附加，繼續區分出來的諸差異而已，例如其先爲「動物」，
1038a 其次「兩腳動物」，再次「無羽兩腳動物」；依次類推，可以包括更多的項目。一般說來，包括多項或少項，並沒分別——少項或只兩項也無分別；倘爲兩項，則其一爲科屬，另一爲差異（品種）；例如「兩腳動物」，「動物」爲科屬，「兩腳」爲差異。

假如科屬絕對不能脫離「屬內品種」而獨立存在，或是它只能作爲物質而得其存在（例如聲韻

是科屬，是物質，其差異則爲品種，爲音注），定義就顯然是包含了差異的公式。

然而，這還須在差異中再區分出差異；例如「有腳」是動物科屬的一個差異，而「有腳動物」還得當作一科屬，再進而求其差異。假如要說得眞確，我們不能說有腳類的一部分有羽毛，另一部分無羽毛（假如我們這樣說這就顯見缺乏才識）；我們應該再把腳區分爲有蹄與無蹄；因爲蹄式之別才是腳式的差異。這種分類過程繼續進行直至無可再分爲止。這樣有多少差異就有多少腳種，而有腳動物的分類數目也相等於這種差異的數目。若然如此，最後的差異就該是事物的本體與其定義；我們在定義中說明一事物，所用詞語總不可以重複，達到了最後差異就無可添附了。重複實際是常遇到的；當我們說「動物有腳，而是兩腳的」，也就是說「有腳，有兩腳的動物」，這樣跟著分類的進行，我們的說明也一再重複——差異有多少級，重複也就得有多少回。

於是，假如逐級進求差異中的差異，達到了最後一級差異——這就是形式與本體；然而我們若用偶然素質來做區分，例如將有腳類分別爲白的與黑的，那麼，差異將是跟這樣的偶然分別那麼繁多了。所以定義是包含諸差異的公式，或者按照眞確的分類方法，即是最末一差異。我們倘把這分類法所得定義的次序逐級顚倒過來，就可以明白什麼是多餘的重複了，例如說人是「一個兩腳動物而有腳的」，這裡既說兩腳，那麼「有腳」便成多餘。但在本體中，這就說不上次序，一要素與另一要素彼此間哪有先後之別？關於分類法所製定義，我們在第一次陳述其性質時就此爲止[70]。

1038b

章十三

讓我們回到原來研究著的本體問題。有如底層與怎是與兩者之綜合實體原來均稱本體，普遍性事物也稱爲本體。我們已講過其中之二，怎是[71]與底層[72]；關於底層之所以爲本體者，其義有二：或爲1.個體，如動物爲彼諸屬性所憑依之底層，或爲2.物質，即完全實現所憑依的底層。有些人認爲普遍性事物的十足含義，也就是原因與原理；因此讓我們也將這一點做一番討論。似乎任何「普遍性名詞」皆不可能稱爲一個本體。每一事物的本體其第一義就在它的個別性——屬於個別事物的就不屬於其他事物；而普遍則是共通的，所謂普遍就不止一事物所獨有。那麼這普遍性將在其所共通的諸事物中，專舉那一個個別事物指爲其本體，或是所有共通各事物都作爲普遍性的本體，或是全都不算；但這總不能成爲所有各事物的本體。它若作爲某一個別事物的本體，則別個事物也將取以爲本體；因爲事物之本體與其怎是爲一者，它們本身亦必合一。

又，本體是不作爲一個主題的云謂的，可是普遍質性則常用爲某些主題的云謂。

但，普遍性雖不能像怎是一樣成爲本體，也許可以試做這樣看法：例如「動物」可以示現於

[70] 亞斯克來比謂此章訂正柏拉圖學派於「定義」問題上未盡通達之處。
[71] 見本卷，章四至六、十至十二。
[72] 見本卷，章三。

「人」與「馬」。於是人馬間的共通性就明顯地是一個怎是的公式。而且這個即便不包含本體中所有一切的公式，這總也可算是一個公式；像「人」是示現於個人中的本體一樣，普遍性也總得是某些事物的本體；例如「動物」這普遍性，就該是一切適宜於示現這動物性者爲之本體。

又，這是荒謬而不可能的：例如個體或本體可由若干部分來組成，卻認爲它不可以由幾個本體，或幾個個體來組成，只可由一些素質來組成；於是素質原非本體，卻因此就將先於個體亦即先於本體了。那是不可能的；因爲事物之秉賦無論是在公式上，或在時間上，或在成壞上均不能先於本體；如果先於本體，它們就都可以脫離本體了。又，蘇格拉底將包含一個本體中的本體[73]了，這樣，這將成爲兩事物的本體。一般說來，假如人和這樣的普遍性事物作爲本體，而它們公式中的諸要素都不是任何事物的本體，這也就不能離個別品種或任何其他事物而獨立；試舉例以明吾意，沒有「動物」可脫離某種類的動物而存在，動物公式中任何其他要素也不能獨立自存。

於是，假定我們從這樣的立場來看問題，這就明白了，沒有一個普遍質性可稱爲本體；原來是
1039a 這樣的，沒有一個共通云謂可以指示一個「這個」（個別），共通云謂只能指示一個「如此」（普遍）。

[73]「本體中的本體」（οὐσία οὐσία）所指兩個本體，一為普遍性的人，一為蘇格拉底這個人；於是這將是「人中的蘇格拉底」或「蘇格拉底中的人」。

如其不然，許多疑難將跟著發生，尤其是「第三人」⑭。

以下的考慮也可使結論明白。一個本體不能由若干完全實現的本體來組合；「兩個實是」永不能成爲「一個實是」，雖則「潛存的兩是」可以成爲「一是」（例如「雙」是潛在地兩半所組成，完全實現時各半就各自作爲「一」而合成獨立的「雙」）。所以假如本體爲一，這不能是若干本體所組成；德謨克利特說得對，一物不能由兩物製出來，兩物也不能由一物製出；因爲他認爲本體與它的「不可分割物」〈原子〉相同⑮。這就明白了，假如眞像有些人所說⑯，數是諸一的綜合，那麼這道理於數也可適用；因爲「兩」既非「一」，其中每一單位也都不是完全實現的「一」。

然而我們的結論包含有一個疑難，因爲一個普遍性只能指示一個「如此」，不能指示一個「這個」，我們就假定本體不能由普遍性事物組成，而且我們又假定了本體不能由各已完全實現了的諸本體爲之組成，則所有本體將均非組合，以至於本體將不能有任何公式。我們前曾說過⑰，唯

---

⑭ 見於卷A，章九990b 17。敘利安諾謂亞氏此節並未詳列充足理由以否定柏拉圖學派之說。

⑮ 原子（*ἄτομα*），參看《說天》303a 6；《成壞論》325a 35。德謨克利特此語與普羅塔哥拉名言「無不生有」及亞氏物學變化通則「物必有所出來，亦必有所達成」等語綜合起來，由近代科學術語來做表白，就成為「物恆等（或『物常住』）律」與「能恆等律」或「物能恆等律」。

⑯ 泰勒斯曾謂「數出於一」。

⑰ 參看1031a 11-14。

有本體可做單純的定義，這本爲大家所周知的；可是照現在的看法，甚至於本體也不可能有定義。於是，任何事物都不可能有定義；或是照某種講法可有定義，而在這裡的講法，定義就不可能成立。關於這些，以後可以講得更明白些[78]。

章十四 從這些事實看來這也明白了，那些人主張意式爲能夠獨立自存的本體，而同時又以通式爲科屬與其差異所組成，應該遭遇什麼些後果。因爲，假如通式存在，「人」與「馬」中均有「動物」存在，這兩「動物」或即爲一動物，或其數非一。在公式而論，則兩者明顯地是同一個公式；因爲你在這一動物上所用這公式，也可適用於那另一個。於是，假如有一個人本（絕對人），那是一個獨立的「這個」，其組成部分如「動物」與「兩腳」就必然也是若干都能獨立自存的「這個」，並且也各自成爲本體。於是動物就和人一樣（也得有一個「絕對動物」）。

1039b 現在1.假如「馬」和「人」中的「動物」是同一個動物，好像你和你自己一樣，那麼⑴這一動物如何能分別存在於許多動物種類之中，這「動物」（通式）怎能避免其本身之被切開？

又⑵若說這是動物通式參與於「兩腳」與「多足」類中，則有一不可能的結論將跟著發生；通式本是整一而且是「這個」，但這裡它就必須同時包含相對以至於相反的秉賦（如「兩腳」與「多足」）。若不參與於其中，則所謂動物之「有足」或「兩腳」之間將是怎樣的關係？也許這兩事物

[78] 以後見於本卷，章十五；卷H，章六。

是「安置在一起」或「相接觸」，或是「被混合」了的？然而所有這些說法都是謬誤的。

但，2.試假定「每一品種的通式是各別的」。於是，這就實際上將有無盡數的事物，其本體爲「動物」；因爲「人」以「動物」爲彼所具諸要素之一，非由偶然。又「絕對動物」將成爲「眾多」(1)在每一品種中，「動物」將成爲這品種的本體；因爲這品種就跟著「動物」而取名；如其不然，說是另有別的要素爲之本體，「人」將出於這另一要素，亦即另一科屬了。又(2)所有組成爲「人」的諸要素均將成爲諸意式。因爲意式不能成爲一事物的意式而又做另一事物的本體（這是不可能的）；於是示現於每一動物品種中的「動物」將是「絕對動物」。又，每品種中之動物通式由何衍生，怎樣可由「絕對動物」衍生這一「動物」？這一「動物」的怎是就是牠的動物性，又如何能存在於「絕對動物」之外？

又，3.在可感覺物事例上這樣的結論以及更荒誕的結論都得跟著出現。假如這些後果是不可能的，那麼有些人所主張的可感覺事物之通式顯然不應獨立存在。

章十五　本體有「綜合實體」與「公式」兩類（我意指一類爲包括物質的公式，另一類爲一般性的公式），前一類本體能夠滅壞（因爲它們也能生成），但公式並無滅壞過程也無滅壞，因爲這也沒有生成過程（所創造的只是這幢個別房屋，「一般房屋」並無生成）。公式的成立與否並不依傍生滅過程；因爲上面已說過[79]，沒有一人生育公式，也沒有一事物製造公式。爲此故，可感覺的個別本體既不能有定義，也不會有證明，因爲它們所具有的物質，其本性可以成「是」，也可以不成爲是。爲此故，它們所成就的個體都是可滅壞的。於是，若說眞理的證明與認識必須是一致的認識（認識不能有時是認識有時是不識，這樣不一致的認識只能算是意見，意見可以認爲「這是如此」，也可以認爲「這不如此」；至於證明就不能隨意變更），那麼個別可感覺本體應是既無定義也無證明的。因爲正在滅壞的事物，當它在我們的感覺中消失之後，有關的認識也就模糊了；雖則靈魂中所保持的公式未變，定義與證明也跟著消失。這樣，當一個定義製造者來界說任何個體，他將自認他的定義必然常被推翻；因爲要界說這樣的事物是不可能的。

也不可能界說任何意式。因爲，照意式論者所持，意式是一個個體，可以獨立自存；而公式必得用些名詞來組成；爲事物製作成定義的人必不可以擅創一個新字（因爲這樣的字大家不認識），然一切已公認的字都是代表一類事物的類詞；這些字所能界說的實際不止一個個體，而是與其他個體所共通的事物。例如有人爲你做一定義說「你是一個白的或瘦的動物」，或其他類似的詞語，實際上都是別人也可通用的定義。如果有人說，所有屬性分而言之應得屬於許多主題者，合而言之卻

---

[79] 人所生育的人或製造的事物均為綜合實體（個體）而非公式，見本卷章八。這裡重複說明通式不能離物質而獨立，通式定事物之形而無創造性：生滅成壞須在綜合實體上表現。

就專屬這一主題，我們的回答：第一，它們也得公屬於諸要素；例如「兩腳動物」既屬於「動物」也屬於「兩腳」（至於永存要素[80]，這更屬必要，因爲要素是組合體的部分，也是先於組合體的；假如「人」能獨立自存，「動物」與「兩腳」也應能獨立自存。或兩都能夠，或兩都不能。若兩都不能，則科屬不能離各個品種而存在；若兩都能夠，則諸差異也將獨立存在）。第二，我們又必回答，「動物」與「兩腳」在實是上先於「兩腳動物」；而事物之先於其他者，在其他滅壞時，並不滅壞。

又，假如諸意式是由諸意式組合的（因爲組合要素必然較組合體爲簡單），意式的組合要素（例如「動物」與「兩腳」）應該可以成爲許多個體的云謂。如其不然，它們如何能被認識？這樣，一個意式就只能表徵一個事物。然而這又被認爲是不對的——每一意式可以參與於許多個體。

於是如上所述[81]，個體之不能製成定義，在永存事物上，常是被忽略了，尤其是像日月一類的實體。因爲人們常以某些屬性附加於太陽〈以爲太陽的定義〉，例如說太陽「旋繞於地球」，或說太陽「不見於夜晚」（照他們的說法，如「懸空而不動」，或「入夜而猶見」就不是太陽了。實際
1040b 上，太陽自有其本體在），可是他們錯了，假如他們取消那些屬性，太陽還將存在爲太陽；而且這

---

⑧⓪ 永存要素指「意式」。

⑧① 見1040a 17。

些人們又常誤以另一事物的屬性賦之於某一事物，例如某物若具備了上述兩屬性，他們就明白地指爲這是一個太陽；於是這公式成爲通用公式。然而太陽卻像克來翁或蘇格拉底一樣是一個個體。最後，主張意式的人何以誰都沒有爲意式製作一個定義？假如他們試爲意式求其定義，這就會明白，這裡所說各節是確實不虛的了。

章十六 明顯地，被當作本體的事物大部分還只是潛在物[82]——如動物之各個部分（肢體）（因爲將動物各個部分分離，各個部分便不能獨立自存；分離後所有各部分只是物質），以及（肢體的組成物質）土、水、火，都只是潛在物；因爲在它們未成爲一個整體以前，各只是一個堆垛，沒有一個是自成爲一整體的。人們常易假想生物的各部分與靈魂的各部分相符，每一部分均可作爲潛在，也可作爲現實，因爲它們各部分的關節各自具有活動的能源；所以有些動物若被分離，分離了的各個部分可以各自生活[83]。可是，當它們合成爲一個自然地延續的整體時，所有它各部分之存在總只能算是潛在而已——至於那些被強湊或被聯結而合生的生物不能爲例，因爲這樣的現象是反常的。

---

[82] 此章論意式學派之錯誤：1.不明本體為物質在形式中的實現，不明本體與潛在之分；2.不明「實是」與「元一」非本體。參看卷B，章四。

[83] 分離其身體而還能各自活著的動物可參考《自然短篇》，其中舉例有蜜蜂、黃蜂、龜等。

因爲「元一」這名詞與「實是」這名詞用法相似，凡成一之實是，其本體爲元一；至於事物之本體其數爲一者，就只於數目上爲一。明顯地，元一與實是本身並非事物之本體，恰如爲事物之「要素」或爲之「原理」者並非爲之本體一樣；但我們要問，憑什麼原理，我們可使事物簡化爲較易知的事物。在這些觀點上，「實是」與「元一」較之於「原理」、「要素」或「原因」爲切於本體，然而仍還不是本體，因爲一般說來，凡是共通性的均非本體；本體只屬於自己，不屬於任何其他事物，只屬於它的所有者，而這所有者原來就是本體。又，凡事物之成爲一者，便不能同時存在於多處，共通性事物則可以同時存在於各處；所以，普遍性顯然不能離其個體而自存。

假如意式確是本體，在這一方面看來，那些人主張「意式」能夠獨立存在是對的；然而他們又說，意式者「以一統多」，在這一方面講，他們是錯了。他們這樣做是因爲他們不能在可感覺個別本體以外明識那些獨立自存的不滅壞本體究爲何類本體。他們將不滅壞事物與滅壞事物歸於同一種
1041a 類（滅壞事物之本體，我們是知道的）——「意式人」與「意式馬」僅是可感覺事物加以「意式」一字而已。可是，即便我們沒有見過星辰，我們也應會假想它們是一類永存本體，與我們所知的可滅壞事物不同；我們即便不知道無感覺本體是什麼，無疑地世上該應有一些無感覺本體。於是，普遍性名詞顯然均非本體，而一切本體均不由多數本體組成。

章十七 讓我們從另一起點來陳述本體究屬是怎樣一類事物；也許從這裡我們對於脫離可感覺事物而獨立存在的本體可以得一明確觀念。因爲本體類乎原理與原因，讓我們從這起點上追索。所謂

「怎麼」？當取這樣的形式爲問——「此物何以屬之彼物？」這個文明人何以謂之一個文明人？照我們以上所說，就是詢問——這人何以文明，或者不是一個文明人而是另一樣的人。現在要是問一事物何以謂之「自身」，這是一個無意義的問題；因爲提出一個「怎麼」，事物的存在與其眞相就已夠明顯地暴露了——例如說「月被蝕」，眞相便已具在。一事物的眞相就是這事物的本身；對於「這人何以爲人」，「這文明人何以爲文明人」這類問題的答覆只有一個簡單理由，一個簡單原因，你硬要我們解釋，我們就說「因爲這事物不能從自身分離，它所以成爲**一個這個**正就爲他**是這個**」。對付這類問題，這樣的通例恰正是一個簡易辦法[84]。但我們可以詢問「人何以是如此如此性質的一個動物？」這很清楚，我們不是在問「人何以爲人？」我們現在問的是某物何以可爲某物的說明（所指的說明必須清楚；若妄舉不能說明某物之云謂以爲詢問，就等於沒有詢問）。例如「何爲打雷？」這與「雲中何爲有聲音？」相同。這樣的詢問就是以一物爲另一物的說明。又，何以這些事物，即磚石，成爲一幢房屋？明白地，我們是在探尋原因。抽象地講，詢問即求其怎是，有些事物如一房屋或一床鋪，其怎是爲目的，有些則爲原動者；原動者也是一個原因。在生滅成壞的事例上，所求當爲動因；而於事物存在的問題上則應並求其極因。

---

[84] 如果發問：「文明人何以為文明人」？這等於詢問：這事物何以為一事物？這只能如此作答：「這個就是它自己」，因為這真是「它自己」。正確地發問，應是：「這人何以文明」？

凡一詞不能清楚地作爲另一詞的說明，詢問的對象往往就沒著落（例如我們問人是什麼），1041b 因爲我們並沒有在某一整體中確定地分析出某些要素來。我們在發問之先必須揭示我們的命意；如其不然，則詢問僅是在有此物與無此物的邊境中摸索而已。因爲我們必然是從某些已知事物肯定了某一事物之存在，所以才提出某一問題，這就該提出某些明確的內容；例如「何以這些材料成爲房屋」；因爲這些材料具有了房屋的怎是。「何以這一個體，或這身體，具此形式就成爲人？」所以我們所探求的就是原因，即形式（式因），由於形式，故物質得以成爲某些確定的事物；而這就是事物的本體。明白地，於是，一切單詞是無可詢問的，也無可作答；對於這樣的事物我們應另覓詢問的方式。

因爲[85]從某些事物結合起來的，其整體既然是一，就應像一個完整的音節，而不是像一堆字母——音節有異於字母，βα不同於β與α，肌肉也不是火與土（因爲當它們分開時，整體如肌肉與音節就不復存在，而字母卻存在，火與土也存在）；於是音節不僅是一元音與輔音的兩個字母而又成爲另一事物了，肌肉不僅是火與土，或熱與冷，而也已成爲另一事物——於是，假如這所合成的另一事物，本身必須是一要素或爲要素所組成，1.倘本身作爲要素，同樣的論辯仍將適用；肌肉將以這另一事物與火與土來組成，而繼續引申這論辯，此過程將進行至無盡已。2.倘這是一綜合物，

[85] 此節起句（1041b 11）與上文承接不明，讀者不易明其端緒。第十三行「音節」起ἡ δὲ συλλαβή……延續得太長，作者在後忘記了全句的原結構，全節至1041b 33，實際未有結束。全章似可在1041b 11行作為結束。

則明顯地它所綜合的必不止一物（如爲一物，則綜合只能一物與其自己來結合了），這些我們在肌肉與音節兩例上又可應用同樣的辯論。然而這「另一事物」殊應異乎原事物，這不是「要素」而是「原因」，正是原因使「這個」成爲肌肉，而「那個」則成爲音節；其他各例也相似。這些就是每一事物之本體，因爲這是事物所由成爲實是的基本原因。又，雖則有些事物不是本體，好些本體卻由自然過程憑它們本性形成的，因此這些本體就近乎是這樣的性質，這就不是一個要素而是一個原理[86]。一個要素是作爲物質存現於一事物之中的，這事物若被分析就析爲要素；例如α與β是音節的要素。

[86] 指式因（本因），參看卷Δ，1014b 36，原始組成方式比照1014b 27。

卷(H)八

章一　我們必須認取從上述各節所引起的後果而爲之總結，以完成我們的研究。我們說過，原因、原理與本體的要素是我們研究的對象[1]。有些本體是大家所公認的，有些只有某些學派承認爲本體。那些爲一般所公認的是自然本體，即火、地、水、氣等單純物體；其次是植物與其各個部分，和動物與其各個部分；最後是宇宙與其各個部分。至於某些學派則說通式與數學對象爲本體[2]。在論辯中另有提出其他本體，如怎是與底層。另一看法，似乎科屬較之各個品種更應作爲本體，普遍（共相）較之個別（特殊）更應作爲本體[3]。再由普遍性與科屬又聯繫到意式；由於同樣的論點，這些也被認作本體。又因怎是爲本體，而定義爲怎是的公式，爲此之故，我們又討論了定義與主要範疇[4]。因爲定義是一公式，一公式有部分，我們也得考慮有關「部分」的事項，什麼是本體的部分，什麼不是它的部分，以及本體的部分是否爲定義的部分[5]。我們也曾講到普遍性與科

① 參看卷Z，章一。
② 參看卷Z，章二。
③ 參看卷Z，章三，1028b 33-36。
④ 參看卷Z，章四至六、章十二、十五。
⑤ 參看卷Z，章十、十一。

屬均非本體⑥。我們以後必須繼續研究意式與數理對象⑦；因爲有些人說這與可感覺事物一樣，也是本體。

現在讓我們再來討論一般公認的諸本體。這些就是可感覺本體，一切可感覺本體均有物質。底層是本體，本體之一義即物質（物質的本意我用以指明這潛在地是一「這個」而並非已實現的「這個」），其另一義則爲公式或形狀（那是一個可以單獨地用公式來表明的「這個」）。第三義則爲兩者的複合，只有這複合物才有成壞而全然能夠獨立自存——在可用公式爲之表白的諸本體中，有些能獨立，有些則不能⑧。

物質顯然也是本體；因爲對於所遭遇的一切相反變化中自有一些事物爲此變化之底層，變化在這底層上可得進行，變化的實例則有如一刻在這裡一刻又在別處的「位變」，現在是這樣的尺度，以後卻或增或減的「量變」，以及一刻是健康一刻又抱病的「質變」；相似地在本體上則有生滅成壞的變化，其底層一會兒因變化而成爲一「這個」，又一會兒卻因變化而褫奪了那所由成爲「這個」的因素。在「本體之變」中，其他變化也包含在內。但在其他變化中，本體並不必然跟著變化，因爲事物如具有位變物質的，並不必然也具有生滅物質。

---

⑥ 參看卷Z，章十三、十四、十六。1040b 16-1041a 5。

⑦ 參看卷M、N。

⑧ 參考卷A，章七、章九。

全稱生成（生成通義）與偏稱生成（生成別義）之分，在我們的物學論文中曾經講過⑨。

章二　本體之作爲底層與物質而存在者，亦即潛在本體，一般均能認取，尚待我們來說明的應是可感覺事物的現實本體。德謨克利特似乎想到了具有同一底層物質的事物之間有三類差異，它們或不同於規律即形狀，或不同於趨向即位置，或不同於接觸即秩序⑩。但是大家顯然看到了更多差別，例如有些事物，它們的物質組合方法是不同的，蜜水等由混合而成，束薪等由捆紮而成，書等由膠合而成，箱等由搭釘而成，其他種種有由數方式共合而成；又有些事物因位置而不同，門楣與門檻所處有上下之別；又有些因時間而不同，如午餐與早餐；又有些因地方而不同，如風；又有些因可感覺事物之秉賦而不同，如軟硬、稀密、乾濕；有些事物於這些性質有某幾種不同，有些則全都不同，有些則於這些性質或有餘或不足。

於是，清楚地，「是」這一字爲義就該有那麼多；某事物「是」一門檻，因爲它放在如此如此的位置，它的所「是」實爲位置，而別一事物爲一塊冰則其所「是」實爲如此如此而凝結成的固體。某些事物之實是將用盡所有這些不同性質來說明，因爲那事物可以一部分是混合的，一部分是摻雜的，一部分是捆紮的，一部分是凝固的，其他部分還得應用其他差異；例如手或足就需要這樣

⑨ 參看《物學》225a 12-20，《成壞論》317a 17-31。

⑩ 參看卷A，985b 13-19。

繁複的定義。所以我們必須捉摸到各類別的差異（這些就是事物成爲實是的原理），例如事物之所由差異者或爲多少，或爲稀密，或爲其他類此之性質；這些都是有餘或不足的各種形式。而任何事 1043a 物之以形狀或平滑或粗糙爲主者，其分別要在直與曲。其他事物如以摻雜爲實是者，將以其相反者爲非是。

由於這些事實，於是這清楚了，事物的實是既皆得之於其本體，我們就當在這些分別上覓取這些事物成爲實是之原因。現在這些分別，單獨或配合著的，雖還都不是本體，但各已包含了可比擬於本體的事物。有如在本體上，實現本身便憑物質爲之說明，在其他定義上，物質也是切近於完全實現。舉例，假如我們要界說一門檻，就該說「木或石在如此如此的位置」，一房屋就該說「木與磚在如此如此的位置」，或是在某些例上，還得在形式以外涉及其作用，假如我們要界說冰，就該說「水以如此如此的方式凍結或凝固」；以及音樂就該說「如此如此調和了的高低音」；其他一切也相似。

於是，明顯地，物質相異時，實現或公式也相異；因爲有些實現依於組合，有些則在混合，又有些則依照著我們上面所說其他不同情況。這樣，凡從事於製作定義的人，如果說房屋「爲磚與木石」則所指爲潛存房屋；而那些人，建議⑪以「安頓生物與器具的一個蔭蔽」爲之界說的，則

⑪ προσθέντες不可解，擬為προτίθεντες，解作「建議」（依羅斯詮釋）。

所指爲房屋的實現。那些人合併了兩項來界說，這就指形式與物質組成的第三項本體（說明差異的公式似乎是對形式或實現而言，說明組成部分的毋寧是指物質）；亞爾巨太⑫所常接受的定義就正是這一類；它們所陳述的是形式與物質之結合。舉例：何謂無風（風靜）？「大範圍內的空氣不活動」，空氣是物質，不活動是實現也是本體。何謂無浪（浪平）？「海洋平順」，物質底層是海洋而其形狀或實現是平順。於是，從上面所說看來這就明顯了，可感覺本體是什麼，這怎樣存在——其一爲物質，另一爲形式或實現，而第三則是那兩項的結合。

章三 我們必不可忽略，有時一名稱，所指者爲組合本體，抑爲形式與實現，是不明的；例如「房屋」作爲一個記號，它所標記的是「由磚石如此如此地組成的一個蔭蔽」（組合事物）抑僅是「一個蔭蔽」（實現或形式）；線是「二的長度」抑只是「二」；動物是「魂在身上」抑只是「魂」（因爲魂是本體或某一身體的實現）。「動物」這名稱原不是一個公式所能說明，這應是兩
1043b 者都可適用，而那兩個公式所指的還是同一事物。但這問題（名稱究屬指綜合實體抑形式）在另一觀點上殊爲重要，在可感覺本體的研究上並不重要；因爲怎是確乎在於形式或實現。「魂」與「成爲魂」是相同的，但「成爲人」與「人」卻不同，除非那個無軀之「魂」就稱爲人；其一，事物就是它的怎是，而另一則事物非其怎是。

⑫ 亞爾巨太（Archytas），泰倫頓人，與柏拉圖同時，在義大利學派中以擅天文著稱，為柏拉圖數理導師。

我們若考察一下⑬，這會見到，音節不僅是字母加之以組合，房屋也不僅是磚塊加之以組合。這是對的；因爲組合或混合並不得之於那所組合或所混合的事物，其他各例也如此；譬如門檻憑位置爲之定義，但位置不是門檻造成的，門檻卻正是位置造成的。人也不僅是動物加之以兩腳，這必須在這些物質以外另有一些事物，這另一些事物不是元素之類也不是綜合物體，而是形式本體：可是人們常常漏忘這個而只舉物質。假如這正是事物存在的原因，而這原因亦爲事物之本體，那麼，人們就沒有能把這一本體說明⑭。

於是，這個必須是永恆的，或是可滅壞而永未參加於滅壞過程，可生成而永未參加於生成過程之中。這已在別處⑮說過而且證明，沒有誰製造或生殖形式，所製造的只是「個體」，或所生成的只是「形式與物質的複合體」。至於可滅壞事物的本體可否分離尚未完全明瞭；所已明瞭的情況只是某些個別事例，如房屋與家具⑯（的形式）是不能離開個體而獨立存在的。也許事實上這些事物本身，以及任何其他不是自然所造成的事物都全不是本體；因爲人們可以說在可滅壞事物中，只有它們的自然本性才是本體。

⑬ 亞里斯多德又重回到第一章的論題。
⑭ 參看卷Δ，1017b 14-15靈魂為人的本體。
⑮ 均見卷Z，第八章。
⑯ 同前注。

因此安蒂瑞尼學派以及其他未經教導的人們所常引起的疑難有時也頗趨合風尚，他們說「什麼」是不能爲之製作定義的（所謂定義只是一漫長的公式[17]），所能爲之界說的只是物之所近似而已；例如銀，他們認爲誰都不能答覆「什麼是銀」，所能答覆的只是說「這像錫」。所以，可得爲之界說或製作公式的應只是那一項組合本體，包括可感覺或可理知的組合；而組成這本體的原始部分則不能爲之界說，一個作爲定義的公式以某些事物來指示某些事物，這定義的一部分必然要舉出物質，另一部分舉出形式[18]。

這也是明顯的，假如本體的某一義就是數，則這些本體就應是這樣意義的數，而並不像有些人所說是諸單位的集體。因爲一個數就類於一個定義，1.定義是可區分的，可區分爲不再可區分的部分（凡定義的公式都不是無盡的），而數也具有同樣性質。2.數或增或減了一個部分，即便所增
1044a 減者甚微，也就不再是那個原數而是另一不同數了。照樣，定義與怎是若有所增減也就不是原定義了。3.數必須是由以成爲一個整數的事物，假如這是整一。這些思想家們說不上憑什麼使列數各爲整一。假若這不是整一，那就像一堆事物；或者這是整一，我們該說明何以能因多爲一。相似地定義是整一，而他們也說不上定義何以能成整一。這是一個自然的結果；因爲同樣的理由可以應用，

[17] λογον μακρον或譯「長句」，意謂絮絮不休而不中肯的閒話。另見卷N，1091a 7。

[18] 指畢達哥拉斯與柏拉圖學派，參看卷M，章六、七。

照我們已說明的意義，本體之爲一，這並不像有些人所說的是一些單位或點；每一本體各是一個完全的實現，各有確定的本性。4.數不容許增減，本體也如此，只有包括物質的本體才容許增減。這裡對於所謂本體的生成與滅壞——怎樣才可能生滅，怎樣又不能——以及把事物簡化爲數的論述，到此暫止。

章四

關於物質本體我們必不可忘記，即便一切事物均出於相同的第一原因或以相同的事物爲它們的第一原因，即便是相同的物質作爲它們生成的起點，每一事物仍還得各有它的切身物質，例如黏液，有甜質或脂肪，膽液有苦質或其他物質，雖則這些實際也許出於相同的原始物質。又，當一物質是另一事物的物質時，那一事物就可以出於幾種物質；例如脂肪若出於甜質，黏液就出於脂肪或甜質；經將膽液分析爲原始物質時這也將見到膽液所由來的幾種物質。一物爲另一物所由來，其義有二，或因爲在事物發展過程中此物在先一階段，或因爲將另一物分析時得知此物爲其組合的原始成分。

物質雖只一種，如動因有異就可產生不同事物；例如木材可以爲箱亦可爲床。但有些不同事物，其物質必須不同；例如鋸不能用木材來製成，這也不是動因所能爲之措手；動因無法造成一把羊毛或木材的鋸。但不同物質若在事實上，造出了相同的事物，則這製造技術，即動因，必然相同；物質與動因倘兩都不同，則產品必然相異。

原因本有幾項不同命意，當有人研究事物之原因，他就得說明所有各種可能的原因。例如什

麼是人的物因？我們該說是月經。什麼是他的動因？該是種子。本因（式因）呢？他的怎是。極因
1044b 呢？他的終身。但是末兩因也許相同——這就是我們所必須陳述的諸近因。什麼是物因？我們不可列舉火或土，應該舉出的是這事物最切身的物質。

假如我們所要考詢的原因，就是那麼四項，那麼於自然間可生成本體，若做正確研究，我們就可照這樣進行。但對於自然間那些永存本體，這就應作別論。因爲，有些也許沒有物質，或者不像大地上那一類的物質，而只是像能在宇宙空間運動的那樣一類物質。那些存在於自然間而並非本體的事物也沒有物質；它們的底層則是本體。例如什麼是月蝕的原因？什麼是蝕的物質？沒有物質；受蝕的是月亮[19]。什麼是掩滅光的動因？地球。極因也許是沒有的。本因便是定義的公式，定義公式若不包含原因，這就只是一個模糊的公式。例如，何謂月蝕？「褫奪了光」。但我們若再加上「被地球在中間遮住」，這就成爲包含了原因的公式。睡眠的例就不清楚是怎樣的本原招致這樣的演變，我們該說是這動物在睡眠？是的，但這動物的睡眠起始於哪部分？心臟[20]或其他部分？其

⑲ 月蝕是一個演變，並非本體，其底層為一個決定性的本體，即月。亞氏天文學認為日月星辰諸天體之為物，異於地上諸物之以土水氣火四元素為組成，它們由不生不滅的第五元素組成，是在空間運動著的永存事物；故云「沒有物質」。「沒有物質」亦可這樣作解：月蝕只是一個「演變」，這一演變雖有一本體為之底層而沒有物質的生滅。

⑳ 亞歷山大注謂睡眠起於心臟之說出於柏拉圖。白朗狄斯（Brandis）謂柏拉圖書中未見此語，似為亞歷山大杜撰。

次，什麼能使牠產生睡眠？其所感受又何如——這是那某一部分機能入睡，而不是整個動物入睡嗎？我們該說「睡眠是如此如此地失去動作能力」？是的，但這又由何種作用致使這一部分睡眠機能如此如此地失去動作能力呢？

章五　因爲有些事物如「點」，假使它們也算作存在，它們的在或不在是沒有來蹤去跡的；形式亦然（假使現存一切事物必是從某事物來而成爲某事物，則所成爲存在的並不是「白」而是那木材成爲「白的」），不是一切對反[21]都能互變互生，而「一個黑臉變爲一個白臉」與「黑變白」其實義不同。也不是一切事物都具有物質，只有那些生成而互變的事物具有物質。那些從未參加於變化過程的事物，或存或亡，它們都不具有物質。

問題的一個疑難是在每一事物之物質與其對反狀態如何相關。例如一個身體假使潛在地健康，而疾病爲健康的對反，那麼是否這身體是潛在地又有健康而又有病呢？又水是否潛在地是酒而又是醋呢？我們答覆這都是物質，其一本於正面狀態與正面形式則爲健康，另一則褫奪而滅壞了正面狀態就成爲與健康本性相反的疾病。這可有些費解，何以酒不算是醋的物質，也不是潛在的醋（雖則醋是由酒製成的）。一個活人又何以不說是一個潛在的死人。事實上，它們都不是的。這裡，酒的腐壞是偶然的；而那成爲一個屍體的物質原本潛在於動物的物質之中，由於那物質的腐壞

[21] 黑白是色性相反，黑白臉則是臉之具有相反色性者。

這才變爲死人，而醋的物質實在是水。所以像由晝得夜一樣，由動物得屍體，由酒得醋。一切事物如果互變若此者，必須還歸於它們的物質；例如若要從屍體產生一動物，屍體必須還原爲它的物質，只有那樣才能變出一個動物；醋必先還歸爲水，只有那樣才能再製成酒。

章六　回到前曾講起過的[22]疑難問題，關於諸定義與列數之各成爲一個整體，其原因是什麼？一切具有若干部分的事物，其全體並非一個亂堆，而是包括了各部分以另成某一事物者，這些自當各有其合一之原因；即以實物而言，或以接觸爲合一之原因，或以黏稠，或另由類此的其他原因。一個定義是一組的字，這些字並不像「伊里埃」那樣連接在一起，而是因爲專指於一個對象故而連接在一起的。那麼，什麼使人成爲一；他何以是「一」而不是「多」，例如又是「動物」又是「兩腳」，照有些人的想法，他既應是一個動物通式，又該是一個兩腳通式？這些通式何不本身就作爲人，讓人們直接而分別的參加這些通式；這樣，人就不是一個通式一個個體，而成爲動物與兩腳，一般的人將可以不止是一事物而成爲「動物」與「兩腳」兩事物？

於是，清楚地，人們若循其常習來講述並製作定義，他們就不能闡明問題而爲之解答。但照我們所說，以一項爲物質另一項爲形式，其一爲潛在，另一爲實現，則疑難就消釋了。因爲這疑難

㉒ 參看卷Z，章十二；又本卷1044a 2-6。

與銅圓爲「X」的定義[23]所引起的疑難是一樣的；以X爲一定義公式之符號，則X問題就在「銅」與「圓」合一的原因是什麼？疑難可以解答；這因爲一項是物質，另一項是形式。什麼原因使潛在之是成爲現實？——（動因除外）使一個潛在球變成一個實在球的原因無它，這就由於兩者的怎是[24]。

於物質有可理知與可感覺之別，於公式常有一項物質和一項實現的要素；例如「圓」是一
1045b 個「平面圖」[25]。但事物之既無可理知物質，也無可感覺物質者，自身原就是某種元一與某種存在——有如個別本體，如質或量（這樣在它們的定義中就不表現存在，也不表現元一），它們的怎是在本性上就是存在亦即元一；所以這些就別無爲之合一和使之存在的原因；它們所由各成爲「一」和「存在」者，既不爲是它們各被包含於「一」與「是」的科屬之內，也不能說這些「一」與「是」可得脫離諸個體而獨立存在，它們直接就是某種元一和實是。

爲解釋合一這個疑難，有些人主於「參加」，而將問題轉到參加的原因又是什麼，和所參加的

㉓ 參看卷Z，1029b 28。又「釋文」18a 19。

㉔ 兩者：1.有此潛在球的怎是，可成為此實在球。2.因實在球的怎是，可得由潛在球變成此實在球。

㉕ 這裡亞里斯多德並未陳明圓的完全定義，只舉出了科屬要素或物質要素。亞氏的圓公式，所舉物質即為可理知物質。

又是什麼；別的人又有主於「會通」㉖者，如呂哥弗隆說知識是靈魂的「會通」；另又有人說生命是魂與身的「綜合」或「聯結」。可是這些異名，引用之於實例還是一樣的；如健康狀態，這就將說成是魂與健康的一個「會通」或「聯結」，或「綜合」，像銅是三角形這樣一回事，則將是銅與三角的「綜合」，而像物有白色這樣一回事，也須說成表面與白色的「綜合」。理由是人們在尋找合一的公式，以及潛在與現實之間的差異。但如上所述㉗，切身物質與形式本合一於相同的事物，其一潛在地是一，另一現實地是一。所以這樣詢問它們合一的原因，正與詢問一般事物何由而合一相似；每一事物本然而爲一，潛在與實現則若然而爲一。所以，別的原因是沒有的，原因就在某些事物爲之動因，遂使潛在成爲現實。至於一切非物質事物則原都是全稱元一。

㉖ συνουσίαν直譯可作「體會」，但此為性靈。英譯communion可作「通神」解。呂哥弗隆（Lycophron）約與亞里斯多德同時，生卒年不詳。注疏家指為喬治亞弟子，詭辯名家之一。希臘另有大詩人呂哥弗隆，非此節所引。

㉗ 見1045a 23-33。

卷(Θ)九

章一 我們已經講過了[1]那些原始之「是」，爲其他範疇所依憑的事物——即本體。由於本體的存在，其他範疇如量與質等類因而得其存在；我們在這書開端[2]說過，一切都得關涉到本體觀念。因爲「實是」一方面分爲個體，質與量，另一方面以潛能與實現與功用爲分別，讓我們現在試於潛能與實現求取更深切的理解。潛能的最嚴格解釋當限於有關動變的範圍，可是在目前的討論中，這種解釋並非最合實用，因爲潛能與實現引申起來，總是超過動作事例的。但在我們講明了這一類潛能之後，我們將在討論「實現」[3]時，再說其他各類。

我們在別處[4]已指陳了「潛能」與「能」字可有幾種命意。在諸命意中所有那些由於字義雙關而被引稱的諸潛能，我們均不予置議。有些「潛能」出於比附，如在幾何中，我們因事物間存在或不存在某些關係方式，就說某些事物是「可能」或「不可能」。但是，凡潛能之符合於這同一類型者，總是指某些動變淵源，若說某一物成爲另一物，或成爲它自身（將自身當作另一物）的動能，

① 參看卷H。
② 卷Z章一。
③ 見本卷，1048a27-1048b6。
④ 參看卷Δ，章十二。

這總關涉到某一種原始潛能。其一類是受作用的被動潛能，即接受別一事物的作用（或將自己當作別一事物所發生的作用），而被動變的性能；另一類是不受動變性能，亦即是不因別事物的作用（或將自己當作別一事物）而變壞以致毀滅的動變淵源。原稱潛能的公式，就包括在這些定義中。又，這些所謂「潛能」，或則僅是作用與被作用，或則是良好地作用與被作用，這在後一語中，前一語已包括在內了。

於是，明顯地，作用與被作用的潛能在某一意義上是合一的（因爲事物之所謂「能」就是自己能被作用或作用於它事物），而在另一意義上則又屬相異。因爲一類潛能存於受作用事物；這些物質內含有動變淵源，各因其所作用的事物而發生相應的動變；油脂物質能被燃燒，鬆脆物質能被壓碎⑤；其他事例類此。但另一類潛能則存在於作用事物，例如熱出於具有熱能的事物，而建築術存在於能建築的人。這樣，凡一事物正當爲一自然單體時，這不能由自身來爲之作用；因爲它是一事物，並非兩個不同事物。

「無能」與「無能者」相對反於這些「潛能」，代表著「闕失」；每一種類潛能的主題與過程，相應有同種類的無能。「闕失」有數命意：1.闕少某一素質。2.(1)一般地皆應有而此則獨

⑤ 此句語意的另一面，是作用因素若與受作用因素（即「能」）不同，動變就不能發生：油脂不能被壓碎，鬆脆物質也不能被燃燒。

無，⑵①特殊的應有，而此則未有，②部分的或有而此則全無。在某些事例中，倘事物因遇強暴而失卻某一素質，我們就說它受到了「褫奪」。

1046b **章二** 這種動變淵源有些存在於無靈魂事物⑥，有些則存在於有靈魂事物⑦，存在於靈魂之中，於靈魂的理知部分中，因此潛能明顯地，將分作無理知與有理知之別。所以一切製造技術均稱潛能；它們於被製造物（或於技術家自身作爲另一事物時）就成爲動變淵源。

具有理知公式的各種能力可起相對反作用，而每一無理知能力只會起一種作用；例如熱只作熱，而醫療技術則能致人疾病，也能致人健康。緣由就在於學術是一種理知公式，可以解釋事物及其闕失，只是方法不同。這兩者都可應用同一公式，只是有時專用於正面情況而已。所以這類學藝必須處理相對反的情況，理知公式或應用於由自性而爲對反的事物，也應用於不由自性（即由於屬性）而起的對反事物。事物由於否定與去除其對反遂以呈顯；因爲對反是一個原始闕失⑧，除去那相對反的正項就出現負項。因爲同一事物中不會遭遇兩個相反情況，而學藝卻是具有理知公式的潛能，靈魂則又具有動變淵源；所以健康事物只能產生健康，熱物只能產生熱，冷物只能產生冷，而

⑥ 如用近代語譯，即「非生物」和「生物」。
⑦ 同前注。
⑧ 參看卷Ⅰ，章四，1055a 33-37。

技術家卻能製出相對反的效果。靈魂中既具有動變淵源，理知公式兩方面都可以應用，雖則應用的方法不同；因爲靈魂會得從同一淵源，憑理知公式，發展兩相異的過程。於是凡事物具有理知公式之潛能者，其行爲就不同於那些具有無理知公式潛能之事物⑨；前者的各種不同產物包括在一個動變淵源，即理知公式之中。

這也是明顯的，潛能或僅施展其作用，或則施展了良好作用，僅施展作用並不必定成爲良好作用，良好作用則當然包括作用。

章三 有些人如麥加拉學派說事物只有當它正在用其所能時方可謂之「能」，它不在發生作用，就無所謂「能」⑩，例如只有正在造屋的人可算他能建築，不在造屋的人就都不能建築；它例皆相似。這觀念的謬誤處不難見到。

照此觀念，除了正在造屋的時候，人都不能稱爲建築師，其他技術亦然。可是，假如一人沒有在某些時候學習而獲得某些技術，他就不可能有這些技術，而且這人倘沒有失掉這已習得的技術
1047a 〔因爲遺忘，或變化，或歲月久隔之故；至於製品的毀滅卻並不是失掉學藝的緣由，知識依存於常

---

⑨ 見上文1046b 16。

⑩ 麥加拉學派為蘇格拉底支派，見1005b 36注。此節所舉實義為潛能與事功之合一，故有能力者必能成其功。

在的（形式）」⑪，他也不能沒有這些技術。現在卻說人在停止使用其技術時就不再有此技術，而在要用到的時候又立刻可以從事建築。那麼他是怎樣習得這門技術的呢⑫？

關於無生命的事物也相似；假如沒有人的感覺，就沒有冷，沒有暖，沒有甜，而一切可感覺的事物也就全都沒有；持有這觀念的人將歸依到普羅塔哥拉的教義⑬。確然，人若不用他的感覺，一切就悉無感覺。於是，若說人不用其視覺時就稱爲盲（不能視），在用其視覺時又稱之爲明（能視），這樣一個人一日間將是百回的明，百回的盲了。聾聰之例亦然。

再者，凡褫奪了潛能的若便作爲不能，則凡未發生的事情也將被認爲不能發生；但他所說不能發生就該指這樣的意義，若說現在有此事情或將來有此事情，這必定是假的；因爲這才是不可能的命意。於是這些觀念就取消了動變與創造。照這觀念，站的將常是站著，坐的常坐著；因爲他們說過，坐著的不能站起，那就只有常坐在那裡了。然而我們不這樣說，我們看來潛能與實現有別，他們的觀念則兩者無異；這樣他們所要取消的事物正不小亦不少。事物之未「是」者每可能成「是」，事物之現「是」者，以後亦可能成爲「非是」，其他範疇亦相似；這可能步行而並不步

---

⑪ 知識的對象常是形式而非物質，形式是常在的。房屋已毀，造屋技術並不隨之而失掉。

⑫ 1046b 35-1047a 4原文一句，茲拆為三句。第一句陳明事實，第二句為依照麥加拉學派觀念所應有的結論，第三句由此觀念所引起的困惑。

⑬ 參看卷Γ，章五、六。

行，這在步行，亦可能停止步行。凡事物之「能」有所作爲者，就當完全具有實現其作爲的能力，在這一方面一切不可能的因素就沒有。例如一事物說是能坐，它就可坐，在實現其坐時，並無不能坐的因素；這於立或使之立，於動或被動，於「是」之或變或不變於「非是」，也相似。

我們將「埃奴季亞」（ἐνέργεια）（實現）一字，聯繫到「隱得來希」（ἐντελέχεια）（完全實現）⑭，主要是將動變延伸向其他事物；因爲實現的嚴格解釋限於「動作」。人們於非現存的事物，雖予以其他云謂，不予以動作云謂。他們說非現存事物是思想與願望的對象，但對於動作中的 1047b 事物這就不如此說；這些事物雖未實際存在，但它們既被動變就會得實際存在。在非現存事物中，有些是潛在的；可是，它們既非完全實現地存在，這就不算現存。

章四　假如照我們前面所說⑮，凡是可能的就不包含不可能因素，那麼若說「這樣是可能的，可是不會實現」，這就得是虛僞的了；照那樣的觀念，凡是未能實現的事物我們就不可想像。舉例，假使有人——他不管那是不可能實現的——說正方的對角線可能計量，但量不成，因爲事物確有可

⑭ 此節所用ἐνέργεια（實現）一字作「實行」或「實施」解：與它章所用字義略異。ἐντελέχεια音譯「隱得來希」，出於τέλος（終極），直譯即為達到終點，與「成實」詞義相符，亦與近代漢語「實現」一詞切近，茲加重之為「完全實現」，以別於「埃奴季亞」。

⑮ 見於上章**1047a 24-26**。

以成是（實現）而現在與將來均不成是（不實現）的。但從這前提必須導致這樣的論斷，我們實際上假定了非是可以成是，會得成是，世上就再無不可能的事物了；可是計量對角線是不可能的，他所擬的結果將是不可能的。虛假的與不可能的並不一樣；然而你卻將「虛假的」當作「非不可能的」來自申其主張了。

同時，這是明顯的，若當A是眞實時，B亦必眞實，則當A是可能的，B亦必可能；因爲B雖不必要成爲可能，這裡卻沒什麼事物可來阻止它成爲可能。現在試使A爲可能。於是，如果A已是眞實的，這就並無不可能因素在內，而B也必須爲眞實。但，B曾假定爲不可能。就讓B算是不可能。於是，如果B是不可能的，A亦必如此。但A先已擬定爲可能，所以B亦必如此。於是假如A是可能的，B亦將是可能的；如果它們原有這樣的關係：假如A是眞實的，B亦必眞實。那麼，承認了A與B的上述關係後，若說A是可能而B是不可能，則A與B的關係就不符合於原來的假定。假如A是可能的，B亦必可能，那麼假如A是眞實的，B亦必眞實。所謂A若可能時，B亦必可能，這裡相關的實義是這樣，A若在某時候與某方式上爲眞實，B亦必在某時候某方式上爲眞實。

章五

一切潛能（能）或如感覺，秉於內涵，或如吹笛得之於實習，或如藝術得之於研究；凡由實習與理知所得的潛能，必先經操練。非理知潛能之內涵於蘊受者，不假操練而自備。

1048a 因爲「能」者是能在某時候，由某方式（以及在定義上所應有的其他條件）作爲某事情，又因爲有些事物能依理知公式造成動變，它們的潛能包含理知，而另一些無理知事物，它們的潛能是無理知的，前者必然是生物，後者則可以是生物，也可以是無生物。關於後一類潛能，當作用者與受作用者兩相値時，必然就起作用，但在前一類潛能則並不必然就起作用。因爲每一種無理知潛能，只會起一種作用，而理知潛能則可以產生相對反的諸作用，這樣要是它們發生作用，相對反的事情就得同時造成；但這是不可能的。於是，這必另有理在：這個，我認爲就是「意志」或「願望」⑯。當一動物於兩個事情必須有所抉擇時，意願就成爲決定因素而選取適合於受作用的對象與適合其潛能的方式。每一具有理知潛能的事物，於彼潛能所可及的事物，在適宜於彼潛能的境況中，它就會施展其潛能。如果受作用的事物不存在，或境況不符其潛能，則事物雖具此潛能而無可求其實現；如果這些都適合，潛能就必實現（再加這樣的條件，「如果沒有外物阻撓」，是不必要的；因爲上一語中所云「境況適宜」就表明某些正面條件，由於這些正面條件，反面條件就已被排除了）。這樣，假如有人企圖要同時做兩件事情或做做相對反的事情，均所不能；因爲他的潛能既施之於一事就不得施之另一相對反的事，而一個潛能同時做兩件事，也是不成的，他只能在適合的條件下做那適應於其潛能的一件事。

⑯「願望或意志」（ὀρέξιν ἤ προαίρεσιν），亞氏用意在指明對是非、利害、善惡之選擇，與「良知」、「良能」相近（各近代譯本於此兩字譯文頗為分歧）。

章六　我們講過⑰與動變相關的那種潛能之後，讓我們來討論實現（實行）——何謂實現與實現屬於何類事物。在我們的分析過程中，這也將明白，除了那些無條件地或是專以某種方式被動變或使它事物動變者稱爲潛能外，潛能還有其他命意。因爲要研究其他命意，所以我們先講明上述諸含義。

這裡，「實現」所指明一事物的存在，其存在方式與前所說的潛在不同；我們說一塊硬木中潛存著赫爾梅的雕像，全線中潛存著半線，因爲這是可以雕刻或分離出來的；而且我們甚至於可以稱呼一個並不在研究的人爲學者，假如他是能研究的；這樣相應於每一潛在事物，就有各個實現的存在。這些命意可以由歸納某些情況時見到，我們不必爲每一事物覓一定義，我們可領會這些比擬：
1048b 這就類似能建築的與正在建築的，睡著的與醒著的，有眼能看而閉著眼睛的與睜開了眼正在瞧著的，僅是一塊材料與由此材料而雕刻成形的，以及一切未製物轉爲製成品之間的諸對照。這些配對中，一項可釋爲潛能，另一項就可釋爲實現。但一切事物的實現存在，其爲義不相同，也只是相似而已——有如甲在乙中或甲屬於乙，這樣相似地說丙在丁中或丙屬於丁；因爲在許多比擬中，有些是像動變與潛能之比，有些是像本體與某種物質之比。

但「無限」與「空」以及類此諸事物，若說它們潛在地與實現地存在著，其爲義，就與它例不同，譬如說「觀看者」或「散步者」或「被看到者」。因爲在後一類例中，這些有時便確然在看

⑰ 本卷章一至五。

或在被看見，這些云謂，就可以完全妥帖地按上。至於「無限」雖在潛能上有此存在，然而這類潛能的命意並不指望其實現；這只在意識上有此潛在而已。實際是這樣，分割一條線永不能分割完畢[18]，在分割過程中，潛在的「無限」是有的，但這「無限」畢竟不得實現爲獨立的存在。

因爲有限度的動作雖指向於終極而並非終極，例如人在履行消瘦法時，天天除去一些脂肪，這每天消瘦的活動並不即時達到消瘦的目的，消瘦法也不是在這一天完全實現；這樣不完成目的的活動就不是實踐。實踐是包括了完成目的在內的活動；例如，在同時，我們看著也見到了，求知也懂得了，思索也想到了（至於學習同時就說是已學會了，治病同時就說病好了，那是錯誤的）。同時我們好好地活著，也曾經好好地活過來，我們快樂也曾已快樂到今朝。如其不然，這過程就得有時而中輟，像消瘦法就是有時而中輟的；但現存之事物並不中止；我們曾已活到如今，如今還是活著。對於這些過程，我們必須分別舉稱其一系列爲活動，另一系列爲實現。因爲每個動作——消脂、學習、步行、建築——並未達到終極；這些在做著的時刻，並未做完，就稱爲「活動」，正在步行而說到了，正在建築而說造好了，正在變化而說變完全了，正在活動而說活動成功，這些都是不對的；在活動與被動之中和活動與被動完畢是不同的。但看與見、想與想到，恰是同時的。後一類的過程我名之爲實現，前一類爲活動[19]。

---

⑱「莊子」所引惠施語「一尺之棰，日取其半，萬世不竭」，與此義相同。

⑲「貝刻爾本」第六章終於此行，以下一句做第七章首句。

經過這些討論與相似的考慮，何謂實現與實現屬於何類可算已說明了。

1049a **章七** 但我們必須闡明一事物何時是潛在，何時又不潛在；因爲事情並非任何時候與每一時刻均屬潛在。例如土是否潛在地是一個人呢？不——只有在已變爲一顆種籽時，才能這樣說；也許這還不能這樣說。這有如醫療好了的事物；並非每一事物均可用醫療技術或由幸運治癒，只有那能治癒的事物才可說是潛在地健康的事物。又，1.一個潛在事物由思想的效果而成爲完全實現的存在者，其分際在於那作用者與被作用者，若別無外因爲之阻礙，則作用者意欲如此，這就實現；另一方面，如以那被治癒的病人爲例，則倘無內因爲之阻礙，這就實現爲健康。於一幢潛在的房屋，情況相似；如果在它用爲建築的物質之中並無內在的阻撓因素，沒有必須增加或去除或變更的事物，這些物質就潛在地是一幢房屋；於需要外因爲創造淵源的其他事物與此相似。2.由於內在的本能而創生的事物，如無外因爲之阻撓，它就潛在地是一切將可實現的事物。種籽尚未實現爲一個人；這因爲它還需要進入另外某些事物中經過一番變化（發育）。至於它自己的動變淵源（內因），確已具備了必要的性能，按這情況來說，它已潛在地是一個人：按前面一情況來說，它還需要另一動變原理，恰像土（礦石）還不能潛在地算作一個雕像（因爲先得從土中冶煉出銅來，銅才潛在地是一個雕像）⑳。

⑳ 這裡所為類分之1.與2.，為製造品與自然物之別，但在2.類之末說自然物的潛能與實現時，卻舉出了1.類，

似乎是這樣，我們不稱呼由「那個」另一某物所成的事物爲「那個」而稱之爲「那個的」——例如木製的——箱，不說是木，而說「木的」㉑；土生的木，也不說是土，而說是「土的」；土若亦由另一某物所成，則也可以在這成物系列中做我們的例示——「那個」另一某物在這系列中常常是它挨次所成的某物之潛在（在全稱字義上）事物。例如一隻箱不稱爲土的，亦不稱爲土，只稱爲木的；因爲木既是箱的材料，就潛在地是一隻箱，一般的木潛在地是一般的箱，這塊木潛在地是這隻箱。

假如世上有第一種事物，它無所賴於另一些稱爲「那個」的事物；這就是原始物質；例如土雖非氣，卻是由氣而成，氣雖非火，卻是由火而成，至於火則是原始物質，它只是一般的「那個」而不自爲一「這個」（個體）。底層加以區分可成爲個體與非個體兩類屬性演變的底層。底層爲一個「人」（即身與魂的綜合個體），而屬性則爲「文明的」或「白的」。在人具有文明時不說這是「文明」而說「文明的」，臉是「白的」，不說這是「白」；而「正在散步或動作的」，不說這是「散步或動作」——這些相似於「那個的」（而不是那個體的物質）。於是，若然如此，則其最後底層爲一本體；如其不然，倘其云謂爲一形式或一個體，則最後底層當爲物質或材料本體。由此，這就確知「那個的」該可應用於物質底層，也可援用於屬性方面；以指示個體底層；因爲材料與屬

即製造品的例。

㉑ 參看卷Z，章七。

1049b 性兩者均非決定性事物㉒。

這裡，我們已說明了一事物何時可稱爲潛在，又何時則不是潛在。

章八　照我們所述「先於」（先天）各義㉓，這是清楚的，實現「先於」潛能。我所指潛能不僅是對於某一事物或對自己（當作另一事物）的動變原理，而且也是一般的動變或靜止原理。本性也是與潛能同科屬的；因爲本性是動變原理——可是，本性不是使其他事物動變而是使自己動變。實現對於所有這類潛能，在公式和本體上均屬先於；在時間上，某一義可說「先於」，另一義則非「先於」。

1.清楚地，實現先於公式；事物之所以稱爲潛能，其本義就爲是它能實行；例如說具有「建築技能」，我就指那建築者，說「具有視能」就指那能視者，「可見」就指那能被視見者。它例亦然，所以在認識潛能之前必先已認識實現的公式。

2.在時間上，實現爲先的命意是這樣：實現與潛能相同於品種者（於數不必相同），實現先

㉒ 亞里斯多德指陳了兩類次要云謂：1.由主題的物質（如「木製的」一類）所得之云謂。2.由主題的屬性（如「文明的」一類）所得之云謂。兩者都不是主要云謂（都不是事物之所由成其怎是者）。他又同時指陳了兩類底層：1.物質（如土）為形式之底層，2.完全個體（如人）為屬性之底層。參看卷Z，1038b5。

㉓ 參看卷A，章十一。

於相應的潛在事物。我的意思是這實現地存在的某人先於種籽[24]，即潛在的人，穀穗先於穀粒，已見者先於能視者；這些在時間上爲「先於」，因爲那些潛能均由這些已實現的事物產生。由已實現事物產生潛在事物，而這潛在事物又成爲實現的事物，例如由人得人，由文明人得文明人；世上常有一原動者，而這原動者先已實現地存在。我們在論及本體時[25]，曾說過一切事物必由某些事物被某些品種相同的事物造成。

所以，大家認爲沒有建築過的人不可能成爲建築師，從未彈琴的人不可能成爲琴師；因爲能彈琴的人是由於常常彈琴而練成的，其他學藝亦復如此。由此曾引出一個詭辯技詞：學者因爲沒有這一門學術所以學習這一學術；那麼所謂學習就是在練著那一門原來是沒有的學術（那麼，人是可以彈出他所不會彈的琴調的）。但是，學藝之成達以漸，一部分一部分在成達，事物一般的變化也是
1050a 一部分一部分進行的（這曾見於「動變論[26]」），故學者應該於那一門學術先有某些端緒。這裡也是清楚的，實現在這意義上，即造詣的序次上與在時間上，也先於潛能。

---

[24] σπέρμα（種籽），近代生物學及生物胚胎學用以稱「精子」。此節推論精於（潛在之人）與成人（實現之人）孰為先後，而歸結於必有一「原動者」並肯定此第一原動者為實現。後世天主教所用「蛋生雞，雞生蛋」喻，其義與此相同。此類析辨只能當作信條，並非生物理論。

[25] 見於卷Z，章七、八。

[26] 參看《物學》卷六，第六章。

但3.實現也在本體上「先於」；⑴因爲事物「後於」發生過程的，在形式上與本體上是「先於」，例如大人「先於」小孩，人類先於種籽；因爲其一已具有其形式而另一還沒有；又因爲每一動變的事物總是向著某一原理即終極而動變（事物之目的就是它所以發生的原理；創造以其終極爲目的），而實現就是終極，事物之獲取其潛能就爲要達到這終極目的。動物並不爲具有視覺才去看見，而是爲了要看見才有視覺。相似地，人爲了造屋而後有建築術，爲了要進行理論才有理論學術；並不是爲了理論學術大家來進行理論，若說有這樣進行理論的，那必是學生在練習理論的能力；這些只在有限度的意義上謂之理論，學生們對那論題本無進行理論的必要。

又，物質以潛在狀態存在，正因爲這可以變成形式；當它實現地存在時，它就存在於形式。這道理適合一切事例，即便其終極爲一個動作也可適用。老師當他以實例示顯於其學生時就意謂完成了他的目的，自然也以實例示顯於人類。假如這還不夠明白，我們將重提保遜㉗的赫爾梅像，這像究屬在內或在外，論其認識難以爲之說明。凡以功用爲終極的，功用即實現。所以「埃奴季亞」（ἐνέργεια，實現）一字原由「埃爾咯」（ἔργον，功用）衍生出來，而引向「隱得來希」

㉗ 保遜（Pauson）為雕塑家，曾作藝神石像。此節所云「人不能明其在內或在外」語，向來注疏家各做解釋，均不能完全通達其意。舊傳保遜曾作「奔馬圖」，顛倒視之，則為「馬打滾圖」（參看古典著作埃里安《雜史》（Aelian, *Var. Hist.*）第十四章第十五節：柏盧太赫《道德》（Plutarch, *Moralia*）396E），羅斯英譯本注，忖為一種圖畫或壁畫，因光影機巧而呈現立體現象如浮雕，因而觀者見像若在壁上，若在壁外。

（ἐντελέχεια，達到終點）。

在有些事例中，官能運用就是最後的事物（例如視覺就只隨時的看，並無視覺的產物），有些則跟著知能運用就有產品（例如建築術產生建築物與建築工作）。可是在前一例上動作就可算終極，在後一例上動作只較之潛能爲更接近於終極。建築工作實施於正在建築中的事物，與房屋一同實現，一同完成。

於是，凡其動作產生另一些事物爲結果的，實現就歸於那產物，例如建築工作，其實現歸於建築物，紡織工作歸於紡織品，它例相似，動變一般地歸結於所動變的事物；至於沒有產物的動作，實現只當歸之於主動者；例如視覺活動之實現歸於視者，神學思索之實現歸於神學者，生活之實現
1050b 歸於靈魂（人生幸福㉘之實現，也當歸之於靈魂；因爲幸福也是某一類型的生活）。

㉘ εὐδαιμονία音譯「艾達伊蒙尼亞」（「達伊蒙」為神靈，「埃」為善良），依字根，應為「吉神所護佑者」，或解為「幸福」，或解為「快樂」。依亞氏《倫理學》卷十舉人生幸福生活之四式：1.「快樂」為食色之滿足，此人與禽獸所同；2.「名德」，此入世從政之所重；3.「財富」為人之生資，亦為在世所必需，而非其所寶；4.「默思」（智運）乃為人生之至高理想；故亞氏之所謂人生幸福（「艾達伊蒙尼亞」），其要旨在於成德達善。

於是明顯地，本體或形式是實現㉙。照這論點，實現當然在本體上先於潛能；如上所述㉚，一個實現，在時間上常爲另一實現之先，一直上溯到永在的原動者之實現㉛。

但⑵實現，在較嚴格的意義上亦爲「先於」；永在事物在本體上先於可滅壞事物，永在事物均非潛在。理由是這樣：每一潛能均同時是相對反事物之潛能；不可能在一主題中出現的事就必不出現，而可能出現的則也可暫不實現。於是可能成「是」的可以成是或不成是。可能成爲「非是」的就可成爲非是；可能成爲「非是」就是可滅壞；「可滅壞」，若爲全稱命意就是在「本體上」滅壞，若爲別稱命意則可以在地方上，或在量上，或在質上，與各個可能的非是相關各部分滅壞。因此完全不滅壞的事物完全不是潛在的（雖則於某些方面，如說它潛在地具有某些素質或說它潛在於某地方，則也未嘗不可）；所以一切不滅壞事物之存在均爲實現存在。一切具有必然性的事物也不會潛在地存在；所謂必然事物即基本事物，世上若沒有這些，其餘一切也就不會有。假如所謂永恆運動這類事物是有的，這些也不會是潛在；這裡若有一永動事物，它的運動當非出於潛能，只在「何從來」與「何處去」的問題上又當別論（若說它具備各方向動能的物質，這也未嘗不可）。日

㉙ 此語自1050a4-b2全節導出：注意1050a16一句。

㉚ 1049b17-29。

㉛ 「原動者」參看卷Γ，章八；卷Α，章七。

星與全宇宙是永恆在活動著的，我們無須像那些自然哲學家㉜擔憂它們某一朝會停止活動。它們也不會倦於這類活動；它們的動變不像可滅壞事物的動變一樣；可滅壞事物所由引起活動的物質與潛能包含有相對反因素，故而運動是費勁的；永不滅壞事物之運動出於實現（不出於潛能，這是不費勁的）。

那些自身包含動變的事物如地球與火仿效著不滅壞事物（天體）㉝。這些也是永恆活動的；因爲它們自致其活動而自成其動程。但，照我們先前的研究㉞，其他潛能都包含有相對反因素；潛能之按照理知公式使另一物活動於這方式者，亦能使之活動於相對反的方式；而無理知潛能則可因其存在或不存在而得相對反的結果。

於是，假如辯證家們㉟所說意式這樣的任何公式或本體眞是有的，那麼就得另有一些具有更高
1051a 實現性質的事物，學術與動變將是這些事物的潛能；而學術意式之上將另有更高學術，動變意式之上將另有更高動變㊱。

㉜ 例如恩培多克勒。參看《說天》284a24—26。亞里斯多德以星為神物，柏拉圖意謂星體亦將滅壞。

㉝ 照古注疏家詮釋，亞里斯多德《物學》認為火的諸性質仿效於月亮。

㉞ 見於1050b8-12。

㉟ 意指柏拉圖學派，參看卷A，987b31。

㊱ 依亞氏理論，意式為各個別事物或現象之普遍公式，尚未實現，亦應低於相應的各個個體。其例如「學術意

於是，實現顯然先於潛能與一切動變原理。

章九 由下列論點，這可以明白，實現較之好的潛能還更好而更有價値。凡能有所作爲的，總是一樣能做相對反的事業，人能做好事，也同樣能做壞事，每一潛能就包含著這兩端；同一潛能致人健康也致人疾病，致靜也致動，建設也破壞，引動建設也引發破壞。這樣，潛能同時含有各個對反；但相反兩項不能同時存在，相反的實現也不能同時見到，例如健康與疾病不得兩存。所以，在潛能無所偏於兩者時，善只佔其中的一端；因此實現那善端較其潛善爲更善。在惡業也如此，如果結局是惡，這惡的實現比其潛惡爲更惡。

於是，清楚地，惡性不離惡事物而獨立存在；「惡」在本性上後於潛能[37]。所以我們也可以說原始與永在諸事物是沒有惡，沒有缺點，沒有偏邪的（所謂偏邪也近於惡業）[38]。

幾何圖解可由實現發見；我們用分劃造成這些圖解。圖意原只潛在地內含著；倘使分劃先也

式」應低於「學術」。學術意式在本體上應後於知識實現的各實例。

[37] 「惡在本性上後於潛能」一語頗費解。鮑尼茲（Bonitz）以倫理觀點解釋惡實現後於惡潛能。

[38] 此節蓋在訾議柏拉圖；參考《共和國》402C,476A，《色埃德托》176E、《法律》898C。柏拉圖以詩文筆調論性，常是善惡混於原始。亞里斯多德名學與哲學論點輒主「性本善」。在中國儒家自孟子主性善，均限於人性而論，亞氏此節之「物性原善」其意較廣。

畫上，這就解明了。三角形的諸內角何以等於兩直角？因爲在一點上所畫諸角等於兩直角。假如那些與三角一邊的平行線畫出來，凡見到圖的人就會明白㊴。何以半圓形內的角無論在何處均成一直角？假如兩線爲底線與中心垂直的一線，三線相等——人們倘已知前項幾何定例，結論就可以一瞥而知了㊵。所以明顯地，潛在的圖解因實行分劃而發見；理由是幾何學者的思想是一個「實現」，由實現醞成爲潛能；迨進行繪畫而大家得以明曉圖意，雖則這末一實現是後於相應的潛能；但這潛

㊴ 在C點上畫CE線與AB平行。

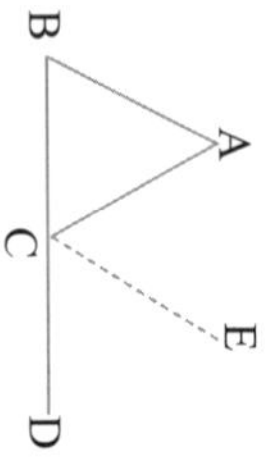

∵∠ABC＝∠ECD，

∠BAC＝ACE，

∴∠ACB＋∠BAC＋∠ABC

＝∠ACB＋∠ACE＋∠ECD

＝兩直角

㊵ ED垂直線與BD及DC相等。

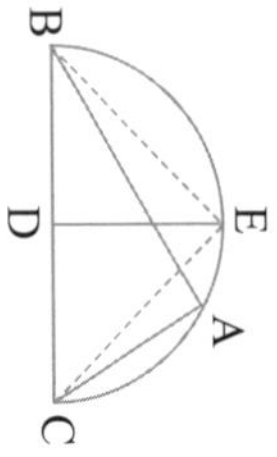

∵∠ACE＝∠ABE

∠ACB＋∠ABC

＝∠EBC＋∠ECB，

∴∠BEC－∠BAC＝直角。

能卻是由那個幾何學者的前一實現發展起來的㊶。

1051b

章十

「是」與「非是」這兩名詞最先應用於有關範疇，其次有關這些範疇的潛能或實現，或是它們的無潛能與非實現，第三則應用於眞實與虛假。眞假的問題依事物對象的是否聯合或分離而定，若對象相合者認爲相合，相離者認爲相離就得其眞實；反之，以相離者爲合，以相合者爲離，那就弄錯了。這樣，所謂眞假何時存在，何時又不存在呢？我們必須考慮這些名詞的實義。

並不因爲我們說你臉是白，所以你臉才白；只因爲你臉是白，所以我們這樣說才算說得對。於是，假如有些事物常合而不能離，另些事物常離而不能合，再有些事物是可離亦可合，則合而爲一者便成爲「是」，多而不合者爲「非是」。關於未定事件，同一意見或一說明可成爲眞實也可成爲虛假，一時說對了，又一時這卻說錯了；但於有定事件，意見就不會一時爲眞，又一時爲假，同一意見要就是常對，要就是常錯。

但在非組合事物，又如何謂之是或非是與眞或假呢？這樣一類的事物既無組合，那就不能以合爲「是」，以離爲「非是」（如說木料是白的或說對角線是不可計量的）；這裡的眞假方式當異於上述各例。實際，眞假既不同於前例，是非也當不同。1.眞假可由這樣來鑑定——眞實是接觸㊷與證實（證實與肯定並不相同），不接觸就是不認識。有如「這是何物」一類問題，除了屬性偶然之

㊶ 幾何圖解例這一節似可移屬第八章2.1049b18-1050a2。

㊷ 亞氏用「接觸」（θιγεῖν）指直接而確切的認識，類於「直覺」之意。

例外，就不會發生錯誤㊸；非組合本體亦然如此。這些都不是潛在而是實現的存在；如其不然，它們將有生滅與成壞；可是這些自身均無生滅；它們若有創生過程則它們就得由另一些事物來造成。因此，凡怎是與實現均不可能有假的，問題只在於我們認識或不認識它們而已。但是我們還得實際加以研究以求明瞭它們是否確乎具有如此或如彼的性質。

2.關於符合眞實的所謂「是」與符合虛假的所謂「非是」，其一例爲：（主題與屬性）兩項確乎結合爲一者眞，不合一者假。另一例爲：事物只是個別地存在，如果沒有這樣個別性，它就全不存在。眞實就在認識這些事物；在這裡，虛假是沒有的，錯誤也不會有，所有的只是無知（不認
1052a 識）——這無知與目盲並不相似；因爲目盲全無視覺，類於全無思想機能（無知則是有思想機能而不能認識可認識的事物）。

這也是明顯的，關於不因時而變化的事物也是不會有錯誤的。例如我們若假定三角沒有變化，則我們就不該設想它們的三內角有時等於，有時又不等於兩直角（因爲這樣就承認了變化）。可是，這可能設想在同一級事物中，有的具有某一屬性，而有的沒有這屬性；例如我們「可以」設想所有偶數均非素數，也「可以」設想有些偶數非素數而有些則是素數。但是碰到單獨一個數目，這樣類型的錯誤就不可能發生；這裡我不能說這一屬性或有或無；我們的判斷可以或對或錯，事實確總是那一個事實。

㊸「這是何物？」一問題並沒有甲與乙結合方為存在的情況。這裡就不會有離合聯繫之錯誤；要是甲存在，這就只是甲存在。

卷(I)十①

章一　我們前在詞類集釋中②曾說明「一」有數義；元一雖爲義甚廣，凡事物之直接由於本性，不由屬性而爲一者，可綜歸爲四類：1.延續的事物，其所爲延續或是一般的或以專指「那」出於本性的生長，非由接觸，或被捆紮，而成一者；在這一類中，其活動較單純而一致的，應是更嚴格更優先地合乎「一」的命意。2.成爲整體而具有一定形式者爲較高級的「一」，在這類中，其延續之原因當以出於自性，不以膠黏或搭釘而合成者爲重。這一類事物的活動在空間與時間上均屬一致而不可區分；因此，明顯地，如一事物具有基本運動（即空間運動）中的基本形式（即圓運動），這事物基本上就是一個空間量體。於是，有些事物就因其延續或整體而成「一」，另有些則因其公式爲一而成「一」。這類事物在思想上是一，是不可區分的；所謂不可區分就是說這事物在形式或數上不可區分。3.於是，個體之在數上爲不可區分的，與4.在形式上，其理解與認識爲不可區分的，

① 本卷論涉哲學主題，可次於卷（N）十四之後，為本書之結束。前數章由元一主題轉到對反，再由對反轉到第八章至第十章論品種之別，進而揭出通式之不能獨立為不滅壞事物，其間思緒可以延接。但末三章行文與前後不甚貫串，第十章所用γένος（類級）與εἶδος（形式）兩字與它卷各章所用兩字字義不一致。似此章與其他各章非同時所作，而為在後增補者。

② 見於卷Δ，章六釋「一」。

所有這些足使本體成爲一者，便當是基本命意上的「一」。這些就是「元一」的四義——自然延續 1052b 之事物，整體，個別與普遍。所有這些，有的是在活動上，有的是在思想或公式上不可區分，因而都成爲「一」。

但，「哪一類事物稱爲一」，「何以成一」，「其定義如何」，我們應注意到這些都是不同的問題。「元一」具有這些命意，每一事物得有元一諸義之一者，就可稱爲一；但「成爲一」，有時是成爲具有上述各義的諸事物，有時則另指③一些事物，那些事物較近於一之通義，而具有上述各義的諸事物則較近於一之實旨。這於「元素」或「原因」亦復如此，人們可用以實指事物，也可用以表徵這名詞的通義。火之一義是一種元素（「未定事物」或其他相似事物之因其本性而爲元素者亦然），但另一義則不是元素；作爲火與作爲一元素並不是同一回事。火只在火的本性上作爲一特殊事物時，此火乃爲元素，「元素」這名詞則指事物之有如此屬性者：即構造實物的基本組成。「原因」與「一」以及類此的諸名詞亦復如此。

也爲此故，「成爲一」就是成爲不可區分，而主要的是成爲一「這個」，可得在空間或在形式或思想上隔離開來；也許可說是成爲不可區分的「整體」；但特爲重要的還應是成爲各類事物的基本計度，而最嚴格的說來則是在量上成爲計度；由量引申，然後及於其他範疇。量必因計度而後

③ 參看下文1052b16-19。

明；量之爲量或以「一」，或以某一數爲計，而一切數又必因單位之「一」而後知。是以一切量之爲量，皆因「一」而得知，量之最初被認識必由「本一」。這樣「一」是數之爲數的起點。在其他各級事物也悉憑「計量」而最先爲大家所認識；各級計量各爲一單位——於長度、寬度、深度、速度均各有其單位（重度與速度這類名詞包括輕重與快慢各對成的兩端——重度指錙銖之微，也指萬鈞之鉅，速度指蝸步徐移，也指迅若馬馳；運動雖慢必具速度，稱量④雖輕，必具重度）。

於是，所有這一切，計度與起點總是那不可區分的一，譬以線論，我們說一腳⑤長，即是以一腳作爲不可區分的單位。我們到處尋求某些「不可區分的一」，以爲各級事物的計度，這計度當是在質上爲純質，或在量上爲純量。凡精確的計度不能增一分亦不能減一分（所以數之爲量是精確的；我們制定「單位」使之無論在哪一方面均不可區分）；在其他一切事例上，我們都仿效這類計量。於一斯丹第或一泰倫⑥或爲量較大的其他任何單位，比之較小單位，其微增微減吾人較易疏

④ ῥοπῆς（稱量）原義為天平上因重量所引起之「偏傾」，假作物理上的「重量」。

⑤ 「腳」（πούς），古希臘人以腳及肘等為長度之計量。「腳」（略當中國一尺），不列顛度量沿用至今。

⑥ σταδίου「斯丹第」，希臘長度，用以計量跑道，訂為一百二十五步，實當現行六百二十五英尺（約一百九十公尺）。ταλαντου「泰倫」，原義為一個天平，以後轉為重量單位。古時希臘或希伯來各城市於商業上應用這重量單位各有不同，或當今日之七百二十英兩，或當二千英兩。此重量單位用以稱金銀，即作為貨幣單位。

忽；所以無論於液體或固體，爲重度或容積，在做計量時，吾人必竭視覺之所能及，使所計量數絕無可爲增減；人們得知如此計量所得之量度或容積等，便自謂已得知事物之量。自然哲學家於運動亦以簡單而短促的移轉爲運動之計量；這些運動單位就是佔時間最短的運動。在天文學上這樣的「一」（運動單位）也是研究與計量之起點（他們假定天體運動最快速而均勻有規律，故用以爲一切運動之比照）。在音樂上則以四分之一音程爲單位（因爲這是最短音程），在言語上則爲字母（音注）。所有這些計量單位在這裡的含義都是「一」——而這「一」就只是頃所陳述的各事物之計量，並不通指所有以一爲云謂之事物。

但計量單位並不常限於一個——有時可以有幾個；例如四分之一音程有二⑦（這是耳所難辨而是憑樂律來爲之調節的）；我們計量言語的單位也不止一個字母；以及正方的對角線須用兩種計量來測度⑧，一切類此的空間量體亦然。因爲我們將本體於量或類上做成區分，由此區分得知本體的

---

⑦ διέσις δύο，「四分之一音程有二」。亞里斯托克色奴（Aristoxenus）音樂著作I，21與II，51兩節論及希臘樂器調和有全音程即1/4音程，變體半音程，以及半音程以下的變調，一個半全音程等各種樂律。一個半全音程即3/8音程，其比律為125: 128，在和樂中，目可見樂器上之鍵移，耳不能辨其異調，如現代和聲中Ab代換G#。

⑧ 對角線分為兩部分計量。一部分以其一邊為單位做計量。超過一邊所餘的部分只能用另一單位計量，同一單位就沒法計量。

要素，所以「一」是一切事物的計量。正因爲各級事物之基本組成是不可區分物，「一」（單位）亦不可區分。但每個「一」，例如「一腳」與一之爲不可區分物，不盡相同，「一」是各方面都不可區分，而「一腳」只是像我們上面所涉及的⑨，在視覺上姑定爲不可區分而已——每一延續的事物本是可以進行區分的，但在未加區分而在視覺上成爲一時，我們姑定爲一個不可區分之單位。

計量與所計量的事物總是同性而相通的；空間量度之計量亦必爲一空間量度；分別言之，則長以一長度爲計量，闊以闊，重以重，聲音以聲音，衆單位以一單位爲計量（我們於上列情況必須這樣敘述，可是我們不能說列數以一數爲計量；於數而論，引用上列敘述，大意是符合的，但不確切——因爲數是衆「一」所合成，所以說列數以一數爲計量就等於說衆單位以衆單位爲計量了）。

憑同樣的理由，我們稱知識與視覺爲事物之計量，因爲由於這些我們得知事物——實際上與其說它計量事物，毋寧說是被事物所計量。可是，我們以知識或視覺評估事物，也正像人們用曲肘來測量我們時，我們看到了曲肘，就說自己多少肘長一樣。但普羅塔哥拉說人是一切事物的計量⑩，

⑨ 參看1052b33, 1053a5。

⑩ 《殘篇》1。此語另見1062b14。普羅塔哥拉此語原意為現象依於各人之視覺與認識。人各以自己所見，測忖事物。弗·培根《新工具》（*Nov. Organum*）卷一，41-46。又卷五，第四章論「氏族偶像」（idola tribus），指摘「人神」觀念（anthropomorphism）即依憑此語立論。參看1007b23。又參看菩納脫（Burnet）《希臘哲學》卷一，97節。亞氏此章所論證與普羅塔哥拉此語本旨不全相應。

1053b 其意亦即指說那能知或能見的人，就可憑其理知與感覺計量事物。這些思想家似乎道出了天下之至理，這些名言實際不足爲奇。

明顯地，於是，我們如把元一在字義上做最嚴格解釋，這就是一個計量，主要是量的計度，次要爲質的計度。有些事物以在量上不可區分者爲一，另一些則是在質上爲不可區分；所以「一」的不可區分應別爲兩類，或者絕對是一，或當作是一。

章二　關於元一的本體與本性，我們該詢問這究屬存在於兩方式的哪一方式中。這恰正是我們在列敘疑難時[11]所舉的一題；「一」是什麼，我們必須怎樣設想這「一」；我們應否將元一作爲本體（畢達哥拉斯學派先曾這樣說過，在後柏拉圖也這樣主張）；或者我們毋寧由元一的底層別求其本性，像自然哲學家們所認知者，或以元一爲「友（愛）」，或以元一爲「氣」，或以元一爲「未定」[12]。

於是，照我們在先討論本體與實是時所曾言及[13]，假如普遍性（共相）均不能成爲本體，而普遍實是本身，凡其命意爲「與諸是相擬」[14]而爲是者，亦不能成爲本體（因爲這還是與「多」相共

---

⑪ 見卷B，1001a4-b25。

⑫ 所舉自然哲學三家之說為恩培多克勒、阿那克西米尼與阿那克薩哥拉。

⑬ 見於卷Z，章十三。

⑭ *παρὰ τὰ πολλὰ*「與多相比擬」或作「與多同在」，或作「由多分離」解：其實義為「普遍之是」，相對於

通），而只能作爲一個云謂，則「一」也顯然不能成爲本體；「是」與「一」原爲一切云謂中最普遍的云謂。所以一方面諸科屬不能脫離其他事物而成爲某些實是與本體；另一方面，實是與本體既不能爲科屬，「一」同樣也不能成爲科屬。

又，元一的本性在各範疇中均必相似。現在，「一」既然具有與「是」同樣多的命意；在質的範圍內，「一」既是某些爲類有定的事物，在量上相似地爲某些爲量有定的事物，我們也必須像詢問何謂實是一樣，在每一範疇上詢問「一是什麼」；僅說這在本性上爲實是或元一，這還不夠。但在諸顏色中「一」是一色，如白，於是觀察它色，一一由白與黑生成，而黑是白的闕失（如無光則成暗）。於是，假如一切現在事物均爲顏色，諸現存事物就該各是一個數，但應爲何物的數？當然是爲各色的數；而一就該是特殊的某一色，即白。相似地，如果一切現存事物均爲樂調，它們也該各是一個數，這些音程的本體並不是那些數，而卻是些「四分之一音程」這樣的數，於是這裡的單
1054a 位之「一」，將不是那些「一」，而是那些「四分之一音程」。又相似地，如果一切現存事物均爲言語，它們就該各是一些字母（音注）的數了，這裡的「一」就該各是一個元音。又相似地，如果一切現存事物均爲直線圖形，它們該曾是一些圖形的數，而「圖形之一」該是那三角形。同樣的論點適用於一切科屬（種類）。所以，當在被動，在質，在量，在運動各範疇上各有其數、各有其單

「個別之是」。此章論一之共相與殊分相應於普遍性與個別性。「普遍」云謂見《釋文》17a31。

位時，在所有各例中，數都該是某些事物的各數，而「一」則爲某些事物的特殊之一，這些殊一的本體不必恰合於普遍之一；於各範疇各事例的各數與諸本體，論點也相同。

於是，這「一」（殊一）在各類事物中均爲一確定的事物，顯然在它本性上沒有一例恰是「元一」（普一）；但在諸色中我們所必須尋取的本一即是「一色」，類乎如此，在諸本體上，我們所必須尋取的「本一」就該是「一本體」了。由於「一」的某一命意在各範疇上分別相符於各範疇之是，元一遂與實是相合，而「一」卻並不獨自投入任何範疇之中（「一」不入於「事物之怎是」，也不入於質的範疇，但與實是相聯繫而存在於諸範疇中）；說是「一人」與說「人」，在云謂上幾無所爲差異（正像實是之無所離異於本體或質或量一樣）；成爲「一」恰如成爲「某一事物」。

章三　「一與多」在幾方面相反。其一爲不可區分與可區分的「單與眾」；凡已區分或可區分的稱爲眾（多歧性），不可區分或未區分的稱爲單（統一性）。現在因爲對反有四式而這裡諸對反之一，既取義於闕失，它們就不是對反（矛盾），也非相關，而應爲相對⑮。不可區分的單（一）其取名出於其對反，即可區分的眾（多），其解釋亦由對反互爲詮注，因爲可區分的眾，較之不可區

⑮ 四種對反中「相對」與「闕失」這兩項並不絕對互斥，而可看作某一形式兩端之消長。如陰缺則陽盛，陽缺則陰盛。參看卷Γ，1004b27，卷I，1055b26。

分的易於爲人所見，因此，憑視覺情況來說，「衆」在定義上先於「一」。

我們曾在分別對成時[16]，於「一」的統系內表列有「相同」、「相似」與「相等」。於「衆」的統系有「相別」、「不似」與「不等」。「同」有數義；1.有時爲「於數相同」；2.我們於事物之公式與數皆合一者稱之爲同，例如你與你自己「形式和物質」均合一；以及3.假如其本體的公式合一者，例如相等直線與相等四邊形與等角四邊形均稱「相同」，此類甚多，這些憑其相等性而謂之同。

1054b 事物並非絕對相同，1.而在它們綜合本體上論則並無差異者謂之「相似」，這些在形式上實爲相同；例如大正方形與小正方形相似，不等直線亦相似爲直線；它們相似而不是絕對相同。2.相同形式諸事物原可能有程度上的差異者，如不明見此差異亦謂之相似。3.事物具有同一素質者，例如「白」——其白度或稍強或稍弱而其爲色式則一——亦謂之相似。4.各事物之諸素質——或爲一般素質或爲重要素質——相同者多於相異者，亦謂之相似，例如錫，於白而論，似銀，又如金，於黃赤而論，似火。

於是，明顯地，相別與不似亦有數義。「別」之一義爲同的對反（所以事物於其他各物不爲同則爲別，不爲別則爲同）。別的另一義是除了諸事物於物質及公式上均各合一者，悉成爲別；若

---

⑯ 曾見卷Γ，1004a2。

此，則你與你的鄰人應謂各別。「別」之第三義就是上述數理對象諸例⑰。所以每一事物對另外的每一事物均可以「同」或「別」爲云謂——但這裡爲同爲別的兩事物均須是現存事物，因爲這樣的「別」並不與「同」相反（矛盾）；因此非現存事物不以別爲云謂（「不相同」可以爲非現存事物的云謂）。「別」是一切現存事物的云謂；每一現存事物既於本性上各自爲一，也就各成爲互別。

「別」與「同」的對反性質就是這樣。但「異」與「別」又不相同。所謂「別」與「別個事物」並不必須在某些特定方面有何分別（因爲每個現存事物總是或同或別），但說事物相「異」必須一事物與另一某事物之間具有某些方面之差異，所以凡相異者必須在其所公認的相同方面求其所以爲異。此所謂公認的相同處即科屬或品種；而所謂相異亦即在同科屬上的品種之異，在同品種上的個別之異。凡事物無共通物質，而不能互爲創生者（亦即屬於不同範疇者），謂之「科屬有異」。如同在一個科屬之內，則謂之「品種有異」（「科屬」的命意就指說兩個相異事物（品種）間主要的「相合之處」）。

相對事物皆屬相異，對成性爲「異」的一個種類。歸納可以證明我們這個假定是眞實的。凡事
1055a 物不僅互別而更別於科屬者，又事物之相別而仍隸於同一云謂系列⑱者亦即在科屬上相同者，均可

⑰ 見於1054a35-1054b3。兩直線或兩四邊形雖相同相等，但各別為兩線兩圖形。

⑱ 見於986a23注腳。

表現爲有所相異。我們已在別篇⑲說明了什麼樣的事物爲「於屬相同」或「於屬有別」。

章四　事物之互異者，其爲異可大可小，最大的差異我稱之爲「對反性」。最大差異之爲對反性可由歸納來說明。事物之異於科屬者難於互相接近，它們之間距離太遠也無法比擬；事物之異於品種者，其發生所開始之兩極就是對成的兩端，兩極間的距離爲差異之最大距離。但每一級事物間差異最大的那一端，也就是成爲完全的一端。到這裡再沒有超越它的事物，而不爲它物所逾越者這就完全。各級差異的系列，溯到其全異處便抵達這系列的終點（這與其他以達到目的爲完全者其義相類），終極以外，更無事物；一切事物既盡包於兩極之間，故以終爲全，而既稱爲「全」，便無所仗於它物了。這樣，可以明白，對反性即最大差異；所稱爲「相對」的數義，其分別就在這些相對所達到那完全差異的不同距離，不同程度的對差就成爲相應的各式「對成」。

若然，則這也可明白，每一事物只能有一事物爲之對成（因爲極端之外既無它極，而在同時間內也不能有更多的極端），而一般說來，如以差異論對成，則差異以及完全差異必須是兩個事物之間的差異。

又，大家所承認的其他諸相對公式也必須是眞實的。1.所謂完全差異（因爲我們不能在這差

⑲ 見卷Δ，章九。

異範圍以外爲事物之「於屬相異」或「於種相異」者另尋差異，這曾說明過⑳在科屬之內任何事物不能與科屬以外事物比論差異），⑴不僅應是同品種事物之間的最大差異，也該⑵以同科屬內事物之具有最大差異者爲相對（這裡所謂完全差異是同科屬事物間的最大差異）；以及2.容受材料相同亦即物質相同的事物間，其差異最大者爲相對；與3.歸屬於同一職能〈學術門類〉的事物，其差異最大者爲相對（一門學術處理一級事物，這裡所謂完全差異就是同職能事物間的最大差異）。

基本對成由「持有」（正）與其「闕失」（負）相配合——可是，闕失有數項不同命意，並非每一闕失均可與其正面狀態配爲基本對成，只有完全闕失才可以。其他對成都得比照於這些基本對
1055b 成，有些因獲得這些，有些因產生或勢必產生這些，另有些則因佔有或失去這些基本對成或其他對成而成爲對成。現在，對反式若以「相反」（矛盾）、「闕失」、「相對」與「相關」四類論列，其中以相反爲第一，相反不容許任何間體，而相對則容有間體，相反與相對顯然不同。闕失這種類近於相反；凡一般地，或在某些決定性方面遭受闕失的事物就不能保有某些秉賦，或是它在本性上所原應有的秉賦今已不能保持。這裡我們又說到闕失之數種不同命意，這曾已在別處列舉過了㉑。

⑳ 見於本頁1055a6。此支句詞意與1054b27-30，35各句有不符合處。其一詞意假定科屬之上更有統轄各科屬之總類，另一詞意則科屬上更無統率。

㉑ 見卷Δ，章二十二。

所以闕失是一個具有決定性的或是與那容受材料相應的矛盾或無能。相反不承認有間體而闕失卻有時容許間體；理由是這樣：每一事物可以是「相等」或「不是相等」，但每一事物並不必然是「等或不等」，若然如此，那就只有在容受相等性的範圍之內才可以這樣說。於是，適在進行創變的物質若由諸相對開始，或由這形式的獲得或由這形式的褫奪進行，一切對反顯然必含有闕失，而一切闕失並不必然爲對反（因爲遭受闕失，可有幾種不同方式）；如變化由哪兩極進行這才會發生諸對反。

這也可由歸納爲之說明。每組對成包含一個闕失爲它兩項之一項，但各例並不一律；不相等性爲相等性之闕失，不相似性爲相似性之闕失，另一方面惡德是善德之闕失。闕失各例之如何相異曾已敘及[22]；闕失之一例就是說它遭受一個褫奪，另一例則是說它在某時期，或某一部分（例如某年齡或某些主要部分），或全時期或全部分遭受褫奪。所以，在有些例中可出現一個折中現象（有些人既不算好人也不算壞人），在另一些例，卻並無折中（一個數必須是奇或偶）。又，有些對成主題分明，有些則不分明。所以，這是明白了，「對成」的一端總是闕失；這至少在基本對成或科屬對成，例如「一與多」，是確乎如此的；其他對成可以簡化爲這些對成。

章五　一物既然只有一個相對，我們要問「一與多」如何能相對，「等」與「大和小」如何能相

[22] 見1055b4-6。

對。「抑或」一字只能用在一個對論之中，如「此物是白**抑或**黑」或是「此物是白**抑或**不白」（我們不會這樣發問，「此物是人**抑或**是白」），至於因爲先有所預擬而詢問「來者確是克來翁**抑或**蘇格拉底」——這兩者就並不同屬任何一級必須分離的事物；可是在這裡也成爲不可同時出現的對反；我們在這裡假定了兩者的不並存，於是才做出「來者是誰」的詢問；照這假定，倘說兩者都來
1056a 到，問題就成爲荒謬了；但兩者若眞的都來，這還是同樣可以納入「一或多」的討論之中，問題改變爲「他們兩人都來**抑或**其中一人來」：於是既說「抑或」必須是有關對反的問題，而我們卻問起了「這個是較大或較小抑或相等」，「等」與其他兩項所對反的是什麼？「相等」與兩者或兩者之一都不相對；「等」有何理由說是該與「較大」相對或說是寧與「較小」相對？又，說是「等」與「不等」爲對反。所以「等」與「較大」、「較小」相對，這樣一事物就不止與一事物相對了。如「不等」之意並指較大較小兩者，那麼「等」就該可以與兩者都成相對（這一疑難支援了以「不等」爲「未定之兩」的主張），這是一條柏拉圖學派教義㉓；但這引向一物與兩物相對的結論，那是不可能的。又，「等」明顯地是在「大和小」的中間，可是並沒有人看到過對反可以處於中間；在定義上，對反也不能處於中間；雖對成兩項間常容有某些事物之間體，然對成各項若自己處在中

㉓ 參看卷N，1087b7。

間，它就不得成爲完全的對項了㉔。

餘下的問題是「等」所以與上兩者相反的是「否定」，抑爲「闕失」。這不能於大小兩者僅否定或褫奪其一；爲什麼這可否定或褫奪「大」而不能否定或褫奪「小」呢？這必須兩都予以褫奪性的否定。爲此故，「抑或」就兩涉而不能單引其中之一（例如，「這是較大**抑或**相等」或「這是相等**抑或**較小」）；這裡就得常用三個「或」。但這又並不是一個必然闕失；因爲這並非每一不較大不較小的事物就必然相等，只有具備著相當屬性的某些事物才可引用三「或」來相較。

於是「等」，既非大亦非小，卻又自然地既可大亦可小；這作爲一個褫奪性的否定，與兩者俱爲相反（所以這也就是間體）。至於既非善（佳）又非惡（劣）之兩反於善惡者則並無名稱；這類事物往往每個都有分歧的含義，而且含受此義的主題往往不是純一；可是那既非白又非黑的顏色恰也是較可能作爲一色的。雖則照這樣，闕失性云謂的否定所可引到的顏色已進入有限的範圍之內，但就是這色仍還未能確定爲哪一名稱（的色）；因爲這可能是灰色，或黃色或其他類此之色。所以那些人將這類短語隨意應用，因爲既不善亦不惡的是善惡之間體，就說既非一鞋又非一手的事物爲鞋與手的間體——好像在一切例上均必須有一間體——這就產生了不眞確的評斷。但這不是必然的論證。因爲前一語確屬兩相反間的綜合否定，（兩反）在這一類的對反間存在一個自然段落，一個

㉔ 參看1055a16。

1056b 間體；在後一語中，鞋與手兩者之間則並無「差異」㉕存在；這一綜合否定所反的兩物屬於不同的門類，其（所含受的材料）底層並非一律（所以不能屬對，也不能爲兩者找一間體）。

章六 我們於「一與多」也可以提出相似的問題。假如「多」絕對相反於「一」，這將導致某些不可能的結論。「一」將成爲「少」或「少些」㉖，因爲「少」恰正也相反於「多」。又，因爲「倍」是由二得其命意的乘數，倍既爲多，「二」亦當爲「多」；於是「一」就必須是「少」，除了一以外，各數與「二」相比時又誰能作爲「少」而與「二」相對呢？沒有更比「二」爲「少」的了。又如長與短爲同出於長度一樣，若以「好多與少些」爲同出於「眾」，而所謂「好多」原也與「多」相同（只在無定界延續體㉗上這兩字有些分別），這裡「少些」或「少」均將成爲眾。因此，倘以二爲多，「一」恰正成了少；而「二」若作爲「少」，也就可轉成爲「眾」。只是說「多」與「好多」爲義相同時，也得注意到一點分別；例如水，只能是「好多」不能說「多」數。「多」應用於可區分的事物；「多」之一義即爲眾，那是絕對的或相較的有所超逾（至於「少」

㉕ 參看1055a6,26。

㉖ ὀλίγον ἢ ὀλίγα，前一「少」單數，後一「少」多數語尾，故英譯作a little or a few，中文可譯「少或若干少」，茲作「少些與少」。少些用於液體等物。本書中πολύ譯「好多」與πολλά譯「多」情況相似。

㉗ 「無定界延續體」指液體，見於下文第16行。

相似地亦爲「眾」，那是有所不足的眾）；「多」之另一義則爲數，只在這專稱上，「多」才與「一」相對反。因爲我們說「一與多」恰和說「一與若干一」或「一個白物與若干白物」一樣，這也與用一計量來計量若干事物一樣。所謂乘數也正是這樣的命意。每一數既爲若干一所組成，也就可用一爲之計量，因而均稱爲「多」；所以「多」與「一」相對反，不與「少」相對反。在與一相對這命意上，雖「二」亦足爲「多」——可是「二」之稱「眾」在絕對或相較的意義上均頗爲不足；故「二」之爲「眾」只是一個起碼的「眾」。但全稱之「二」則正是「少」；因爲這是一個有所不足的起碼之「眾」（爲此故阿那克薩哥拉於此題所做論述「萬物混合」，其爲眾與爲小悉無盡限[28]蓋未免有誤——彼於「爲小」一短語宜若「爲少」；而少並非無盡），照有些人的主張，一不作爲少，以二作爲與它數相較地最少。

「一」作爲「計量」與「多」作爲「可計量事物」間的關係，在數的範圍內成爲對反，是由相關詞項轉化起來的。我們在別處[29]列舉過「相關」二義：1.作爲對成，2.作爲對於可知事物之相關

1057a 知識，一項被稱爲與另一項相關，是因爲另一項關聯到這一項。並沒有人阻止「一」不許它比某些

---

[28] 見於《殘篇》1。這裡亞里斯多德於原語中偏取πλήθει καὶ μικρότητι（眾與小）為一個錯誤對成，而做成別解。阿那克薩哥拉意指萬物均由無限小無盡數（眾）的相似微粒組成，並不以此兩詞為對成，《古典評論》第三十卷42-44頁喜曼（Bowman）論此旨甚詳。參看卷A，章三984a12-16。

[29] 見於卷Δ，1021a26-30。

事物，例如「二」，爲較少；但既說是「較少」就不必然是「少」。「眾」出於「數」所繫屬的那一級事物；數就是可以一爲計量的「眾」，而「一」與「數」之所由爲對反者，不因於「相對」而因於「相關」；相關兩項之作爲對反者就在其一項爲計量而另一項爲可計量。所以並非一切成一者皆可稱之爲數；凡事物之爲不可區分並不是說這已成爲一數。但知識雖則也相似地爲與可知事物的相關，這關係卻不是與計量完全相似地造成的；盡可將可知物當作被計量物，用知識爲之計量，實際上一切知識皆可知事物，而並非一切可知事物竟成知識，知識的另一含義恰正是用可知事物作爲計量。

「眾」在若干命意上，不與「少」（「多」與「少」確乎相對，多爲眾之超逾，少爲眾之不足），也不與「一」爲對成；但在一個命意上，如前曾述及者，這些是對成，因爲眾是可區分的，而一（單）不可區分，另一命意上說以「一」作爲計量，眾作爲數則它們僅是相關，如知識之與可知事物的相關一樣。

章七

因爲相對容許間體，而且有些例中確有間體，間體應該是諸相對組成的。

1.所有間體與它們所由爲之居間的對成隸於同一科屬。事物進行變化時必先變入於間體，例如我們若要經過各個音階從高音弦轉到低音弦時，必然會先觸及中間音符，這個我們稱之爲間體；於顏色而論，我們若要從白轉到黑，我們必然先指向灰色或暗紅；它例類此。但從一科屬（門類）轉向另一科屬（門類）例如由顏色轉到圖形，除了偶然而外，這是不可能的。這樣諸間體必須與它們相應的諸對成同隸一個科屬。

但2.所有間體站在某些對反之間；只有出於本性之變化才能在這些對反之間進行。非相對的事物間不能有間體；因爲這樣的事物發生變化時，並不能由一極進達另一極。於諸對反式中，相反（矛盾）不容許有中項（這樣才眞是矛盾——這一類對反，其兩極端必有所釐定，間體是沒有的）。其他諸對反，有些是相關，有些是闕失，另一些是相對㉚。相關各項之未轉成相對者亦無間
1057b 體；理由是這樣：相關之不成相對者當非同一科屬。於知識與可知事物之間有什麼間體？只在「大與小」之間有一個。

3.如上所述諸間體倘在同一科屬，必站在對成之間，也必須爲諸對成所組合。諸對成或是⑴包含於一個科屬之內，或是⑵不包含於同一科屬內。⑴假如有這樣一個先於諸對成的科屬，則組成這科屬中品種對成的差異，也將先於品種；因爲品種是由這科屬與這差異組合起來的（例如，假定白與黑爲對成，其一爲穿透色，另一爲耐壓色㉛，——「穿透」與「耐壓」這些差異是先於的——這樣在對成而論亦爲先於）。但，具有相反性差異的兩品種才眞是品種對成，其他中間品種必須是科屬與它們各自所具的差異所組成（例如白與黑間一切諸色就當說科屬，即色與其色差所組成。可是

㉚ 1057a36-37萊比錫印本兩行，在第杜校訂本上刪去。

㉛ 穿透色（διακριτικὸν χρῶμα）與耐壓色或壓縮色（συγκριτικὸν χρῶμα），參看柏拉圖《蒂邁歐》67E全節。

這些差異不會成爲基本相對；否則所有一切的顏色均將成爲相對的或白或黑了。所以這些差異與基本對成不同；它們處於基本對成之間；基本差異則是「穿透」與「耐壓」）。

於是，(2)我們必須詢問不在一個科屬內的諸相對，其間體由何組成（因爲在同一科屬中的事物必須或以科屬要素與各項差異相複合來組成，或是沒有差異複合）。對成，凡不互含，而爲差異複合者，這才能成爲第一原理；至於間體則應全是複合或沒有一個是複合物。現在，事物由對成進行變化時每易先過渡於某些複合物（這些複合物具有兩對成或多或少的性質），然後再引向相對的一端；這些複合物就處於兩對成之間，兩對成在這間體上消長。那麼一切所謂間體便應是這些複合物（一事物在消長之中，或多或少地具有某兩事物的各不同素質，就該說是某兩事物在某種程度的複合）。又因爲另無它物更先於諸對成而與間體相勻和，所以間體必須是由諸對成複合起來的。因此一切次級相對與它們的間體也當是基本相對所複合起來的㉜。

於是，清楚地，諸間體是1.全都包括於同一科屬，而2.站在對成之間，3.它們都是由諸對成複合起來的。

章八

「於種有別」是說「一事物」「於某事物中」有別於「某事物」，這就該是那相別的兩

㉜ 自1057b2-30題旨見於34行，而行文不甚曉暢：括弧内語似皆為後人插入詮注。

事物所共同歸屬的事物㉝；例如動物之「於種有別」均屬動物。因此，別於品種之事物必隸同一科1058a 屬。我所舉「科屬」一字的命意，在物質上或其他方面著想，既爲兩品種的共同云謂，也就包含著非出偶然而確實重要的差異。在這科屬以內不僅各物具有通性，例如兩必同爲動物，而又必各具有其個別種性，例如其一爲馬性，另一爲人性；這通性，在每一動物上所表現的，超於種性之別。於是某一動物可由彼自性而成爲某種動物，如一匹馬，而別的則成爲別種動物，如一個人。所以這差異必須是科屬以內的「別性」。我將「異於科屬」一語加之另一「別性」，使科屬本身成爲互別。於是，這將是一個「對反」（這也可由歸納予以說明）。一切事物因相反，所以分離，而諸對成則已證明爲共隸於同一科屬㉞，因爲對成已經說明㉟是完全差異。而一切品種上的差異是「在**某事物上**」對於**某事物**的差異；所以這個**某事物**於它們兩事物實爲所共通，這也就是它們的科屬（由此而論，一切於屬無異而於種有異的相對是在同一云謂系列之中㊱；而達到最高度的互相爲「別」——

㉝ 此句原文中可將下舉各實例代「事物」：「人」「於動物中」有別於「馬」，動物實為人與馬所共通之科屬。事物必有所同而後可以在所同之外求其所異；此所同者即科屬。如絕無所同，兩物便無可比擬。參看上文1054b25-28及下文1058a7-8。

㉞ 見本卷第四章。

㉟ 見於1055a16。

㊱ 參看1054b35；並卷Α，980a23注腳。

這差異是完全差異——就不能同時並存）。所以這差異是對反之一式。

這樣，「於種有別者」就該是在同科屬內凡不可區分而具有一個對反的事物（不可區分物之不具有對反者將爲「於種相同」）；我們所以要注明「不可區分物」，是因爲在區分過程中，中間階段上未達成爲不可區分物時，亦可引出對反。於是，對於所謂「科屬」而言，「一科屬內各品種」顯然沒有一個可與科屬論同或論別（這樣的比喻可以適用；物質（在綜合實體上）因否定（取消形式）而得以顯明，科屬作爲事物本性的一個要素也就是它的物質底層（品種則類於綜合物體的形式）；但這裡若以赫拉克利特氏族爲一科屬名詞，則其含義便與此喻不符[37]）。於不在同科屬內的事物而言，這既於科屬有異，便也不論品種之別：這裡，所論爲科屬之別。而在同科屬中的事物則論品種之別。別於品種之事物，其差異必須是一個「對反」；這只有同科屬事物才能有這樣的差異。

章九　或問雌性與雄性相對，其間差異爲一對成，何以女人與男人於品種無別；雌雄各有本性之異，頗不同於白黑之例，何以雌雄動物於品種無別；雌雄作爲動物同屬一品種。這問題與下一問題略同，何以一類對反使品種有異，而另一類則不引起品種之異，如「有腳」與「有翼」成爲動物種別之徵，而「白臉」與「黑臉」卻不成種別之徵。也許前一類變異，於科屬而論，頗爲特殊，後

㊲ 參看卷Δ，1024a31-36，1024b4-6。

1058b 一類則在科屬上未爲特殊。因爲前一類的差別要素爲定義之異而後一類只是物質之異，在定義上的對反才能造成品種之異，僅於物質上有所差殊不能造成異種。所以肌膚或白或黑不爲種異，白人或黑人雖各係以異稱，而實非異種。這裡只在物質方面考慮著問題，物質不創造差異；因爲這人與那人各有其骨肉，但這並不使兩人成爲各別的品種。綜合實體各自爲「別」，但不「別於品種」，因爲這在定義上，並無對反。這裡不含對反之「別」，而是最後不可更區分的個體之「別」。加里亞是公式綜合於物質；於是白人也如此，因爲這就是那個別的加里亞其膚色是白而已；人之爲白，出於偶然屬性，於定義上無所增益。一銅圈或一木圈也不是於種有異；若謂銅三角與木圈異於品種，則其爲異不在物質，而是因爲它們在定義上已成爲一個對反。然而物質能在某一方式上使事物爲別，卻不能使事物於品種上成爲別嗎？或也能在另一意義上使事物爲品種之「別」？雖則於它們的個體定義中包括了它們的物質，何以這匹馬與這個人於種有別？無疑地，因爲這在定義上有一個對反在。白人與黑馬之間也有一對反，而且這是品種上的對反，這對反不在於其一之白色與另一之黑色，即使兩皆爲白，白人與白馬仍還是「於種有別」。但雌雄（男女）爲動物之特有秉賦，其爲分別不由其怎是而由於物質，即身體。爲此之故，同一種籽只爲所受某項作用就或成爲雌，或成爲雄。這裡我們已說明了何謂「品種有別」以及何以有些事物異於品種而另一些則於品種無異。

章十

因爲對反是「別」於形式，而可滅壞事物與不滅壞事物是相對（因爲闕失是一個決定性的無能），兩者必然不同級類㊳。

我們現在說到一般通用名詞時無須認爲一切不滅壞事物應在形式上異於可滅壞事物，正像每一白色物並不一定於形式上異於每一個黑色物一樣。假如這是一個普遍（共相），同一事物可能成爲兩者，甚至於在同時可能成爲兩者（例如人類既有白人又有黑人）；假如這是一個個別（殊分），這還是可能成爲兩者，只是不能同時成爲兩者；同一人可以一時爲白，又一時爲黑。可是，白與黑相對。

但，某些相對因偶然屬性而附隸於某些事物（例如現在所述及的以及其他許多事物），另一些相對則不然，其中就有可滅壞與不可滅壞事物這一相對。一切事物之成爲可以滅壞均非偶然。凡屬偶然就可有時而不然，但可滅壞性當其見於一切事物就成爲一個必然秉賦；如其不然，同一事物將可能滅壞而又不滅壞。於是，可滅壞性必然就是每個可滅壞事物的怎是，或存在於其怎是之內。同樣的論點於不滅壞性亦可適用；兩者都應是必然秉賦。於是，那引致一事物成爲可滅壞，另一事物成爲不滅壞的特性應是兩個相反，所以它們必須異於級類。

㊳ γένος原譯「科屬」，此章譯為「級類」。εἶδος原譯「品種」，此章譯為「形式」。此章所用兩字只是1059a14－行中符合於其他各章「科屬」與「品種」之技術分別。這兩字之引用有時含義略見混淆。並可參看卷Λ，1071a25與27；《範疇》8b27與9a14，《動物史》卷一490b16與17，《政治學》卷四，1290b33與36，其間混用科屬與品種兩詞。

於是，顯然，某些人[39]所主張的意式（通式）是不能有的，按照意式論，這將同時存在有一個可滅壞人與另一不滅壞人[40]。而所謂意式，據說，與各個個體不但名稱相同，形式亦復相同；但諸事物（如可滅壞與不滅壞事物）之異於級類者，其爲差異較之形式之異，還更屬重大。

---

[39] 指柏拉圖學派。

[40] 即一個感覺上的「個人」與另一意念中的「人式」。

卷(K)十一[1]

章一 在若干章導言中[2]我們已說明智慧是第一原理的學術，也提出了我們對各家所指第一原理的批評。人們可以這樣詢問，智慧是一門抑幾門學術？事物的諸對反常統一於一門學術，而第一原理並不相對反，若謂智慧只是一門學術，這與此義不符。若不止一門學術，則哪些學術可稱爲智慧[3]？

又，實證原理是屬於一門或幾門學術？如屬之一門則何爲必屬於此而不屬於別門？如爲幾門，則哪幾門是實證之學[4]？

又，智慧是否統研一切本體？如非統研一切本體，這就很難說應專研哪一本體；若說一門學術

---

① 卷K，第一章至第八章1065a26止為本書第三、第四、第六卷之簡述。第八章 1065a27起至卷末為《物學》中若干論題之撮要。此卷似為學生筆記。其內容，亦有助於第三、四、六各卷之瞭解，因此自古來第一至第八章都保存在編次之內。K卷下半無亞歷山大詮釋，西元後第二世紀時，八章至卷末可能不在此書編次之內。

② 稱為導言若干章者蓋指卷A，章三至十。

③ 參看卷B，996a18-b26。

④ 參看996b26-997a15。

可以統研一切，則又該疑問，何以同一門學術能包含多種主題材料⑤。

又，這是否只研究本體抑並及其屬性？若研究可證實的屬性各例這就無關乎本體。但兩者若分屬兩門學術，則哪一門應爲智慧？若以屬性之可實證者爲智慧，則那討論基本問題的本體之學又何以素稱智慧？

再者，我們現所勤求的學術，不應預想爲對於《物學》⑥中所論諸因之研究。因爲1.這不涉及極因（極因出於善性，歸入作用與動變範圍；而善之究竟則歸到原動者——但在不動變事物而論，
1059b 則並沒有這麼一個最初使之動變的事物）⑦。2.這也難說，我們現所勤求的學術，可否泛涉可感覺事物，抑只可專論非感覺事物。若爲非感覺事物，這就應是通式或數理對象。現在⑴通式顯然並不存在（若承認通式存在，這就難說數理對象何以不該像其他具有通式之事物一樣存在於這世界上。這些思想家將數理對象，安置於通式與可感覺事物之間，作爲這世界上的事物與其通式兩系列之外之第三系列；但在理想人馬與個體人馬之外，實際並無第三人與第三馬。在另一方面，如不承認他們的想法，則數理之學又將研究什麼？那就一定不是這世界上的事物了；因爲這類事物都不是數學的對象）。那麼⑵我們現所勤求的學術也不是爲了數理對象；因爲一切數理對象均不能獨立存在。

---

⑤ 參看997a15-25。
⑥ 四因見《物學》卷二章三。
⑦ 參看卷B，996a21-b1。

可是，這又並不專研可感覺事物；因爲它們是可滅壞的⑧。

大家將會詢問到哪一門學術討論數學材料上諸問題⑨。這不屬於物理之學，因爲全部物學專門研究具有動靜原理諸事物；這也不屬於實證之學，因爲這一學術所研究的就只是它所實證的那一類知識。這樣還得讓我們所尚論的哲學來處理這些問題。

大家又可討論我們這門學術是否主於研究所謂要素的各理論；大家認謂一切組合事物之中存有各種要素。

但，這也該想到我們所勤求的學術應該是研究普遍性的；因爲每一公式與每一學術均以普遍原則而不以最低品種爲對象⑩，照這道理，學術應從事於最高科屬之研究。這些，最後將歸結於「實是與元一」；因爲這些在本體上爲各個原理之基始，而含融著萬物；倘「一」與「是」消滅，則萬物亦當與之俱滅；因爲每一事物莫不在自申其爲「一」爲「是」。但「一與是」各當以其差異爲云謂，科屬則云謂於事物之所同，不云謂其所異，憑這樣的命意，我們似乎不能拿「一與是」當作科屬和原理。但較簡單地若說比較複雜的爲更近於原理，則科屬中的最低品種既較科屬爲簡單（因爲品種不可區分，而科屬則可分爲許多品種），那麼與其認爲科屬是原理，毋寧以品種爲原理。若說

⑧ 參看卷B，997a34-998a19。

⑨ 「數學材料」實指與可感覺事物相對的可理解事物。這問題，卷B內未提出，但見於卷Z，章九。

⑩ 參看卷B，998b15。

1060a 品種是在科屬之所同處立異，而由這差異以破壞科屬的範圍，那麼科屬應較近於原理；因爲事物之能包容另一事物的破壞性者便應是那另一事物的原理⑪。這些與其他類此諸問題是令人迷惑的。

章二　又，我們需要假定有某些脫離各個個體的事物，而我們這門學術所研究的正是這些事物？但個別事物爲數無盡；事物之脫離個體而獨立者，或爲科屬或爲品種，而我們這門學術並不研究這些。爲什麼不可能研究這些問題，這在上面已說明了⑫。在可感覺本體（即這世界中的本體）之外是否需要假設一個可分離的本體，抑或就將可感覺本體看作是智慧所關切的實在事物，這一般是難言的。因爲，我們似乎在尋覓另一類本體，而這正是我們的問題所在——是否在事物自身以外另有不屬於可感覺事物的獨立存在——假如眞有這樣一些本體相應於可感覺事物，卻又是脫離它們的，那麼這又得詢問哪些種類的可感覺本體才會有這些相應的本體？何以人們會假設人與馬較之其他動物或一般無生物更該有這樣相應的本體？另一方面，製造另一系列與可感覺並可滅壞本體相等數目的永恆本體，似乎是無可讚賞的⑬——但是，若說我們所求的原理不能從實事實物分離開來，那麼，還有哪一名詞較物質爲更可稱道？可是物質只是潛能而不是實現。較之物質，似乎這寧取形式

---

⑪ 參看卷B，998a20-999a23。
⑫ 見1059b24-38。
⑬ 1060a18 εὐλόγιον δόξειεν ἂν πίπτειν此短語費解。或譯作「超出了可能限度」。

或形狀爲更重要的原理；但形式是可滅壞的⑭，那麼能得獨立自在的永恆本體是全沒有的。然而這是悖解的；因爲這樣的本體與原理殊應實際存在，而且大部分有造詣的思想家所當作實是而一致追索的，恰正是這些；苟無某些永恆常在的獨立實是，這宇宙又何以立其秩序⑮？

又，世上倘確有我們現在所求的這樣性質的本體和原理，而且這是貫通可滅壞與不可滅壞事物的唯一原理，那麼問題又得轉到何以有些事物落入了永恆原理，另有些落入滅壞原理之中？這是不可能的。但，如果承認世上有兩原理，其一應用於滅壞事物，另一則應用於永恆事物，我們亦得有所疑難，這兩原理是否均屬永恆？如果原理是永恆的，何以屬於那可滅壞原理的事物不也成就其永恆？倘原理本非永恆，那麼另一原理（即不滅壞事物之原理）何以成其永恆；一則由此而自相矛盾，另一則因彼而自相矛盾，彼此相互矛盾且延展於無盡⑯。

另一方面，假如我們建立「實是與元一」，爲最不能變的諸原理，1.若每一實是與元一，不指
1060b 明爲一個別事物或一本體，它又何能分離而獨立？然而我們所希望於基本而永恆之原理者，正該是

⑭ 憑物質所表現之通式雖不參加滅壞過程，仍是可滅壞的，參看卷Z，章十五。唯一單純而無所憑於物質的不滅壞通式為「原動者」（卷Λ，章七）。應注意本卷各節亞氏只在列舉一般的意見，而指示其中所含之疑難。

⑮ 參看卷B，999a24-b24。

⑯ 參看卷B，1000a5-1001a3。

這獨立性。但，2.它們若眞各是一「這個」或本體，一切現有事物將悉成本體；因爲一切事物既各有所「是」，而有些事物又各成爲「一」；可是「一切現有事物悉爲本體」這一語是不眞實的。3.他們[17]說「元一」是第一原理也是本體，而「數」，由元一並由物質產生者，也該是本體，這些講法其實義又如何？我們怎能設想「二」與其他各數，由若干「一」組合起來後，仍稱爲「一」（一個數）？在這一點上他們沒說什麼，實際也是難爲說明的。

我們試假設「線」及跟著線來的事物（我意指理想的面）爲原理，於是至少這些不是能分離的本體，線只是面的分劃，面只是體的層次（而點只是線的段落），它們也是相應各物的定限；可是這些分劃與段落與層次各含存於另一事物，實際上是沒有一個能劃開來成爲獨立存在的。進一步問，我們怎能假設世上眞有「點」與「一」這樣的本體？每一個本體悉由漸進過程成其實是，但點就無漸進的生成過程；因爲點是一個段落[18]。

還有一個疑難出於這樣的事實，一切知識是有關普遍性的一些「如此」，但本體不是一個普遍而寧是一個特殊的「這個」；所以，若說世上眞有關於第一原理的學術，我們怎能設想第一原理就是本體之學[19]？

⑰ 指畢達哥拉斯學派與柏拉圖。
⑱ 參看卷B，1001a4-1002b11。
⑲ 參看卷B，1003a5-17。

又，綜合實體（我意指物質和形式在組合中的事物）以外是否另有獨立事物？若說此外別無事物，然而一切事物之存寄於物質者既均可滅壞，則我們無以回答不滅壞的問題。如其另有事物，這當是通式或形狀。那麼何種形式爲可能分離而獨立，那些又不能，現在很難分明；有些例，如一房屋，其形式是顯然不能分離的[20]。

又，諸原理是否於種類相同或於數相同？如其相同於數，則一切事物悉成相同[21]。

章三　因爲哲學專在一般實是上求是，重於通則，略於偏別之處，而「實是」既具多義，凡其取義不同時，就不得由同一學術爲之研究（字同義異之詞項便應分隸於不同科屬）；但，此字如畢
1061a 竟具有某些通義，則「實是」還應歸之於一門學術。詞類如「醫療的」與「健康的」就如上述，各有多種含義（而各歸於一門學術）。詞類之運用必相應於其所關涉者，其一涉於醫療，另一涉於健康，其他則涉於所相關之其他事物，而各求其相符契。或謂一刀曰醫療器具，或謂一課程曰醫療課程，前者致實用，後者爲學術，而所關涉者則同爲醫療。稱爲「健康」的事物亦相似，其一則可爲健康之表徵，另一則可資以致人於健康。它例類此。「現是」各物之所以稱「是」者略同於此；其所稱之「是」或爲實是之演變，或其常態，或其暫態，或其運動，或其他類於此者。每一現存事物

---

⑳ 參看999a24-b24。

㉑ 參看999b24-1000a4。

均可以某一單純之通義爲比照，每一對反亦可以其實是之基本對反與基本差異爲比照，無論此基本差異爲「衆與單」，或「相似與不相似」，或其他類於此者；這些，我們曾已討論過了[22]，茲不具詳。這現存事物，其比照爲擬之於「實是」或擬之於「元一」，則並無分別。因爲，即便兩者並不相同，至少它們是可轉換的；因爲凡是「一」的事物輒有其所「是」，而凡爲「是」的每亦成「一」。

但因每一對反均歸同一門學術予以研究，而每組對反的兩項，各是另一項的闕失（有些對成如義與不義在兩端之間具有一個間體，在這樣的例上人們可以詢問，闕失又如何與兩端相涉？）。在所有這些例中，人們必須認定闕失不算是全部定義的褫奪，而只是最低品種的褫奪。例如，倘將義人釋爲「由於本性自覺而完全服從法律者」，那麼不義者的定義將不必是整個定義逐節的否定，而只須是「在某些方面對法律不夠服從」，在這方面他就被稱爲闕失；它例類此。

恰如數學家之專研抽象事物（在他開始研究前，先剝脫了一切可感覺素質，如輕重、軟硬、冷暖，以及其他可感覺的諸對成，剩下的就只是量性與延續性，有時是一向度，有時二，有時三向度的量性與延續性，以及這些事物作爲計量與延續之屬性，於任何其他方面就不復置意；他考察其中某些事物的相關位置與它們的屬性，和另一些事物的可計量與不可計量性，以及另一些事物之間的

㉒ 參看亞氏《殘篇》1478b35-1479a5, 1497a32-1498b43。

1061b 比例等；可是所有這些都安頓在同一門學術——幾何），在實是研究方面這也如此。「實是」，就「實是」而論諸屬性和所含的諸對反，恰正是哲學這門所專研的對象。人們可以分別將事物之不屬實是，只屬動變者歸之於物學；將事物之不以「自身爲是」而以「其屬性之所是爲是者」歸之於辯證法與詭辯術；於是，留給哲學家的仍爲我們所已舉示的諸事物之所以爲實是。因此，一切可比照於由某些單純而共通的事物以成其爲實是者，雖其詞具有多方面的命意，這類事物可以由彼單純之通義以歸入一門學術，諸對成的情況亦然（它們可以實是的基本對成與基本差異爲比照），這樣在我們開頭㉓所提出的那個疑難可算是解決了——我意指許多不同科屬的事物如何能歸之於一門學術這問題。

章四　數學家雖於求取各專題的解答時運用通則，這還得讓哲學家來考查數學的諸原理。「相等者減去相等者，所餘相等」這樣的原則本通用於一切計量，但數學家卻只引用此原則於他們所剝離出來的一部分事物，例如線，或角，或數或其他類此之量度——數學不管那些事物之實是爲何如，只管它們如何各各延續於一向或二向或三向度。但哲學並不研究個別主題具有這些或那些偶然屬性，它所尙想於事物者將以闡明萬事萬物之所由以成爲此事此物之實是而已。——物理與數學的地位相同；物理研究事物之屬性，闡明其動變原理而不管其實是爲何如（至於我們所說的第一學術也

㉓ 1059a20-23。參看卷Γ，章二1059a29-34所提出的疑問，這一節也附帶做出了答覆。

涉及屬性和動變原理，這不爲別的，而只是因爲在屬性與動變上另有爲之底層者存在）；所以物學與數學必須編次爲智慧的分支[24]（哲學的部分）。

章五　有一個原理我們不可爲之掩飾，而且相反地，必須永久承認其爲眞實——這就是「同一事
1062b 物不能同一時既是而又不是，或容許其他類似的相反兩端」[25]。關於這樣的眞理，雖有各別實證，卻沒有完全的普遍實證。因爲要完全證實某一原理，必須由一個更確實的眞理爲之包含，而對於這眞理，我們找不出更確實的眞理[26]。誰想向一位執持相反論點的人證明他是錯誤的，他必先要求對方承認與此恰是相同的原理（並非似乎相同）——這原理就是「同一事物不能同時既是而又不是」；唯獨如此，他才能將自己的論據向那位在同一主題上確乎執持相反論點者做出實證。參加辯難的兩方必須默契此意；如其不同意這一規律，他們的辯論怎能進行？每一字必須指示可以理知的某物，每一字只能指示一事物，絕不能指示許多事物；假如一字混指著若干事物，這就該先說明它所徵引的究屬是其中哪一事物。於是誰說「這是而又不是」，他就否定了他所肯定的事物，這字原義「如此」者，他說這「不如此」；這是不可能的。所以「這是」雖然指明了某事物，這就確乎再

㉔ 此節相符於卷Γ，章三1005a19－b2，也答覆了本卷第一章1059a23-26及第二章中的一些問題。

㉕ 參看卷Γ，1005b8-34。

㉖ 參看卷Γ，1006a5-18。

不能用以代表那與它相反（矛盾）的事物[27]。

又，假如肯定了這字標徵某物，此字此物就做成必須的聯繫；凡必須爲「是」的就不該「不是」。所以要想確乎相反地肯定而又否定同一主題是不可能的[28]。倘以肯定與否定爲同樣眞實，那麼誰說「人」與誰說「非人」也同樣眞實。這似乎再說「此人是非馬」比之「此人是非人」並不會更眞確或更不眞確，而且既可說「非馬」也就可說此同一人「是馬」；因爲這先曾假定了相反敘述可能同樣眞實。於是跟著來的是：這同一人是人，是馬，又或是任何其他動物[29]。

對於這些通則，這裡雖沒有做出完全充分的證明，可是也足夠各別反駁那些任意造作假想的人了。也許依照這方式盤問赫拉克利特自己，就可逼迫他承認同一主題永不能以兩相反的說明爲一樣眞實。但是他竟做出了這樣主張，並不瞭解自己的主張實際包含些什麼[30]。如果他所說確屬眞理，則不僅同一事物將可以同時既是而又不是，還得這樣發展下去；試將這樣的敘述拆開爲各個單獨肯定與單獨否定均應同爲眞實——再複合起來成爲一個綜合敘述——這樣的綜合肯定也將與綜合否定

---

[27] 參看卷Γ，1006a18-1007a20。
[28] 參看卷Γ，1006b28-34。
[29] 參看卷Γ，1007b18-1008a2。
[30] 參看卷Γ，1005b23-26。

一樣眞實㉛。又，假如一定理不能確乎肯定任何事物——它所肯定的只是：正不必確乎是正，反不必確乎是反——這樣的定理自身就應是假的㉜。世上苟有眞是非，必將拒絕這些完全破壞合理語法的異說。

章六　普羅塔哥拉亦曾有類似上項想法的言語：他說過「人是一切事物的計量」㉝，其意謂各人所見便是眞實。若然，同一個別事物於此人爲美者，可以於彼而爲醜，其他以人爲度量之事物情形往往如此，苟以此爲憑，則同一事物便將可是可非，可善可惡，而一切相反敘述均將同屬眞實。我們若於此說溯其由來，將可解其迷惑。此意所本蓋一部分出於自然哲學家之教義，而另一些事例則出於世俗尋常之見，世人於同一事物固或喜或厭，或以爲甘者或以爲苦，各因所見不同而做不同之想㉞。

凡物必出於物，無物不能成爲有物，此通則幾乎爲一切自然哲學家所公認。可是，倘先有全白者在，白就不能產生，而非白若先在，這卻無妨於白的產生；因此辯難者這就可以說，先爲不白，

㉛ 參看卷Γ，1008a6-7。
㉜ 參看卷Γ，1012b13-18。
㉝ 見《殘篇》1。參看1053b1注腳。
㉞ 參看卷Γ，1009a6-16, 22-30。

今而爲白，白固由不白者來；若是，則其先必白與非白兩存於此物。可是這疑難是容易袪除的；我們已在《物學》㉟中講明事物由無成有，與由有成有兩項不同的意義㊱。

對於辯難兩方面的意見與印象若做等量齊觀，當是幼稚的；兩方必有一方錯誤。這是明顯
1063a 的，問題起於感覺；同一事物實際並不會於此人味甜，而又於彼味苦，如其有別，其中一人的味覺當已受損或有所變改。若然如此，大家就該以其中的一方爲度量事物的標準，而不用那不正常的另一方。於善惡、美醜以及類於此者，亦然。那些執持著我們所反對的那種意見的人，正像用一手指壓在下眼瞼而看見了兩手指，然後又示人以手指只有一個，於是他主張二與一相同（這於另一位不自干擾其視覺的人，一手指看來就是一手指）㊲。

總之，凡認爲世上一切事物皆變動不息，沒有一刻能保持相同的情態，用這樣的觀念作爲我們判斷眞理的基礎，這是荒謬的。探索眞理必以保持常態而不受變改之事物爲始。這些當以諸天體爲最宜；列宿千古無恙，昨今相同，不參加變化，也不會一刻這樣，一刻又那樣㊳。

又，假如動變是有的，這就必有被動變者，「一切被動變者必出於某物而入於某物」，辯難者

㉟《物學》卷一第七至九章；《成壞論》卷一，317b14-319b5。
㊱參看卷Γ，1009a30-36。
㊲參看卷Γ，1010b1-26, 1011a31—34。
㊳參看卷Γ，1010a25-32。

遂意謂此被動變之事物既可以爲先所出之某事物，又可爲後所入之另一物；實際此事物先在某物之中，因動變進行而出於某物，脫離某物之後，入於某物，而後存於某物之中；先是與後是兩者絕不同時，故相反敘述絕不能像他們所想像那樣同時俱爲眞實。

就算這地球上的事物於量上流動不息——這雖並不盡確，可姑做這樣的假設——這又何須就認定事物在質上也不能保持常態？我們辯難的對方似乎因爲同一事物可以四肘長，也可以不是四肘長，於是信以爲事物的量不能保持常態，由此誤想了矛盾敘述可以同時兩皆眞實的謬說。但事物之怎是寧依於質，不繫於量，質出於事物之決定性，量則出於事物之未定性㊴。

又，醫師囑咐人們服食某些特殊食品，人們何爲遵行醫囑？怎樣才可明確「這是麵包」較之「這是非麵包」爲眞實？若照那謬說行事，則服食與禁忌並無分別。但事實上人們和醫師大家都會心於言語之通則，確知服食就是服食，而所服食的也確定是麵包。假令自然確乎永在流動而一切可感覺事物絕無恆性，他們將無所措其感覺㊵。

1063b 又，假如我們永是動變，絕無常態，那麼大家又何必以病人的視覺幻異爲驚奇？（照他們的論點，無病的人看可感覺事物也刻刻在做變異；可是實際這同一事物雖則引起了兩個生理不同的人發

㊴ 參看卷Γ，1010a22-25。

㊵ 參看卷Γ，1008b12-27。

生不同印象，它自身並未參加那病人視覺的變異。倘事物，眞像上面所說，是在動變之中，那麼對於那無病的人也應引起變異的印象。）我們若保持正常而不變，事物也將有其不變者保持著在。

對於那些站在辯難立場而造成這樣疑題的人，滿意的答覆就不容易了，除非他們願意肯定某些事物而不要求其解釋；只有這樣，一切理解與實證才能進行而可得完成；如果什麼都不認可，他們就破壞了一切理解，討論也沒法進行。對於這樣的人是沒法與之說理的[41]。至於那些爲傳統的迷難所惑的人，這就容易相語而爲之消釋其所惑。這在上面所述各節已可明白了[42]。

經過這些析辨，相反（矛盾）敘述已顯然不能在同一主題同時爲眞實[43]；相對敘述也不能如此，因對反的一端出現時必有待於另一端的褫奪。我們若將對反的公式簡化爲它們的基本原理，這就可以明白[44]。

相似地，一主題倘已明確爲對成之一端則對成之間的間體也不能屬之於此主題，主題若是白的，我們就不該說這是既不黑也不白，因爲這樣，跟著也可說這個是白又是不白了；那個複合敘述的兩項（「不黑與不白」）中其第二項實際與白相矛盾，若間體成爲主題之所是，則「不白」也將

[41] 此節可參考卷Γ，章五及六。

[42] 見1062b20-1063b7。

[43] 參看卷Γ，1009a16-22, 1011a3-16。

[44] 參看卷Γ，1011b15-22。

爲白的主題之所是了㊺（這是不可能的）。

所以，我們不能接受赫拉克利特㊻或阿那克薩哥拉的觀念。如果認爲那些觀念是對的，則對成的兩端將可（同時）爲一主題的云謂；當阿那克薩哥拉說：「物皆含有萬物的各一微分」，這也就是說甜的事物不異於苦的㊼，於其他諸對成亦然，於是萬物之含存於各物者不僅爲其潛能，又且是各別的實現。相似地，這不能說一切敘述全假，也不會全眞，因爲若說一切是假，則連他那原理也該是假，而若說全眞，那麼，我要是說「這全是假的」也不能成爲假了；從這樣的論題更可演繹其他種種的困惑㊽。

1064a **章七**　每一門學術各爲其範圍內所可認識的事物覓取某些原理與原因——例如醫學與健身術以及其他製造之學或數學，都是這樣的。各門皆自限於其所研究的各類事物之中，似若勤求諸事物之所由存在與成實者——揆其實際則不然；研究存在與實是者乃另一門學術，全不同於這些學術。上所

㊺ 參看卷Γ，1011b23-1012a24。

㊻ 已見本卷1062a31-b2。

㊼ 阿那克薩哥拉語原意是甜物亦多少存有苦味。亞氏所摘取者只是在名學方面的一些語病。參看第爾士編《殘篇》11，菩納脫《早期希臘哲學》129節。

㊽ 參看卷Γ，1012a24-b18。

提及各門學術於各類事物之何以成其「怎是」者各有一得之見，而於努力闡明其他眞理亦往往各臻於專精。可是，它們所得的「怎是」或出於感覺，或出於假說而已；總之，歸納這一類的學術，曾無一門可得爲本體及其怎是做證者。

有一門自然學術顯然與實用之學及製造之學兩皆不同。以生產知識而論，動變之源在生產者，不在所產物，這動變之源就是藝術或其他職能。相似地，於實用之學而論，動變之源在有所作爲之人，不在所做之事。但自然哲學所研究之事物類皆自身具有動變原理，所以自然學術既非爲實用，亦不從事製造，這就成爲一門理論學術（凡學術，三者必居其一）。每一門學術必然知道一些「怎是」（「這是什麼？」），而執此怎是爲原理，我們因此就該注意到自然哲學家怎樣來界說事物而爲其「怎是」製成公式——而這些就有如「凹鼻」或如「凹性」兩類公式。「凹鼻」包括物質，「凹性」離於物質而獨立；凹鼻得之於鼻，我們必不能捨鼻而另致其公式，凹鼻就是一個具有凹形的鼻。於是，明顯地，肌肉、眼睛以及其他部分都不能捨棄物質而製成公式。

因爲專研實是之爲實是的學術是能夠獨立的一門學術，我們必須考慮到這門學術與物學相同抑相異。物學所討論的是自身具有動變原理的事物；數學是理論學術，討論靜止事物，但數學對象不能離事物而獨立存在。那麼異乎這兩門學術，必是專研那些獨立存在而不動變事物的學術，這樣性

質的一類本體，我們以後將試爲證明其實存於世間㊾。世上若眞有這樣一類的實是，這裡就該是神
1064b 之所在而成爲第一個最基本的原理。於是顯然，理論學術有三——物學、數學、神學；理論學術爲學術所共尊尙，神學尤爲理論學術所共尊尙；每門學術各因其所研究對象之高卑爲優劣，而神學所探索者，固爲世上最崇高的存在，是以優於一切學術。

人們可以提出研究實是之爲實是的這門學術應屬普遍抑非普遍這問題。數學各科各研習某一級數學對象，但普遍數理則通論各科以應用之於一切數學對象。自然本體若爲一切現存事物之首要，則物學必爲學術之首要；但世上若更有獨立不變之本體與實是在，那麼這一知識必先於一切，而普遍於一切，亦必異乎物學而先於物學㊿。

章八 因爲「實是」諸命意之一爲屬性（偶然）之是，我們必須考慮到實是的這一方面。明顯地，傳統諸學術均不管偶然屬性問題。建築術不考慮那些將要住在那屋內的人們（例如他們住此屋內一生或吉或凶，或樂或悲的問題），紡織，或製鞋或縫衣，亦然；每一門學術所考慮的只是各自範圍內自身的目的。至於辯論題目，如「凡現有的常爲先未曾有，是故『無』可爲『有』」，所以苟有誰能識曲而成爲能文者，就應是先不識曲亦不能文，而一朝就既已識曲又且能文，這類忮

㊾ 參考卷Λ，章六及七。

㊿ 參看卷E，章一；又卷K，1059a26-29。

詞[51]——除了詭辯家以外，已成立的各門學術都不會去管這些問題；因爲這些都是屬性之是。所以柏拉圖說[52]詭辯家以「非是」爲業，他說得不算錯。

我們若試體察屬性（偶然）之是究屬何物，就可明白屬性之學該是不會得有的。我們說每一事物或謂常然，或謂必然（必然的意思不是說出於暴力，只是可以訴之於實證而知其必然），或大多數如此，這是一類，另一類是並不大多數如此，亦非常然，亦非必然，而只是出於偶然（機會）；
1065a 例如伏天可以寒冷，但不會常然，亦非必然，亦不大多數的伏天如此，雖則這可以有時而遭遇。於是，偶然屬性可以釋爲遭遇，而不是常有，必然，或大多數可有的遭遇。現在我們已將屬性之是說明，大家也該可懂得這樣一門學術不能成立；因爲一切學術只能研究常常或大多數如此的事物，而偶然屬性不是這一類事物。

顯然，屬性之是不像本性之是那樣，具有原因與原理；如其具有原因與原理，這將成爲必然的了。如有B就有A，如有C就有B；假令C不是偶然存在而爲必然存在，則凡以C爲因者，B亦將成爲必然，節節之因所引起節節之果，直至最後之果而後已（但這果是跟著那假設之因而隨附著發生的）。於是，一切將盡成必然，一事物之可遇或不遇的可能性，亦即「機會」，便完全由這一

[51] 這一詭辯忮詞與卷E，章二中所舉例不同：此忮詞之癥結在濫用ἅμα ἔσται ἀμφό-τερα中ἅμα（「即刻」或「同時」）一字，此字現譯「一朝」。

[52] 參看卷E，1026b14注腳。

系列中刪除。假令這初因尚非現成而便將出現，同樣的果也將跟著出現；各個事件也將必然次第發生。明天將見月蝕，倘先見A；A將見，倘先見B；B將見，倘先見C；在此系列中，若於現在與明天之間的有限時期內減去各段時間，我們就將獲見那預定的開端。若此前因誠有，則各個後果自會遭遇，而一切事物也就成爲必然的遭遇。

「眞實之是」[53]與「屬性之是」之所以各爲其「是」，前者依於思想（理知）的結合，也是思想的一個演變（因此我們所探索的原理就不在實是之本義而爲實是外在的客觀義理）；後者之爲是既非確定（亦即偶然），便非必然；凡偶然事物，其原因既不確定，亦無統系[54]。

事情之出於自然或由思想所肇致者，必可見其適應於目的。這樣的事情若忽而發生這就是機遇（運道）。因爲一事物之存在該得有一個原因，或是出於本性自然或是出於偶然[55]。某些事情原來常是出於某種作用，符合於某些目的，茲乃忽然發生，此類事物其起因不能不歸之偶然者，便是機遇，這樣機遇與思想照顧著相同的範圍；因爲那些作用原來應該是憑依思想而發生的。引致機遇結果的原因是無定的；所以「機遇」幽隱，非人智所能運算，這種偶然緣由可算是無原因的原因[56]。

[53] 參看卷E，章四；卷Θ，章十〈論真假〉。
[54] 參看卷E，章二至四。以下為《物學》撮要。
[55] 參看《物學》卷二，196b21-25。
[56] 參看《物學》卷二，197a5-14。

1065b 其結果爲善爲惡爲吉爲凶，就說是好運道或壞運道；倘所遭遇的後果規模很巨大，這就說興盛或衰敗[57]。

因爲偶然事物均不會先於本然事物，所以偶然原因也不會先於自然原因。如有以「機遇」或「自發」爲物質宇宙之原因者則「理性」與「自然」當已先之而爲原因[58]。

章九　有些事物只是實現地爲事物，如某一個本體，有些只是潛在地爲事物，如具有某一個量，又有些則是潛在地與實現地爲事物，如其他各範疇[59]。離開事物就沒有運動，變化常按照實是的範疇進行[60]，各範疇間不相通變。每一範疇中一切事物之成是者，必於兩個方式中擇取其一，例如，於個體，其一類爲「正面形式」，另一爲其「闕失」；於「質」，其一爲「白」，另一爲「黑」；於「量」，其一爲完整，另一爲「不全」；於空間運動，其一爲「向上」，另一爲「向下」，或是

---

[57] 參看《物學》卷二，197a25-27。

[58] 此論題見於《物學》。「機遇」間接出於理性，「自發」相似地間接出於自然。但間接原因預擬了直接原因：這論點針對著原子論者（參看《物學》卷二第四章196a24；又第五第六章，198a5-13）。

[59] 參看《物學》卷三，200b26-28。

[60] 「變化」（μεταβάλλει）之在範疇上進行者，本體之變為成壞；量變為增減；空間之變為位置移換。參看第十二章。

一物爲「輕」，另一爲「重」；這樣，有多少類實是就有多少類動變。

在潛能與完全實現之間，別有一級事物，我稱潛能的這種實現過程爲動變。由下列事實可以見到我們所言爲不誤。當磚石正在被用於建築時，亦即在建築過程之中，我們認爲這些磚石是「可建築物」，這些可建築物就正實現地爲「可建築物」⑥①。正在學習，正在醫療，正在步行，正在跳躍，正在長大，正在成熟，皆相似。動變結束之時，亦即完全實現之時，不先不後⑥②。所謂動變，就是潛在事物（磚石）非以其原身分（磚石不作爲磚石）而以其可動變身分（磚石作爲可建築材料）轉成爲完全實現（房屋）。這裡，ᾗ〈**作為**〉我以指示這樣的含義：銅，潛在地是一雕像；可是雕像的完全實現並不是「銅『**作為**』銅」而進行之動變。因爲「銅『**作為**』銅」與「**作為**」某一潛在事物並不相同。假如這在定義上完全相同，那麼銅之完全實現爲銅就得算爲動變了。但這並不相同（這在對反的例上是明顯的；能夠致健與能夠致病不相同——倘「能致」爲相同，則正是健在

---

⑥① ἐνέργεια（「實現」或「實現過程」）與ἐντελέχεια（「完全實現」）在漫步派目的論中為兩重要名詞；亞氏有時將兩字做同義字混用（例如1066a3）。物質底層之以磚石為例者，照1065b15—23的分析有三階段，1.磚石為物料，可做建築房屋之用；2.本為可建築之磚石，現在被用於建築之中，即「潛在房屋」入於動變階段，亦即房屋之實現過程；3.完全實現為房屋，磚石已砌入牆壁，不復是可建築物。「可建築物之為可建築物」限於實現過程中。

⑥② 參看《物學》卷三，200b32-201a19。

與正在病中也將相同——眞正相同的只是健康與疾病的底層，那底層或是血液或是體液則確乎爲同一的血液或體液）。有如顏色與可見物之不同那樣，事物與潛在事物並不相同，動變是事物**作為**潛在事物而進入完全實現。這麼，「動變終了於完全實現的同時，不先不後」，該可得明白了。因爲
1066a 每一事物，例如可建築物之**作為**可建築物者，可能有時實現有時不實現；可建築物作爲可建築物而進行實現，則爲建築活動。實現就或是這個建築工程，或是房屋。然而當房屋存在時，這可建築物就不再是可建築物；這恰已成了被建築物。所以，實現過程必須是建築活動[63]，這就是一個動變。同樣的道理可應用於其他一切動變。

從別人關於動變的議論看來，可以明白我們所說不誤，事實上也沒有其他方法來界說動變。第一，這不能安排在其他級別中。這從人們的議論中可以見到。有些人稱動變爲「別異」，爲「不等」爲「不實」[64]；可是這些都不是必然會動變的，變化或從這些發生與變向這些，卻也一樣可從它們的對反發生與變向。人們把動變安排在這些級別中的緣故，是因爲這些被當作爲「未定」，而「未定」之成爲諸對反兩行列中[65]的一列則因爲它們全都不是「這個」，也不是「如此」，也不

---

[63] 此語說明房屋（οἰκία）不因磚石（πλίνθος καὶ λίθος）為可建築事物（οἰκοσομηκὸν）而得以實現：實現的要義則還在動變，κίνησις即建築活動（或建築工程）（οἰκοδομησίς）。

[64] 指畢達哥拉斯學派與柏拉圖學派：參看柏拉圖《詭辯家》256D、《蒂邁歐》57E。

[65] 參看卷A，986a23注腳。「未定」系列即「無限」那一系列。

是其他任何範疇，而是闕失。至於動變爲何被看作「未定」，是因爲這不能歸入事物之潛在或其實現；因爲可能成爲某一量與實現爲某一量都不是必然會動變的。動變可擬想爲實現，但未完成；動變雖出於潛能之進行實現，卻也不完全。所以這很難捉摸動變究竟是什麼；我們必須把它歸之於「闕失」，或「潛能」，或「實現」，可是明顯地，均不適宜。所以剩下的唯一安排就得依照我們的意見，歸入我們所敘述的實現活動——這是一極難於察見而可得存在的實現過程[66]。

動變顯然含存於可動變物之中；因爲被那動變原因所動變而成爲完全實現的正是這可動變物。致使動變之活動不異於可動變者之活動。兩者的活動結果就是完全實現。一事物稱爲主動者，是因爲它具有致使動變的能力；但實行動變的還得是那可動變者，所以兩者的實現是合一的，有如一個段落，可說是從一到二，也可說從二到一，有如一個山坡，可以說是上坡，也可以說下坡，段落還是那同一段落，山坡還是那同一山坡，只在活動上看來不相同；主動與被動的例與此相似[67]。

章十 無限（無盡）或1.是不能達到盡處的，因爲它的本性就是不可盡（這於聲音總是看不到的有所類似）或2.是容許無盡地進行的，或是3.很難進行到盡處，或是4.雖則自然地可到盡處，卻從
1066b 未到過這盡處。又，一事物可以在加法或減法上爲無限，或是在兩者均爲無限。說無限是一個可分

---

[66] 1065b22-1066a27。參看《物學》卷三，201a27-202a3。

[67] 參看《物學》卷三，202a13-21。

離的獨立實是而又不可得見，這是不可能的。無限若既不是一個幾何量度又不是一個算術眾多，而自身並不因屬性而成爲無限，卻正因其本性爲無限而成爲無限者，這便應是不可區分的了；因爲量度或眾多均可區分。若無限正是不可區分，那就只有聲音看不到這樣的命意可成爲無限；然而人們所論述的無限並不指這樣的命意，我們也不是在考察這一類無限，大家只研究那不可盡的無限[68]。那麼無限應是數或量度的一個屬性，若量度或數不能獨立自在，無限如何能獨立自在[69]？又，無限若爲其他某些事物的一個偶然屬性，這樣的無限就不能是那些事物的怎是，這猶如「不可見性」不能成爲言語一樣，儘管「聲音」是不可見的[70]。明顯地，無限不能實現地存在。因爲這樣在無限中取出任何部分均將是無限〔因爲無限若不是一個主題的云謂，而已成爲一本體，則「成爲無限」（無限性）與「這無限」就相同了〕。所以無限或不可區分或可區分，若可分段，則各段均當爲無限；但同一事物不能有許多無限（假如無限爲一本體，亦爲一原理，則無限的一部分仍還是無限，猶如氣的部分仍爲氣）。所以，這必須是不可分配的，不可區劃的。但因爲在實現上，無限就得是某一個量，這就不能是不可區分的。所以無限性只能是某一主題的偶然屬性。但若眞像我們所說過

[68] 參看《物學》卷三，204a3-14。
[69] 《物學》204a17-19。
[70] 《物學》204a14-17。

的[71]那樣，無限就不能是一個原理，這只能是氣或偶數的偶然屬性[72]。

這個研究是普遍性的；但由下一論點可得明白在可感覺事物中沒有「無限」。一個實體的定義倘是「以面爲其界」，則無論是可感覺或可理知實體均不能是無限；也不能有一個分離的無限數，因爲數以及具有數的事物均是可點數的[73]。從下一論點看來眞理是確乎明顯的。無限既不能是組合體，也不能是單體。1.因爲要素之爲眾爲多是有限的，這就不能組合成「無限」。諸對反必須相等衡，各不能是無限；對反兩物體的能力倘有高低，則有限將被無限所滅壞。兩物體又不能均爲無限。物體在各個方向均具有延伸，而無限則是不盡地延伸著，這樣，無限倘爲一物體，此物將在每一方向均爲無盡。2.無限物體既不能是任何單純物體（元素）[74]——也不能像有些人所認見的由以創生諸元素的某些超元素事物[75]（因爲諸元素以外並無這樣的事物；萬物均可分析爲它所組成的元 1067a 素，但除了不可再分離的諸單體（元素）外，從沒有分析出這樣的事物）。無限也不是火，也不能

[71] 見上文第九行。

[72] 參看《物學》卷三，204a20-32。這是畢達哥拉斯數論派的無限觀：以氣在量度上具有無限性；又以偶數為具有無限性質的數，奇數為有限的數。

[73] 《物學》卷三，204a34-b8。

[74] 指阿那克西曼德之「無限元素」（即未分化或未定之元素）。參看本書卷A章七、卷Λ章二。

[75] 超四大元素，參看《物學》204b10-24。

是其他元素。除了這些怎能成爲「無限」這問題以外，宇宙萬物即便它是「有限」也不能是這一元素可以變爲任何另一元素；像赫拉克利特所說⑯「一切在某時悉變成火」。同樣論點也可應用於自然哲學家們在諸元素外所主張的「元一」。因爲一切事物均由對反變向對反，例如由熱變冷⑰。

又，一個可感覺實體必有所居處，全體與部分各有其正常位置，例如整個大地（地球）與其部分⑱。於是，1.假如一個無限實體是勻整的，這當是或不動彈，或常動⑲。但這是不可能的；它在或動或靜，或上或下，或這裡或那裡，將何所擇呢？例如這無限實體苟有外殼，它這一部分，將在何處逞其動靜？這個勻整的實體和它外殼已佔盡了無限的空間。又，外殼眞能佔盡了那空間麼？怎

---

⑯《殘篇》30、64、66、90。

⑰ 參看《物學》卷三，204b32-205a7。以元一為無限這論點參看上文1066b35-1067a1。這裡的論據與「無限」這主題不甚相切。特來屯尼克英譯本注釋：一切變化均由對反向對反，1.一元素不能對反其餘諸元素，2.一個物質原理也不能對反四個元素：所以「這也不能以『唯一』元素或『唯一』原理為宇宙之終極原理」。這裡亞氏否定以「無限」為宇宙主體之說，順便批評了一元論。

⑱ 希臘自然學家於「四大」的正常位置是這樣安排的：地（土）處於宇宙中心，宇宙外圈為火。參看《說天》卷一，第二章。

⑲「常動」（ἀεὶ οἰσθήσεται）一語，用於「無限實體」不合。無限實體之外應無空間，而全不能動彈。羅斯解釋此短語指無限實體中的一部分之或動或靜。

樣來估盡？（這是不可能的。）其動與靜又何如？這將是在任何處靜止著就不能動彈；或是在任何處動著就不能靜止[80]。但2.假如這「全體」（全宇宙）具有各不相似的部分，則各個部分的正當位置也不相似，而且第一，這個「全體」只能是因接觸而成一實體，第二，它各個部分，其爲數應或是有限或是無限。它們不能是有限一類；因爲全體既爲無限，其中一些部分若爲有限，則另一些部分就將是無限；例如火或水應將是無限，但這樣的一個無限元素將毀滅對反諸元素[81]。假如其各部分是類屬無限的單體，那麼它們的部位也各爲無限，而全體中又得有無限數的元素；假如這是不可能的，各個部位是有限的，全宇宙也必是有限的[82]。

一般說來，一切可感覺物既悉屬或輕或重的實體，世上便不能有一個無限實體而仍讓諸實體各保持其正常位置。因爲這必須或向中，或向上運動，而「無限」——或是一整個或是半個——均不能做向中或向上的運動。你怎能區分這個實體？你將以哪一部分爲上或爲下，又哪一部分爲中或爲

[80] 1067a15，如以大地（地球）為無限，無限之物不可得其中心，因此，這外殼就不能確定有它正常的動靜位置（看下文，1067a23-33）。

[81] 參看《物學》卷三，205a10-25。又參看本卷1066b28-34。這裡的論旨大略如下：倘造成一個無限全體的各個部分為類有限，其中必須有一類，其為量或延伸是無限的。但其中若有一類為無限，這一類將毀滅其他的有限類，那麼原來假定的以一部分有限類來組成無限全體也不能成立了。

[82] 參看《物學》卷三，205a29-32。

外？每一可感覺事物各有其空間位置。而位置則有六類[83]，這些都不能存在於一個無限實體中。一般說來，假如沒有無限空間，無限實體也不能有（無限空間實際是不能有的）；在一空間就得在某處，這就得是在上或在下，或在其他任何方向之一，這些各都有一個定限[84]。

至於表現在運動上，或在距離上，或在時間上的無限，其命意不同於單獨事物，這些必皆後於某一先天事物，由於另一事物在先故此後天事物相關地稱爲「無限」，例如一事物在動變或擴張中由於所歷的距離關係，其運動有稱爲「無限」者，而由於運動的歷程，一時間亦有稱爲「無限」者[85]。

1067b

章十一

關於變化的事物，有些是在偶然屬性上變，例如說「這有文化的」在散步；另有些說是在全稱上變著，因爲它某些記憶體的事物在變，或是它所包含的某部分在變；身體說是變成健康，因爲病眼已治癒了。更有些事物由於本性而直接變化，這才主要的是在本性上爲可變事物。致動者也有同樣分別；致動者引致變化也可以是或出於偶然屬性，或部分地出於本性或全出於本性。

動變，某些事物當是直接致動，某些事物當是出於被動；又必有動變時間，以及始動所自與

[83] 空間位置六類為上下、左右、前後（見《物學》205b-31）。
[84] 參看《物學》卷三，205b24-206a7。
[85] 參看《物學》卷三，207b21-25。

終動所止[86]。但作爲動變兩限點的形式、情態、地位都不動變，例如知識與熱度；熱度不是一個動變，加熱或減溫過程才是動變[87]。

並非一切事物均具有非屬性之變，內在本性之變只能變於諸相對，諸間體與諸相反（矛盾）之間。我們可憑歸納以爲證明[88]。凡變，或正變入於正或負變入於負，或正變入於負或負變入於正[89]（正項命意，我現在用以指說一個肯定詞）。這裡負與負兩項既非相對亦非相反，「負入於負」既然不含有對反就不能當作一變；故變必歸於三式。負乃正的相反，「負入於正」爲生成，全變即完全生成，局部之變即局部生成：「正入於負」爲滅壞，全變爲完全滅壞，局部之變爲局部滅壞[90]。

假如「非是」有數命意，而在結合與分離上爲「非是」者，以及與全稱實是爲相反的潛在之

---

[86] 參看《物學》卷五，224a21-b1。

[87] 參看《物學》卷五，224b11-16。

[88] 參看《物學》卷五，224b28-30。

[89] ὑποκειμένου和οὐχ ὑποκειμένου亦可譯作主與客。變化的可能四式成為「主變於主，客變於客，主變於客，客變於主」。

[90] 「正變入於正」雖非兩相反，卻可成兩相對，如「窮人」變為「富人」；這樣的變非本體之變，只是屬性之變。如改作「窮人」變為「非窮人」，亦不能為全稱的本體之變。亞里斯多德於變的三式中只說明兩式。只有正負與負正之變確乎為本體之變。正正之變為運動，參看下文1068a1-5。

是，均不容有運動[91]（「非白的」或「非善的」當然可以做偶然的動變，因爲那非白的或非善的可能是一個人；但如果全不是一個個體，這就沒法運動），則凡屬「非是」均當不能「運動」（若然如此，則「非是」既出於生成，一切生成便不能是運動；即便這生成完全出於屬性，「非是」仍是一般生成事物的云謂）。相似地，「靜止」也與非是無涉。於是這些後果頗爲古怪。還有，每一運動的事物必有一處所，「非是」原無所處；但它若有運動這便當有其處所。滅壞也不應是運動；
1068a 因爲運動的兩個對反爲動和靜，但滅壞的對反卻正是生成[92]。因爲每一個運動是一個變化，而變化有三類，前已列舉[93]，三類之中生滅一式爲一事物在它的兩相反間之變化，並非運動，這樣就只有正項之變入於正項才是運動。正項可以是相對或是間體（闕失也可作爲相對），均用肯定詞爲之命名，例如裸體（無衣），或豁齦（無齒），或黑（無白）。

---

[91] 參看卷E，1026a33-b2, 1027b18-19。結合與分離上為「非是」者即「假」。潛在而非實現地存在之事物為另一類「非是」，這兩類「非是」能變化，不能運動。

[92] 此節將μεταβολῆς（變化）與κίνησις（運動）做出分別，每一運動是一個變化，每一變化不一定是運動。本體之變如生成與滅壞只是變化，其他範疇之變如位變才是運動。但亞氏於全書中不常做此分別，往往以κίνησις一字包括運動與變化，通說本體與其他範疇。

[93] 見於1067b19。

章十二　如範疇分爲本體、質、處、作用或被作用、關係、量[94]，則運動必歸於三類——質、量、處。本體無運動（因爲本體無與之相對者），關係亦然（因爲相關係的兩者之一變化時，另一相關詞項雖全無變化，亦已失其原關係——所以它們的運動是附屬的）。作用與被作用者，或主動者與被動者亦然，因爲這既沒有「運動的運動」，也沒有「生成的生成」，一般說來也就沒有「變化的變化」。

1.運動的運動也許在兩個含義上存在；(1)一個人從白變黑這行動是一個行動主體在行動——在這樣行動著的這個人又可以加熱、冷卻，或挪移，或增大。但這不可能是變化的變化；因爲這裡的主體不是「變化」[95]。(2)或是另一主體也許由變化而再變爲另一式的存在（例如一個人由疾病變成健康），但這動變只可附於主體而發生，仍還不可能是變化的變化。因爲每一動變是由某些事物變爲某些事物，生滅亦然；只是生滅變化之入於對反與運動之入於對反者其道各異[96]。於是，說一事物同時由健康變爲疾病，又由這個變化本身變向另一事物。明白地，假如這已變於疾病，這當已變到可得進行任何再變的境界（這不能在靜止中）；每一變化原不是一些偶然的變化，再變也當是由

---

[94] 範疇僅舉其七，位置、狀態、時間三者未列。時間為一切運動的要素之一，本身不進入運動。

[95] 主體只是發生白黑動變的那個人，那個人又發生冷熱動變，質變，或處所動變（位變）或增減變動（量變）。此類附屬變化加於那個人並不加於那個白黑動變。

[96] 生滅為兩相反間（矛盾）之變化，運動是兩相對間之變化。

某些確定的事物變向於另些確定事物；所以再變將必是相反的變化，亦即變爲健康。然而所有這些變化都只能憑附在某一主體上進行；例如有一種變化是由回憶變向遺忘的過程，這種變化只是因爲那變化過程所繫屬的事物在變著，一時變入有知狀態，一時又變入無知狀態。

2.變化的變化與生成的生成倘是確有的，這過程將進至無限。後一生成倘出於前一生成，則前
1068b 一生成又必更有前一生成。假如簡單的現生成物若先已是一度生成，則那些生成物又應先已一度是某些生成物；那麼這些簡單生成物尚未存在，那些曾已生成物業經先已存在。而那個業已生成物，在那時候則尚未成爲生成物。但因爲在一切無限系列中找不到第一項，在這樣的生成系列中也不會有第一項，那麼後續各項也不能跟著存在。於是生成或運動或變化也都不能有。

3.凡能運動的也是能做相對的運動與靜止的，凡生成者亦消失。故生成者當於一經生成的生成之頃即便消失，因爲這不能在生成之中消失，亦不能在以後消失；那麼，凡是正在消失的事物，必須是此刻正在生成的事物[97]。

4.生成與變化必須具有一物質爲之底層。於是這底層物質將是什麼，人在改換中，是身體抑靈

[97] 此節說明「生成的生成」是荒謬的，以論證「變化的變化」也是沒有的。羅斯疏釋此節：假如生成物為生成的「生成物」，那原生成應消失其生存。何時消失？這不在正當生成的生成之時，因這在生成之中，尚未生成；所以這不能消失。也不能在這已生成之後消失，因為這時只有「已生成」便無「現生成」，所以他不能有「現消失」。所以「現消失」只能見於「現生成」之頃刻間。這是荒謬的。

魂在進行這改換，是什麼成爲運動或變化？這動變的終局又是什麼？因爲這必須是某些事物從某些事物動變爲某些事物。於是這個條件怎能達成？不能有學習的學習，所以也沒有變化的變化[98]。

因爲本體或關係，或作用與被作用均無運動，運動就只與質、量和處相涉；因爲這些各都具有對成。至於質，我不是指本體中的質（因爲差異也是一種質），我只指承受的質，由於這種質，一事物得以被作用或由此得以不被作用[99]。全不被動變者或是在長時期間很難動變，或是動變開始很慢的，或是本性上能被動變且應被動變，而在該動變之時與該動變之處並不動變者，這些謂之不動變物。在諸不動變物中，只有這最後一個我稱爲在靜止中；因爲靜止是相對於運動的，所以這必須是能受運動者的一個闕失[100]。

事物之所在相緊接者稱爲「共處」，事物之各在一處者稱爲「分離」（獨立）（在一直線上相隔最遠者稱爲「對處」）。事物之極外端相共在一起者爲「接觸」；變化中的事物，若照它的本性繼續變化，在尚未自然地到達到變化終極之前謂之「間在」[101]。因爲一切變化皆在對反之間，對

[98] 1067b14-1068b15參看《物學》卷五，225a3-226a16。
[99] 參看《物學》卷五，226a23-29。
[100] 參看《物學》卷五，226b10-16。
[101] 參看《物學》卷五，226b21-25。

4 反則或是相對或是相反，而相反者便無中項，所以這明顯地，只相對之間才有「間在」[102]。跟著起
1068b32 點順次而下者爲「串聯」（其序列決定於位置或形式或其他），相串聯的兩者不得有同級而非順次
35 者雜入其間，例如線與線、單位與單位、一房屋與一房屋之間（非同級事物之雜入其間，這可不
1069a 管）。串聯者，聯於某事物而爲某事物之後；「一」之於「二」不爲串聯，月份中初一亦不串聯於
2 初二。串聯而相接觸者謂之「貼切」。延續爲貼切的一個品種。兩事物之外限相共處以至於合一
5 者，我稱爲「延續」，所以諸事物由於相貼切而成爲一個整體者，才可見其爲延續。明顯地，在這
些觀念中，串聯當爲先得（因爲串聯者不必爲接觸，而接觸者可爲串聯；事物之延續者自必相接
觸，而接觸者不必延續；諸事物之不相接觸者必非一有機體），所以一個點不同於一個單位；因爲
各點可接觸，而各單位（數）不可接觸，諸單位只能串聯；點之間可有某些事物，但單位之間不能
有某些事物[103]。

---

[102] 本節各行依柏朗脫爾（Prantl）及特來屯尼克校勘移接。

[103] 參看《物學》卷五，226b32-227a31。

卷(Λ)十二①

章一　我們研究的主題是本體；我們所探討的正是本體的原理與原因。倘宇宙爲一整體（完物），本體就是這整體的第一部分；倘這整體只是各部分的串聯，本體便當在序次上爲第一，其次爲質，繼之以量。同時後兩者實際上只是本體的秉賦與動變，並非全稱實是——將這些也算作實是，「不白」、「不直」之類便也成爲實是；至少我們有時也得說「這裡是一個不白的」。又，除了本體而外，其他各範疇均不能獨立存在。早期古哲學家也習知本體的原始性；他們所勤求的也正是本體的原理，要素與原因。現代思想家②趨向於以普遍（共相）做本體（由於他們的研究趨重於抽象，因而凡成爲科屬的普遍事物，他們就敘爲原理與本體）；但古代思想家卻將個別（殊分）事物，如火如土者，列爲本體，不把它們的共通物身當作本體。

本體有三類——可感覺本體支分爲二，其一爲永恆，其二爲可滅壞（後者爲常人所共識，包

① 卷Λ，為一獨立專篇。此卷論涉神學者特多，素為拉丁學者所特重。第八章言天文各節該是亞氏晚年手筆（參看耶格爾（Jaeger）《亞里斯多德》366-379）。此卷從章三開篇兩句，章五開篇一句看來，似為亞氏自備講稿之簡錄；末章有明顯的講堂語氣。

② 指柏拉圖學派，論本體而特重非感覺本體。

括動植物在內）；於可滅壞本體，我們必須鑽研其要素，無論要素只是一種或是有多種；另一爲不動變本體，某些思想家認爲這不動變本體可以獨立存在，有些又把不動變本體分爲兩，這兩者即通
1069b 式與數理對象，而另一些思想家考量了這兩者，認爲只有數理對象是不動變本體③。前兩類本體爲物學主題（因爲它們主於動變）；但第三類本體，如其原理與另兩類不相通，就得屬之於另一門學術。

可感覺本體是可變化的。現在假如變化由相反或由間體進行，這就只能由對成而不是可以從任何相非的事物進行（因爲聲音非白，但聲音不能變白），由對成的一端變向另一端，其所爲變不是出於那相反兩端而是某些底層事物在兩端之間進行著變化。

章二④ 又，變化中有些作用堅持於不變，另一些不自堅持；因此在兩項相對作用之外，就應有某些第三事物，即物質。

現在，因爲變化歸於四類——或爲本體（怎麼）之變；或爲質變，或爲量變，或爲處變；變

---

③ 不動變本體三家不同論點爲柏拉圖主於「意式」（即「通式」），齊諾克拉底主於「通式」與「數理對象」，與斯泮雪浦主於「數理對象」。參看卷Z章二與卷M章二。

④ 「貝刻爾印本」於1069b7分章，原文兩章語氣相接未可段落；但論題確在變換之中。亦可在1069b9或1069b4以下分入第二章。

於「這個」（本體）是單純的生滅，變於量是增減，變於秉賦（質）是改換，變於處所是運動，變化跟這四項從原狀態變向對反狀態。於是，在變化中的物質必須能爲兩種狀態。物之爲「是」原有二義，變化即潛在之「是」物成爲實現之「是」物，例如潛在之白色實現爲白色；增減之爲變，其例相似。所以一事物不僅可以偶然地由非是而成爲是，也可說一切事物之出現無不出於所固在，只是它先未實現，僅爲潛在而已。這就是阿那薩哥拉之「元一」⑤；若說萬物皆合於一，恩培多克勒的混合物與阿克那西曼德與德謨克利特所提的名稱其意亦復類此——這不如說「一切事物都一起潛在而不一起實現」，較爲妥當。所以這些思想家似乎已獲得某些物質觀念。現在，一切可變化事物悉具物質，但不同的事物各具不同的物質；而永恆事物，則凡不生滅而於空間能運動者亦當具有物質，但這只是在空間由一處動向另一處的「運動物質」而不是「可成壞的物質」。

人們可以提出這樣的問題，生成是從那一類「非是」進行的；因爲非是有三命意⑥。假如非是有潛在的一式，這還不能說一切事物皆出於潛在，這還該說是「不同的事物出於不同的事物」；說「一切事物全混合在一起」，總難符合實際；事物異於物質，若一切事物皆屬同一事物，世上該只

⑤ 語見阿那克薩哥拉《殘篇》1。參看卷A章八。阿那克薩哥拉以萬物為無盡數的同式同質微粒（「相似微分」）所組成，而「理性」為其合一之原理；亞里斯多德混而言之為「元一」。

⑥ 這裡亞歷山大詮注ἀπορήσει（提出問題）——回顧到20行由非是成為是（由無成有）一語。「非是」三命意，1.為「實是範疇」，2.為「假」，3.為「潛能」。參看卷Θ，1051a35-b2；卷N，1089a26-28。

有一物，何乃生成無盡事物？既然理性是一，若物質亦爲一，則物質當爲潛在〈未分化之元一〉，而理性則爲之實現〈實現之元一〉。那麼原因與原理有三：定義或通式爲一，另一即與定義及通式
35 相應之闕失，兩者合爲一組對成，第三則爲物質。

1070a **章三**　其次，請注意物質與通式兩不創生——這裡我意指最後的切身物質與通式。每一變化之事物必原爲某些事物所變，而成爲某些事物。使之動變的爲切身之動變者；被動變者爲物質，動變所成爲形式。假如不僅是銅創成爲圓，而圓也在創成，銅也在創成，則創成過程將無盡已進行；所以這必須有一個終止。

5 又其次，請注意每一本體是由某些與之名稱相應的事物創成爲實是（天然事物與其他事物均列爲本體）。事物之創成爲實是或由技術（人工）或由自然，或出機遇或出自發。技術之爲動變原理出於被動變事物以外之另一些事物，自然之爲動變原理則出於事物本身（如人生人⑦），其他的原因則爲兩者之闕失。

10 11 本體之爲類有三——物質，其存在的現象爲實是之所寄託（一切事物不是有機地生長成一體

---

⑦ **1070a5**「同名相生」（即同科屬同品種生殖）為亞氏所主張之生物理論。「人創生人」亦為同名相生之一例。但在此節應用此例則與本書它章不合。照書中別處所舉例，父親為生殖兒子之原理，兒子不是自己的創生原理。一切生物之生長過程頗可為自然動變之例。

而只是接觸於一處者爲物質與底層，例如火、肌肉、頭。這些均爲物質，而最後那切身物質，才是
12 全稱本體的物質⑧）；自然本性（形式）那是個別地存在的正常狀態，爲動變之終點；第三就是由
13 上兩者所合成的個體，例如蘇格拉底或加里亞。在有些例中，形式本性不能離綜合本體而獨立存在
14 15 （例如除了造屋技術可離房屋而保留外，房屋形式不會獨立存在；這些形式也沒有生滅；至於「房
16 屋」或「健康」，或其他一切技術產物在抽象上論其是否存在，那是另種講法）；只有在自然對象
17 18 上才有這類獨立存在的實例。這樣，柏拉圖說自然對象有多少種，通式也就有多少種；這並不很錯
21 （假如在這地球上諸事物以外別有通式）。事物之爲動變原因者當先於後果，但在定義上論則原因
與其後果宜屬同時。當人是健康時，健康（之式因）自必同在；銅球之形狀固與銅球同時存在。但
25 我們應檢驗任何形式在綜合事物消逝以後是否仍然存活。有些例似乎未必不是這樣，例如靈魂可以
具此性質（並非整個靈魂，而只是其中的理性部分；整個靈魂大約不可能身歿而猶然存活）。於

⑧ 第19-20行為錯簡，依亞歷山大校勘將αἶον（例如）一語移接於11行ὑποκείμενον（底層）之後。原文18行接上21行：於是兩段皆可通解。
τὰ ἔσχατα，「最後」或「終極物質」亦可譯「切身物質」。亞氏將物質分為原始或基本物質，與最後或切身物質。如以人而論，火、水等元素，全無個體而不可目見者為原始物質，手、頭等為人身之有機組成，具有各自的個體而可得目見者，為切身物質，亦為人身之物質要素。肌肉等為手、頭等之組成要素者可稱中間物質。

是，明顯地，至少在這樣的立場，諸意式的存在沒有必要：人由人孳生，某人由某父孳生；於技術製造也相似；醫術是健康的式因。

章四　不同事物之原因與原理各各不同，但在另一義上，人們以比擬之意論普遍性時，就諸理悉通而萬物皆同於一因。人們可以提出這樣的問題，本體和關係範疇之原理與要素相異抑或相同；並於每一範疇各做相似的詢問。若一切相同，問題會得成爲悖解。因爲這樣關係各項和本體將具有相
1070b 同要素。而這共通要素又將是什麼？作爲云謂的其他範疇，與本體之間並沒有既共通而又相異的事物；但一要素則應該先於其作爲一要素而組成的事物；再者，本體並非關係中的要素，關係也不會是本體的要素。又，一切範疇怎能有相同要素？要素與要素組成的事物就不復相同，如 β 與 α 就與 $\beta\alpha$ 不同（像實是與元一這類理知事物⑨亦非要素；因爲這些可爲組合物與其組成要素的共通云謂）。所以諸要素均不可以或爲一個本體或爲一個相關項。本體應專有本體之要素，關係有關係之要素。這樣，各範疇之要素實不相同。

或者，照我們常習的看法，要素可說或相同或不相同，例如，感覺實體之要素可以是：1.(1)形式，如熱，其另一義爲(2)闕失即冷；與2.物質，物質就直接地並自身潛在地或熱或冷。而本體則

⑨ 理知或理性事物與下文感覺或感性事物相比照。亞氏每用此字指各範疇中一切抽象名詞或普遍性事物，而以感性事物指稱實體事物或個別事物。

可(1)由這些要素合成，或(2)由合成物再合成[10]，這些合成物或以這些要素爲原理而合成，或是由冷與熱所產生的任何物體，例如肉或骨合成；合成產物必然異於諸要素。於是這些事物於形式、闕失與物質三者而論要素和原理可說是相同——（雖則特殊各物仍各具有其特殊的各別要素）；也可以說這些要素只比擬上似若相同，而實際上一切事物並不具有這樣含義的相同要素。各級事物均各有其不同的原理與要素；例如於色爲「白」、「黑」與「面」，於晝夜爲「光」、「暗」與「氣」。

不僅內在諸要素爲事物之諸原因，某些外在事物，例如動因亦爲事物之原因，於是清楚地，原理不同於要素而兩者均爲原因。原理跟著內外因之別分爲兩類；凡能造致運動與靜止的事物，應是一原理，亦爲一本體。所以比擬地說，要素有三，原因或原理有四；但各別地說，則不同事物各有其不同要素，而切身動因也於不同事物爲各異。健康、疾病、身體；動因是醫術。形式，某種排列的闕失，磚，動因是建築術。天然事物之例如人，其動因爲人，而思想產物之動因則爲形式或其對成；這樣原因就或爲四類或爲三類[11]。因爲有時健康本身就是醫術，房屋的形式就是建築術，而人孳生人。此外還得有一最初的事物爲一切事物動變之始因[12]。

---

⑩ 古希臘學者的物質觀念以火與氣為熱元素，地與水為冷元素；而冷熱為萬物離合之要素。

⑪ 效因（即動因）與式因（即本因）合為一，故四因成為三因。

⑫ 這裡亞氏提出了1.各事物最切身的近因（也就是最後原因，τὰ ἔσχατα）與2.最初的遠因作為萬物的總因（τὸ πρῶτον πάντων）兩項重要分別。亞氏由此引向宇宙的原動者。

1071a

章五

有些事物獨立存在，有些則不能，前者爲本體。因爲若無本體則演變與運動兩不發生，所以一切事物具與本體同其諸因。又，這些原因大概是靈魂與身體，或理性與欲望⑬與身體。

再從另一方面說來，在比擬上爲相同的事物也有相同原理，即實現與潛能；但在有些例上，如酒或肌肉或人，一時爲實現，另一時爲潛在，這些事物不僅仍然是各物各異，而且應以不同方式引用這些相同原理（這些也歸綜於上列諸原因的分類中⑭。因爲形式若能獨立存在，這就是實現地存在，形式與物質的兩合物，以及闕失如「暗」與「疾病」也能獨立存在；但物質爲潛能存在；因此物質只能因形式或闕失而得其表現）。但實現與潛能，在另一方式上分別應用於物質因果不同的各例，其中有些例，形式不同而各異；例如人的原因1.人的內涵要素（其一爲物質如火與地，與另一爲人的特殊形式），以及2.另一些外在事物如父親，與3.除兩要素以外，如太陽與其黃道，既非人的物質，亦非形式，又非闕失，又與人品種不同，但卻是人（和生物）的動因⑮。

⑬ ὄρεξις，「欲望」或譯「欲念」，指食色之性，與身體符合，與理性相對。亞氏此節所指之事物當為動物與人類。

⑭ 潛能與實現之分類與上章物質、形式及闕失之要素分類有確定之關聯。

⑮ 太陽在黃道上與地軸之偏斜，產生夏暖冬涼之地球氣候，使萬物夏長冬消，為世上一切生滅現象之基本。此義見於《物學》卷二，194b13；及《成壞論》卷二，356a31- b10。卷Θ章一所言潛能與實現之某一義等於因果。按照此類分別，生物應是在本性上有自己生長之內因，而太陽之潛能則為彼生長之外因。

又，大家應注意到，有些原因可用普遍名詞爲說明，有些則不能。一切事物之切身原理就在那個接近於實現的個體和另一個接近於潛在的個體⑯。這裡沒有我們所說的普遍原因，所以切身原理不是普遍性的。個體之因（創生原理）出於個體。人雖普遍地以人爲因，但世上並無一個「普遍人」，所有的人都只是貝留爲亞基里之因，以及你的父親是你的因；雖β一般地可以創生一般的$\beta\alpha$，還只是這一個別的β才能爲這一個別的$\beta\alpha$之創生原理。

又，本體的原因即便具有普遍性，而照我們說過的⑰，各別事物仍應各具不同的原因與要素；事物之不同級類者，如本體與量、色與聲，只在比擬上可爲相同，而實際的因素盡屬各別；然同品種諸事物之原因各異者，不異於品種，只異於個體之各別爲其個體，你的物質與形式與動因異於我的各項，而這各項的普遍定義卻正相同。我們若問本體與關係與質三項之原理與要素是什麼——它們相同或相異——清楚地，「原理」與「要素」兩詞若其多種命意混用時，這可算相同；但在實際上有異時，這也就各別；只有在下列命意上，一切事物之原因稱爲相同。1.物質、形式、闕失，和動因爲一切事物所通有，這裡原因可稱相同或可相比擬；2.當本體消失而一切悉歸消失，因此以本體之諸原因作爲一切事物之諸原因，在這一命意上亦可稱原因相同；還有3.以最初的完全實現爲一

⑯ 意指個別兒子以個別父親為動因或本因，與個別母親的胚胎為物因。

⑰ 1070b 17。

1071b 切事物之總因，在這一命意上亦可稱原因相同。在別的命意上，一切對成之既非科屬而詞意亦不含混者，就應各具有各不同的近因；至於各別事物之物質原因自亦各各不同。

這裡，我們已說明了可感覺事物之諸原理，與其爲數若干，以及其間爲同爲異之分別。

章六　本體曾說⑱有三類，自然實物本體二，不動變者一，於後一類本體，我們必須說明宇宙間應該有一個永恆不動變本體。諸本體爲最先存在的事物，如本體均爲可滅壞，則一切悉皆滅壞。但說運動或存或亡，時間或存或亡，這都不可能（運動或時間均應常在）。倘無時間存在，先與後均不能有。運動與時間的意義一樣，也是延續的；時間或者就是運動，或者是運動的屬性。除了空間運動以外無延續不息的運動，空間運動中只有圓運動爲延續不息。

但事物苟能使別事物動變或於別事物發生作用，而不實施其所能，則動變不會出現；這只是未用的潛能。我們即便像信奉通式的人們一樣，假設有永恆本體，若不讓這些永恆本體具有致動致變的原理，這還是無益的；這是不夠的，即便在通式以外再建立另一本體仍還不夠；因爲這若不發生作用，世上就無動變。又，即便這已能作用，若其怎是僅爲潛能，這仍不夠；潛能既不必永遠成爲實是，世上仍還不能有永恆運動。所以這必須有這樣一個原理，其要義即實現。又，這些本體必無

⑱ 見上文1069a 30。

物質；世上若有任何永恆事物，這些永恆事物就該是這樣。那麼，它們必須是實現[19]。

可是這裡有一疑難；曾有一種設想，既然不是每一能作用的事物發生作用，而是每一在作用的事物爲能作用，那麼應以潛能爲先於。苟以此意爲誠然，則萬物不必有；一切能存在的事物現今可能並未存在。

可是我們如果追隨那些把世界從「暗夜」創生的[20]神學家們或追隨那些主張「一切混合在一起」[21]的自然哲學家們，這引致同樣不可能的結論。若無實現爲先在原因，宇宙云何能生動變？木必不能自動——必須木工的手藝爲之作用；經血與土地均不能自爲動變，這必待種籽作用於土地，精子作用於經血（而後能有植物與動物）。

---

⑲ 亞氏主以實現為先天，其主旨在消除希蕭特以來神話上以「混沌」為宇宙原始之思想影響。以「混沌」為原始即以潛在為先天。若先天混沌，後天亦必混沌。此不符於宇宙間當前之秩序。

⑳ 參看希蕭特前引各節及《原神》（*Theogony*）116以下數行：又《奧爾費（Orpheus）殘篇》2、第爾士編《繆色（Musaeus）殘篇》14、《愛壁米尼得（Epimenides）殘篇》5、《亞可雪勞（Acusilaus）殘篇》1，3。

㉑ 阿那克薩哥拉《殘篇》1，上文屢見。

這就是有些人——如留基伯㉒與柏拉圖㉓——所以要假定有永恆實現的理由；他們說宇宙常動。但是何來這運動，這運動又是什麼，以及宇宙間如此如彼之諸運動，其原因又何在，他們都沒告訴我們。現在一切事物都不是胡亂地動變的，這必有某些致使動變的事物存在，實際說來，事物
1072a 之動變，或當出於自然，另或出於力勢或理性或其他事物（又，哪一類運動才是基本運動？這裡具有巨大的差異）。但，在這裡指明能自動的自然事物㉔為柏拉圖有時所假設的動變淵源，這也許不符於他的本旨；照他的論述，靈魂生成的較後，而與感覺宇宙為同時㉕。我們曾指明㉖假想潛能先於實現，這在某一意義是對的，在另一意義上說則不對。實現為「先於」的道理曾為阿那克薩哥拉所領會（他的「理性」就是實現），也經恩培多克勒為之體驗於他的「愛憎」（友與鬥）論中，留基伯等認識宇宙間常有「不息的運動」，其義迨亦如此。

所以「混沌」或「暗夜」不是歷無盡時而長存，只因受到變化循環的支配或遵從著其他規律，這些事物得以常見於宇宙之間，故爾實現總應先於潛能。於是，假如永恆循環是有的，某些事

㉒ 參看《說天》卷三，300b8。
㉓ 參看《蒂邁歐》30A。
㉔ 參看《斐得羅》245C、《法律》894E。
㉕ 參看《蒂邁歐》34B。
㉖ 見於1071b22-26。

物（星辰）必須常守著同一方式以爲活動。又假如生滅成壞是有的，這又必須另有事物（太陽）做不同方式的活動㉗。於是這活動的來源必須是由己或由另一些事物——或由第三個活動原理最後推究到那原始動因。現在這必須歸宗到「第一動因」了。若不承認這第一動因，就得繼續尋找那第二或第三動因所由獲得活動原理的事物。所以還當逕稱這事物爲「第一」。這就是永恆常規運動的原因；另一些事物則爲變異的原因，而兩者合併著說，顯然就成爲宇宙貞常與變異的總因。這就是運動實際表現的性格。於是，又何必別尋其他的原理？

章七　因爲1.這是關於這問題的可能解釋，而2.如其不然，世界將由「暗夜」與「一切混合事物」並將由「非是」產生而發展（那麼承認上述的解釋），疑難就可算解決了。於是，這裡就得有某些不息地常動的事物，其動程爲圓形；這不僅在理論上如此，事實上也是如此。所以第一天㉘必須是永恆的。也必須有致使運轉的事物。既然動與被動之事物爲間在事物，這就必須有某些致動而

㉗ 不同方式活動（參看1071a16-17及注腳）可指生成與滅壞兩式，亦可指太陽的晝夜循環與黃道四季循環兩式。

㉘ 第一天（πρώτος ο ρανός）為「恆星天」，即最遠的一重天。利瑪竇《萬國坤輿・序》引用藏經譯文，以諸「天」作「輪天」。於哥伯尼以前西方天文學包括巴比倫、埃及、希臘、印度等天文學均以地球為宇宙運轉中心，日、月、五行星及諸星辰各以其離地遠近，在彼所處之各天球（輪天）上做圓運動。

不被動的永恆事物，這永恆事物爲本體亦爲實現。欲望與理性之爲作用也是這樣的方式；它們致物於動而自己不動。

欲望與理性的基本對象相同。欲望所求爲虛善（外表事物），理性所求爲眞善（眞實事物）。但思想（理知）既爲起點；欲望自應後於思想，而思想故當先於欲望。理性動於理知對象，對反兩系列中的[29]一列本身就是理知對象；在這系列中本體爲首，而在本體中則單純而實現者爲首（一與單純有所不同；「一」是計量，而「單純」之意指明事物具有某些可稱爲單純的本性）。但
1072b 美與一切本身可欲望的事物也在同系列之中；各級對成中位在最先的各物常是最好的，或是可以比擬於最好的[30]。

不動變諸實是中存在有一個極因，這可以辨析其實義而爲之說明。極因之作用不僅爲善業，更當爲某物之善果而爲之作用。後一命意應用於不動變事物，前一命意則不應用於此。極因於其所喜

---

[29] 參看986a23注腳。

[30] 此節詞意不甚明晰。「最好的」一詞蓋並無嚴格命意。畢達哥拉斯對成系列，其一列為正、是、一、實等，另一列為上列之闕失即反、非、多、空等（1004b27-29）。亞氏此處所言指第一列，美善與醜惡均為「是」。最美最善者為首位，為理知所求；最醜最惡者在末位，為欲望所求：故云欲望與思想之基本對象相同。

愛產生動變㉛，其他一切事物則依所動變而行其動變。現在，試假定事物之有所動變，可得不遵循於常規。倘此事物之實現僅爲空間運動之基本形式，則此在空間做運動之事物，固未嘗不可以運動於其他形式——即便不爲本體之變化，至少，可以不守其固常之位置。迨既確立有一自身不動而致動於它物的原動實是以後，則事物之入於動變者，遂不能復離於所動致之常規。空間運動爲動變之第一類，圓運動爲空間運動之第一級；第一主動者引致第一級運動。這裡，原動者必須存在；既然其存在爲必需，則其爲實是之本旨也必善㉜，而正由於這樣的命意，這成爲第一原理。所謂必需者當統有下列這些命意：1.對反於自然之脈動爲勢力所逼而不得不然者，2.捨此常道即不能成業達善者，和3.捨此方式，別無其他方式，而只能在這唯一方式可得其存在者。

於是，宇宙自然與諸天就依存於這樣一個原理。而我們俯仰於這樣的宇宙之間，樂此最好的生命，雖其爲歡愉也甚促（宇宙長存，此樂與此理長存；而吾人不能長在此世間），然其爲實現者既所同然，則其爲樂也亦同。吾人由此所稟受之活動與實現，以爲覺醒，以爲視聽，以爲意想，遂

㉛ κινεῖ δὲ ὡς ἐρώμενον此語在全章中頗為特殊，亦未易考證其所根據。經院學派每引此語與《約翰一書》「天主是愛」為比照，指證天主創造宇宙出於愛心。

㉜ 1072b10一句蓋為失傳之《論善》（Περὶ ἀγαθοῦ）一篇內要旨。「原動者其旨必善」之義並見於下一句，「捨此常道即不能成業達善」。「必需」釋義見卷Δ章五。「原動者」或作「第一實是」，或作「不動變實是」：特來屯尼克譯作「X」。

無往而不盎然自適，迨其稍就安息，又以爲希望，以爲回憶，亦無不悠然自得。而以純理爲活動與實現者尤佳，思想必致想於事物之最佳最高者，由此所啓之思想方爲嘉想。思想與所想者相接觸，相參與，而兩者循合於一體。凡能受致理知對象之怎是者，才得成其爲理性。於思想活動之頃間亦正思想持獲其所想對象之頃間㉝。是以思想（理性）所含若云容受神明，毋寧謂稟持神明，故默想（神思）爲唯一勝業，其爲樂與爲善，達到了最高境界。如云吾人所偶一領會之如此佳境，神固萬古間未嘗一刻而不在如此之佳境，這不能不令人驚奇；若謂神所在境宜更佳於如此者，則其爲驚奇也更甚。而神確在更佳更高之處。生命固亦屬於神。生命本爲理性之實現，而爲此實現者唯神；神之自性實現即至善而永恆之生命。因此，我們說神是一個至善而永生的實是，所以生命與無盡延續以至於永恆的時空悉屬於神；這就是神。

像畢達哥拉斯學派㉞與斯泮雪浦㉟一樣的那些人們因植物與動物（比其種籽與胚胎爲美）的例示，就假想至善與全美不見於始因而出現於後果，這意見是錯誤的。因爲種籽得於另一些個體，這

㉝ 本卷所用思想一字出於「理性」（νοῦς）（或理知）：思想活動（νοήσις）與思想對象（τὸ νοούμενον）符合而成一「思想」（τὸ νοεῖν）。亞氏取其比擬於感覺，如視覺與所視物合而成一視象（參看《論靈魂》卷三，第二章）。

㉞ 參看1075a36。

㉟ 參看卷Z，1028b21；卷N，1091a34, 1092a11。

1073b 些個體完善而先於種籽，第一事物並非種籽，而是完成了的實是；我們該說，在種籽之先有一個人，不是人由子生，而是子由人生。

從上面所說這些看來，這是清楚了，在感覺事物以外有一個永恆，不動變，而獨立的本體。這也已顯示了，這本體沒有任何量度，沒有部分而不可區分㊱（因爲這能歷經無盡時間創造運動，而一切有限事物均不能有無限能力；每一量度既或爲有限或爲無限，這一本體既有無限能力就不能是有限量度，但無限量度並無實際存在，因此這也不會是無限量度）。其他一切動變既皆後於空間變化，這又顯示了，這本體必當不受動變而且不可改易。

章八 於是，這本體所以是如此，該已清楚了。但我們不能忽忘，「這樣的本體是一個或不止一個」這問題，如其不止一個，則究有多少。我們也得提到，各家於這可能說明的本體既未有說明，其爲數若干自更沒有人注意。意式論並不研討這一問題，意式論者以意式爲數，而他們的數有時無限，有時㊲限止爲十；至於爲何列數應該恰恰是十，他們並未做任何精確的實證。我們卻必須由預

㊱ 經院學者引1073a5-6此語比照「聖經」，以解釋神之本性，又每引1072b26-27語謂合於《啓示錄》教義。但亞氏生於「新約」編成前四百餘年，實際並無希伯來宗教思想。本卷第七章由理知引向「神思」素為拉丁學者及日耳曼哲學家所特重視。

㊲ 指柏拉圖（參看《物學》206b32）。

擬的假設與分析，詳論自己所提出的問題。第一原理或基本實是創作第一級單純永恆運動，而自己絕不運動，也不附帶地運動。但因爲被動事物必須有某物致使運動，而原動者又必須自己不動，永恆而單純的運動必須由永恆而單純的事物爲之創作，又因爲我們見到了所說不動原始本體所創作的宇宙單純空間運動㊳以外，還有其他空間運動——如行星運動——那也是永恆的（凡物體之爲圓運動者均屬永恆不息；這個我們已在「物學論文」㊴中爲之證明），這些運動也必須各有一個永恆而自己不動的本體爲之創作原因。星辰正因是某一類的本體，而成爲永恆，致動於星辰者既必先於星辰亦必爲永恆本體。於是按照上所述及的理論㊵明白地，這就必須有與星辰諸運動爲數一樣多的本體，自己不動，永恆而無任何量度。

1073b 於是，這就明白了，致動的諸本體，按照星辰運動的順序，其中有一個爲第一，挨著有第二，再挨著以及其他。可是，關於運動的數目這問題我們只能從天文學——那是數理中的一門學術，與哲學尤爲相近——的立場來研究；維有天文學探測於可見而永恆的本體，其他如算術、幾何所研究的均非本體。天體的動軌比在運動中的天體爲數較多，這個凡能於天文稍加注意的人就可懂得；每一行星的運動均不止一軌。這些動軌究有多少，我們現在引證某些數學家的意見，俾吾人於

㊳ 「單純空間運動」指宇宙之晝夜旋轉，即第一輪天之圓運動。
㊴ 參看《物學》卷八，第八、第九章；《說天》卷一，第二章；卷二，第三至八章。
㊵ 本頁6-12行。

此專題得以知其確數；至於其他問題我們必須一面自爲研索，一面向另些學者傳習，研究這個問題的人如與我們意見相反，我們當互尊各自的主張而奉隨較爲精確的一方。

歐多克索推論日、月之運動各依循於三個天球，第一爲恆星天，第二爲黃道之中線圓軌，第三爲黃道兩至間的偏斜圓軌；月行圓軌之偏斜度較日軌爲大。行星動軌各有四個天球，其第一二天與上述日、月動軌相同（恆星天爲總動天，與其下之黃道中線圓軌，爲諸天體所共依），但每行星第三天球之動軸，建於黃道中線所成之圓面，而第四天球之動圓又與第三天球之赤道相偏斜；第三天球之動軸兩極，各行星唯亞芙洛第（金星）與赫爾梅（水星）相同。餘各不同㊶。

㊶ 中國「二十四史」中「曆律志」所記五星行度用順逆遲速諸詞亦為地球中心做天文觀察時所見之現象；此於各民族古天文家均所同然。西方古天文家深信天體必為勻整之圓行動，故假設各星依附於同心天穹（即天球）在某一動軸上為某速度轉動時，列星亦相附而轉動，若干不同動軸不同度速之天球組合成一行星之動軌，此項推算甚煩，而亦能略符諸天體週期運動與在地球上所見之順逆遲速現象：此為哥伯尼建立太陽中心之曆律系統前，托勒密（Ptolemy）天算體系所本。星辰動軌可參考色密斯孝（Themistius，約三一七—三八八）注釋，柏里尼（Pliny）《自然史》卷二，第六至二十四章，以及托勒密《天文集成》。

加里浦㊷於天球位置推論略同於歐多克索㊸，所言宙斯（木星）及克羅諾（土星）的動軌數亦與之相同，但他認爲日月應各增兩動軌，其餘諸行星亦各增一動軌，方能與諸天體實測行度相符合。

1074a 但在用這些天球的綜合運動來解釋諸天體的實測軌跡時，這又必須爲每一行星安排其他天球以平衡上述各天球（每一行星之平衡球數較原有運動天球各少一個），而使每一天球下層諸行星得以回復其位置；只有這樣的安排，所有諸天動力全部運動時，才可得產生大家所觀測到的行星現象。這樣核算諸行星所有動軌天球——土星木星共爲八，其餘共爲二十五，這三十三個動軌只有在最下層的動軌無須平衡天球，因此平衡兩個最外層行星之球軌爲數六，其次四星體爲數十六；於是運動天球與平衡天球之總計爲五十五。假如日月的動軌不作上述的㊹增添，則動軌天球之總數應爲四十七。於是，倘便以此爲動軌天球的數目，不動變本體與原理也就該有這麼多；至於如何論定這

㊷ 加里浦（Calippus，盛年約西元前三三〇），居敘古人，寄跡雅典。與亞里斯多德相友好。加氏測候更精於前人，得曆律七十六年週期，世稱「加里浦週期」。

㊸ 歐多克索（Eudoxus，約西元前四〇八－前三五五），克尼杜人，在雅典柏拉圖學院中與柏氏為師友。歐氏為義大利學派中著名之天算家，訂正太陽週期為365¼日。

㊹ 參看1037b35, 38-1074a4。依加里浦演算法：日、月若不各增兩球軌，相應而各減少兩平衡天球，總數差八，為四十七。依蘇雪季尼（Sosigenes）計算，「四十七」應為「四十九」之誤。

些資料，還應待之更精審的思想家。

假如無益於星辰運動的其他空間運動均不會有，又，假如每一實是與每一本體之可得免於變化並可得由已成善者便應作爲一個終極，那麼除了我們上所列舉諸實是外，便應別無其他實是；而這也就該是這些本體的數目。如另有其他實是，它們又將爲運動之極因而引致變化；但除上述天體諸運動以外，實已不能另有運動。這於被動變物體方面考慮起來也是合理的；運動屬於被運動的物體，每個致動者是爲了受動者而致使運動，運動不是爲運動自身或其他運動而運動，爲有星辰，故有此一運動。假如運動的目的在另一運動，另一運動又將追溯著另一運動；因爲這樣的無盡系列是不能有的，所以每一運動的終極目的將必由經行天穹的諸神物（星辰）之一爲之表現㊺。

㊺ 這裡的論點：作為終極的每一不變而全善之本體（理性精靈）憑其「理性或欲望」創作一種運動。但一運動之創作必是為了一受動者，受動者有多少，就可推知創作者有多少。我們現在已算盡了受動者諸運動的數目，也就該是這些致動本體的數目，此外別無不變本體了。亞里斯多德天文體系概略：諸天體不生不滅，不增不減，不變質，不變形；做圓運動，不做直線運動（《說天》卷一章二、三）。宇宙由若干套同心圓球組成，大地靜處宇宙中心，亦為球形。宇宙最外層，第一天，為諸恆星所在，恆星天每晝夜繞宇宙中心轉一周天（《說天》卷二章六至八）。日月與五星行度頗為複雜，亞氏取資於其友好加里浦之理論。加里浦之天文學得之於其前輩歐多克索。歐氏將日月行度解析為三種同心圓行動湊合而成；第二圓球之兩極與第一圓球有偏斜而附隨於第一圓球；第三圓球之於第二亦然。在第三圓

世上顯然只有一個宇宙㊻。假如諸天也像人那麼多，則運動原理也將像人一樣，其形式只一個而爲數則甚多。但一切爲數眾多的事物均具有物質；人只有一個相同的定義應用於所有的人眾，而蘇格拉底就是眾人中之一人。但基本怎是不具物質；這是完全實現。所以不動變之原動者，其爲數

球赤道上之太陽因第一第二各球動軸之各相偏斜與不同速度，遂造成地球上所見黃道軌跡。於月亦然。地球上所見五星之順逆遲速亦各被分解為四種圓運動之湊合。加里浦增詳歐氏演算法，為日月五星各設五種不同動軸與不同速度，以益求符合當代實測紀錄。兩天文家之計算悉憑球面幾何，力求與所見行度符合。亞氏於幾何天文學中加入力學思想，認為自中心內層一一同心圓皆跟從其外層為運動，不合實際，故設想每一星體憑所依各天球完成其運動而不致影響次一層星體者，須有平衡天球為之恢復次層星體之原始動位。於是運動天球之總數累增至五十五個，加以地水氣火四個假想天球，其數共為五十九。（參看希司《薩摩天文家亞里達沽》（Heath, *Aristarchus of Samos*）第十六章，或特來耶《行星體系》（Dreyer, *Planetary Systems*）第四章）。

宇宙空間為有限：諸天球必須為勻速圓運動方能成為永恆不息。總動天，即第一天之運動出於「神」，即「原動者」之喜愛（見1072b4）。日月五星之運動不直接出於「神」，而出於五十五個次級致動者（1073a26-b1，又《說天》279a18-22）。此類次級主動者如何受命於神，以及如何使星辰運動，亞氏並未詳言。此類「神物」（θείων σωμάτων）即後世經院學派所慎重研求之「理性精靈」。

㊻ 1074b1的思緒顯然與1074a30「經行天穹的諸神物」一語相連接，而是由此引申出來的。1074a32-38全節為亞氏早期思想之殘篇，被夾入於後期著作之中，其中論點與此章不符。

只一，其為定義也只一；受動諸物的經常而延續的運動也是這樣；所以世上只有一個宇宙。

1074b 我們遠古的列祖把他們世代相承的認識以神話的形式遞遺於後裔，說這些實體（星辰）是諸神，神將全自然的祕密封存在列宿之中。以後因維護禮法，勸誡民眾以及其他實際的作用，而神話形式的傳說被逐漸擴充；他們以人或某些動物的形態敘擬諸神⑰，他們更由此而踵事增華，競為附麗。但人們若將後世的附會刪除，俾古初的本意得以明示於世間——他們識得了原始本體為諸神，人們當不能不驚心於此意，毋及靈感之所啓發，故能成此不朽之嘉言；並回想著每一學術，每一技藝，一代代或立或亡，或傳或失，而這些觀念恰像荒谷遺珍一直為我們保全到如今。只有這樣看法，我們才能明瞭我們祖先和早期思想家們的信念。

章九 理性（心）的本質涵有某些問題⑱；我們注意到思想是最虔敬的事物，然而若欲問思想如何安排方能成其虔敬，這就會引起多少疑難。因為人心若無所思，則與入睡何異？也就無從受到尊敬。然而若說這理性（心）進行思想活動，還得有所賴於另一些事物，那麼它的本體就不是思想活

---

⑰ 希臘神話中之擬人似獸形態大都得之於埃及傳說。

⑱ 此章論思想機能、思想活動、思想對象與所得思想時，「理性」（νοῦς）被分化為「人心」與「神心」兩者，因而闡明俗思因思想對象多歧而所得之思想亦趨混亂：神思因專以自身之清純為思想對象，故其思想萬古常淨而不失其至善。

動而是一個潛能，這就不能成爲完善的本體；這是由於思想活動，理性才獲致其至善。理性的本體究屬在於思想的機能，抑或在於思想活動暫置不論，試問它所思想的又是什麼？是想它自己或想別的事物？如所思爲別的事物，它常致想於同一事物，抑致想於不同事物？它若專意致想於善業或是隨意地胡思亂想，這又有何分別？世上有無不可思想之事物？明顯地（理性既已預擬爲自身不做運動），這當致想於最神聖最寶貴的事物而不爲變化；苟爲變化這就成爲運動而且會每變而愈下。於是，第一，理性（心）若僅爲潛能而不是思想活動，這就得設想不息的延續活動應於理性爲疲勞。第二，這就顯然需有較理性更爲寶貴的事物以爲理性之所思想。思想活動並不必然是至善之事物，因爲從事思想活動的人們過去和現在的思想，未嘗不想到一些不應該致想的世俗事物（人們曾看到過世上確有不足觀的事物，也想到過確乎不值得致想的事物）。因此若以理性爲至善，理性（神心）就只能致想於神聖的自身，而思想就成爲思想於思想的一種思想。

但，明顯地，知識、感覺、意見與理解總以其他事物爲對象，涉及自身的機會卻是偶然一遇而
1075a 已。如思想與被思想者既爲兩異，作成爲思想活動與所得之思想便各有不同，則心之所善又何所屬取？我們這樣答覆，在有些例中知識是思想對象。於製造學術中，我們倘不管物質，便以事物之怎是爲思想對象；於理論學術中，則公式或思想活動爲思想對象。於是，這裡在非物質事例上，思想不異於思想活動，思想便合一於思想對象。

還剩有另一問題——思想對象是否複合，如爲複合，則思想在經歷於彼全體的各個部分時便相應而變改。我們這樣答覆，一切非物質事物皆不可區分——如「人心」或竟稱之謂複合物體的理

性，其思想對象有時為複合，人心只是偶一返求諸己而已（人心之為善既有異乎全善，故不能不有時而致想於不善，唯在全人生中企求其達於至善），唯全善的神心歷萬古而常單純地以大自我為思想[49]。

章十 我們也必須考慮，宇宙的本性由哪一方式持守其善與至善：自然獨立於萬物之上，抑即為萬物之秩序。也許兩個方式都是的；譬如一個軍隊，軍隊之所以為善，必由秩序與首領，而依於首領者尤多；因為秩序出於首領並非首領得於秩序。而且萬物雖不一律，多多少少各有其秩序——草木禽魚莫不如是；世上各物並非各自為業，實乃隨處相關。一切悉被安排於一個目的；像在一室之內，自由人最少自由，他不做無目的的動作，一切事情或大部分事情業已為他制定了一生的行跡，而奴隸與牲畜卻大部分蠢蠢而動，無所用心，並不專為某些共通的善業而一齊努力；這些共通的善業，就是人類本性的組成要素，其他的機體也都相似地各有共通的善業為大家嚮往的目標。

我們不可忽視那些與我們不同的意見內含著多少不可解或不可能的癥結；我們也得注意到古今

㊾ 此節與本卷上文第七章1072b23-25句符合。參看《尼哥馬可倫理學》1098a16-20幸福（快樂）之定義。人生須竭一生最高的理知活動而後能達到幸福境界，神心恰無時無刻不在幸福境界。αὑτὴ αὑτῆς ἡ νόησις，「思想於大自我」或「絕對自想」為神的思想狀態，可參看柏拉圖《巴門尼德》134E。依此論點，神與人不相認識，亦不相關涉，此與希臘傳統思想以人類禍福寄託於神祇者相背。

賢達的意見，其中哪一些論點比較起來最少迷惑。大家都認爲一切事物出於對成。但「一切事物」與「出於對成」兩有所誤；這些思想家誰也沒有說明具有對成的事物如何由對成造出；因爲對成各據一端，不能相爲製作。現在我們提出第三要素（即底層）使這疑難可得自然地解決。可是那些思想家以物質作爲兩個對成之一；例如某些人，以不等爲相等的物質，或以眾多爲單一的物質[50]。然而同一物質爲一組對成的底層者不與何物爲對反，這樣就否定了原來的論據。又，按照我們正在評議著的這些思想家，除了元一以外，一切事物，均沾染有惡；因爲惡就是兩對成中的要素之一。但也有些學派[51]認爲善與惡不能算是原理；可是，在一切事物之中，善實爲一至高原理。我們先提到的那一學派以善爲一原理是對的，不過他們沒有說明善之所以成爲一個原理，究屬是作爲目的或動因抑或形式。

恩培多克勒[52]也有一個悖解的觀點；因爲他以友（愛）爲善，但友這一原理既爲動因（它使事物結合）又爲物因（它是混合物的一個部分）。現在即使這同樣事物同爲物質與主動原理，至少，兩者的實是仍復不同。友之爲原理究應屬之於哪一方面？鬥（爭）說是不滅壞這也悖解；鬥恰正是

---

[50] 指柏拉圖學派。此處物質之義為「材料」。

[51] 指畢達哥拉斯學派與斯泮雪浦；參看本卷1072b31。又「惡」與「不等」同列，參看卷A，章六，988a8-15。

[52] 參看卷A，985a4。

惡的本質。

阿那克薩哥拉以善爲主動原理；因爲他的「理性」能致動一切事物。但動因在致動事物時必使之趨向於某一目的[53]，這目的，必然有別於動因，我們認爲極因才是善；照我們所曾說過的另一命意，則健康本身就是醫師[54]。以「理性」爲善，而理性無對成，這也是悖解的。但所有談論對成的人，若非我們捉住他們的觀點以納入於其自設之模型，他們就不應用他們的對成。他們以一切現存事物爲出於同一原理，然而世上有些事物可滅壞，而有些爲不滅壞，這其故何如，卻沒人爲之說明。又，有些人以現存一切事物爲出於非現存事物（「有」生於「無」，或「實是」出於「非是」）；另一些人，避免這樣的悖解結論，就說一切事物原皆混合在一起。

再者，何以常有創生，其因何在？——這也沒有人爲之說明。那些假設創生有兩原理的人，必須再假設一更高原理（動因）；那些信有通式爲創生之本的人，亦當如此，事物怎樣來參加，又爲何要參加通式呢？所有其他的思想家[55]都得面對著這樣的必然結論，智慧，即最高知識應有某物爲之對反；至於我們，就沒有這樣的結論。凡屬原始性（第一）事物均無對成；因爲一切對成均具有

---

[53] 主動者在致使動變時，必預擬有某一目的，但阿那克薩哥拉言「理性」時未說明此義。參看卷A，章七，988b8-12。

[54] 這裡所舉例，以效因同於極因，參看卷Z，章九，1034a22-27。

[55] 除了柏拉圖以外的思想家，參看《理想國》477。

物質，而物質所存僅爲潛在；如以「無知」爲任何知識的相對名詞，這就得引出「無知」的對象以對向「知識」的對象；但一切原始事物沒有對成㊻。

又，可感覺事物以外倘別無事物，這就沒有第一原理，也無秩序，也無創生，也無日月星辰，這就得像所有自然哲學家和神學家所說的每一原理其先將各有另一原理。但，通式或數苟確乎存在，它們也全不成爲事物的原因；或者至少不是動因。又，一個延續體，其量度怎樣從無量度的部分產生？因爲數不能作爲動因或式因來創作延續體。但凡事物主要地爲一個製造或動變原理者，它就不作爲任何對成；苟做對成，它就可能成爲「非是」，或者，至少，其實現活動後於其潛能。於是世界就不會是永恆的。但世上確有永恆實是；於是這些前提之一必須被拋棄。我們已說過怎樣這些可得成爲永恆㊼。

又，「列數」，或「靈魂與身體」，或一般「形式與事物」由何而成一——這個也沒有人做過任何說明；若有人能爲之說明，他就只有照我們那麼說，「致動者使它們成『一』」。那些主張數
1076a 爲第一的人㊽進而用數來創造一類又一類的本體，為每一類賦予不同的原理，他們使宇宙諸本體成

㊻ 這裡的論點是這樣：哲學（即智慧）的對象為「第一級」原始事物。倘以「無知」為哲學之對反，則無知之對象應為原始事物之對反，但第一級原始事物是無對的。

㊼ 見於1071b19-20，即建立一永恆實現之原動者。

㊽ 指斯泮雪浦。參看卷Z，1028b 21；卷N，1090b13-20。

爲僅是一連串的插曲[59]（因爲照他們的講法萬物各自存在，或不存在，與它物無關）；他們授給我們許多管理法則，但世界必然拒絕混亂的管理。

「豈善政而出於多門，寧一王以爲治。」[60]

---

59 希臘悲劇中，凡與前後劇情不相聯貫者稱為「愛貝索特」（ἐπεισοδιώδη，插曲）。此以喻斯泮雪浦學說不能確立總因而勤求各事物之原理，則萬物不能相關通，只是一連串的插曲而已。

60 見《伊里埃》卷二，204。

卷(M)十三①

章一 我們先已在《物學》論文中②陳述了可感覺事物的本體與物質，以後又③討論過具有實現存在的本體。如今，我們研究的問題是：在可感覺本體之外，有無不動變而永恆的本體，若說有此本體，則又當研究這是什麼本體。我們應該考慮到各家的主張，倘彼誠立說有誤，吾人當求免於同樣的瑕疵，如吾人之用意與諸家不無相通而可互爲印證之處，則吾人亦可無憾於自己的議論；人欲推陳出新，以鳴其道於當世，良願於古人所已言及者有所裨益，如其未必勝於昔賢，亦願不至甚愧於舊說而已。

對這問題有兩種意見：或謂數理對象——如數、線等——爲本體；或謂意式是本體。因爲1.有些人認爲意式與數學之數屬於不同的兩級，2.有些人認爲兩者性質相同，而3.另一些人則認爲只有

---

① 卷M與N之編排自古啓人疑難：1.兩卷分界線實應在第十三卷之第九章 1086a 21，以下各章似較以上各章先寫成。2.兩卷各章節編排頗參差。3.第十三卷中第四、第五章批評意式論幾乎是卷一第九章之重複。唯有的差別是在卷一中語氣出於一柏拉圖學派，而卷十三則已是亞卡台米學院（Academy）以外的批評家筆調。

② 見《物學》卷一。

③ 見卷Z、H、Θ。

數理本體才是本體[④]，我們必須先研究[⑤]數理對象是否存在，如其存在，則研究其如何存在，至於這些是否實際上即爲意式，是否能爲現成事物的原理與本體以及其他的特質，均暫置不論。以後，我們再照一般的要求分別對意式做一般的討論[⑥]；許多論點，在我們院外[⑦]討論中便已爲大家所熟悉，我們這裡大部分的研究，該當於現存事物的諸本體與原理是否爲數與意式這一問題，確切有所闡明[⑧]；在討論了意式以後，這就剩下爲第三個論題。

假如數理諸對象存在，它們必須像有些人所說存在於可感覺對象之中，或是存在於可感覺事物以外（這個也有些人說過）；若說這兩處都不存在，那麼它們或是實不存在，或是它們另有特殊意義的存在。所以我們的論題不是它們的存在問題，而是它們怎樣存在。

章二　說「數理對象獨立存在於可感覺事物之中」是一個矯揉造作的教義，這我們已在討論疑難

---

④ 依次指柏拉圖、齊諾克拉底和畢達哥拉斯學派與斯泮雪浦。

⑤ 參看本卷第二第三章。

⑥ 參看本卷第四第五章。

⑦ 舊傳亞氏設教分兩類課程，「密授」與「院外」（ἀκροαματικός καὶ ἐξωτερικός）。其一較深密者，聽眾皆諸弟子；另一較淺易通俗者，容受一般聽眾。此節所稱學院以外的討論似即指此類通俗課程。

⑧ 參看本卷第六至九章。

1076b 問題時說過，實際上是不可能的。我們已指出兩個實體不可能同佔一個空間，並依照同樣的論點，指出了其他的潛能與特質也只能含存於可感覺事物之中，而不能分開來獨在。這個我們已說過。按照這理論，這也是明顯的，任何實體均不可能分開；因爲實體之分必在面，面必線上，線必在點，若是者，如點爲不可分割，則線、面、體亦遂依次爲不能分開。這類實是爲可感覺對象，或者本身不是可感覺對象，卻參加於可感覺對象之中，這又有何分別？結果是一樣的；如可感覺對象被區分，參加於其中的對象亦必被區分，如其不然，則可感覺實是便不能區分之使另成獨立的數理實是⑨。

但，又，這樣的實是不可能獨立存在。如在可感覺立體以外另有與之分離而且先於它們的一些立體，則在面以外也得有其他分離的面，點線亦復如此；這樣才能講得通。但，這些倘獲得存在，則在數理立體的面線點以外又必更有分離的面線點（因爲單體必先於組合體，如在可感覺立體之先有無感覺立體，按照同樣論點，自由存在的面必然先於那固定了的諸立體。所以這些面線將是那些思想家們所擬數理立體身上的數理面線之外的另一套面線；數理立體身上的面線與此立體同在，而那另一套則將先於數理立體而存在）。於是，按照同樣論點，在這些先天面線之外，又得有先於它們的線點；在這些先天線點之外，又有先於它們的點，到這先於而又先於之點以外，才更無別點。

⑨ 參看卷B，998a 7-19。

現在1.這累積已頗爲荒謬；因爲我們在可感覺立體之外招致了另一套立體；三套面——脫離可感覺立體的一套，在數理立體身上的一套，還有脫離數理立體而自由存在的一套；四套線，與五套的點。於是數學應研究哪一套呢？當然不是那存在於固定立體身上的面線點；因爲學術常研究先於諸事物。2.同樣的道理也將應用於數；在每一套的點以外可以有另一套單位，在每套現存事物之外可有另一套可感覺數，在可感覺數之外，另一套理想數；依此不斷地增益，這就將有無盡的不同級別之數系。

再者，這又怎樣來解答我們前已列舉的疑難問題⑩？因爲天文對象也將像幾何對象一樣，獨立
1077a 存在於可感覺事物之外；但是一個宇宙與其各部分——或任何其他具有運動的事物——怎能脫離原在的一切而獨立自存？相似地，光學（景象）與聲學（音樂）對象也得各有其獨立存在；這就得在可視聽的個別聲音與光影以外別有聲光。於是，顯然，其他感覺上亦應如此，而其他感覺對象也各得別有其獨立的一套；何能在這一感覺是如此，而在另一感覺卻不如此呢？然而若眞如此，則更將有能夠另自存在的諸動物，因爲那裡也有諸感覺。

又，某些數學普遍定理的發展已逾越這些本體。這裡我們又將在意式與間體之外，另有一套中間本體——這一本體既非數，亦非點，亦非空間度量，亦非時間。若說這是不可能的，則前所建立

⑩ 卷B，997b 12-34。

的那些脫離可感覺事物的實是，便顯然皆不可能存在。

如人們可將數理對象當作這樣的獨立實是，而承認其存在，一般地說，這就引致相反於眞理與常習的結論。這些若然存在，它們必須先於可感覺的空間量度，但事實上它們卻必須後於；因爲未完成的空間量度在創生過程上是先於，但在本體次序上則應是後於，有如無生命事物之應後於有生命事物。

又，數理量度將何時而成一，由何而得統於一？在我們可感覺世界中，諸事物每由靈魂而成一，或由靈魂的一部分，或其他具有理性的事物⑪而成一；當這些未在之時，事物爲一個各各析離而又互相混雜的眾多。但數理事物本爲可區分的度量，又該由何原因爲之持合而得以成一？

又，數理對象的創造方式證明我們的論點是眞確的。量度先創長再創闊，最後爲深，於是完成了這創造過程。假如後於創造過程⑫的應該先於本體次序，則立體將先於面和線。這樣，體也是較完整的，因爲體能夠成爲活物。反之，一條線或一個面怎能發活？這樣的假想超出於我們的官感能力。

又，立體是一類本體；因爲這已可稱爲「完全」。然而線怎能稱爲本體？線既不能像靈魂那樣

---

⑪ 1077a 22，ἑὐλογῳ難以考證其確指何物，茲解為靈魂中的理性。

⑫ 這裡所用「創造過程」一字其實意為線面體的自然發展之程序。若以創造而論，長闊深三量度並無先後之別（鮑尼茲詮釋）。

被看作是形式或狀貌，也不能像立體那樣被當作物質；因爲我們沒有將線或面或點湊起來造成任何事物的經驗；假使這些都是一類物質本體，那我們就會看到事物由它們湊合起來。

1077b 於是，試讓它們在定義上作爲先於。這仍然不能說一切先於定義的均應先於本體。凡事物之在本體上爲先於者，應該在它們從別事物分離後，其獨立存在的能力超過別事物；至於事物之在定義上爲先於別事物者，其故卻在別事物的定義（公式）由它們的定義（公式）所組合；這兩性質並不是必須一致的。屬性如一個「動的」或一個「白的」，若不脫離本體，「白的」，將在定義上爲先於「白人」，而在本體上則爲後於。因爲「白的」這屬性只能與我所指「白人」這綜合實體同在，不能與之脫離而獨立存在。所以這是明白了，抽象所得事物並不能先於，而增加著一個決定性名詞所得的事物也未必後於；我們所說「白人」就是以一決定性名詞（人）加之於「白的」。

於是，這已充分指明了數理對象比之實體並非更高級的本體，它們作爲實是而論只在定義上爲先，而並不先於可感覺事物，它們也不能在任何處所獨立存在[13]。但這些既於可感覺事物之內外兩不存在[14]，這就明白了，它們該是全無存在，或只是在某一特殊含義上存在；「存在」原有多種命意。所以它們並非全稱存在。

---

⑬ 第杜巴黎校印本於此分章，以上一句為第二章之總結；以下為第三章，貝刻爾本至第十七行分章。自1077b11至1078a 5語意連綿而下，故一般編排，便於此段注明分章而仍連接排印。

⑭ 參看1076a 38-b 11。

章三　恰如數理的普遍命題不研究那些脫離實際延伸著的量度與數，以爲獨立存在的對象，而所研究的卻正還是量度與數，只是這量度與數已不復是作爲那具有量性與可區分性的原事物⑮，明顯地，這也可能有某些可感覺量度的命題和實證，這些並不在原事物的感覺性上著意，而是在某些其他特質上著意⑯。有好多命題，是專研運動的，不管那事物本身是什麼，其偶然諸屬性又如何，這些命題就專研這些事物的運動，這裡沒有必要先將運動從可感覺事物中分離，或在可感覺事物中另建立一個運動實是，就這樣，在運動方面將事物當作實體，或竟當作面，或爲線，或爲可區分，或爲不可區分而具有位置，或僅作爲不可區分物，可是並不另創爲一級可運動對象，這也建立了若干命題，獲得許多知識。於是，既然可以說這些全然是眞實的，不僅可分離的事物存在，不可分離的（例如運動）也存在，那麼這就可以說，數學家所賦予某些特質的數理對象也全然應該存在。而這也可以無條件地說，其他學術無不如是，各研究其如此如彼的主題——而不問其偶然屬性（例如以健康爲主題的醫學，若其有關健康的事物（病人）是「白的」，它就不問其白不白，只管其健康爲
1078a 如何），各門學術就只管各自的主題——研究健康的就將事物可作爲健康論的那部分爲之研究，研究人的，就將事物之可作爲人論的那部分爲之研究——幾何亦然；如其主題恰遇到了可感覺事物，

⑮ 參看卷E，1026a 25；卷M，1077a 9。

⑯ 有如普遍數學（數理）研究各級數學實是中的諸抽象，這樣幾何也可從各事物量度的可感覺性上進行抽象，因而專門研究事物間純粹的空間關係。

雖則幾何不是爲它們的可感覺性進行研究，數理也不至於因此之故而被誤爲可感覺事物之學術。另一方面，在那些分離於感覺事物的諸事物上作研究也不至於被誤會。

許多特質之見於事物，往往出於事物之由己屬性；例如動物有雌雄之辨這樣一個特殊秉賦（世上並無一個可脫離動物而存在的「雌」與「雄」）；長度或面等之見於事物者其爲屬性毋乃類是。與此相仿，我們研究事物之較簡純而先於定義者，我們的知識就較爲精確，亦即較爲單純。所以，抽象學術之脫離於空間量度者當較混含於空間量度者爲精確，脫離於運動者當較混含於運動者爲精確；但這學術若所研究者爲運動，則當以研究基本運動方式者爲較精確；因爲這是最單純的運動；而於基本運動方式中，又以均匀、同式、等速運動爲最單純。

同樣的道理，也可應用於光學（繪畫）與聲學（音樂）；這兩門學術都不是以其對象當作視象與聲響來研究而是當作數與線來研究的⑰；然而數與線恰正是光與聲的特殊秉賦。力學的研究也如此進行。

所以，我們若將事物的諸屬性互相分開，而對它們做各別的研究，另有些人則在地上畫一條並非一腳長的線，而把它作一腳（尺）標準，我們這樣做比之於那些人並不更爲錯誤；因爲其間的錯

⑰ 希臘當時學術分類以光學隸於幾何，以線為光學研究之本；聲學隸於算術，以比例為音樂之本（參看《解析後編》75b15）。

誤不包括在假設前提之內⑱。

每一問題最好是由這個方式來考察——像算術家與幾何學家所爲，將不分離的事物姑爲分離。人作爲一個人是一件不可區分的事物；算術就考慮這人作爲不可區分而可以計數的事物時，它具有哪些屬性。幾何學家看待這人則既不當作一個人，也不當作不可區分物，卻當它作一個立體。因爲明顯地，即便他有時亦復成爲並非不可區分，在這些屬性（不可區分性與人性）之外，凡是該屬於他的特質（立體性）總得繫屬於他。這麼，幾何學家說他是一個立體就該是正確的了；他們所談論也確乎是現存事物，他們所說的主題實際存在；因爲實是有兩式——這個人不僅有完全實現的存在，還有物質的存在。

又，因爲善與美是不同的（善常以行爲爲主，而美則在不活動的事物身上也可見到），那些人⑲認爲數理諸學全不涉及美或善是錯誤的。因爲數理於美與善說得好多，也爲之做過不少實證；它們倘未直接提到這些，可是它們若曾爲美善有關的定義或其影響所及的事情做過實證，這就不能
1078b 說數理全沒涉及美與善了。美的主要形式「**秩序、勻稱**與**明確**」，這些唯有數理諸學優於爲之作

⑱ οὐ γὰρ ἐν ταῖς προτάσεσι τὸ ψεῦδος為亞氏常用名學成語，其意謂那假定之一尺與真正的標準一尺間所有差數，在那假定尺（假設前提）中是不算數的。參看卷N，章二，1089a 23。

⑲ 顯然是指亞里斯底浦（Aristippus）：參看卷B，996a 32。亞里斯底浦（約西元前四三五—前三五六（?））」，北非洲息勒尼人，蘇格拉底諸弟子之一，為伊壁鳩魯前驅。

證。又因爲這些（例如**秩序**與**明確**）顯然是許多事物的原因，數理諸學自然也必須研究到以美爲因的這一類因果原理。關於這些問題我們將另做較詳明討論[20]。

章四　關於數理對象已講得不少[21]；我們已說明數理對象是存在的，以及它們憑何命意而存在[22]，又憑何命意而爲先於，憑何命意而不爲先於[23]。現在，論及意式，我們應先考察意式論本身，絕不去牽連數的性質，而專主於意式論的創始者們所設想的原義。意式論的擁護者是因追求事物的眞實而引到意式上的，他們接受了赫拉克利特的教義，將一切可感覺事物描寫爲「永在消逝之中」，於是認識或思想若需要有一對象，這唯有求之於可感覺事物以外的其他永恆實是。萬物既如流水般沒有一瞬的止息，欲求於此有所認識中不可能的。當時蘇格拉底專心於倫理道德的析辨，他最先提出了有關倫理諸品德的普遍定義問題。早先的自然學家德謨克利特只在物理學上爲熱與冷做了此浮淺的界說，於定義問題僅偶有所接觸[24]；至於畢達哥拉斯學派在以前研究過少數事物——例

---

[20] 這一預定課程，以後未見實授，或後世失其遺文。

[21] 1078b 6-8這一句貝刻爾本編在章三末，為第二、第三兩章之總結。第杜校本分為第四章之起句。

[22] 章二與章三。

[23] 1077a 17-20，24-b 11。

[24] 參看《物學》194a20；又《動物之構造》642a24。

如機會、道德或婚姻——的定義，他們盡將這些事物聯結於數。這是自然的，蘇格拉底竭誠於綜合辯證，他以「這是什麼」爲一切論理（綜合論法）的起點，進而探求事物之怎是；因爲直到這時期，人們還沒有具備這樣的對勘能力，可不必憑依本體知識而揣測諸對反，並研詢諸對反之是否屬於同一學術；兩件大事盡可歸之於蘇格拉底——歸納思辨與普遍定義，兩者均有關一切學術的基礎。但蘇格拉底並沒有使普遍性或定義與事物相分離，可是他們（意式論者）卻予以分離而使之獨立，這個就是他們所稱爲意式的一類事物。憑大略相同的論點，這當然會引致這樣的結論，一切普遍地講述的事物都得有意式，這幾乎好像一個人要點數事物，覺得事物還少，不好點數，他就故使 1079a 事物增加，然後再來點數。通式實際已多於個別可感覺事物，但在尋取事物的原因時，他們卻越出事物而進向通式上追求。對於某一事物必須另有一個脫離本體的同名實是[25]（其他各組列也如此，必須各有一個「以一統多」〈通式〉），不管這些「多」是現世的或超現世事物[26]。

又，所用以證明通式存在的各個方法，沒有一個足以令人信服；因爲有些論據並不必引出這樣的結論，有些則於我們常認爲無通式的事物上也引出了通式。依照這個原則，一切事物歸於多少門學術，這就將有多少類通式；依照這個「以一統多」的論點，雖是否定（「無物」或「非是」）亦

㉕ ὁμωνυμόν τι（同名實是）有的抄本作συνώνυμον τι（同義實是）。

㉖ 1078b 34-1079a 3與卷 A，990b 2-8，幾乎完全相同。以下1079a4-b3。亦幾乎是990b 9-991a 7的重複：其中1079a14-19丨節修改舊文較多，而立論仍同。

將有其通式；依照事物滅壞後對於此事物的思念並不隨之滅壞這原則，我們又將有已滅壞事物的通式；因爲我們留有已滅壞事物的遺像。在某些頗爲高明的辯論中，有些人又把那些不成爲獨立級類的事物引到了「關係」的意式，另有些論辯則引致了「第三人」㉗。

一般而論，通式的諸論點消滅了事物，這些事物的存在，較之意式的存在卻應爲相信通式的人所更予關心；因爲相應而來的將是數（二）爲第一，而不是兩（未定之二）爲第一，將是相關數先於數，而更先於絕對數㉘——此外，還有其他的結論，人們緊跟著意式思想的展開，總不免要與先所執持的諸原理發生衝突。

又，依據我們所由建立意式的諸假定，不但該有本體的通式，其他許多事物都該有（這些觀念不獨應用於諸本體，亦得應用於非本體，這也就得有非本體事物的學術；數以千計的相似諸疑難將跟著發生）。但依據通式的主張與事例的要求，假如它們能被參與，這就只該有本體的意式，因爲它們的被參與並不是在屬性上被參與，而正是參與了不可雲謂的本體（舉例來說明我的意思，譬如一事物參加於「絕對之倍」，也就參加於「永恆之倍」，但這是附帶的；因爲這倍隻在屬性上可成

㉗ 參看卷 A，990b 18注；又卷 Z，1039a 2。

㉘ 一般相關數即未定之「二」，如「兩倍」較數二為普遍，故應先於數「二」（柏拉圖學派之原則）。一般的數「二」相似地應先於「絕對數二」，所以相關數「兩倍」應先於「絕對數二」。但倍即絕對二，亦即二之通式，這就或先於數二或後於二，而成為自相矛盾。

爲「永恆」）。所以通式將是本體。但這相同的名詞指個別本體，也指意式世界中的本體（如其不然，則那個在個別事物以外的，所謂「一以統多」的意式世界中的本體，其眞義究又何如？）意式與參與意式的個別事物若形式相同，它們將必有某些共通特質。〔「2」在可滅壞的諸「2」中，或在永恆的「2」中均爲相同，何以在「絕對2」（本2）與「個別2」中卻就不是一樣相同？〕
1079a 然而它們若沒有相同的形式，那它們就只是名稱相同而已，這好像人們稱加里亞爲「人」，也稱呼一塊木片爲「人」，而並未注意兩者之間的共通性一樣。

但，我們倘在別方面假設普通定義應用於通式，例如「平面圓形」與其他部分的定義應用之於「本圓」（意式圓）再等待著加上「這實際上是什麼」㉙（這通式之所以爲通式者是什麼），我們必須詢問這個是否全無意義。這一補充將增加到原定義的哪一要素上面？補充到「中心」或「平面」或定義的其他各部分？因爲所有（在意式人中）怎是之各要素均爲意式，例如「動物」與「兩腳」。又，這裡舉出了「平面」的意式，「作爲意式」就必須符合於作爲科屬的含義，作爲科屬便當是一切品種所共通的某些性質。

㉙ 1079b 6，τὸ δ' οὗ ἐστὶ，旭雷（P. Shorey）校為τὸ δ' ὅ ἐστι（《古典語文學報》第二十卷271-3），茲照他的校正文譯。參看1086b 27，這句和這一節詞旨簡略，其大意在說明理想圓的定義與個別圓的普通定義相同，所應增補的只是意式如何為意式而已。

章五[30] 最後大家可以討論這問題，通式對於世上可感覺事物（無論是永恆的或隨時生滅的），發生了什麼作用。因爲它們既不能使事物動，也不能使事物變。它們對於認識也不曾有所幫助（因爲它們並不是這些事物的本體，若爲本體，它們就得存在於事物之中），它們如不存在於所參與的個別事物之中，它們可以被認爲是原因，如「白」進入於事物的組成，使一白物得以成其爲白（白性）。但這論點先是阿那克薩哥拉用過，以後是歐多克索在他答辯疑難時，以及其他某些人也用過，這論點是很容易攻破的；對於這觀念不難提出好多無可辯解的反對論點。

又，說一切事物「由」通式演化，這「由」就不能是平常的字意。說通式是模型，其他事物參與其中，這不過是詩喻與虛文而已。試看意式，它究屬在製造什麼？沒有意式做藍本讓事物照抄，事物也會有，也會生成，不管有無蘇格拉底其人，像蘇格拉底那樣的一個人總會出現。即使蘇格拉底是超世永恆的，世上也會有那樣的人。同一事物又可以有幾個模型，所以也得有幾個通式；例如「動物」與「兩腳」與「人」都是人的通式。又通式不僅是可感覺事物的模型，而且也是通式本身的模型，好像科屬本是各品種所繫的科屬，卻又成爲科屬所繫的科屬，這樣同一事物將又是藍本又是抄本了。

1080a 又，本體與本體的所在兩離，似乎是不可能的；那麼意式既是事物的本體怎能離事物而獨

㉚ 此章全部除末一句外，1079b12-1080a3與卷A，991a8-b 9幾乎完全相同。

立？

在《斐多》中[31]，問題這樣陳述——通式是「現是」（現成事物）與「將是」（生成事物）的原因；可是通式雖存在，除了另有一些事物爲之動變，參與通式的事物就不會生成；然而許多其他事物（如一幢房屋或一個指環）他們說它並無通式的卻也生成了。那麼，明顯地，產生上述事物那樣的原因，正也可能是他們所說具有意式諸事物之存在（「現是」）與其生成（「將是」）的原因，而事物也就可以不靠通式而靠這些原因以獲得其存在。關於意式，這可能照這樣，或用更抽象而精確的觀點，彙集許多類此的反駁。

章六　我們既已討論過有關意式諸問題，這該可以再度考慮到那些人主張以數爲可分離本體，並爲事物之第一原因所發生的後果。假如數爲一個實是，按照有些人的主張其本體就只是數而沒有別的，跟著就應得有（這樣的各數系），1.數可以或是⑴第一、第二，一個挨次於一個的實是，每一數各異其品種——這樣的數全無例外地，每一數各不能相通[32]，或是⑵它們一個一個是無例外地挨次的數，而任何的數像他們所說的數學（算術）之數一樣，都可與任何它數相通；在數學之數中，各數的單位互不相異。或是⑶其中有些單位可相通，有些不能相通；例如2，假設爲第一個挨次於

---

[31] 參看《斐多》100D。

[32] συμβληταί字義為「比量」，或譯「可相比」，或譯「可相加」，或譯「可相通」。

1，於是挨次為3，以及其餘，每一數中的單位均可互通，例如第一個2中的各單位可互通，第一個3中的以及其餘各數中的各單位也如此；但那「絕對2」（本二）中的單位就不能與絕對3（本三）中的單位互通，其餘的順序各數也相似。數學之數是這麼計點的——1，2（這由另一個1接上前一個1組成），與3（這由再一個1，接上前兩個1組成），餘數相似；而意式之數則是這麼計點的——在1以後跟著一個分明的2，這不包括前一個數在內，再跟著的3也不包括上一個2，餘數相似。或是這樣，2.數的一類像我們最先說明的那一類㉝，另一是像數學家所說的那一類，我們最後所說的當是第三類。

1080b 又，各類數系，必須或是可分離於事物，或不可分離而存在於視覺對象之中（可是這不像我們先曾考慮過的方式㉞，而只是這樣的意義，視覺對象由存在其中的數所組成㉟）——或是其一類如是，另一類不如是，或是各類都如是或都不如是。

這些必然是列數所僅可有的方式。數論派以一為萬物之原始，萬物之本體，萬物之要素，而列數皆由一與另一些事物所合成，他們所述數系悉不出於上述各類別；只是其中一切數全都不能互通的那一類數系還沒有人主張過。這樣宜屬合理；除了上述可能諸方式外，不得再有旁的數系。有

㉝ 見於1080a15-20，其下一類見於20-23，第三類見於23-25行。

㉞ 參看1076a 38-b 11。

㉟ 畢達哥拉斯數論派的觀念。

些人㊱說兩類數系都有，其中先後各數爲品種有別者同於意式，數學之數則異於意式亦異於可感覺事物，而兩類數系均可由可感覺事物分離；另一些人㊲說只有數學之數存在，而這數離於可感覺事物，爲諸實是之原始。畢達哥拉斯學派也相信數系只數學之數這一類；但他們認爲數不脫離可感覺事物，而可感覺事物則爲數所組成。他們用數構成了全宇宙，他們所應用的數並非抽象單位；他們假定數有空間量度。但是第一個1如何能構成量度，這個他們似乎沒法說明。

另一個思想家㊳說，只有通式之數即第一類數系存在，另一些㊴又說通式之數便是數學之數，兩者相同。

線、面、體的例相似。有些人意謂事物作爲數理對象與其作爲意式相異㊵；在意見與此相反的各家中，有些人只以數學方式談數理對象——這些人不以意式爲數，也未言及意式存在㊶；另有些人不照數學方式說數學對象，他們說並不是每一空間量度均可區分爲計度，也不能任意取兩個單位

㊱ 指柏拉圖。
㊲ 指斯泮雪浦。
㊳ 某個未指名的柏拉圖學派。
㊴ 指齊諾克拉底。
㊵ 這主張蓋出於柏拉圖：參看卷A，992b13-18。
㊶ 指斯泮雪浦。

來造成2㊷，所有主張萬物原理與元素皆出於「1」的人，除了畢達哥拉斯學派以外，都認爲數是抽象的單位所組成；但如上曾述及，他們認爲數是量度㊸。數有多少類方式這該已敘述清楚，別無遺漏了；所有這些主張均非切實，而其中有些想法比別一些更爲虛幻。

1081a **章七**　於是讓我們先研究諸單位可否相通，倘可相通，則在我們前曾辨析的兩方式中應取哪一方式㊹。這可能任何單位均不與任何單位相通，這也可能「本2」與「本3」中的各單位不相通，一般地在每一意式數中各單位是不相通於其他意式數中各單位的。現在1.假如所有單位均無異而可相通，我們所得爲數學之數——數就只一個系列，意式不能是這樣的數。「人意式」與「動物意式」或其他任何意式怎能成爲這樣的數？每一事物各有一個意式，例如人有「人本」，動物有「動物本」；但相似而未分化的數無限的眾多，任何個別的3都得像其他諸3一樣作爲「人本」。然而意式若不能是數，它就全不能存在。意式將由何原理衍生？由1與未定之2衍生數，這些就只是數的

㊷ 指齊諾克拉底信於不可分線（可參看里特爾與柏來勒《希臘哲學史》第八版362頁）。亞氏在卷A，章九，992a20-23，以「不可分線」之說屬之於柏拉圖。

㊸ 1080b 19。

㊹ 參看1080a 18-20,23-35。

原理與要素，意式之於數不能列爲先於或後於㊺。

但，2.假如諸單位爲不相通，任何數均不相通於任何數，這樣的數不能成爲數學之數；因爲數學之數由未分化的諸單位組成，這性質也證明爲切於實際。這也不能成爲意式數。這樣的數系，2不會是「一與未定之兩」所生成的第一個數，其他各數也不能有「2，3，4……」的串聯順序，因爲不管是否像意式論的初創者所說，意式2中的諸單位從「不等」中同時衍生（「不等」在被平衡時列數就因而生成）或從別的方式衍生——若其中之一爲先於另一，這便將先於由所組合的2；倘有某一物先於另一物，則兩者之綜和將是先於另一而後於某一。

又，因爲「本1」爲第一，於是在「本1」之後有一個個別之1先於其他諸1，再一個個別之1，緊接於那前一個1之後實爲第三個1，而後於原1者兩個順次——這樣諸單位必是先於照它們所點到爲數序；例如在2中，已有第三單位先3而存在，第四第五單位已在3中，先於4與5兩數而存在。現在這些思想家固然都沒有說過諸單位是這樣的完全不相通，但照他們的原理推演起來，情況便是這樣，雖則實際上這是不可能的。因爲這是合理的，假如有第一單位或第一個1，諸單位
1081b 應有先於與後於之分，假如有一個第一個2，則諸2也應有先於與後於之分；在第一之後這必須會

㊺ 柏拉圖所承認的制數原理為1與未定之2（或譯單雙）。亞氏將此兩原理當作「本1」與「本2」，因而論證1.它們不能製數，2.也不能先於或後於數，即不能為數之因也不能是數之果；因為它們是由不同品種單位所組成的。他進而又論證意式並非由任何原理所演生，所以並不存在。

有第二也是合理的，如有第二，也就得有第三，其餘順序相接（同時做兩樣敘述，以意式之1爲第一，將另一單位次之其後爲第一個1，又說2是次於意式之1以後爲第一個2，這是不可能的），但他們製造了第一單位或第一個1，卻不再有第二個1與第三個1，他們製造了第一個2，卻不再製造第二個2與第三個2。

假如所有單位均不相通，這也清楚地不可能有「本2」與「本3」；它數亦然。因爲無論單位是未分化的或是每個都各不相同，數必須以加法來點計，例如2是在1上加1，3由2上加1，4亦相似。這樣，數不能依照他們製數的方式由「兩」與「一」來創造（依照加法）；2成爲3的部分，3成爲4的部分，挨次各數亦然，然而他們卻說4由第一個2與那未定之2生成——這樣兩個2的產物㊻有別於本2；如其不然，本2將爲4的一個部分，而加上另一個2。相似地2將由「本1」加上另一個1組成；若然如此，則其另一要素就不能是「未定之2」；因爲這另一要素應創造另一個單位，而不該像未定之2那樣創造一個已定之2。

又，在本3與本2之外怎能有別的諸3與諸2？它們又怎樣由先於與後於的諸單位來組成？所有這些都是荒唐的寓言，「原2」（第一個2）與「本3」（絕對3）均不能成立。可是，若以「一與未定之兩」爲之要素，則這些就都該存在。這樣的結果倘是不可能的，那麼要將這些作爲創

㊻ 未定之2為「倍」，作用於意式之2而產生兩個2，這兩個2之成4，異於兩個意式之2。

造原理就也不可能。

於是，假如諸單位品種各各不同，這些和類乎這些的結果必然跟著發生。但3.假如只是每一數
1082a 中的各單位爲未分化而互通，各數中的各單位則是互已分化而品種各不相同，這樣疑難照樣存在。例如在本10（意式之10）之中有十個單位，10可以由十個1組成，也可以由兩個5組成。但「本10」既非任何偶然的單位所組成㊼——在10中的各單位必須相異。因爲，它們若不相異，那麼組成10的兩5也不會相異；但因爲兩5應爲相異，各單位也將相異。然而，假如它們相異，是否10之中除了兩5以外沒有其他別異的5呢？假如那裡沒有別的5，這就成爲悖解㊽；若然是另有其他種類的5，這樣的5所組成的10，又將是哪一類的10？因爲在10中就只有自己這本10，另無它10。

照他們的主張，4確乎必不是任何偶然的諸2所可組成；他們說那未定之2接受了那已定之2，造成兩個2；因爲未定之2的性質就在使其所受之數成倍。

又，把2脫離其兩個單位而當作一實是，把3脫離其三個單位而當作一實是，這怎麼才可能？或是由於一個參與在別個之中，像「白人」一樣遂成爲不同於「白」與「人」（因爲白人參與

㊼ 羅斯詮釋此語：意式之10是一個整數，其中作為單位的各數亦應為意式數，而各為一個整數；因此那兩個5應是不同品種，方能以兩個不同事物為要素而合成一個整體，於十個1而論亦然。但是這與我們現在的持論就相矛盾了。

㊽ 此語頗難索解，特來屯尼克詮釋品種相異的5蓋為各單位以不同方式組合起來的5。

於兩者），或是由於一個爲別個的差異，像「人」之不同於「動物」和「兩腳」一樣。

又，有些事物因接觸而成一，有些因混合而成一，有些因位置而成一；這些命意均不能應用那組成這2或這3的諸單位，恰像兩個人在一起不是使之各解脫其個人而別成爲整一事物，各單位之組成列數者意必同然。它們之原爲不可區分，於它們作爲數而論無關重要；諸點也不可區分，可是一對的點不殊於那兩個單點。

但，我們也不能忽忘這個後果，跟著還有「先於之2」與「後於之2」，它數亦然。就算4中的兩個2是同時的；這些在8之中就得是「先於之2」了，像2創生它們一樣，它們創生「本8」中的兩4。因此，第一個2若爲一意式，這些2也得是某類的意式。同樣的道理適用於諸1；因爲「第一個2」中的諸1，跟著第一個2創生4而入於本4之中，所以一切1都成意式，而一個意式將是若干意式所組成。所以清楚地，照這樣的意式之出於組合，若說有動物的諸意式時，人們將可
1082b 說動物是諸動物所組成。

總之，分化單位使成不同品種之任何方式均爲一荒唐之寓言；我所說寓言的意義，就是爲配合一個假設而杜撰的說明。我們所見的一（單位）無論在量上和在質上不異於別個一（單位），而數必須是或等或不等——一切數均應如此，而抽象（單位）所組成的數更應如此——所以，凡一數若既不大於亦不小於另一數，便應與之相等；但在數上所說的相等，於兩事物而言，若品種不異而相等者則謂之相同。倘品種有異，雖「本10」中之諸2，即便它們相等，也不能不被分化，誰要說它們並不分化，又能提出怎樣的理由？

又，假如每個1加另1爲2，從「本2」中來的1和從「本3」中來的1亦將成2。現在1.這個2將是相異的1所組成；2.這個2對於3應屬先於抑爲後於？似乎這必是先於；因爲其中的一個單位與3爲同時，另一個則與2爲同時。於我們講來，一般1與1若合在一起就是2，無論事物是否相等或不等，例如這個善一和這個惡一，或是一個人和一匹馬，總都是「2」。

假如「本3」爲數不大於2，這是可詫異的；假如這是較大，那麼清楚地其中必有一個與2相等的數，而這數便應與「本2」不相異。但是，若說有品種相異的第一類數與第二類數這就不可能了。

意式也不能是數。因爲在這特點上論，倘眞以數爲意式，那麼主張單位應各不同的人就該是正確的了；這在先曾已講過[49]。通式是整一的；但「諸1」若不異，「諸2」與「諸3」亦應不異。所以當我們這樣計點——「1，2」……他們就必得說這個並不是1個加於前一個數；因爲照我們的做法，數就不是從未定之2製成，而一個數也不能成爲一個意式；因爲這樣一個意式將先另一個意式存在著而所有諸通式將成爲一個通式的諸部分[50]。這樣，由他們的假設來看，他們的推論都是對的，但從全局來看，他們是錯的；他們的觀念爲害匪淺，他們也得承認這種主張本身引致某些疑

[49] 見1081a 5-17。

[50] 意即所有列數，均為一個最大數的許多部分。

難——當我們計點時說「1，2，3」究屬是在一個加一個點各數呢，還是在點各個部分呢[51]。但是我們兩項都做了，所以從這問題肇致這樣重大的分歧，殊爲荒唐。

1083a **章八** 最好首先決定什麼是數的差異，假如一也有差異，則一的差異又是什麼。單位的差異必須求之於量或質上；單位在這些上面似乎均有差異。但數作爲數論，則在量上各有差異。假如單位眞有量差，則雖是有一樣多單位的兩數也將有量差。又在這些具有量差的單位中是那第一單位爲較大或較小，抑是第二單位在或增或減？所有這些都是不合理的擬議。它們也不能在質上相異。因爲對於諸單位不能繫以屬性；即便對於列數，質也只能是跟從量而爲之繫屬[52]。又，1與未定之2均不能使數發生質別，因爲1本無質而未定之2只有量性；這一實是只具有使事物成爲多的性能。假如事實誠不若是，他們該早在論題開始時就有說明，並決定何以單位的差異必須存在，他們既未能先爲說明，則他們所謂差異究將何所指呢？

於是明顯地，假如意式是數，諸單位就並非全可相通，在（前述）兩個方式中也不能說它們全

[51] 亞貝爾脫（O. Apelt）解釋亞氏語意：點數如當作加法，則各數均為數學之數；如把每一數當作一個個別生成之事物，就得成為各別的數。亞氏認為用兩種看法來看這點計動作均無不可。

[52] 數之質別有素數或組合數，平面（二次）或立體數（三次），這些質別皆為量變所成的屬性。參看卷Δ，章十四，1020b3-8。

不相通[53]。但其他某些人關於數的議論方式也未爲正確。那些不主於意式，也不以意式爲某些數列的人，他們認爲世上存在有數理對象而列數爲現存萬物中的基本實是，「本1」又爲列數之起點。這是悖解的：照他們的說法，在諸1中有一「原1」（第一個1），卻在諸2中並不建立「原2」（第一個2），諸3中也沒有「原3」（第一個3）[54]。同樣的理由應該適用於所有各數。關於數，假使事實正是這樣，人們就會得想到維有數學之數實際存在，而1並非起點（因這樣一類的1將異於其他諸1；而2，也將援例存在有第一個2與諸2另做一類，以下順序各數也相似）。但，假令1正爲萬物起點，則關於數理之實義，毋寧以柏拉圖之說爲近眞，「原2」與「原3」便或當爲理所必有，而各數亦必互不相通。反之，人苟欲依從此說，則又不能免於吾人上所述[55]若干不符事實之結論。但，兩說必據其一，若兩不可據，則數便不能脫離於事物而存在。

這也是明顯的，這觀念的第三翻版[56]最爲拙劣——這就是意式之數與數學之數爲相同之說。這一說合有兩個錯誤。1.數學之數不能是這一類的數，只有持此主張的人杜撰了某些特殊的線索才能紡織起來。2.主張意式數的人們所面對著的一切後果他也得接受。

---

[53] 參看1080a 18-20, 23-35。

[54] 20行某人指斯泮雪浦：他不主於意式數而以「本1」為通式要理（本因），亞氏於此詆其瑕疵。

[55] 參看1080b 37-1083a 17。

[56] 指齊諾克拉底之說，參看1080b 22。

畢達哥拉斯學派的數論，較之上述各家較少迷惑，但他們也頗自立異。他們不把數當作獨立自在的事物，自然解除了許多疑難的後果；但他們又以實體爲列數所成而且實體便是列數，這卻是不可能的。這樣來說明不可區分的空間量度是不眞確的；這類量度無論怎麼多怎麼少，諸1是沒有量度的；一個量度怎能由不可區分物來組成？算術之數終當由抽象諸1來組成。但，這些思想家把數合同於實物；至少他們是把實物當作列數所組成，於是就把數學命題按上去。

於是，數若爲一自存的實物，這就必須在前述諸方式中的一式上存在，如果不能在前述的[57]任何一式上存在，數就顯然不會具有那樣的性質，那些性質是主張數爲獨立事物的人替它按上去的。

又，是否每個單位都得之於「平衡了的大與小」抑或一個由「小」來另一個由「大」來？1.若爲後一式，每一事物既不盡備所有的要素，其中各單位也不會沒有差異；因爲其中有一爲大，另一爲與大相對反的小。在「本3」中的諸單位又如何安排？其中有一畸另單位。但也許正是這緣由，他們以「本一」爲諸奇數中的中間單位[58]。2.但兩單位若都是平衡了的大與小，那作爲整個一件事物的2又怎樣由大與小組成？或是如何與其單位相異？又，單位是先於2；因爲這消失，2也隨之消失。於是1將是一個意式的意式，這在2以前先生成。那麼，這從何生成？不是從「未定之

[57] 見於1080a15-b 36。

[58] 參看第爾士輯《先蘇格拉底》（第三版）卷一，346, 17-22；又270, 18。

1084a 2」，因爲「未定之2」的作用是在使「倍」。

再者，數必須是無限或是有限（因爲這些思想家認爲數能獨立存在，這就應該在兩者中確定其一[59]）。清楚地，這不能是無限；因爲無限數是既非奇數又非偶數，而列數生成非奇必偶，非偶必奇。其一法，當1加之於一個偶數時，則生成一個奇數；另一法，當1被2連乘時，就生成2的倍增數；又一法當2的倍增數，被奇數所乘時就產生其他的偶數[60]。柏又，假如每一意式是某些事物的意式，而數爲意式，無限數本身將是某事物（或是可感覺事物或是其他事物）的一個意式。可是這個本身就不合理，而照他們的理論也未必可能，至少是照他們的意式安排應爲不可能。

但，數若爲有限，則其極限在哪裡？關於這個，不僅該舉出事實，還得說明理由。倘照有

[59] 如果數是獨立存在的，其實現必須是一個無限或是一個有限數。亞氏自己的主張是數只能潛在地為無限，其所實現必為一有限數。

[60] 柏拉圖《巴門尼德》144A以1與2為奇偶起點，由1與2相加得3：用此三數，1.以偶乘偶，2.奇乘奇，3.奇乘偶，4.偶乘奇，四法製作列數。3.4.兩法實際相同。由1.與3.4.可得一切偶數：2的倍增數即乘方數2、4、8、16。其中所缺偶數由2×3＝6，2×5＝10，4×3＝12，2×7＝14……來遞補。但2.法不能得一切奇數。素數如5、7等均非乘法所能製成。拉圖以加法製成第一個素數3。實際其他素數均須由偶數加一製成。

些人[61]所說數以10爲終，則通式之爲數，也就僅止於10了；例如3爲「人本」，又以何數爲「馬本」？作爲事物之本的若干數列遂終於10。這必須是在這限度內的一個數；因爲只有這些數才是本體，才是意式。可是這些數目很快就用盡了；動物形式的種類著實超過這些數目。同時，這是清楚的，如依此而以意式之「3」爲「人本」，其他諸3亦當如茲（在同數內的諸3亦當相似）[62]，這樣將是無限數的人眾；假如每個3均爲一個意式，則諸3將悉成「人本」，如其不然，諸3也得是一般人眾。又，假如小數爲大數的一部分（姑以同數內的諸單位爲可相通），於是倘以「本4」爲「馬」或「白」或其他任何事物的意式，則若人爲2時，便當以人爲馬的一個部分。這也是悖解的，可有10的意式，而不得有11與以下各數的意式。又，某些事物碰巧是，或也實際是沒有通式的；何以這些沒有通式？我們認爲通式不是事物之原因。又，說是由1至10的數系較之本10更應作爲實物與通式，這也悖解。本10是作爲整體而生成的，至於1至10的數系，則未見其作爲整體而生成。他們卻先假定了1至10爲一個完整的數系。至少，他們曾在10限以內創造了好些衍生物——例如虛空、比例、奇數以及類此的其他各項。他們將動靜、善惡一類事物列爲肇始原理，而將其他事

---

[61] 以十為數之終其旨出於畢達哥拉斯學派。此處所指包括柏拉圖在內（參看《物學》206b32），大約斯泮雪浦亦從此旨。

[62] 此括弧內支句費解。羅賓（Robin）解為在「意式4」內之3，與含於意式5內之4中的3亦相似，逐級類推亦相似（參看羅賓：《柏拉圖意式論在亞里斯多德以後之發展》，352頁）。

1084b 物歸之於數[63]。所以他們把奇性合之於1；因爲如以3做奇數之本性則5又何如[64]？

又，對於空間量體及類此的事物，他們都用有定限的數來說明；例如，第一，不可分線[65]，其次2，以及其他；這些都進到10而終止[66]。

再者，假如數能獨立自存，人們可以請問哪一數目爲先——1或3或2？假如數是組合的，自當以1爲先於，但普遍性與形式若爲先於，那麼列數便當爲先於；因爲諸1只是列數的物質材料，而數才是爲之作用的形式。在某一含義上，直角爲先於銳角，因爲直角有定限，而銳角猶未定，故於定義上爲先；在另一含義上，則銳角爲先於，因爲銳角是直角部分，直角被區分則成諸銳角。作

---

[63] 「虛空」由未定之2衍生，可參看色烏弗拉斯托《哲學》（312、18-313,3）。「動」亦出於「未定之2」見本書卷A章九、卷K章九。「靜」自然由1衍生，可不煩參證。此處所舉各例中實際僅「比例」才真正是數的衍生物。敘里安諾詮論比例三式1：2：3為算術比例；1：2：4為幾何比例；2：3：6為音樂比例。此三式所舉數目皆在10以內。

[64] 數論學派以1為具有奇性，3、5等為奇數而無奇性，得其奇性於1；如7之為奇數，並不因3因5以為奇，唯因1以取其奇性。

[65] 參看卷A，992a22；又卷N，章三。

[66] 參看卷N，1090b21-24，數論以1合於點（即不可分線），2合於線，3合於面，4合於立體，而1、2、3、4則合成10，為數之終，一切空間量體盡含於中。

爲物質，則銳角元素與單位爲先於；但於形式與由定義所昭示的本體而論，則直角與「物質和形式結合起來的整體」應爲先於；因爲綜合實體雖在生成過程上爲後，卻是較接近於形式與定義。那麼，1安得爲起點？他們答覆說，因爲1是不可區分的；但普遍性與個別性或元素均不可區分。而作爲起點則有「始於定義」與「在時間上爲始」的分別。那麼，1在哪一方面爲起點？上曾言及，直角可被認爲先於銳角，銳角也可說是先於直角，那麼直角與銳角均可當作1看。他們使1在兩方面都成爲起點。但這是不可能的。因爲普遍性是由形式或本體以成一，而元素則由物質以成一，或由部分以成一。兩者（數與單位）各可爲一——實際上兩個單位[67]均各潛在（至少，照他們所說不同的數由不同種類的單位組成，亦就是說數不是一堆，而各自一個整體，這就該是這樣），而不是完全的實現。他們所以陷入錯誤的原因是他們同時由數理立場又由普遍定義出發，進行研究，這樣1.從數理出發，他們以1爲點，當作第一原理；因爲單位是一個沒有位置的點（他們像旁的人[68]也曾做過的那樣，把最小的部分安裝成爲事物）。於是「1」成爲數的物質要素，同時也就先於2；而在2當作一個整數，當作一個形式時，則1又爲後於。然而，2.因爲他們正在探索普遍性，遂又把「1」表現爲列數形式含義的一個部分。但這些特性不能在同時屬之同一事物。

---

[67] 這裡亞氏以2為例，其中兩個1，在2實現為一個整數時，均各轉成為潛在。

[68] 指原子（不可分物）論派。

假如「本1」必須是無定位的單元（因爲這除了是原理外，並不異於它1），2是可區分1085a的，但1則不可區分，1之於「本1」較之於2將更爲相切近，但，1如切近於「本1」，「本1」之於1也將較之於2爲相切近；那麼2中的各單位必然先於2。然而他們否認這個；至少，他們曾說是2先創生。

又，假如「本2」是一個整體，「本3」也是一個整體，兩者合成爲2（兩個整體）。於是，這個「2」所從產生的那兩者又當是何物呢？

章九 因爲列數間不是接觸而是串聯，例如在2與3中的各單位之間什麼都沒有，人們可以請問這些於本1是否也如此緊跟著，緊跟著本1的應是2抑或2中的某一個單位[69]。

在後於數的各級事物——線、面、體——也會遭遇相似的迷難。有些人[70]由「大與小」的各品種構製這些，例如由長短製線，由闊狹製面，由深淺製體；那些都是大與小的各個品種。這類幾何事物之肇始原理（第一原理），相當於列數之肇始原理，各家所說不同。在這些問題上面，常見有許多不切實的寓言與理當引起的矛盾。1.若非闊狹也成爲長短，幾何各級事物便將互相分離。（但

[69] 看本卷第七章，1081a17-35。
[70] 大約也包括柏拉圖在內。

闊狹若合於長短，面將合於線，而體合於面[71]；還有角度與圖形以及類此諸事物又怎樣能解釋？）又2.在數這方面同樣的情形也得遭遇；因為「長短」等是量度的諸屬性，而量度並不由這些組成，正像線不由「曲直」組成或體不由平滑與粗糙組成一樣[72]。

所有這些觀點所遇的困難與科屬內的品種在論及普遍性時所遇的困難是共通的，例如這參於個別動物之中的是否為「意式動物」抑其他「動物」。假如普遍性不脫離於可感覺事物，這原不會有何困難；若照有些人的主張一與列數皆相分離，困難就不易解決；這所謂「不易」便是「不可能」。因為當我們想到2中之一或一般數目中的一，我們所想的正是意式之一抑或其他的一[73]？

於是，有些人由這類物質創製幾何量體，另有些人[74]由點來創製——他們認為點不是1而是與1相似的事物——也由其他材料如與「1」不同的「眾」來創製；這些原理也得遭遇同樣嚴重的困難。因為這些物質若相同，則線、面、體將相同；由同樣元素所成事物亦必相同。若說物質不止一
1085b 樣，其一為線之物質，另一為面，又一為體，那麼這些物質或為互含，或不互含，同樣的結果還得產生；因為這樣，面就當或含有線或便自己成了線。

---

[71] 1085a7-19，參看卷A，992a10-19。

[72] 參看卷A，992b1-7；又卷N，1088a15-21。

[73] 1085a24-31，旁涉意式論之一般迷難，與上文不甚貫串。

[74] 大概另指斯泮雪浦。柏拉圖與齊諾克拉底並不置重於點（參看卷A章九、章五）。

再者，數何能由「單與眾」組成，他們並未試做解釋；可是不管他們做何解釋，那些主張「由1與未定之2」來製數的人[75]所面對著的諸駁議，他們也得接受。其一說是由普遍地云謂著的「眾」而不由某一特殊的「眾」來製數，另一說則由某一特殊的眾即第一個眾來製數；照後一說，2爲第一個眾[76]。所以兩說實際上並無重要差別，相同的困難跟蹤著這些理論——由這些來製數，其方法爲如何，摻雜或排列或混合或生殖？以及其他諸問題。在各種疑難之中，人們可以獨執這一問題，「假如每一單位爲1，1從何來？」當然，並非每個1都是「本1」。於是諸1必須是從「本1」與「眾」或眾的一部分來。要說單位是出於眾多，這不可能，因爲這是不可區分的；由眾的一部分來製造1也有許多不合理處；因爲1.每一部分必須是不可區分的（否則所取的這一部分將仍還是眾，而這將是可區分的），而「單與眾」就不成其爲兩要素了；因爲各個單位不是從「單與眾」創生的。2.執持這種主張的人不做旁的事，卻預擬了另一個數；因爲它的不可區分物所組成的眾就是一個數[77]。

[75] 指柏拉圖與齊諾克拉底。

[76] 亞氏在這裡仍將「未定之2」當作2與本2來批評柏拉圖學派之說。

[77] 這裡說明朗些：1.眾的不可區分部分就不成為「眾多」而是「單一」。這樣，「眾多」為諸一所構成，這就不能與「單位之一」相配而成為製數兩要素。2.由眾多製數等於說「數出於數」，也等於什麼都沒有說。

又，我們必須依照這個理論再研究數是有限抑無限的問題[78]。起初似乎有一個眾，其本身爲有限，由此「有限之眾」與「一」共同創生有限數的諸單位，而另有一個眾則是絕對之眾，也是無限之眾；於是試問用哪一類的眾多作爲與元一配合的要素？人們也可以相似地詢問到「點」，那是他們用以創製幾何量體的要素。因爲這當然不是唯一的一個點；無論如何請他們說明其他各個點各由什麼來製成。當然不是由「本點」加上一些距離來製作其他各點。因爲數是不可區分之一所組成，但幾何量體則不然，所以也不能像由眾這個要素的不可區分之諸部分來製成一（單位）那樣，說要由距離的不可區分之諸部分來製成點[79]。

於是，這些反對意見以及類此的其他意見顯明了數與空間量體不能脫離事物而獨立。又，關於數論各家立說的分歧，這就是其中必有錯誤的表徵，這些錯處引起了混亂。那些認爲只有數理對象能脫離可感覺事物而獨立的人[80]，看到通式的虛妄與其所引起的困惑，已經放棄了意式之數而轉向於數學之數。然而，那些想同時維持通式與數的人假設了這些原理[81]，卻看不到數學數存在於意

---

[78] 參看1083b 36。

[79] 點不能含有距離的要素；而且距離的任何一段仍還是距離，不能成點。一在「眾」中可作為一個部分，點線上內不能做一個部分。

[80] 指斯泮雪浦。

[81] 這些原理，指「一與未定之二」可參看第七章。

式數之外，他們[82]把意式數在理論上合一於數學數，而實際上則消除了數學數；因爲他們所建立的一些特殊的假設，都與一般的數理不符。最初提出通式的人假定數是通式時，也承認有數理對象存在[83]，他是自然地將兩者分開的。所以他們都有某些方面是眞確的，但全部而論都不免於錯誤。他們的立論不相符合而相衝突，這就證實了其中必有不是之處。錯誤就在他們的假設與原理。壞木料總難製成好家具，愛比卡爾謨[84]說過，「才出口，人就知道此言有誤」。

關於數，我們所提出的問題和所得的結論已足夠（那些已信服了的人，可在後更爲之詳解而益堅其所信，至於尚不信服的人也就再不會有所信服）[85]。關於第一原理與第一原因與元素，那些專談可感覺本體的各家之說，一部分已在我們的物學著述中[86]說過，一部分也不屬於我們現在的研究範圍；但於那些認爲在可感覺物體以外，還有其他本體的諸家之說，這必須在討論過上述各家以後，接著予以考慮。因爲有些人說意式與數就是這類（超感覺）本體，而這些要素就是實在事物的要素與原理，關於這些我們必須研究他們說了些什麼，所說的內容其實義又如何。

[82] 指齊諾克拉底。
[83] 柏拉圖。
[84] 第爾士編《殘篇》14。
[85] 敘里安諾將以下各節編入卷N。
[86] 見於《物學》卷一，第四至六章；《說天》卷三，第三至四章；《成壞論》卷一，第一章。

那些專主於數而於數又主於數學之數的人，必須在後另論[87]；但是關於那些相信意式的人，大家可以同時觀測他們思想的途徑和他們所投入的困惑。他們把意式製成爲「普遍」，同時又把意式當作可分離的「個別」來處理。這樣是不可能的，這曾已爲之辨明[88]。那些人既以本體外離於可感 1086b 覺事物，他們就不得不使那作爲普遍的本體又自備有個體的特性。他們想到了可感覺世界的形形色色，盡在消逝之中，唯其普遍理念離異了萬物，然後可得保存於人間意識之中。我們先已說過[89]蘇格拉底曾用定義（以求在萬變中探取其不變之眞理），啓發了這樣的理論，但是他所始創的「普遍」並不與「個別」相分離；在這裡他的思想是正確的。結果是已明白的了，若無普遍性則事物必莫得而認取，世上亦無以積累其知識，關於意式只在它脫離事物這一點上，引起駁議。可是，他的繼承者卻認爲若要在流行不息的感覺本體以外建立任何本體，就必須把普遍理念脫出感覺事物而使這些以普遍性爲之云謂的本體獨立存在，這也就使它們「既成爲普遍而又還是個別」。照我們上述的看法，這就是意式論本身的癥結。

章十 讓我們對於相信意式的人提出一個共有的疑難，這一疑難在我們先時列舉諸問題時曾已說

[87] 指斯泮雪浦，參看卷N，1090a7-15, 20-b20。

[88] 參看卷B，1003a 7-17。

[89] 見於1078b17-30。

明[90]。我們若不像個別事物那樣假定諸本體爲可分離而獨立存在，那麼我們就消滅了我們自己所意想的「本體」；但，我們若將本體形成爲可分離的，則它們的要素與它們的原理該又如何？

假如諸本體不是普遍而是個別的，1.實物與其要素將爲數相同，2.要素也就不可能得其認識。因爲1.試使言語中的音節爲諸本體，而使它們的字母作爲本體的要素；既然諸音節不是形式相同的普遍，不是一個類名，而各自成爲一個個體，則$\beta\alpha$就只能有一個，其他音節也只能各有一個〔又他們（柏拉圖學派）於每一意式實是也認爲各成一個整體〕。倘諸音節皆爲唯一個體，則組成它們的各部分也將是唯一的；於是α不能超過一個，依據同樣的論點，也不能有多數的相同音節存在，而其他諸字母也各只能有一個。然而若說這樣是對的，那麼字母以外就沒有別的了，所有的僅爲字母而已。2.又，要素也將無從取得其認識，因爲它們不是普遍的，而知識卻在於認取事物之普遍性。知識必須依憑於實證和定義，這就是知識具有普遍性的說明；若不是每一個三角的諸內角均等於兩直角，我們就不做這個「三角的諸內角等於兩直角」的論斷，若不是「凡人均爲動物」，我們也不做這個人是一個動物的論斷。

但，諸原理若均爲普遍，則由此原理所組成的諸本體亦當均爲普遍，或是非本體將先於本體；因爲普遍不是一個本體，而要素或原理卻是普遍的，要素或原理先於其所主的事物。

---

⑨⓪ 卷B，999b24-1000a4, 1003a5-17。

當他們正由要素組成意式的同時，又宣稱意式脫離那與之形式相同的本體而為一個獨立實是，所有這些疑難就自然地跟著發生。

但是，如以言語要素為例，若這並不必須要有一個「本α」與一個「本β」而盡可以有許多α許多β，則由此就可以有無數相似的音節。

依據一切知識悉屬普遍之說，事物之諸原理亦當為普遍性而不是各個獨立本體，而實際引致了我們上所述各論點中最大困惑者，便是此說，然此說雖則在某一含義上為不合，在另一含義上講還是眞實的。「知識」類於動字「知」，具有兩項命意，其一為潛能另一為實現。作為潛能，這就是普遍而未定限的物質，所相涉者皆為無所專指的普遍；迨其實現則既為一有定的「這個」，這就只能是「這個」已經確定的個體了。視覺所見各個顏色就是顏色而已，視覺忽然見到了那普遍顏色，這只是出於偶然。文法家所考察的這個個別的α就是一個α而已。假如諸原理必須是普遍的，則由普遍原理所推演的諸事物，例如在論理實證中[91]，亦必為普遍；若然如此，則一切事物將悉無可分離的獨立存在（自性）——亦即一切均無本體。但明顯地，知識之一義為普遍，另一義則非普遍。

---

[91] 羅斯注釋：「論理實證」（ἀποδείξεις）必須在第一格（《解析後編》卷一，第十四章），在這格中普遍前提應做出普遍結論。

卷(N)十四

章一　關於這類本體，我們所述應已足夠①。所有哲學家無論在自然事物或在不動變事物均以諸對反爲第一原理；但在一切第一原理之先，不該另有事物，所以這不該既是第一原理，而又從某事物得其演變；若從此說，如以「白」爲第一原理，便應以白爲白，無復更先於白之事物；可是這白卻預擬爲別一事物之演變，而這一底層事物又得先於「白」，這是荒謬的。但一切由對反所演生的事物例皆出於某一底層；那麼諸對反必得在某處含有此底層。本體並無對反，這不僅事實昭然，理知的思考也可加以證實。所以一切對反不能嚴格地稱爲第一原理；第一原理當異乎諸對反。

可是，這些思想家把物質作爲兩對反之一，有些人②就以「不等」（他們認爲「不等」即「眾多」的本性）爲元一之對反，而另一些人③則以眾多爲元一之對反。前者引用「不等之兩」即「大與小」，來製數，後者則引用「眾」來製數，唯照兩家之說，均以一爲怎是而由此製數。那位哲學

---

① 此句語意應表示第十四卷另起論題，但第十四卷所論題旨與第十三卷並無明顯差異。故敘里安諾不用此句為開卷語，別以第十三卷1086a21句為第十四卷開始。這兩卷於柏拉圖學派意式論與數論之批評，各章編次欠整齊，亦不無複沓；故後人推論亞氏先草成第十四卷，以後又擴充為第十三卷；後世兩為編錄。

② 指柏拉圖。

③ 大約是指斯泮雪浦。

家說「不等與元一」爲要素時，以「不等」爲「大與小」所組成的一個「兩」，其意蓋以「不等」或「大與小」爲一個要素④，並未言明它們是在定義上爲一而不是於數爲一。他們於這些稱爲諸要素的原理，論敘頗爲混淆，有些人⑤列舉「大」與「小」與「元一」三者爲數的要素，二爲物質，一爲形式；另有些人⑥列舉「多與少」，因爲「大與小」的本性只可應用於量度，不適於數；又一些人⑦列舉「超過與被超過的」——即大小與多少的通性。從它們所可引起的某些後果上看來，這些各不相同的意見並無分別；他們所提供的說明既是抽象的，他們所發生的後果也是抽象問題，而各家所求以自圓其說者亦僅在避免抽象的疑難——只有一點相異處是：若不以大與小爲原理，而以超過與被超過爲原理，則此類要素將先於2而製成列數；因爲「超過與被超過」較之「大與小」爲更普遍，列數也較2爲更普遍。但他們只說其一義而不承認其另一義。

---

④「大與小」，柏拉圖意中為一物，亦為一原理，即未定數。亞氏在這裡承認此義，使之與元一相對；但他在其他章節中又將大與小當作兩物而加以批評。

⑤包括柏拉圖在內。

⑥不能肯定是哪一位柏拉圖學派。

⑦似指畢達哥拉斯學派。

另有些人似[8]以「異」與「別」爲一之對成，另有些人[9]以「眾」爲一（單）之對成。但，照他們所說「事物皆出於對反」而論，「不等」應爲「等」之對，「異」應爲「同」之對，「別」應爲「本」之對，那麼仍當以「眾」對「一」爲宜，然眾一之爲對猶不能盡免於訾議；因爲多之對爲少，眾爲多性，則其所對應是少性，這樣「一」恰就轉成爲「少」了。

「一」顯然是一個計量[10]。在每一事例上必各有一個，本性分明的，底層事物，例如音樂（音階）的單位爲四分音程，量度的單位爲一指或一腳[11]或類此者，韻律的單位爲一節拍或一音節。相
1088a 似地，就重力而論其單位爲確定的某一重量。一切事例均由相同的方法以質計質，以量計量（計量是不可區分的，於前者以級類論，於後者以感覺論）。「一」本身不是任何事物的本體。這是合理的；一爲眾之計量，而數爲已計量了的眾，亦即若干的一。所以這是自然的，一不是一個數，計量單位也不與諸計量混；因爲計量單位與一均爲計算的起點。計量必常與其所計量之一切爲相同

⑧ 指某些畢達哥拉斯學派。

⑨ 似指斯泮雪浦。

⑩ 參看卷Δ章六；卷I章一。

⑪ δάκτυλος原義為「手指」，用於計量時一指約當今四分之三寸。釋法云《翻譯名義集》數量篇述古印度度量：一弓合四肘，一肘合二十四指節；一肘合一尺八寸；則一「指節」亦為四分之三寸。此與希臘古度量相符。

事物，例如事物爲馬群則其計量必爲「馬」，若爲人群則亦必以「人」爲計。假如他們是一人，一馬，與一神則其計量也許是「活物」，而他們的計數將是三個活物。倘事物爲「人」，爲「白的」，爲「散步」，這就不能成數，因爲這些同屬那個主題，這主題其數只一，可是這些（以不同類別的云謂而論）也可計算其類別之數，或其他名稱的數。

那些人以「不等」爲一物，以「兩」爲「大與小」的一個未定的組合，其立說殊不可能，也不足爲概然的事實。因爲1.多與少之於數，大與小之於量度，猶如奇與偶、直與曲、粗糙與平滑，只是數與量度及其他事物之演變與屬性，並非那些事物之底層。又，2.除了這一錯誤以外，「大與小」等必須相關於某些事物；但關係範疇後於質與量，作爲實是或本體只算是其中最微末的一類；我們已說過，這裡所相關的不是物質而只是量的一個屬性，因爲事物必須保持某種顯明的本性，才能憑此本性物質對於另一些事物造成一般關係，或與另一些事物之部分或其類別造成關係。凡以或大或小、或多或少與另一些事物建立關係者，必其本身具有多或少、大或小，或一般與另些事物肇致關係的本性。關係爲最微末的本體或實是，其標誌可以在這裡見到，量有增減，質有改換，處有移動，本體有生滅，只是關係無生滅，無動變⑫。關係沒有本身的變化；與之相關的事物若於量有

⑫ 參看卷K，章十二，1068a7-9一句，亞氏於十範疇中只舉其七。這裡只舉其五，作用與被作用復被略去不論，蓋以這兩範疇與動變相合，不須別舉。

所變更時，一事物，本身雖不變化，其關係便將一回兒「較大」，一回兒「較小」，又一回兒「相等」。3.每一事物，也可說每一本體，在各自涉及的範疇上其物質必然爲潛在；但關係既不潛在地
1088b 也不實現地成爲本體。

於是，這是奇怪的，或寧是不可能的，硬把非本體先於本體而且安置爲本體內的一個要素；因爲所有各範疇均後於本體。又4.要素，不是自己爲之要素的那事物之云謂，但多與少無論分開或合攏，均表明爲數，長與短之於線、闊與狹之於面亦然。現在倘有一眾（相當多的一個數），其中常含有「少」這一項，例如2（2不能作爲多，因爲，倘2算作「多」則1應將是「少」了），而這數又須另有相對的一項代表絕對的「多」，例如10（若更無較10爲大的數），或10 000。從這方面看來，數怎能由少與多組成？或是兩者均表明這數，或是兩都不該；但在事實上，一個數只能指稱兩項中的這一項或另一項。

章二　我們必須研究永恆事物可否由諸要素組成。若然，則它們將具有物質；因爲一切由要素組成之事物，均爲物質與形式的複合體。於是事物雖擬之爲永恆存在，若彼曾有所組成，則無論其久已生成或現在生成，均必有所組成，而一切組合生成之事物必出於其潛在之事物（如它原無此潛能就不得生成，也不會包含這樣的諸要素），既然潛在事物可實現亦可不實現——這雖已實現成永恆的數，但既含有物質，便當與一切含有物質要素的事物一樣，仍是可能不存在的；由茲而言，任何年代古老的數可能失其存在，生存了一天的數也可能失其存在；那麼不管其存在時間可以無限止地

延長，凡可能不存在的，就總可以失其存在。那麼，它們就不能是永恆的，我們曾已有機會在別篇中[13]此處稱「別篇」，似指Z、H、Θ這三卷，原先可能別有獨立篇名。說明一切可能消失的均非永恆。我們現今所說倘普遍地是眞確的——凡非實現的本體均非永恆——假如要素爲本體底層之物質，一切永恆本體之內，均不能存有這樣的組成要素。

有些人似[14]列敘與「元一」共爲作用的要素是「未定之兩」，並以此責難「不等」之說引起迷惑，其所持理由可謂充分；可是他們雖因此得以解除以「不等」爲關係，以「關係」爲要素所由引起的疑難，但這些思想家們用哪些要素來製作數，無論這是意式數或是數學數，還得於其他方面遭遇一樣的誹議。

許多原因使他們導向這樣的解釋，尤其是他們措置疑難的方式太古老了。他們認爲若不違離而且否定巴門尼德的名言，一切現存事物均應爲「元一」，亦即「絕對實是」。

1089a 「**非是**永不會被證明其存在爲**實是**」[15]。

他們認爲事物若確乎不止於「一」，這就必須證明**非是**爲**是**；因爲只有這樣，諸事物才能由

⑬ 參看卷Θ，1050b 7全節。
⑭ 指齊諾克拉底。
⑮ 見第爾士編《殘篇》7，並參看柏拉圖《色埃德托》180E。

「實是」與「另一些事物」組合而成「多」⑯。

但，第一，**實是**若具有多項命意（因爲這有時是本體，有時指某一素質，有時指某一量，又有時指其他的範疇），而**非是**若被假定爲不存在，則一切現存事物所成之一將是什麼一類的「一」？是否以諸本體爲一，或以諸演變和相似的其他範疇爲一，或各範疇合而爲一——這樣，「這個」與「如此」，與「這麼多」以及其他諸範疇，凡指稱某一級實是的，悉歸於「一」？但這正奇怪或竟是不可能的，世上出現了單獨的一物（非是）竟就帶出了這麼多的部分，其一部分爲一個現存的「這個那個」，又一部分爲一個「如此如彼」，又一部分爲一個「那麼大小」，又一部分爲一個「此處彼處」。

第二，事物究竟由哪一類的「**非是與是**」來組成？因爲跟著「是」一樣「非是」也有多項命意；「不是人」意指不是某一本體，「非直」意指某素質之非是，「非三肘長」意指某一量度之非是。於是哪一類的「是與非是」之結合才使事物得成眾多？這一思想家⑰以之與「是」相結合而使現存事物得其眾多性之「非是」爲虛假與虛假性。這就像幾何學家將「不是一尺長」假定爲一尺長，而舉稱這就是我們必須將一些虛假做成爲假定的理由。幾何學家既不以任何虛假事物爲假定

⑯ 參看柏拉圖〈詭辯家〉237A, 241D, 256E。

⑰ 指柏拉圖：參看〈詭辯家〉237A, 240。柏拉圖以虛假為「非是」，亞氏所舉諸非是不盡符柏拉圖原義。

（因爲前提與推斷不相及），事物所由創成或化入的「非是」也不是這樣命意。但因「非是」在諸範疇中爲例便各有不同，而且除此之外，虛假與潛能均屬「**非是**」創造實際出於潛在性的非是；人由**非人**而潛在地是人者生成，白由**非白**而潛在地是白者生成，至於所生成者爲一爲多殊無與乎**非是**。

明白地，問題在於其命意爲本體之實是怎樣成爲多；因爲創成的數與線與體，原就有許多。可是這正奇怪，於實是之爲「什麼」就可以專要考詢其安得成多，卻不考詢實是之爲質爲量者又安得成多。當然「未定之兩」或「大與小」不會是白有兩種，或色，味有多種，形狀有多種的原因；若
1089b 說這些也出於「未定之兩」或「大與小」，那麼色、味等也將成爲數與單位了。但，他們若研究到其他這些範疇，也就可以明白本體的眾多性之原因何在了；各範疇諸實是的眾多性之原因，正是這相同的[18]或可相比擬的事物。在尋取實是與元一的對反以便由此對反和實是與元一共同生成事物，他們進入相同的迷途而指向於那個相關詞項（即「不等」），「關係」並非實是與元一的對成，也不是它們的否定，而只是像本體與素質一樣，爲實是之一個類別。他們應該詢問這一問題，何以相關詞項有許多而不止一個。照說，他們已研究到何以在第一個1（原一）之外還有許多1，卻並不進而考詢在這「不等」之外另有許多「不等」。然而他們竟就應用了這許多「不等」而常說著大與

⑱ 參看卷Λ，章五：此處所指為「物質」或潛在，與下文1089b 16行相符；又與28行相符，亦指「底層」。

小，多與少（由此製數），長與短（由此製線），闊與狹（由此製面），深與淺（由此製體）；他們還說著很多種類的關係詞。這些關係事物的衆多性又由何而來呢？

於是，在我們來說，這必須爲每一有所是的事物預擬其各有所潛在；持有了這樣主張的人還須宣稱那個潛在地是一個「這個」，也潛在地是一個本體的，卻並不由本身而成爲實是——例如說這是「那個關係」（猶如說「那個質」），這既非潛在地爲元一或實是，也不是元一與實是的否定，而僅是諸是中的一是。照我們已說過的意見[19]，此節「他」指柏拉圖或柏拉圖學派。他若要考詢實是之何以有許多，不必更考詢同範疇中實是之成多——何以有許多本體，何以有許多素質——他應該考詢全部的實是何以有許多；有些實是爲諸本體，有些爲諸演變；有些爲諸關係。在本體以外各範疇，還有另一問題含存於衆多性中。因爲其他範疇不能脫離諸本體，正因爲它們的底層爲多，所以質與量也成爲多；於每一級實是這就該具有某一些物質；只是這物質不能脫離本體。如果不將一事物看作一個「個體」又看作一般性格[20]，這可能在各個個別本體上解釋明白「個體」之何以成多。諸本體何以不止是一而確乎爲多，從這問題上所引起的困惑就在這裡。

但，又，個體與量若有所不同，我們還沒有知道現存事物如何成多以及爲何成多，他們只說了

---

⑲ 參看上文1089a 34。

⑳ 參看1086b13。

量是怎麼的多。因爲一切「數」意指於量，一除了作爲計量，或在量上爲不可區分以外，其義亦爲數。於是，假如那個量與「什麼」（本體）各不相同，誰也還沒有把那個「什麼」何由成多與如
1090a 何成多的問題向我們交代清楚；而若說那個「什麼」與量相同，那麼他又得面對許多不符事實之處了。

關於數，他們也可以把注意力放到這問題上，相信了這些是存在的，這有何價值。對於信奉意式的人，這提供了對某些種類現存事物的原因，因爲每一數均爲一意式，意式總是別事物成爲實是之原因；讓他們據有這樣的假設。但因有鑑於意式論內含的違礙之處而並不執持意式的人（所以他並不以意式論數），他所討論的只是數學之數㉑；我們又何必相信他的陳述而承認意式數的存在，這樣的數對於別的事物又有什麼作用？說這樣的數存在的人，既未主張這是任何事物的原因，我們確也未觀察到它曾是任何事物的原因（他寧說這是一個只爲自己而存在的獨立實是）；至於算術家的諸定理，則我們前曾說過，即便應用於可感覺事物也全部合適㉒。

章三　至於那些人設想了意式之存在，並照他們的假定以意式爲數——由於脫離實例而抽象設詞的方法——他們假定了各普遍詞項的一致性，進而解釋數之必須存在。可是，他們的理由既不充實

㉑ 意指斯泮雪浦。
㉒ 參看卷M，章三全章，注意1077b 17-22行。

亦非可能，人們並不因爲這些理由而相信數之存在爲獨立實是。再者，畢達哥拉斯學派看到許多可感覺事物具有數的屬性，便設想實事實物均爲數——不是說事物可用數來爲之計算，而說事物就是數所組成。其故何在？在樂律，在天體，在其他事物上均見有數的屬性㉓。那些說只有數學之數存在的人㉔，照他們自己的立論，本不該講這一類道理，可是他們卻常說這些可感覺事物不能做學術的主題。照我們前曾說過的㉕，我們確認這些就是學術的主題。數學對象顯然不能離可感覺事物而獨立存在；如果獨在，則實體之中就見不到它們的屬性了。在這一方面畢達哥拉斯學派並不引人反對；該被批評的只是他們用數來構成自然體，用無輕無重的事物構成有輕有重的事物，他們所說的天體，以及其他實物，不像是這個可感覺世界的事物。但那些以數爲可分離的人，常認爲「可感覺事物非眞實」，而「數式才是眞實的公理」，並訴之於性靈㉖以指陳數必須存在也必須獨立於事物
1090b 之外；於幾何對象亦復相似。於是，這是明顯的，與此相抗衡的數論㉗，其說既與之相背，我們現

㉓ 參看卷A，989b 29-990a 29。

㉔ 指斯泮雪浦。

㉕ 參看卷M，章二。

㉖ σαίνει原義為「搖動」，如狗搖尾；拉丁譯文作ad blandinutur。一百五十年間四種英譯本譯法各不同，茲從特來屯尼克1933年新譯本（增「τὴν ψυχήν」）而譯作「訴之於性靈」。

㉗ 指1090a20-25，畢達哥拉斯數論。

在也正要提出疑問㉘，數若不存在於可感覺事物之內，何以可感覺事物表現有數的屬性，執持數爲獨在的人們均應該解答這個疑問。

有些人看到點爲線之端亦爲線之限，線之於面，面之於體亦然，因而認爲這些必是一類實物。所以，我們必須加以察核，其理由或甚薄弱。因爲1.極端只爲這些事物的限度，自身並非本體。步行或運動一般地必有所終止，照他們的立論，這些也將各成爲一「這個」，爲一本體了。這是荒謬的。2.就算這些也是本體，它們也應是這感覺世界上的本體；而他們的立論卻正在想脫離這感覺世界。它們怎麼能分離而得自在？

又，關於一切數與數學對象，我們倘仍以所論爲意猶未盡，可愼重提出這一問題，先天數（數學對象）之於後天數（幾何對象），它們互不相爲資益。對於那些專想維持數學對象之存在的人㉙，假如數不存在，空間量度也不會存在，而空間量度若不存在，靈魂與可感覺實體卻會得存在。但從所見世界的眞相看來，自然體系並不像一篇各幕缺少聯繫的壞劇本。對於相信意式的人，這疑難是被忽略了；他們由物質與數製作空間量度，由數2製線，由3製面，由4製體㉚——或者他們另用別的數來製作，這也並無分別。然而這些量度將會成爲意式麼，或其存在

㉘ 1090a29。

㉙ 指斯洋雪浦：參看卷Z章二、卷Λ章十二。

㉚ 義大利學派的數學和幾何演算都是用卵石來排列著進行的。二粒卵石可定一條線，三粒可定一個三角形

的情況又如何，對於事物又有何作用？這些全無作用，正像數學對象之全無作用一樣。人們若不想干涉數學對象來創立自己的原則，他就難以從他們的任何定理得其實用，但這並不難設想一些隨意的假定，由此紡出一長串的結論。

於是，這些思想家㉛爲要將數學對象結合於意式就投入了這樣的錯誤。那些最初主於數有意式與數學兩類的人並沒有說原也是不能說數學之數怎樣存在和由什麼組成。他們把數學數安置在意式數與可感覺數之間。1.假如這由「大與小」組成，這將與意式數相同（他㉜由某些品種的大與小製成空間度量㉝）。2.假如他舉出其他要素，製數的物質要素也未免太多了。假如兩類製數的第一原理均爲同一事物，那麼元一將於這些爲共通的形式原理。而我們就得追問怎麼「一」既可當作許多事物，何以照他所說，數卻不能逕由一製成，而只能由「一」和「未定之兩」衍生。

所有這些都是荒謬的，而且都是互相衝突並自相矛盾的。我們在這些理論中似乎見到了雪蒙

（面），四粒可定一個錐形四面體（立體）。所以2、3、4實際是決定線、面、體三者所必需的最少的卵石數。

㉛ 從20-32行似均指齊諾克拉底。

㉜ 指柏拉圖。

㉝ 參看1090b21-22。

尼得的長篇文章㉞，那是奴隸們在隱瞞眞實緣由時，矯揉造作起來的。「大與小」這些要素對於硬要它們做不克勝任的事情似乎也在抗議；它們實在所能製的數並不異於一乘二而又連乘所得的那些數㉟。

把永恆事物賦予創造過程這也是荒謬的，或者竟是不可能的。這毋庸置疑於畢達哥拉斯學派曾否以創造屬之於永恆事物；因爲他們明白地說過無論是由面或表面，或種籽，或那些他們所未能說明白的元素，來構成元一，總是一經構製，原來那無所限的便立即爲這些極限所定限了㊱。既然他們是在構製一個世界，而是以自然科學的言語建立理論，對於這樣的理論我們加以察核，自非過當，但在目前這研究中姑讓它去吧；我們現在研究的是在那作用於諸不變事物的原理，我們必須研究這一類數的創生㊲。

這些思想家說奇數沒有創造過程，這就等於說偶數出於創造；有些人並指明偶數是最先由

㉞ μακρὸς λόγος或譯長句，雪蒙尼得文中有λόγοι ἄτακοι一節，舉奴隸答主人質詢例，詞多支離，違避要點，故敷衍而冗長。參看貝爾克（Bergk）編《雪蒙尼得殘篇》189。

㉟ 假定「大與小」或「未定之兩」是在倍乘，參看卷M，章七，1082a14。

㊱ 參看《物學》卷三第四章、卷四第六章全章。又參看苦納脫《早期希臘哲學》第53節。

㊲ 貝刻爾本、第杜本，及羅斯譯本均以此行為第三章終，但下文23-28實與此節相承。有些抄本章四由29行起。

「不等」製成的——當「大與小」平衡爲「等」時就創出偶數[38]。那麼，「不等」在被平衡以前當必屬於「大與小」。假如大與小常是被平衡，那麼在先便沒有「不等」；因爲所常在的只是等，不等就是不常在了。所以明顯地，他們引進數的創造說，於理論並無裨益[39]。

章四 要素與原理如何與美和善相關的問題中，存著有一個疑難，人們若不能認取這疑難是該受責備的。疑難是這樣：在諸要素中是否有我們所意指善與至善這樣一個要素，或則本善與至善應後於諸要素。神學家們似乎與現代某些思想家相符[40]，他們以否定答覆這問題，說善與美只在自然業已有些進境之後才得出現於事物之中。他們這樣做是旨在避免有些人以「元一」爲第一原理所遭遇的訾議。引起異議的實際並不因爲他們以善爲第一原理之屬性，而是由於他們把一當作製數的要素使之成爲一個原理，這才引起了異議。老詩人們說，君臨宇宙而統治萬有的，已不是那些代表宇宙原始力量的夜與天[41]或混沌[42]，或奧基安

[38] 參看卷M，章七，1081a25-26。
[39] 參看《說天》卷一，279b32-280a10。
[40] 指斯泮雪浦：參看卷Λ，1070b31。
[41] 奧菲克宗以宇宙始於夜與天。
[42] 宇宙原先屬於混沌，見希蕭特《原神》116。

（海洋）㊸，而是宙斯㊹，這裡他們的詩情符合於這思想。這些詩人這樣說，正因爲他們想到世界的統治者是在變換；至於那些全不用神話語調的人們，例如費勒色特㊺與某些人，就合併了善與美而以「至善」爲原始的創造者；麥琪們㊻與較晚出的先哲們亦復如是，例如恩培多克勒與阿那克薩哥拉：前者以友愛爲要素之一，後者以理性爲第一原理。執持有不變本體存在的人，有些人說本一亦即本善；但他們認爲本善的性質以元一爲主。

於是，兩說孰是？假如基本而永恆的，最爲自足的事物竟然並不主要地賦有「善」這樣最自足自持的素質，這正該詫異了。事物之自足而不滅壞者，除由於其本性之善而外，實在找不到其他緣由。所以，說善是第一原理，宜必不錯；若說這原理該就是元一，或說若非元一，至少，亦應是列數的一個要素，這些都是不可能的。爲了避免強烈的反對意見，有些人放棄了這理論㊼（那些人主張一爲要素亦爲第一原理的人，從此便將「一」限爲數學之數的原理與要素）；因爲照「元一即本

㊸ 「海洋」神見荷馬《伊里埃》第十四卷210。
㊹ 參看卷Λ，1071b26。
㊺ 西洛人費勒色特（Pherecydes of Syros，約西元前六〇〇—前五二五）以宙斯為三原神之一（參看第爾士《先蘇格拉底》201，202）。費為泰勒斯弟子。
㊻ 麥琪（οἱ Μάγοι）為波斯查羅亞斯德宗僧侶階級。
㊼ 如斯泮雪浦，不復堅持元一與本善為相同。

善」這理論，諸一將與善的諸品種爲相同，而世上的善也就未免太多了。又，如諸通式均爲數，則所有一切通式又將與善的諸品種相同。讓人們設想任何事物的意式。假如所擬只有諸善的意式，則這些還不是諸本體的意式（而只是素質的意式）；假如又設想這些是諸本體的意式，那麼一切動植物與一切事物凡參與於意式的均將是善（因爲意式具有善質）。

這些刺謬的推論都跟著（那元一與本善相合之說）而來。另一問題也跟著發生，那個相對於元一的要素，無論是眾多或不等，如大與小，是否即爲本惡（所以一位思想家⑱因爲見到創生既然出於諸對成而惡將成爲眾的本性，就避免將善屬之於一；而另有些人⑲則就直說不等性即惡的本性）。於是，跟著就得是這樣，除了一與本一以外，一切事物均分有此惡，而列數之參與於此惡，
1092a 較之空間量度具有更直接的⑳形式，於是惡成爲善在其中進行實現的活動範圍㉑，而因爲對成有毀滅其所對的趨向，參與其間也便是希望著加以毀滅。照我們才說過的㉒，假如物質潛在地是每一事物，例如潛在的火便得成爲實現之火，於是惡正就是潛在的「善」了。

---

⑱ 指斯泮雪浦。

⑲ 指柏拉圖與齊諾克拉底。

⑳ 參看卷A，章九，第一原理先衍生列數，再衍生空間量度992a10-24。

㉑ 參看柏拉圖《蒂邁歐》52A, B。

㉒ 1088b1。

所有這些謬論的發生，是由於他們1.把每一原理均當成了要素，2.把諸對成作爲原理，3.把一當作一個原理，4.又把列數作爲通式，也作爲能夠獨立存在的原始本體。

章五 於是，假如不把善包括在各個第一原理之中既不可能，而用這樣方式把善安置在內也不可能，那麼明顯地，對於原理與原始本體的設想尚有不明確之處。任何人以宇宙諸原理比之於動植物的，他對物質的想法也未爲精審；在動植物方面總是較完備的出於較不完備而未定型的——就由於這一見解引使那位思想家[53]說第一原理亦當如是，所以本一便不該是一個現實事物[54]。這是不確的，因爲即便是這世界上的動植物，它們所由來的原理還是完備的；因爲這是人繁殖人，種籽並非第一。

這也是荒謬的，說創造空間同時也創造了數學立體（因爲個別事物具備那佔有空間的特性，所以在空間各相分離；但數學對象則並無一定處所），說是數學立體總在某些處所，卻無以說明它們的所在。

那些人說實物出於諸要素，而數則爲最原始實物，他們應該先說明一物之出於另一物者其義若

---

[53] 指斯泮雪浦：參看卷Λ，1072b30-34。

[54] 斯泮雪浦的論點，認為一切事物在初是不完全的，那麼「一」既為第一原理，也應是不完全的，並應有異於善。亞里斯多德認為「不完全物」並無實際存在，所以指摘斯泮雪浦的第一原理也應不是實際存在。

何，然後說明數由第一原理衍生，其方式又如何？由於混合？但1.並非一切事物皆可混合[55]；2.由要素所產生的事物將異於要素，這樣的混合將不能分離，元一就不能像他們所希望的，永是保持爲一個分明的實是。像一音節那樣，由於組合？但，1.這就必須有位置來安排組成要素；2.人們凡是想到數，應就能夠分別的想到一與眾，於是數將是這樣的一個組合物——「一」加之以「眾」，或是「一」加之以「不等」。

又，一物之出於某物者，某物或仍存在其產品之中，或此產品中並無此某物；數之出於哪些要素者，其要素存於數中，抑不在數中？只有創生的事物方能出於要素而要素仍存其中。於是數之出於諸要素者是否像出於種籽一樣[56]？然而不可區分物應是什麼都擠不出來的[57]。是否出於對成，出於它的可變對成？但一切出於諸對成的事物必別有所不變者爲之底層[58]。一位思想家[59]把一作爲

[55] 凡容許混合的必須先各有分別的獨立存在，如「大與小」原為數之演變（第一章1088a15-19）是不能分別獨立存在的。

[56] 參看1091a16。

[57] 一之為不可區分物不能像父親一樣在生成過程中作為形式原理。

[58] 參看Λ，1069b3-9；又《物學》卷一章七。

[59] 指斯泮雪浦。

1092b 「眾」的對成，另一位[60]則以一爲「等」而把它作爲「不等」的對成，這樣數就必須算作是出於對成的了。於是從它的對成演生而成的數還得有某些不變者在[61]。又，爲何世上一切出於對成的，或具有對成的事物，均歸滅壞（即便所有的對成完全用來製成它們，它們也得滅壞），而唯獨數不滅壞？關於這一點，什麼都未講起。可是不管存在或不存在於其產物之中，對成總是有破壞性的，例如鬥爭破壞「混合」（可是這又不該破壞，因爲那混合物與它並不眞是對成）[62]。

究屬由哪一方式，數作爲本體與實是的原因，這問題尚全未決定——1.是由於數之作爲界限麼（譬如點是空間量度的界限）？這就是歐呂托[63]所由決定萬物之數的方式，他像有些人用卵石求得三角形與四方形的數一樣，仿效自然對象的形式而爲之試求其數（例如人與馬就各有其數），或則2.是由於音樂爲數的比例，因此人及一切其他事物亦當如此？但屬性如白、如甜、如熱又何以爲其數呢？明顯地，數不是事物的怎是或式因；其怎是爲比例，而數爲這比例的物質。例如說肌肉或骨

[60] 指柏拉圖。

[61] 指摘柏拉圖學派處理制數的對成原理之錯誤，可參看本卷第四章1091b30-35；卷Λ，章一、章二1069b3-15。眾多性作為統一性的對成，其義出於闕失，並非物質與形式之對成，柏拉圖學派若以眾與一為兩對成來製數，則尚須為之另覓一確實的底層，苟得此底層物質則一方可作為形式而成為相對。

[62] 自1092a17至1092b8，似乎主要在指摘斯泮雪浦。

[63] 歐呂托（Eurytus），盛年約當西元前第四世紀初，為畢達哥拉斯學派菲洛賴烏（Philolaus）弟子。

之怎是有數存乎其中者，其義如此：三份火與二份土[64]。數，無論哪一個數，總是指點著某些事物的數，或是若干火或若干土，或若干單位；但其怎是則爲各物在混合中的比例；這已不是一個數而是一個混合數比（或是實體的或是其他類別的數比）。

於是，無論這是一般的數或是由抽象單位組成的，數既非事物的物質，亦非公式或式因，也不是事物的有效原因。當然這也不是終極原因[65]。

章六　人們可以提這問題，因爲事物的組成可由一個容易計算的數或一奇數[66]爲之說明，這樣，事物可由數獲得什麼好處。事實上，蜜水並不因爲是三與三之比而成爲更佳，沒有特殊的比例，只是適當地沖淡了的蜜水較之可用數表示而過度濃甜的蜜水恰還更爲合適。又，混合物的比例是數的相加，不是相乘，例如這是「三份水加之於二份蜜」，就不能是「三乘二」。因爲事物的相乘者其科屬（物類）必須相同；所以1×2×3的乘積必須是可以1爲之計量，4×5×6必可以4爲之計量，

---

[64] 見恩培多克勒《殘篇》96（第爾士編），述骨的造成，但比例數與此處所言不符。

[65] 自第五章1092b8至第六章1093b20各節批評基本上針對著畢達哥拉斯學派理論。

[66] 「奇數」（περιττῷ），這裡很難明瞭亞氏的意旨，比例並無奇偶之別。亞歷山大解為相似於1：3之比。卷A章五986a23-30奇數與善符合。

所有乘積必以各個原乘數爲之計量。於是水之數爲2×3時，火之數就不能同時而爲2×5×3×6[67]。

1093b 假如一切事物必須參加於列數，許多事物必成爲相同，同一的數也必然會既屬此物又屬那物。於是，數是否原因？事物因數而存在麼？或這並不能肯定？例如太陽的運動有數，月運動也有數——以至於每一動物的壽命與成長期無不有數。於是，這些數未必不能成爲方、或立方以及有些相等或有些倍乘？一切事物既被假定爲必參於數，而慣用諸數之範圍又常有所限，因此相異的事物，就無法不歸屬於相同的數了。於是，某些事物既被繫屬以相同的數，就得因它們的數型相同而成爲相同；例如日月就得相同。但何以這些成爲原因？說是元音有七，樂律依於七弦，昴星亦七[68]，動物七歲易齒（至少有些是這樣，有些並不如此）[69]，與底比人作戰的英雄亦七[70]。這因爲其數必須是以七爲型，所以戰鬥英雄就打成爲七位，而昴星也湊成七個嗎？實際戰鬥英雄有七，是由於城堡的門有七或其他的原因；至於昴星只是我們點數爲七，這有如大熊星座點數有十二星一樣，而目光銳敏的人在兩星座中均可指點更多的星數。不僅如此，他們甚至於說Ξ、Ψ、Z是和音，因和音

[67] 若然如此，則其義將成為：每一火分了等於三十水分子了。

[68] πλειάδες，柏賴埃群星在金牛座中，中國二十八宿中之昴宿，俗稱「七姊妹星」。希臘神話謂阿脫拉斯與仙女柏賴恩生七女兒，即此七星，其六可常見，其一須目光銳利者在天空淨朗時可見。

[69] 動物易齒見《動物史》576a6。

[70] 希臘古史，波里尼色（Polynices）守底比，與其弟愛替烏克里（Eteocles）所率亞季夫人（Argives）戰。波里尼色於部落中選六健將分守六門，六將與統帥合稱「七雄」。

有三，所以複子音（輔音）也有三。他們忽忘了這樣的音注可以上千：譬如ΓP也可以算一個。但是，他們若說只有這三字母均各相當於別的兩個字母，那麼理由正在口腔發聲有三個部分，這三個部分各相應於σ聲者就只能有這三字母，更無其他可算複子音，這與三和音全不相涉；實際和音不止三個，而複子音恰只有三個⑪。這些人們像舊式的荷馬學者往往能見所小同而不識大異。

有些人說這類的例很多，譬如兩中弦所示數爲九與八⑫。而史詩以十七個音節爲一行，與此兩
1093b 弦合其節奏，朗誦的抑揚與頓挫按於右前半行者九音，按於左後半行者八音⑬。他們又說由A至Ω間的字母數等於笛管由最低至最高音間的音符數，而這音符數則等於天體合唱全隊⑭的數目。可疑的是人們誰都不難敘列這樣的比擬，在永恆事物中容易找到這類譬喻，在世俗事物中也不難尋取。

經過我們這樣的一番檢查之後，有些人爲了使數成爲自然之種種原因，因而賦予可讚美特

---

⑪ Θξ，希臘文第十四字母，相當於κσ；Ψψ第二十三字母，相當於βσ，πσ，φσ；Zζ，第六字母，相當於σδ。亞歷山大詮釋此三複子音，ξ聯繫於第四度音程，ζ第五度，ψ第八度。

⑫ τε μέσαι，「中弦」亦可譯中音。第四第五度音程之比例各為8：6與9：6。

⑬ τὸ δεξιόν，「右前部分」（參看《古典語文學報》第十一卷458-460巴色脫（Bassett）解釋）。希臘揚抑抑格六步詩體（Dactylic hexamete）之第六步韻腳常為揚揚抑（spondee）或揚抑格（trochee）之長短律，六步之前三步有九音節，後三步只八音節。

⑭ 亞歷山大詮釋字母之數二十四，符合於黃道十二宮，加日、月、五星與恆星天八個天球，並加地水氣火四元素。

性，以及它們的諸對成和數學的一般關係，似乎已悉歸消散；照前所說明第一原理的任何一個命意⑮，數均不能成立爲事物之原因。可是，有一含義他們也辨明了，善之屬於數者，與奇、直、正方⑯和某些數的潛能一同序次在美這一對成行列中。季節與某些數（如四）符合；他們在數學論理上收集起具有相似作用的類例⑰。這些，實際上就是一些「相符」。它們既原有所偶合，而事物之相符者固可相適應，也可相比擬。在實是的每一範疇，比擬詞項總是可以找到的——如直之於線者，平可擬於面，也許奇之於數、白之於色亦然。

再者，音樂現象等的原因不在意式數（意式數雖相等者亦爲類不同；意式單位亦然）⑱；所以，單憑這一理由我們就無須重視意式了。

這些就是數論的諸後果，當然這還可彙集更多的刺謬。他們在製數時遭遇到很多麻煩，始終未能完成一個數論體系，這似乎就顯示了數學對象，並不如有些人所說，可分離於感覺事物之外，它們也不能是第一原理。

---

⑮ 參看卷Δ，章一、二。

⑯ 參看卷A，986a23注。ἰσάκις ἴσον，「相等乘相等」為正方。E抄本作σαοιθμον「等數」，Ab作ἴσον「相等」，均不符986a23所舉對成行列。

⑰ 事物間可以有相似或相符的數關係，但數不是事物之原因，事物不因數而發生或消失。

⑱ 參看卷M，章六至八，亞氏辨明意式數既各不同於品種，其單位亦應為不同類別，意式數雖為數相等亦應為類有別。

附錄一

綱目（章節分析）①

卷(A)一　哲學大義。概述諸先哲之哲學思想

章一　求知是人類的本性。 980a22—980a27
理知發展之順序——由感覺、記憶、經驗以造就技術。 —981a13
技術優於經驗，技術家知道事物之所以然。 —981b13
學術之成長導向理論知識——智慧（哲學）。 —982a3

章二　哲人較常人所知為更普遍、深詣而精確。 982a4—982a4
智慧為純知識，優於其他知識。 —982b7
智慧為明因達理之學，不切實用而卻為高尚之學術。 —983a23

章三　宇宙萬物各具四因——物因、式因、動因、極因。 983a24—983b7
早期哲學家多專研物因。 —983b19
泰勒斯主於「水」為萬物之因——其他諸家所主之物因。 —984a17
或由物因進而推求動因——阿那克薩奇拉主於「理性」為動因。 —984b23

章四　諸先哲涉及動因者，希蕭特、巴門尼德等主於「情愛」。 984b23—984b31

---

① 古人著書多不立章節，一般經典上的章節大都是後世研究者為之編次的。由此編製的詳細目錄，常有稱之為「章節分析」者。

	恩培多克勒主「善惡」與「愛情」——恩氏並重四元素。	—985b4
	留基伯與德謨克利特原子學派之自然理論〔旁涉〕。	—985b23
章五	畢達哥拉斯學派主於「數」，以數為元素，製作萬物——數為式因，亦為物因。	985b24—986a22
	或以十類對成為萬物原理（皆切近於物因）。	—986b8
	埃利亞學派中，巴門尼德主於「元一」而承認感性事物之「眾多」。	—987a2
	綜結第三、第四、第五章。	—987a28
章六	柏拉圖意式論之淵源：1.畢達哥拉斯之「數論」，2.赫拉克利特之「流逝」，3.蘇格拉底之「定義」——柏拉圖以「意式」凌越於感性事物。	987a29—987b15
	以數理對象置於意式與感性事物之間，又以「大與小」為數之物因，「元一」為式因，又或以「善與惡」為式因與物因——意式論者總亦只舉兩因。	—988a18
章七	諸家立論均未能悉明四因。	988a18—988b22
章八	對諸先哲的批評：一元論者——恩培多克勒——阿那克薩哥拉——畢達哥拉斯學派。	988b22—990a33
章九	（續章八）——柏拉圖學派意式論：	
	1. 意式論倍增了事物的數目。	990a33—990b8
	2. 意式或不足以說明事物，或超越了事物之真相；相關數與絕對數之或先或後，足證意式論常自相矛盾。	—990b23
	3. 本體之外各事物亦有意式，這不符常習。	—991a8
	4. 意式無補於可感覺事物。	—991b9
	5. 若以意式為數，引起若干疑難。	—991b26

6. 依意式論數，這需要第二第三類的數系，此未見說明； —991b32
7. 意式數中諸單位亦引起若干疑難； —992a10
8. 線、面、體亦然——點的性質亦未明。 —992a25
9. 意式論未及動因與極因； —992b1
10. 「大與小」作為物因，不能解釋動變； —992b9
11. 意式論主有元一而並未證明事物何以成一。 —992b18
12. 假設一切現存事物均具相同要素是荒謬的。 —993a10

章十　各家所論萬物原理莫出四因之外，哲學就旨在研究四因。 993a11—993a28

卷(α)二　概論學術研究

章一　學術研究——人智薄弱而真理不易識，然知識之積以漸，雖常人亦各有所貢獻。 993a29—993b33

章二　四因均不能做無盡系列，種類也不能為數無盡。 994a1—994b32

章三　各種研究與教授須有各別的方法。 994b33—995a21

卷(B)三　哲學的主題

章一　懷疑而後能學問，審辯而後能解惑——列舉哲學研究十三類主題。 995a22—996a18

章二　1. 事物或全備四因或不全備，是否由一門學術統研四因？ 996a18—996b25
2. 研究本體的學術是否亦研究各門學術之通則？ —997a14

3. 哲學是否統研一切本體？——是否另有研究事物屬性之學術？ —997a25

5. 哲學若不只研究本體，應否並涉事物之主要屬性？ —997a34

章三 4. 有無不可感覺本體（如通式或間體）？間體何在？有無間體之學？ —998a19

6. 事物之第一原理為科屬抑為品種？倘從科屬，則以最高科屬為第一原理毋寧以最低品種為第一原理？ 998a20—999a23

章四 7. 是否有脫離個體而獨立之抽象事物——通式可否與物質分離？ 999a24—999b24

8. 第一原理於類為一，抑於數為一？ —1000a4

9. 一切事物若基本原理相同，何以有可滅壞與不滅壞之別？ —1001a4

10. 實是與元一為本體抑為屬性？兩者若非本體，一切普遍名詞均非本體。若為本體，一切事物均將合一而成是。 —1001b26

章五 13. 數理對象，如數與圖形，是否本體？早期思想家以實物為本體；近代思想家以抽象為本體。 1001b27—1002b12

章六 14. 應否假定通式之存在？ 1002b12—1003a1

12. 第一原理為潛在抑為實現？ —1003a6

11. 第一原理為普遍性抑為特殊性？如為普遍則非本體，如為個別則不可得知。 —1003a18

卷(Γ)四　哲學研究之範圍：本體與通則論矛盾律與排中律

章一 哲學的實務在研究「實是之所以為實是」。 1003a19—1003a32

章二 研究實是即研究本體之原理與原因——哲學研究實是的一切品種。 1003a33—1003b23

「實是」與「元一」常相聯而為事物之云謂。 —1004a3

哲學因本體之類別而分支。 —1004a9

哲學研究「對反」如「元一與眾多」之諸品種。 —1004a32

哲學研究一切事物之本體及其相應諸屬性——辯證家與詭辯派專攻屬性。 —1004b27

一切事物出於對成，對成可簡化為「是與非」或「單與眾」兩類基本對成。 —1005a18

章三通則（公理）為各門學術所通用，哲學須研究通則。 1005a19—1005b6

一切原理中最確實的原理：相反（矛盾）律。 —1005b34

章四一切事物不可能悉予實證；否定矛盾律，或要求證明，引致無益的困難。 1005b35—1006b12

矛盾律可由反面為之做證。 —1006b28

「是」與「非是」各有確定的命意——以人為喻，這不能「既是人又不是人」。 —1007a21

第一論證（「兩可」之說使一切屬性皆成偶然，一切偶然屬性成為無盡系列）。 —1007b19

第二論證（若相反敘述均屬真實，萬物將歸混淆）。 —1008a3

第三論證（否認矛盾律也須反對排中律）。 —1008a8

第四論證（假如部分的否定矛盾律，這就得承認「除外」條例）。 —1008a34

第五論證——第六論證（經驗顯示常人都有些判別能力）。 —1008b31

第七論證（否認矛盾律，萬物將無差別）。 —1009a5

章五 否認矛盾律就得承認一切意見悉屬真實。 1009a5—1009a23

對於矛盾律，從何引起懷疑？人們何由相信感覺現象為真實。 —1010a15

批駁現象論者（如普羅塔哥拉）以部分現象來總概宇宙真相，不合論理——我們必須言明世上確有不變實是存在。 —1010b1

錯誤在我們的印象，不在感覺。 —1011a2

章六不可能一切事物悉予證明。 1011a3—1011a17

現象為「關係」語，若求證明一切關係，將追溯無盡已的關係。 —1011b23

章七 排中律的論證——「定義」為祛除詭辯與折中論的基礎。 1011b23—1012a24

章八 「一切皆真」、「一切盡偽」為一悖理。 1012a24—1012b23

「萬物皆動」、「萬物全靜」亦為一悖理。 —1012b33

卷(Δ)五 詞類集釋

章一 「原」之六義。 1012b33—1013a23

章二 「因」——四類：式因、物因、動因、極因。 1013a23—1014a25

章三 「元素」（要素）五解。 1014a26—1014b15

章四 「本性」六解。 1014b16—1015a19

章五 「必需」四解。 1015a20—1015b16

章六 「一」之各義：屬性之一各義。 1015b16—1015b36

本性之一各義。 —1017a3

「多」之各義。 —1017a7

章七 「是」（實是）：屬性之是與本性之是各要義。 1017a8—1017b9

章八 「本體」。 1017b9—1017b26

章九 「同」、「別」、「異」；「似」、「不似」。 1017b27—1018a19

章十　「相反」、「相對」；「品種有別」、「品種相同」。　1018a20—1018b9
章十一　「先於」、「後於」。　1018b9—1019a14
章十二　「潛能」（潛在）。　1019a15—1019a32
「能者」。　—1019b16
「無能」。「可能」——「不可能」。　—1020a6
章十三　「量」。　1020a7—1020a33
章十四　「質」。　1020a33—1020b25
章十五　「關係」（相關）：1.數關係，2.主動與被動關係，3.認識與被認識或計量與被計量關係。　1020b26—1021b12
章十六　「完全」三義。　1021b12—1022a3
章十七　「限」。　1022a4—1022a13
章十八　「由彼」（由何）、「由己」。　1022a13—1022a36
章十九　「安排」。　1022b1—3
章二十　「有」（持有過程）之三義。　1022b4—1022b14
章二十一　「秉賦」四義。　1022b15—1022b22
章二十二　「闕失」四義。　1022b22—1023a7
章二十三　「持有」；「存在於」。　1023a8—1023a25
章二十四　「從」之六別。　1023a26—1023b11
章二十五　「部分」四義。　1023b12—1023b25
章二十六　「全」；「共」、「總」。　1023b26—1024a11

章二十七　「剪裁」。 1024a11—1024a29

章二十八　「科屬」：「於屬有別」。 1024a29—1024b14

章二十九　「假」。 1024b17—1025a13

章三十　「屬性」（偶然）。 1025a14—1025a34

卷(E)六　學術分類、實是

章一　學術分類——各門學術各研究其專門實是——理論學術三類：物理、數學、哲學——哲學為理論學術之先進，研究不動變而獨立存在的對象。 1025b1—1026a32

章二　實是四類中，1.偶然屬性之是不能建立專門藝術（以建築為例）——詭辯技詞。 1026a33—1026b27

論「偶然」——「偶然」、「常然」與「必然」之辨。 1027a28

章三　續論「偶然」——追溯偶然原因之示例，迄於某一未定事件而終止。 1027a29—1027b16

章四　2.「真」為實是的支族，並非「基本實是」。 1027b17—1028a6

卷(Z)七　本體

章一　本體為諸範疇中之原始實是，於定義、於認識、於時間上均先於其他範疇——本體為古今來學術研究之主題。 1028a7—1028b7

章二　各家關於本體之不同觀點——列舉各類本體——提出有關本體之論題。 1028b8—1028b33

章三　本體研究的四項對象：怎是、普遍、科屬、底層。——物質、通式與綜合個體三者均可為事物之底

章四 層——若以物質為本體，毋寧以通式為本體。1028b33—1029a34

為學程序〔旁涉〕。1029a34—1029b12

「怎是」之實義。—1029b24

考察複合詞之怎是。—1030b3

定義與怎是基本上屬於本體。—1030b14

章五主題與屬性之兩合詞，不能確定其怎是，也不能有嚴格的定義——本體以外各範疇不能為之獨立定義。1030b14—1031a14

章六事物與其怎是相同否？在偶然屬性云謂上，這不相同。1031a15—1031a28

由己名詞（本體）與其怎是相同，以善與元一為例——否定詭辯派所持反對觀點。1031a28—1032a11

章七 〔創生各式：1.自然創造，2.人工製作（兩步驟：思想與施工），3.自發生成（無思想部序）。〕1032a12—1032b26

創造之前先有物質在，創造以物質為用。但也可以說創造由闕失進行。—1033a24

章八 製作不是製作物質，亦非製作形式，而是結合兩者製成為一個體。1033a24—1033b20

形式先不獨立存在，形式之創造作用寄託於同種個體。—1034a8

章九 創生三式之比較研究——自發生成。1034a9—1034b7

在本體上只有個體生個體——本體以外諸範疇之生成情況。—1034b19

章十 在「定義」上論各個部分與全體——角、圓、魂為示例。1034b20—1036a12

部分與全體在不同情況中，或為先於或為後於。—1036a26

章十一 綜合實體中的物質要素與形式部分——以圓與魂為例，續論綜合實體公式與形式的各部分。

把物質完全摒除，而專以通式論事物是無益的。

簡綜以上數章之論旨。

1036a26—1036b21

—1037a20

—1037b7

章十二　再論定義——定義怎樣與主題合一？ 1037b8—1037b28

由「分類法」製成「定義」——「科屬」作為物質，品種作為形式差異而合成個體——定義以終極差異包括逐級諸差異。 —1038a35

章十三「普遍性」雖似「怎是」，而作為許多事物的共通云謂，便不能成為任何事物之本體——然而捨卻「普遍」，事物又何從為之界說。 1038b1—1039a24

章十四　論諸意式非本體，不能獨立存在：以意式為獨立本體而又以意式為可由其它意式組合而成是荒謬的——以動物為例。 1039a24—1039b19

章十五　個別事物，無論感性事物或理性事物（如意式），均不能為之界說——乙太陽等為例。 1039b20—1040b4

章十六　感性事物的各部分只是潛在。普遍性事物，如元一與實是，非事物之本體。於不滅壞事物而論，若以非感覺事物如意式者為本體，毋寧以群星為本體。 1040b5—1040b28

章十七　由另一起點研究「何謂本體？」「何謂？」實際就在找「怎是」。 1041a6—1041b11

形式是本體——形式為本因，使物質要素組成綜合個體。 —1041a5

—1041b33

卷(H)八　物質與通式

章一　綜結上卷何謂本體各論點，簡述其類別。 1042a1—1042a25

可感覺事物之物質底層自身亦為本體。 —1042b8

章二 物質為潛在本體，形式為實現本體——形式或實現之主要類別。分析物質、形式與綜合個體之定義。 1042b9—1043a29

章三 形式之異於綜合實體——形式與物質要素之別（重回章二之論題）——安蒂瑞尼懷疑事物之本性無可為之說明而菲薄定義。 1043a29—1043b33
「定義」與「數」相比擬。 —1044a14

章四 遠因物質與切身物質——每一自然本體各有其切自物質與動因——以人為例。 1044a15—1044b3
——永存本體以月蝕具論四因——於睡眠之例，四因尚未完全明瞭。 —1044b20

章五 物質在演變及對反演變中的作用。 1044b21—1045a7

章六 定義之合一：以物質潛在與形式實現通釋諸疑難；科屬為潛在，品種（差異）為實現。 1045a7—1045b25

卷(Θ)九 潛在與實現

章一 潛在之是與實現之是。——潛能之嚴格意義限於主動與被動的動變潛能。 1045b26—1046a35

章二 理知潛能與無理知潛能。 1046a36—1046b28

章三 訂正麥加拉學派對於潛能之錯誤觀念——分別潛能與實現之要領——「隱得來希」之實義。 1046b29—1047b2

章四 凡可能的就會得實現成是（為麥加拉學派設題而做名學解析）。 1047b2—1047b31

章五 潛能怎樣獲得，怎樣實現；實現之條件——意志。 1047b31—1048a24

章六　實現的性質；實現之別於潛能。　1048a25—1048b9

「無限」與「空」等是永遠不能實現的活動過程。　—1048b18

活動與實現之分別。　—1048b36

章七　物質材料如何為個體之潛在，個體如何為屬性之底層；事物如何因其物質或屬性而被稱述。　1048b37—1049b3

章八　實現對於潛能——在定義上或公式上為先。　1049b4—1049b18

——在時間上或為先或為後——解釋學藝上之詭辯忮詞。　—1050a3

——在本體上為先（先有實例，後成知識）。　—1050a23

官能活動以動作為實現，知能活動以產品為實現。　—1050b1

基本事物與永恆事物（天體）均為實現而非潛在，故常在而不壞；可滅壞事物包含對反因素，故不能常在。　—1051a3

章九　好的實現比相應的潛在為佳，壞的更壞。　1051a4—1051a22

以幾何圖例說明潛在與實現之關係。　1051a23—1051a33

章十　是非三類：1.各範疇之是非，2.潛在與實現，3.真與假——組合事物之是非在於理知判斷的真假；非組合事物之是非問題則在感覺認識。　1051a34—1052a12

卷(I)十　元一、對反、間體

章一　一之四義：延續、完全、個體、普遍——一之通義與其實旨。　1052a13—1052b15

一之要義為不可區分——主要是一個計量單位——計量單位務求精確——物理、天文、音樂單位諸

卷(K)十一 本書BΓE各卷簡述。物學各卷簡述

章二	B卷第4—6章哲學上主要問題（續）。	1060a3—1060b30
章三	Γ卷第一至二章哲學之主要材料。說明哲學與物學和辯證法等所涉之不同範圍，確定哲學主題為單純而共通的諸實是與基本對成。	1060b31—1061b18
章四	Γ卷第三、四章物學與數學為哲學之分支。	1061b18—1061b34
章五	Γ卷第三、四章通則為進行一切實證之基本；簡述維護矛盾律諸論據。	1061b34—1062b11
章六	Γ卷第五—八章批評各家之說違反矛盾律——自然學家及常人之錯覺——赫拉克利特「動變不息」之論非真理——普羅塔哥拉「人為萬物度量」之語不實——阿那克薩哥拉「物各相混」之說亦誤。	1062b12—1063b35
章七	E卷第一章哲學與物學及數學之分別；哲學為眾學之先。	1063b36—1064b14
章八	E卷第二—四章本性之是與屬性之是。	1064b15—1065a27
	「物學」卷二第五—六章論機遇。	1065a27—1065b4
章九	「物學」卷三第一—三章論潛能之實現與運動；動變為潛能趨於實現之過程——以雕像為喻，以建築為喻。	1065b5—1066a34
章十	「物學」卷三第四，五，七章論無限——無限不能實踐，並非獨立實是。	1066a35—1066b21
	證明可感覺物體不能是無限——只在距離、運動與時間上因某些「相關」而可稱無限。	1066b21—1067a37
章十一	「物學」卷五，第一章論變化與運動——分析動變各式。	1067b1—1068a7
章十二	「物學」卷五，第二章所舉七範疇中，「本體」與「關係」不論運動，「主動」與「被動」範疇不能有動變的動變，故運動只歸於「質」、「量」、「處」三範疇。	1068a9—1068a33

運動的運動或變化的變化是沒有的——第一論證，第二論證，第三論證，第四論證。 1068a33—1068b25

《物學》卷五，第三章若干詞義：「共處」、「分離」、「對處」、「接觸」、「間在」、「串聯」、「貼切」、「延續」。 1068b26—1069a15

卷(Λ)十二 論宇宙總因。原動者。至善

章一 本體為原始實是——本體三類：1.可滅壞之感覺本體，2.永恆感覺本體，3.不動變非感覺本體。 1069a16—1069b8

章二 變化四類：本體、質、量、處——一切可變化事物均各具不同物質。 1069b8—1069b26

變化三原理：通式、闕失、物質。 —1069b34

章三 諸本體皆同類相生；切身物質與形式均不創生。 1069b35—1070a5

創生四式：技術、自然、相遇、自發。 —1070a9

本體三類：1.物質、2.自然本體、3.兩者之綜合個體。 —1070a30

章四 不同事物各有不同原因； 1070a31—1070b10

但比擬而論，一切事物之原理或原因為類相同，或四（形式、闕失、物質、動因）或三（形式與動因合一）——動因有近有遠，遠因即萬物總因——動因有內有外，自然產物出於外因，思想產物不出於外因。 —1070b35

章五 實現與潛能為一切事物共有之原理，但在應用時實例各異。——一切事物之原理可以相喻而各自為別（人類之形式、物質與動因皆同，而爾我各別；世間所問詢者為各別個人，非「普遍

人」）。——所可通解者：1.各具四理，2.咸依本體，3.悉出於原始總因。 1070b36—1071b3

章六 宇宙間既有永恆運動，這必須有一永恆主動之不變本體，其怎是為實現，先於一切事物。 1071b3—1071b23

如以潛在為先於，則宇宙真相不可得明——諸先哲於宇宙永恆運動所由來，輒已略見端倪，故有「理性」、「愛憎」諸說。 —1072a7

天運循環，守於常理，指證第一原因為實現存在，為萬物諸因之總因。 —1072a18

章七 由恆星引證永恆原動者；原動者憑其「理性」發起動變。 1072a19—1072b14

原動者永恆，全善，獨立於感覺世界之外，其生命為純思想。 —1073a3

章八 第一主動本體而外，另有與諸星體動軌等數之致動本體——憑歐多克索與加里浦之計算而加以損益，其數或55或47。 1073a24—1074a31

〔宇宙只一，原動者只一。〕 —1074a38

古哲與神話先曾認見自然永恆本體之具有神性。 1074b1—1074b14

章九 論理性（心）。人心因思想對象之分歧，思想不能常淨而全善，神心以最神聖事物（即神本身）為思想對象，故常淨而不失其至善。 1074b15—1074b35

於理知事物上，思想對象與思想不異而合一。 —1075a11

章十 「善」，在宇宙間，獨立於萬物之上，為萬物做安排。 1075a11—1075a25

各家哲學思想所含之疑難——柏拉圖與畢達哥拉斯學派——恩培多克勒——阿那克薩哥拉——對於各家之總評。 1076a5

卷(M)十三　數理對象與意式

章一　兩類非感覺本體：數理對象與意式——數與意式論各家之異議。　1076a6—1076a37

章二　1.數理對象不能在可感覺事物之內外另成獨立本體——第一論證（可感覺實是之不可區分性）。　1076a38—1076b39

——第二論證（抽象的點線面與數重疊發展不合實際）。　—1077a9

——第三論證（天文實是不應另做抽象存在）。　—1077a14

——第四論證（間體之外更有間體之說不合常習）。　—1077a20

——第五論證（數理量度之眾多性不能統一）。　—1077a25

——第六論證（立體可以成實，抽象的點線面則不能成實）。　—1077a31

——第七論證（先於定義者，不必先於本體）——綜結。　—1077b17

章三　數學各門分別研究各具有某些特質之數理對象——數理對象在實現上不能獨立存在，在思想上可以姑為分離。　1078a17—1078a31

數學亦嘗涉及美學。　—1078b6

章四　2.意式論之來歷。　1078b7—1078b30

反對意式諸論點（略同於卷A章九）。　1078b30—1079b11

章五　反對意式諸論點（續上章）——柏拉圖敘述意式使事物生成為實是，其義非確。　1079b12—1080a12

章六　3.試以數為本體而證驗其理論方式：(1)一切數內諸單位均不可相通；(2)均可相通；(3)一部分可相通，一部分不相通；或(4)三類數系並存而互不相通。　1080a12—1080a37

數作為本體必須獨立存在或記憶體於事物之中——列舉柏拉圖、斯泮雪浦、畢達哥拉斯、某些柏拉圖學派、齊諾克拉底各家所持之數觀念。　—1080b23

幾何對象之觀念相似於數觀念。 —1080b37

章七 批評柏拉圖之「數」觀念：1.如一切單位均可相通，這只能有算術數，意式數不能成立。 1080b37—1081a17

2.如為不可相通則算術數與意式數均不能成立。——數不能照柏拉圖學派所主張的方式為之創製：這必須由諸「一」的連續加法製數。 —1081b34

3.如同一數內諸單位可相通，而各數間諸單位則互不可相通，結果亦屬荒謬——以10，以4，以2、3為例——綜結，諸單位應無種類之別。 —1082b38

章八 單位怎能於質與量致其差異？ 1083a1—1083a17

批評斯泮雪浦——批評齊諾克拉底。 —1083b8

畢達哥拉斯學派之傳統觀念亦有其困惑之處。 —1083b19

故數非獨立實是——若為獨立存在之數，1.試問各單位如何由未定之兩衍生，2.試問此數為無限抑有限：(1)無限非實是；(2)若為有限，其限何在？以十為限是荒謬的。 —1084b2

關於單位性質之諸疑難。 —1085a3

章九 以「大與小」諸品種為物質原理創製幾何對象之諸困難。 1085a3—1085a23

意式論之一般困難〔旁涉〕。 —1085a31

以相似於「單與眾」的原理創製幾何對象，其困難相同。 —1085b4

以「單與眾」製數同樣不合適。眾為有限抑無限？ —1085b21

點如何創製？ —1085b34

綜結對於數論之批評。 —1086a27

關於意式論之批評——蘇格拉底之定義普遍不離個別，意式論者則使之分離而獨立。 —1086b14

章十 本體的第一原理為個別性抑普遍性？答案：潛能不離實現，普遍不離個別。 1086b14—1087a25

卷(N)十四 繼續批評意式論與數論

章一 各家應用對反為第一原理；但諸對反不能作為第一原理。 1087a26—1087b5

柏拉圖學派應用「元一與眾多」對反之諸品種為第一原理，頗為混淆。 —1087b33

「元一」或「單位」為一計量而含存有底層事物，不是一個本體；與此相似，「不等」和「大與小」，由量性而入於關係範疇者，也不是一個本體。 —1088b14

永恆本體不能由要素組成。 1088b14—1088b35

章二 柏拉圖學派以「虛假」論「非是」，以「非是」符「眾多」，其目的在解釋實是之為本體，何以由一（單）而成多（眾）。 —1089a32

但他們於實是範疇與量範疇間的疑難始終未能交代清楚。——「非是」作潛在論方可成為物質要素。 —1090a2

批評數論：數何必獨立存在？ —1090a16

章三 繼續批評畢達哥拉斯學派以數為獨立實是之理論。 1090a16—1090b2

點線面亦不能為獨立本體。 —1090b14

斯泮雪浦的理論於實是上不能貫通——齊諾克拉底的理論無以解釋可感覺宇宙。 —1090b31

柏拉圖並未說明算術數的獨立存在。——如數為永恆事物，便不應為之設立創造過程。 —1091a22

章四 有些人認為善是自然進化之產物；另有人以善為第一原理；古詩人與麥琪多主於善；善確為第一原理。以善為「元一」與以善為列數均屬荒謬。 1091a22—1092a5

柏拉圖學派理論體系的四個基本錯誤。—1092a8

章五 對於斯泮雪浦的反對意見。1092a9—1092a21

數怎能由其要素製成？—1092b8

數何得為事物之因？—1092b26

章六 檢查數的附會而予以說明。1092b26—1093b7

事物之有數每可相比擬，但可以擬的事物間並無因果關係。—1093b21

意式數甚至於不能表示事物間的比擬。所以柏拉圖學派之哲理多謬。—1093b30

譯者附誌

一、形而上學（哲學）的編次

1. 《形而上學》（哲學）是「亞氏全集」中的重要著作。在早期希臘詮疏中，這書名有兩種解釋。其一，敘明安得洛尼可（盛年約西元前四〇）在編纂亞氏遺稿時，把這若干葦紙卷匯次在「物學」之後，他於書名有所遲疑，姑爾簽爲τὰ μετὰ τὰ φυσικά「次於物學之後若干卷」。拉丁編者省去冠詞就成爲Metaphysica，此字一直爲西方各國譯文所沿用。另一解釋出於克來孟·亞歷山大里諾，他把這一個書簽題詞肯定爲一門學術專名。亞氏在本書內稱物學爲「第二哲學」（1037a14），克來孟就解釋這裡所講「第一哲學」爲「超物學」。中國舊譯據此作爲「形而上學」。亞氏在這書內反覆提示彼所論述爲「第一原理」（πρώτη ἀρχαί），爲「智慧」（σοφία），爲「哲學」（φιλοσοφία），爲「神學」（θεολογική）〔亞氏所謂神學類似天文哲學（1026a20），異於宗教上的神學〕。安得洛尼可當初倘就標舉「哲學」爲題名，實際上是允當的。

2. 古希臘思想的發展淵源於「神話」（μύθος），故常含混地稱神話學家爲哲學家（982b19），含混地稱「神話」爲「哲學」（1000a9）。使哲學脫離詩與神話而具有明晰的內容，成爲莊嚴的名詞，正是蘇格拉底——柏拉圖——亞里斯多德所從事於學術研究的方向。亞氏把學術分爲1.理論、2.實用、3.生產三類。理論學術指⑴物學、⑵數學、⑶哲學。實用之學指政治、經濟、倫理等。生產之學指各種技藝如建築、醫院、體育、音樂、雕塑、圖畫以及縫衣製鞋等。他所謂「物學」包括一切有生與無生物，包括生理與心理、地質與氣象，也就是「自然哲學」。技術上的理論部分，如建築用力學，他抽象爲「運動」；音樂用聲學，他抽象爲「數」；圖畫用光學，他抽象爲「線」（1078a16）：這些就分別歸之於物學、算術與幾何。他把天文列在數理之內（有時也在物學著作中討論），而稱之爲最接近於哲學的一門學術。希臘當時於這些學術都已相當發達。

3. 柏拉圖在《理想國》中曾設想要有一門學術來貫通各門學術。亞氏既博習古今，兼綜百家，對於這樣一門學術重加思考，畢竟把「哲學」的輪廓規劃了起來。我們現在看本書卷B中所提十三類哲學問題也許覺得無可矜尚，但想到當時人類抽象與綜合能力方在萌芽，要從渾噩的事例中，開始分析出條理，確屬困難。亞氏的學術分類在西方實際上沿用到近代；他把哲學列於三種理論學術之先，稱道這門學術爲最高尚精確的智慧，爲學術研究樹立基本原理（卷A第二章、卷E第一章）。他說哲學家盡知一切事理（1004a34），而各門學術各研究它自己所劃定範圍內的實是（1025b7）。於是他標誌了哲學研究的對象爲「通則」與「本體」。通則（ἀξίωμα）爲一切學術所應共同遵循的「公理」，本體（οὐσία）爲一切事物與其演變所不能須臾離的「實是」（τὸ ὄν）所寄託。

4. 希茜溪「亞氏書目」中列有《物學後編》十卷，這可能是現行十四卷本《哲學》中

ABΓEZHΘIMN這十卷。其餘四卷，1. α卷像是後來插入的，其內容異於A卷之爲哲學導言，而是一般理論學術的序引。2. Δ卷在希茜溪「書目」中另作單篇，稱爲《詞類集釋》。3. K卷，上半是BΓE的縮本，或爲這三卷先草擬的綱要，下半爲《物學》卷二、卷三、卷五的簡編。K卷文理不是亞氏式的，像是門弟子的笥記。4. Λ卷與它卷不相關聯；可以作爲論「宇宙總因」，或「原動者」，或「非感覺本體」的一個專篇。

十卷中，A是完整的專篇。BΓE可能是一組。ZHΘ爲本體之學的正文。另一組，M卷似乎初意在改訂N卷，寫成後，因內容有異，遂一並存錄。I卷像是一單獨的補編。憑各卷內文句分析，寫作的先後並不與卷次相符；A、Δ、K上半、V（除第八章外），N當先草成；全書各卷時間相隔蓋二十年。A卷與M卷批評柏拉圖學派意式（理念）論頗多重複；A卷行文亞氏猶自儕於柏拉圖學派之間，M卷則已是亞氏晚年自外於柏拉圖學派的語氣了。希臘詮疏家如亞歷山大（Alexander）與阿斯克來比（Asclepius）都認爲「哲學」這本書是歐台謨（Eudemus）匯合他老師有關上述各主題的若干專著與講稿所輯成。各卷間每互有關照的文句；這些可能是亞氏生前自行添補的，也許是後世編纂者加入的。

二、本書注釋

1.漢文譯者憑形而上學（哲學）的希英對照本及英譯本（參看附錄「參考書目」II，3）與積累的詮疏，得以釐定章句與錯簡，校讀異文與異釋，求取全書的通解，考訂了學術名詞，翻出這本二千三百年前的著作。譯文所附注釋大別爲四類：1.依據陳規，凡詞旨⑴與原書它章，⑵與亞氏其他著作，⑶與柏拉圖各書，⑷及諸先哲詩歌、戲劇或殘篇有關者，爲之記明出處。2.有關史蹟、事例以及名物度數，憑舊傳詮疏加以簡釋；間亦取用近人新解。3.亞氏及諸先哲學術名詞大抵由兩方式鑄成：⑴由日常用語分離出來，作爲專用名詞，如「實是」「元一」等，或如「如何」等於「原因」，「如此」同於「素質」（有時同於「普遍」）；⑵用普通名詞或動字加以變化或組合，造作新名詞，例如「除去物質」成爲「抽象」，「劃定界限」成爲「定義」。譯者希望在譯文中力求詞義正確外，仍保留著學術用語初創時的渾樸，繁衍中的脈絡；但這很難做到。因漢、希文字原始構造的差異與以後繁殖方式的不同，同一希臘字，常得用不同的幾個漢文字來翻譯，以適應各章節的文理；關於這些，讀者也可於各頁注腳及「索引三」中窺見一斑。4.二千三百年前的古文當然可於許多句讀發生異解，而歷經傳抄，錯字異文也是到處有的。這些，經過近百餘年的校訂功夫，都已有人勘定，我們只在注腳中偶爾舉此例示。

譯者

一九五八年九月

附錄二

索引一　人名、地名、神名等①

---

① 一、索引中所列各詞按英文、希臘文、漢文次序排列對照，以下繫頁次和行數。頁次0a即1000a, 15a即1015a, 餘類推。由於文字轉譯，行數不免略有前後之差。二、漢文名詞加括弧的，表示同詞異譯。

索引二　本書各卷互涉及關涉亞氏其他著作者

(I) 互涉

(II) 本書各卷關涉亞氏其他著作

索引二　名詞及題旨[2]

（頁行示例：0a-93b表示1000a-1093b）

② 或為一短句，或為一短語。短語有省略，例如「實現」條，「與潛能之別」即「實現與潛能之別」。下同。

49a29。主要秉賦，（特殊屬性） πάθη οἰκεῖα 4b6,11,58a37,b22,78a5,16。

Affirmation (assertion) φάσις 肯定（常與否定聯舉）7b30, 8a4, b1, 12a4, 17a33（「是非格」）, 62a24, 67b14, 68a6。單獨肯定與單獨否定 62b5：證實異於肯定同於接觸 51b24。

All πᾶν 總 24a8。

All, the τὸ ἅπαν 一切，全宇宙，（萬物）67a3, 15, 23。

Alternation αλλοίωσιν 質變，改換 989a27, 42a36, 67a36, 69b12, 88a32。

Always ἀεὶ 常然E2。常例 27a, 24, 28。

Analogy ἀνάλογος 比擬，（類推）16b32, 18a13, 43a5, 48a37, b1, 7, 70a32, 70b17, 71a4, 26, 89b4, 93b18。

Analogy (similar) ὁμοιότης 比附，比仿，46a8。

Animal ξῷον 本書所涉及之動物：νυκτεριδῶν 蝙蝠（夜鳥） 993b9：μέλιττα 蜜蜂 980b3：ἀσπραλάκος 鼴鼠 22b25：ἵππος-ὄνος-ἡμίονος 馬—驢—騾，32b32, 33b32, 34b5。

Antithesis ἀντιθέσις 對論 55b32, 56a3。相反敘述 62a11。

Appearance(phantasia,impression) φαντασία, φαινομένα 現象，印象 Γ5, 6, 980b26, 70a10。

Architecture οἰκοδομεῖν（ἀρχιτέκτων） 建築術（房屋通式），以建築為示例，26b5-10, 27a2, Z7, 33a7-22, Z9, 46a27, 50a32, 61a1, 65b16-66a7。

Arithmetic ἀριθμητικὴ 算術 982a18, 5a31, 61b3, 73b6, 90a14。算術數 ὁ ἀριθμητικὸς ἀριθμὸς 參看「數」。

Art(technic) τέχνη 技術，藝術。與經驗並論 980b278, 981a3, 25, b8, 31：異於智識 981b26：等於形式 34a24, 70a15：成於學習 46b34, 47b33：人類的理知作用 992a30：製造三類：自然、技術、自發，Z7-9, 70a6, 17：人工（技術）創造三類：理知、技術、機能，25b22：設計技術（指導性技術 αἱ ἀρχιτεκονικαὶ）13a14。

（元素），66b28, 67a2：共同物身　τὸ κοινον σῶμα　69a31：軀體與靈魂及理性並論　71a3。

Boxer (fencer,warrior)　μάχαις (μάχατας)　拳術家（劍術家，戰士）。喻辯論　985a12。

Bronze sphere　στρογγύλος χαλκός　青銅球。作為形式與物質綜合例示　33a4, 45a26, 70a3：作為潛在與實現例示　33a24-b18。

Categories　κατηγορίας　諸範疇（σχήματα τῆς κατηγορίας　云謂分類，云謂諸格）4a29, 17a23, 24b13, 26a36, 27b31, 28a13, 33, 29b23, 34b10, 51a35, 55a1, 58a14, 70b1, 88a23, 89a27, 89b24 [Z1, 10　範疇：⑴本體　οὐσία，⑵質　ποίον，⑶量　ποσόν，⑷關係　τὰπρός τι，⑸時　χρῶνος，⑹處（地方）　τόπος，⑺主動　κίνησεως，⑻被動　παθήσιν，⑼狀態　ἕξις，⑽位置　κεῖσθει]。實是各範疇舉其八，Δ7：各範疇舉五　26b1：各範疇舉四，89a13（這個那個=本體　τό μέν τόδε，如此知彼=質　τὸ δε τοίονδε，那麼大小=量　τὸ δέ τοσονδε，此處彼處=處　τὸ δε ποῦ）。

Cause　αἴτια　因，（因果）　Δ2, 995b6, 996a18, 13a16, 26a17。四因：⑴本因（式因）　τὴν οὐσίαν καὶ τὸ τί ἦνεἶναι，⑵特因（底因）　τὴν ὕλην καὶ τὸ ὑποκειμένον，⑶動因（效因）　κίνησεως，⑷極因（善因）　τὸ οὗ ἕνεκα καὶ τἀλαθὸν，983a25-b6：以人為例說明四因，44a32-b3：基本原因（第一原因）981b28, 983a25, 3a31：切身原因（近因）τὰ ἐγγύτατααἴτια　44b1：切身動因，70b28：式因同於極因，44b1：式因同於效因，70b31：始因　τὸπρώτων　或終因　τὰ ἐσχαταια（總因）70b36：原因為數非無盡 a2, 74a29：由己因果　αἴτιονκαθ᾽αὑτὸ：偶然事事之原因亦出偶然　27a8, 65a6：形式、闕失、物質、致動四因（四原理）70b26：外因與內因　49a7, 70b25, 71a15。

Change　μεταβολῆs　變化，動變。動變淵源（動變原理）46a11, 49b6：對反變化四式42a32-b7, 69b11-14, 72b8（1.本體之變　κατὰ οὐσίαν=　生滅，2.質變　κατὰ ἀλλοίωσιν=　秉賦之變，3.量變　κατὰ αὔξησιν=　增減，4.處變　κατὰ τόπον=　運動　φορὰ）：由對反或由間體動變　11b34, 57a21, 31, 69b3：諸對成本身不變

化　69b7：可變本體　69b3：變化循環　τὸ ἀντὸ ἀεί περιοδω 72a10：變化與非是、底層、物質、潛能並論 10a15, 42a37, 69b14, 24：動變必有所由來，必有所成就（動變通則）　984a22, 69b36。

Chaos　χαός　混沌　984b27, 72a8, 91b7。

Coincidence　συμπτώμασιν　相符，附會　93b17。

Combination(synthesis,composition,union)　σύνθεστs　組合（綜合，聯結）14b36, 43a6, 45b11。組合與析離對舉（離合）E4, 51b3,　組合五式　42b15。

Compound (Synthetics,Composite)　σύνθετος　複合物（組合物）　23a31, b1, 29b23, 43a30, 57b28, 59b23, 75a8, 88b15。

Completeness (perfect)　τέλειον　全　Δ16, 23a34, 55a11。全出於不全　72b34, 92a13。

Concords　συνφωνίας　和音　93a20。

Concrete,the　σύνολος（συννειλημμὲνον）　綜合實體（整體）　995b35, 999a33, 29a5, 35a23, b22, 37a26, 30, 77b8。（B1, 4, Z3, 10, 11, K2, M2。）

Contact　διαθελή,（ἅφή,ἅπτεσθαι）　接觸　2a34, 14b22, 42b14, 68b28, 70a10, 82a20, 85a3。

Contact　θίλειν　接觸（同於直覺intuitive thought,immediate apprehension）51b24,72b21。

Contemplation　θεωρία　默想，（神思）　72b24。

Contiguous　συναφὴs　貼切　69a1。

Continuous　συνεχὲs　延續（συνὲχεια　延續性）69a5。延續體　16a9：由於自然，技術，強力而為延續 16a4, 23b34, 40b15：延續於一、二、三，向度　61a33。

Contradiction,　αντίφασιs　相反（矛盾），相反律（矛盾律）Γ3-6, K5, 6。相反律為終極規律　5b34：相反不容間體（排中律）Γ7, 55b1, 69a3。

Contrariety (opposition) τανοντία 對反，對成（ἐναντιότητος 對反性，對性）。異於相反，闕失，別，差異，4a20, 54b32, 55b1：對反兩端之一常為「闕失」11b18, 55b14, 27, 61a19, 63b17：與否定並論 12a9：對成之形式相同 32b2：對成不互變互生 44b25, 52b22, 69b7, 75a30：對成即（同科屬，同底層，同識能間）最大差異 55a4, 16, 23, 58a11：一事物只有一對成 55a19, 55b30：以「抑或」說明對反 55b30-56a30：間體由諸對成組合 I7：原始對成 61a12, b5, 13, 55b28：可感覺對成 61a32：對處 68b31：對成包含物質底層 75b22, 87b1：對成異於相反 69b4。

Contrary ἐναντία 相對，對成。I, 4, 5, 7, 13b12, 18a25, 54a25, b31, 58b26, 92a2。諸對成可簡化為一對成 4a1, b27：諸對成由同一門學術為之研究 996a20, 61a19, 78b26：諸對成作為事物之原理 986a22, b1, 4b30, 75a28, 87a3。

本書所涉及諸先哲各家所列對成：

I. 畢達哥拉斯學派十對成：有限無限、奇偶、一眾、右左、雄雌、靜動、直曲、明暗、善惡、正斜。986a20-26, 990a10, 4b11, 25b20, 42b35, 49b8, 51a9, 68a1, 70b22, 84a35：

II. 恩培多克勒對成：友愛與鬥爭。985a7, 75a2-7：

III. 留基伯與德謨克利特對成（或芝諾對成）：空實。985b5, 9a29：

IV. 亞爾克梅翁偶拾四對成：白黑、甘苦、善惡、大小。986a33：

V. 德學對成：善惡、義不義、美醜。55b21, 61a21, 63a5, Λ10：

VI. 數學及名學對成：單一與眾多，4a10, 54a2, 30, 87b28：超餘與短損，4b12, 87b17：奇偶、等與不等，75a33：同一與異別，87b27：完整與殘缺，65b13：組合與析離，E4：

VII. 物理對成：暖冷，986b32, 4b32：乾濕，42b22：密疏，985b11, 42b22：硬軟，42b22：重輕，61a31, 65b14：光暗，70b22：白黑，55b33, 57b8：穿透與耐壓，57b9：上下，65b14：甘苦 63b28：

VIII. 生理對成：生死，27b9：健康與疾病，51a7, 12。

Counter-earth ἀντίχθονα 對地 986a12。

Coupled terms συνδεδυασμένον 複合詞 30b16, 31a6, 43a4。

複合敘述 συνπεπλεγμένον 62b5, 63b22。

Definition ὁρίσμός,（ὅρος，λόλος） 定義，（界說）Z10-12, H6, 31a2, 43a1。為論辯之起點 12a22, b7：同於怎是 30a7, 31a11, 44a11：個別可感覺事物無定義 36a2, 29b28：具有普遍性 36a28：定義之合一Z12, H6：由分類法製定義 37b28：定義需要「一致的認識」ἐπιστημονικόν 39b32：意式不能界說 40a8：定義公式 44b13：與數並論 43b34, 45a7：為研究所必需 25b30：普遍定義與歸納思辨 τὸ ὁριξεσθαί καθὸλου καὶ τοῦς τ' ἐπακτικῶς λογούς （蘇格拉底） 78b29。

Demonstration (proof) ἀποδείξις 實證（證明） 992b31。實證諸原理 993b28, 996b26, 5b9, 18, 62a3：知識依憑於實證和定義 86b34：並非一切事理均可實證 997a7, 6a8, 11a13：怎是不能實證 25b14, 64a9：可感覺個別本體不能實證，39b28：實證之學 997a5-30, 59a24：反證 ἀποδειξαι ἐλεγχὸς 6a12, 20：完全（絕對）證明 ἀπόδειξις ἁπλῶς 與各別（切身 ad hominem）πρὸ τόνδε 證明 62a2。

Denial, joint συναπόφασις 聯合否定（綜合否定） 56a31, 34, 56b2, 62b7。

Desire (appetite) ὄρεξις 願望（欲望） 48a11, 71a3, 72a25-35。

Destructive,perishable,the (destruction) τὸ φθαρτὸν,（φθειρὲθαι） 可滅壞事物，（滅壞） 994b6, 0a5-1a2, 2a29, 42a30, 43b15, 44b36, 59a1, 67b24, 69a31, b11, 70a15, I10。

Determinates ὡρισμένον 決定性名詞 29b30, 77b10。非決定性事物 τὸ ἀόριστον 7b28, 10a3, 49b1, 63b33, 66a15。

Dielectic διελεκτική 辯證法 987b32, 995b23, 4b17, 78b25。

原理原因並舉 41b31, 70b25, 87a2, 91a31：四元素：火 πῦρ，氣 ἀέρ，水 ὑδώρ，地（土） γή 為單純物體 14b33, 17b10：四元素並重（恩培多克勒） 984a8, 985a32, 998a30：火為物原 984a7, 49a26：氣為物原 984a5：水為物原 983b20, 984a4：土是否為物原？984a8：實證要素 14b3：意式要素 987b19：第三要素 75a32。

Elements(alpha beta) στοιχεῖον 字母（音注） 993a6, 9, 13b18, 34b26, 38a6, 41b15, 86b20-31。喻變化三差異 985b15-19。

Elliptic (obliqueness) Zodiac ζῴδιον 黃道。黃道為一切生物之遠因 71a15。

End τὸ τέλος 終點。同於極因 994b9, 13a33, 59a37, 74a30：同於「形」 23a34：同於善、至善或完全 982b7, 21b24：同於實現 51a16：終點為定限 994b16。

Equal(equality) τὸ ἴσον（ἰσότητος） 等，（等性） 21a12, 56a22, 82b7。和「大與小」（不等）相對反 15：「等」與「一」相同（柏拉圖學派）75a33：等性為不等性之闕失 55b11。

Equivocal,the (ambiguity) ὁμωνύμιος 同詞異義（雙關） 3a34, 30a32, 35b25, 46a6, 60b33, 86b27。

Eristic λόγος ἐριστικός 譎辭 12a19。

Error ἀπάτη 錯誤。異於無知 52a2：世無錯誤（安蒂瑞尼） μηδὲ ψεῦδοσθαι 24b34。

Essence, Quiddity,(what it was to be so and so) τὸ τί ἔστιν（τὸ τί ἦν εἶναι） 怎是。Z4-6, 8, 993a18, 994b17, 25b28, 38b14, 45b3。同於本體 Δ8：同於式因，定義，公式，比例，A3, 8, 10, B2, Δ2, 8, 30a6, 33b5, M4, N5：同於動因或極因 A6, 7, Z17。

Eternals τὰ αἴδια 永恆 987b16, 15b14, 50b7, 51a20。可感覺永恆本體 60b17, 69a31, b25：永恆本體必然存在Λ6：時間永恆 71b7：永恆本體可否由要素組合 88b14-28：永恆本體無生滅（不經創造過程） 91a12, 宇宙貞常 ἀεὶ ὡσάντως 72a16。

Formula (definition,account) λόγος 公式（定義，敘述） 987b31, 16a33, b9, 28a34, 42a28, 43a19, 47b34, 50b33, 70a22, 84b15, 87b12。怎是之公式只有一個 998b12：公式同於實現，怎是，通式，式因，Z15, H2, 4, Λ3：異於名字 6b1, 30a7：異於定義 30a7, 14, 37b11：公式各部分 Z, 10, 11, 16a35, 23b23, 33a2：先於公式 18b31, 28a32, 38b27, 49b11, 54a28, 77b1, 78a10：異於綜合個體與物質 39b20, 58b10, 18, 64a23, 74a34：公式可分離 42a29：同於智識（或學術）46b7, 59b26：公式之分析 63b18。

From ἐκ（ἐκ τινος） 由（所從來） Δ24, 991a19, 994a22, 44a23, 92a23。

Full (plenum) τὸ πλῆρες（πλέον） 實（德謨克利特） 985b5, 9a28。

Generation (production, becoming, coming to be) γένεσις（γίγνεσθαι） 創造，生成 Z7-9。只有綜合實體可論生成 Z8, 981a17, 34b7, 42a30, 43b17, 44b21, 69b35, 70a15：後於創造者，先於本體，本性，形式 989a15, 50a4, 77a26：全稱 τοῦ ἁπλῶς 生成（單純生成）與偏稱 μὴ ἁπλῶς 生成（部分生成）42b7, 67b22, 69b10, 88a33：創造兩式 994a22：創生三式：自然、技術、自發，Z7, 9：創生四原因：技術、自然、機遇、自發，Z7, 49a3, 70a8, 76a6：異於製造，32a26：同名相生，同種相生，34a21, 49b29, 70a5：創造物均可區分為物質與形式 33b12, 49b35：生成得於非是，物質，闕失，對成，潛在 994b27, 32a20, 33a9, 55b11, 62b26, 69b15, 88b17, 91b34：事物之創生必有所由來，必有創之者，999b6, 10a20, 32a13, 32b31, 33a24, 44b24, 49b28。

Genus γένος 科屬（門類） Δ28, 54b30, 57a27, b38, 59b27。最高科屬 995b29, 998b14, 999a31, 23a27, 34a1, 37b30, 59b27：科屬是否為第一原理 998a21, 14b11, 42a14, 69a27：品種之部分 23b24：品種之物質 24b8, 38a6：與定義、差異、品種並論 Z12, 998b5-999a23, 14b9, 16a24, 16a32, 23a27：23b18, 37b19, 39a26, 54b27, 57b7, 59b36：科屬非本體 Z13, 42a21, 53b21：實是與元一非科屬 998b22, 45b6：異於普遍 28b34：「於屬有別」 ἑτέρα τὸ γένος 24b9：科屬別性 ἑτερότης τῷ γένει 58a7。

instances,the method of setting out, ἔκθεσις 例證法（παραδειγματικῶς 舉實例）992b12, 995a6, 31b23。
Intellect διανοίας 理知（參看「思想」、「理性」、「判斷」）。
Intelligible νοητὴ 可理知事物（理性事物）。異於可感覺事物 990a31, 999b2, 36a3, 10, 45a34, 70b7。
Intermediate('between'), Medias, μεταξὺ, μέσον 間體，中項 994a10, 57a21, 69a3, 68b30。相反（矛盾）不容間體 Γ7, 55b1, 57b34, 69a3：間體由諸對成組合 I7：柏拉圖間體 987b16。
Itself αὐτὸ 「本」（自身）用以表明「意式」41a1。由己（propter se）καθ' ἀυτὸ Δ18, 29a14, 31a28。
Judgement,Understanding, διανοίας 判斷，理解 9a5, 25b7, 74b36。常人均有多少判斷能力 8b12-31。
Knowledge,Science ἐπιστήμη 知識（認識），學術（科學）學藝。概論知識 A1, 2：求知為人類本性 980a21：基於感覺 980a28：知識之最高目的 982b1, 996b13：知識異於意見 8b27, 30, 39b32：知識依憑實證和定義 86b34：知識異於感覺 999b3：先於知識 18b30, 28a32：知識為事物之量度 57a9：真理必需是「一致的認識」 39b31：知識一義 87a15：知識異於實現 48b15：學術研求事物之諸因 983a25, 993b23, 994b29, 25b6：普遍智識與個別知識（潛在與實現）3a14, 59b26, 60b20, 86b6, 87a25：知識之普遍性 M10：學藝為一種理知公式 28a32, 46b7, 59b26。諸對成各歸於同一門學術 996a20, 61a19, 78b26：偶然屬性不能成立專門學術 Z15, 987a34, 26b3, 27a20, 64b30-65a5, 77b35。
本書所涉及之學術分類：
學術總類三：理論學術 θεωρητικὴ，製造學術 ποιητικὴ，實用學術 πρακτικῆs, E1, 982a1, 993b20, 25b21, 46b3, 64a11-19。
理論學術三類：物學、數學、哲學 37a15, 62b2, K3, 4。
數理各門：幾何，包括測量 γεωδεσίας 78a23, 997b26：光學 ὀπτικὰ, 997b20, 77a4：算術，包括聲學 ἁρμονική （樂律） 77a5：

天文為數學之一門，與哲學尤相切近　73b4。
物學各門：本書涉及力學　μεχανικὴ　78a23。
實用學術包括倫理、政治、經濟等，本書曾涉及：分析法（名學）　ἀναλυτικὴ，辯證法　διαλεκτικὴ，倫理學　ἠθικὴ，987b4, 78b24。
製造學術，64a13。本書曾涉及者為：建築、雕塑、音樂、醫學、健身術（64a1）、衛生（製造學術即藝術與技術）。

Learning　μάθησις, παιδεία　學習（學問）。技藝必先經學習　46b36：學習一門知識應先知道一些前提　992b33：學習在漸進　48b25。

Like　ὅμοια　相似　0b5, 18a15, 21a11, 54b3。

Limit　πέρας　限，定限（界限）　Δ17。畢達哥拉斯學派之定限　987a15, 990a8, 4b32：事物之定限（界限）（數與線，面，體）　2b10, 17b17, 60b16。

Line　γραμμῆς, μῆκος　線　2a5, 16b26, 36b12, 43a33, 89b12。線不由點組成　1b18：可見線　998a1：線與線本（意式線）　36b13：不可區分線　992a22, 84b1。

Logic(analytic)　ἀναλυτικά　分析法（名學，邏輯）　5b4。

Love(eros,desire)　ἔρως　愛，情欲（希蕭特與巴門尼德）　984b24, 988a34。友愛　φιλότης　（恩培多克勒）985a3, 24, 988a33, 0b11, 75b3：友愛為善　988b9, 91b11。

Luck,Chance　τύχη　機遇，運道　981a5, 984b14, 32a29, 65a30。為創生四原因之一　Z7, 49a3, 76a6。

Magnitude (geometrical or spatial)　μέγαθος　量度（空間或幾何量度）　990a13, 20a12, 52a28, 85a32。如何組成？1b7-25：數理量度如何成一，77a20：沒有無限之量度　73a10。

Makings (products)　ποιήσεις　製品（產品）。異於自然產物　Z7, 32a26, 32b11, 33b7, 34a11：間體製品（半

製品）　32b17。

Male and female　ἄρρην καὶ θῆλην　雌雄（男女）　988a5, I 9, 78a7。

Many　πολλὰ　「多」。異於「一」I 3, 6：異於「好多」　πολύ　56b15：多為一之物質（材料）75a33：「多與少」（柏拉圖學派）　87b16。

Mathematical objects　τα μαθηματικά τῶν πραγματῶν　數理對象。異於可感覺事物　987b15, 989a32, 990a15, 36a4：異於意式　B 6, 28b20, 76a20, 83a23, 90b26：是否本體？M 1-3, 42a11, 69a35：不能獨立　59b13：作為事物之第三系列　59b6：數學材料　992b2, 59b16。

Mathematics　μαθηματική　數學（數理）981b23, 985b24, 992a32, 996a29, 4a926a7-19, 61a28, 64a32, 77b18, 78a33。數學與物理為哲學之分支　61b33：數學言語　995a6, 80b26：數理異於製造之學　64a1：數理各門　4a7：數學數　M6, 76a20, 86a5（參看「數」）。

Matter　ὕλης　物質（材料）　H3, 4, 983b7-984a18, 15a7, 17a5, 29a20, 42a26, 58b6, 14。同於底層　983a29, 985b10, 988a11, 992b1, 22a18, 24b8, 32b9, 42a26, 61b22, 70a11：異於底層　44b9：作為一原理　983b7, 986a17, 46a23：異於定義，形式，實現，完全實現，986b20, 29a5, 35a8, 38b6, 41b7, 43a6, 45a35, 50a15, 70a1, 71b21, 74a34, 76a9, 78a30, 84b9：是否本體？Z3, 42a27, 49a36, 77a36：同於潛在　39b29, 42a27, b9, 49a23, 50a15, 60a20, 69b14, 70b12, 71a10, 88b1, 92a3：原始物質　15a5-13, 42b15-24, 42a27：最後（即基層）物質　ὕλη ἐσχάτη　45b18,69b36,70a20：切身物質　ὕλη οἰκεία　44a17：可感覺物質異於可理知物質　36a9, 36b35, 45a34：物質不滅　42a30：科屬為品種之物質　24b8, 38a6：物質無決定性　37a27, 49b1：不能摒離物質而解釋創生與變化　32a17, 42a32, 44b27, 69b3：創生，位移，動變等所涵物質　26a3, 42a34, b6, 69b26：諸對成所涵物質　75b22, 87b1：實現隨物質而異　43a12：不同事物各具不同物質　69b25：底層物質為第三要素　τω τρίτον τι εἶναι　75a32。

80a4：先於被動　10b37, 70a21：火為動因　984b6。

Movement　κίνησις　運動（動變，動作）。動靜對論　4b29, 10a36, 12b23, 25b20, 49b7：同於活動（實行）20b20, 22a7, b5, 23a18：異於實現　48b28：出於本性之自然動變　25b20：動變涉及感覺，物質，989b32, 26a3, 36b29：動變釋為潛能進行實現之過程　65b17：運動的運動　K12：永恆運動　κίνησις ἄιδιος（留基伯與柏拉圖）　50b20, 71b7, 33。

Music,of Spheres　συμφωνία　天體合唱（宇宙交響）　986a2, 93b4。

Mutilated　κολοβὸν　剪裁　Δ27。

Myths　μύθος　神話　982b15, 983b29, 995a4, 0a9, 18, 71b27, 74b1, 75b26, 91a34。

Nature　φύσις　自然，本性　Δ4。異於自發，機遇，思想　32a12, 65a27, 70b30, 71b35：異於創造　989a15：同於物質　14b33, 24a4：異於強力　15b15, 52a23, 71b35：異於技術（人工）　32a12, 70a17：同於形式，完全實現，正面狀態　32a24, 44a9, 70a11：異於潛能　49b8：自然產物與非自然產物　33b33：自然產物與技術製品　34a32：自然體系不是一個壞劇本　μοχηρὰ τραγωδία　90b20。

Necessity　ἀνάγκη（ἀναγκαιον）　必需，必然（必需品）　Δ5, 6b32, 26b8, 50b19, 64b33, 72b11。「必然」異於「常然」，「大多數如此」。「偶然」, 25a15-20, 26b20, 27b8, 64b31-65a6。

Negation　ἀντίφασις　否定。異於闕失，4a12：與對反共論，12a9, 46b13：褫奪性的否定　56a17, 29。

Night　νύξ　夜　71b27, 72a8, 91b6（奧菲克宗宇宙觀）。

Not-being, Non-ens　μὴ ὄν　非是。非是三義Λ2：虛假為非是　E4：N2：潛在為非是　N2。

Number　ἀριθμός　數（算術數或數學數與意式數　μαθηματικὸς ὁ ἀριθμὸς καί τοίς ὡς ἰίδη）M6-9, N1-3, 5, 6, 20a13, 39a12, 53a30, 57a3, 76a20, 80a21, b6, 83b3, 85b22, 88a5, 90b33, 91a24。不同級別之數系　76b37：數之創生，屬性，要素　986a17, 4b10, 84a3, b28, 87b15, 89b12, 90a21, 91a23, 29：數作為原理，本體

985b26, 986a16, 987a17, 987b24, 1a25, b26, 36b12, 76a31, 80a13, 83a23, 90a4, 23, 92b16-26：數與意式共論，991b9, 76a20, 80b12, 22, 81a7, 21, 83b3, 86a6, 88b34, 90a16, b33, 91b26：數與定義並舉　43b34, 45a8, 87b12：於數為一，999b26, 16b31, 18a13, 54a34, 60b29, 87b12：列數如何各成為一整體？992a1, 44a3, 45a8：可相通數與不相通數　M6-8：可感覺數異於理知數或意式數，990a31, 90b36：數為有限抑無限？83b36, 85b25：數為串聯　85a4：數由抽象單位組成　80b19, 30, 82b6, 83b17, 92b20：數以一為起點　16b16, 21a13, 52b24, 88a6：素數　987b24, 52a8, 81a5：數以十為限，986a9, 73a20, 84a12, 32：數之為方與立方　20b4, 93a7：數構成全宇宙，80b19：數比　λόγos　985b32,991b13-19,993a17,1b30,53a16,61b1,92b14-31。

Odd (oddness)　περὶττos（περισσότηs）　奇數（奇性）（畢達哥拉斯學派）　986a18, 990a9, 91a23。以奇性為一　84a36。

One　τὸ ἕν　一，元一，Δ6, I1-3。[元一，統一性　ἑνὸs, ἑνότητos，單位之一　μονὰs，原一（第一個一）ἓν πρώτην，抽象之一　μοναδίκον，本一（意式一）　αὐτὸ τὸ ἕν，非一 μὴἕν，元一之為元一　ἑνὸs ἦ ἕν]。元一非本體　I2, 40b18：元一非科屬　998b22, 45b6：一為不可區分物　999a2, 41a19, 52a18：一為數之起點與計量　52b18, 84b18, 87b33：一作為數　56b34：一不在數列之內　88a6：一之四類（1.延續體，2.整體，3.個別，4.普遍），ΘI, 52a35：由接觸，混合，黏合而為一　45a11, 82a22：於定義為一並非於數為一　87b12：數為一整體與定義之為一整體　Z12, H6, 992a1, 44a3：於量，幹數，於科屬，於品種上比擬而為一　999a2, 999b25, 32, 16b31, 18a13, 33b31, 39a28, 54a34, 60b29, 87b12：一異於單純　72a32：一於定義，一於形式，一於延續　16b9：元一與本善　91b14, 25, 32：「一與多」　τὸἕν καὶ τὰπολλὰ　I3, 6, 87b28, N1：一多諸對成　54a20-30, 85b32-b33：一多關係（一與若干一，計量與被計量）56b33-57a11。元一與實是　τὸ ἕν καὶ τὸ ὄν　I2, 998b22, 1a5, 3b22, 40b16, 45b6。「以一統多」（one-over-many）990b7, 13,

991a2, 40b30, 79a3, 10（參看「意式」）。先哲各家之元一：畢達哥拉斯學派 986a19, 987a18, 27, 1a10, 53b16：埃利亞學派 986b15, 1a33：柏拉圖 M, N, 987b21, 992a8, 1a5：阿那克薩哥拉 Λ2, 69a22。

Opinion δόξα 意見。異於知識 8b28, 30, 39b33。

Opposition, The opposites ἀντίκειται, ἀντικείμενα 相反，對反（四式：相對 ἐναντία，相反 ἀντίφασις，相關 τὰ πρός τι，闕失 στέρησις）Δ10, 54a23, 55a38, 57a33, 67b20。相反變化 11b34, 57a31, 69b4：相反差異 16a25：相反的潛能 50b8, 30。

Order τάξις 秩序，次序 984b17, 985b14, 42b14。

Otherness ἕτερος 別 18a9, 54b14。於種有別 I8, 9, 18a38：於屬有別 24b9, 別於科屬 58a7：別性與差異不同 54b23：畢達哥拉斯學派之「別」 87b26。

Paradox,Absurdity παραδόξα, ἄτοπον, ἀλόγα 悖理（悖解，荒謬） [Reducio ad absurdum 歸謬]。998a17, 999b22, 7b30, 12a24-b33, 26b16-21, 30b35, 60a24, 70a30, 70b36, 75b6, 82a9, b38, 83a24, 84a25, 87a35, 91a7。

Part μέρος 部分 Δ25, 34b32。定義各部分，綜合實體各部分 Z10, 11。

Participation μέτεξιν 參與，參加 987b13, 991a14, b5, 30a13, 31b18, 37b15, 45a18, b8, 79b18。意式可參與 990b28, 40a27, 75b19, 79b25。

Passivity(succeptibility,receptive) παθεῖν 被動（容受）（參看「主動」）。被動變與不受動變之性能 46a13：容受性 68b19。

Perpelexity, (doubts,difficulty,problem) ἀπορία （疑難，迷惑，問題） B1-8, Z1, K1, 2。

Petitio Principii αἰτεῖσθαι τὸ ἐν ἀρχῃ 丐理 6a17, 20。

Philosophy φιλοσοφία 哲學。為最精確之純學術 A2：起於對自然之驚異 982b12：統研一切事物 4a34：研究公理（通則）「3, K4, 995b8：研究單純而共通之實是 τῶν ἁπλῶν καὶ κοίνων 61a11-b12：研究實是

Potent δυνατόν 能者 19a34。

Practical knowledge πρακτικὴ 實用之學 993b21, 25b21, 25, 64a11-19。

Predication,figures of σχήματα τὴs κατηγορίαs 云謂諸格（參看「範疇」）。

Primary (first) τὸ πρώτοs 原始（第一）三含義 28a31。

Prime numbers τὸ πρῶτον 素數 987b34, 52a8。

Prime mover κινοῦν πρώτον 原動者 49b26, 50b5。自己不動的原動者 τὸ πρῶτον κινοῦν ἀκίνητον ἀυτὸ Λ7, 12b31：為萬物總動因，為宇宙第一動因 70b35, 72a16, 71a36。

Principle,Beginning(starting point,source) ἀρχὴ 原理，原始（起點，淵源）Δ1。物質原理 983b7, 24, 984a6, 986a17, 987a4, 46a23：動變原理 984a27, 46a14, b3, 49b6, 70a7, b25：終極原理 50a7：形式原理 69a28, 76a24, 80b6, 32：對成原理 986a22, b1, 4b31, 75a28, 87a30：原理有三：通式與其闕失和物質 69b34, 70b10-22：原理與原因有四 70b26：實證原理 993b28, 996b26, 5b9-22, 6a5, 62b3：第一原理 983a8, a2：科屬是否為基本原理 998a21：滅壞與不滅壞事物原理是否相同？0a6：原理為普遍性抑個別性？M10, 3a7, 60b20, 69a26, 71a20：原理於類為一，或於數為一 Λ4-5, 999b24, 60b29：以單純為原理 59b34：原理異於要素 41b31, 70b23：切身原理 71a18 哲學，研究實是之原理 Γ1, E1：「原理」與「善」如何為相關 91a30, 92a11：原理（物原）為數無窮（阿那克薩哥拉） 984a13。

Prior(priority)and posterior (posteriority) πρότερα καὶ ὕστερα 先於與後於（先天與後天）Δ11。於創生，本性上論先後 989a15：於感覺，認識，定義上論，18b30：於公式，時間，創生上論 38b27：於公式，本體，時間上論 49b11：於創生，形式，本體上論 50a4, 於定義上論 54a28, 78a9：於定義，本體上論 77b1：數論所涉之先於與後於 80b12。

Privation στέρησιs 闕失Δ22, 4a12, 19b7, 46a31, 88b27。闕失為對反兩項之一，4b27, 11b18, 55b14：闕失異

68b27, 78b31, 86b15。

Separation (the divided) διαίρεσιν（τὸ χωρὶs） 析離。與組合對舉E4：以離合論真假 51b3。

Seven ἑπτὰ 七（畢達哥拉斯學派）93a13。

Shape μορφή 形狀。與公式並舉 42a28：與終極並舉 23a34：與實現並舉 43a25-31：合一於切身物質 45b18：同於形式 999b16, 15a5, 17b25, 33b5, 52a22, 60a22, b26。

Sight ὄψιs 視覺。於諸感覺中尤為重要 980a23。

Simple,the (simplicity) τό ἁπλοῦν 單詞，單純。單純同於必然 15b12：單純者為原理 59b35：單純異乎一，72a32：單純物體 984a6, 17b10, 42a9：單純為致精之本 78a10：單純創生 69b10, 88a33：單純觀念，單純本體，27b27, 41b9, 72a32：單純運動 53a8, 73a29。

Snub σιμὸs 凹鼻喻 Z5, 25b30-34, 30b15-33, 64a20-28。

Solid στερεὸs 立體，體。是否為本體 997a26, 77a32：理想（意式）立體 992a13, 85a8, 90b7：幾何學家把人看作一個立體 78a27。

Sophistics(sophistes) σοφιστική 詭辯術（詭辯家，智者）4b18：61b9。詭辯家以「非是」為業 26b14, 64b29：詭辯伎詞，參看「伎詞」。

Soul ψυχή 靈魂。為生物之本體 28b24, 35b14, 43a35：同於怎是（形式） 36a1, 43b2, 45b11：為生活所歸結 50b1：靈魂之研究也屬於自然哲學家 26a5：靈魂的理性部分存在於身體滅壞之後 70a26：有靈魂物（動物）別於無靈魂物 46b36。

Species εἶδos 品種 998b7。為不可區分 998b29, 34a8：「品種有別」I8, 9, 18a38, 54a28：一於品種 999a2, 16b31, 18b7, 49b18, 29, 58a18：最低品種 998b15, 15b9, 16a30, 23a27, 61a29：品種為科屬之部分 999a4, 23b18, 25：科屬為品種之部分 23b24：科屬為品種之物質 24b8, 38a6, 58a23：品種由科屬與差異

組合而成　39a26, 57b7。
另做「形式」解I10（參看「級類」）。
Sphere of Empedocles　Σφαίρος　「斯拉法」（球）（恩培多克勒）0b13。
Spheres of the stars　σφαίρας　天球（輪天）Λ8。
Spontaneity (the spontaneous)　ἀυτομάτον　自發（自發生成物）。與機遇並述，異於自然生成與技術製造，984b14, 32a13, b23, 34a10, 15, b4, 70a7。
Star　ἄστρον　星（星辰，列宿）Λ8, 73a34。稱為「神物」　θειων σωμὰτων 74a30。
Statue　ἀνδριάντος　造像，雕像。為四因示例　13b5：為物質與形式，潛能與實現示例，17b6, 29a4, 48a32。
Strife　τὸ νεῖκος　鬥爭（憎）（恩培多克勒）0a27, 92b7。作為惡的本質　75b2-7。
Substance (permanent essence)　ὀυσία　本體　Z, H, Δ8, Λ1。等於終極主題（底層）　2a3, 7a31, 17b13, 19a5, 29a8, 38b15, 42a26：異於秉賦，演變，屬性　983b10, 985b10, 7a31, 38b28, 71a1：以底層與物質論本體　985b10, 992b1, 42b9, 27, 44a15, 49a36, 77a35：數是否本體？987a19, 1b26, 76a30：數理對象作為本體　M1-3, 42a11, 69a35：本體三類：可感覺者二，不動變者一，69a30-b2：可感覺本體　997a34, 42a25, 69a30, b3：有無非感覺本體？997a34, 59a39：原始本體　5b1, 32b2, 69a26：第一本體　Λ7-8：本體為原始實是（基本實是）28a14, 30：元一與實是並非事物之本體　I2, 40b18：自然本體　42a8, 44b3, 70a5：綜合本體　54b4：非組合本體　51b27：永恆不動變本體　26a30, Λ6：維本體為可獨立存在　28a34, 42a31：同於個體　30a19：先於定義，認識，時間，28a32：在本體上為先於　49b11, 50a4, 77b2。
本體為物質，形式，亦為綜合實體　35b1, 70b13：物質是否為本體　Z3：物質本體（材料本體）49a3：本體等於形式，怎是　987b21, 93a18, 32b1, 35b22, 37a29, 38b14, 41b9, 50b2：別於綜合實體　35b22, 37a29。
潛在本體與現實本體　42a11, 42b10：本體實現上之諸差異　42b15-24。

怎是，普遍，科屬，底層四項是否為本體？28b33：諸普遍不是本體　Z13, 3a7, 53b16, 60b21, 87a2：本體不同於科屬　42a21, 53b21：本體如何成多？89b31。
Substratum(subject)　ὑποκείμενον　底層（主題）28b36, 38b5, 49a28。同於物質　983a30, 985b10, 992b1, 22a18, 42a26, 70a11：異乎物質　44b9：切身底層（最後主題）τὸ ἔσχατον　10a20, 17b24, 24b10, 49a34：對反演變預擬有底層（第三要素）75a32, 87a36：底層為容受材料　τῷ δεκτικῷ　55a30, 55b9。
Successive(consecutive,succession)　ἑξῆς, ἐφεξῆς　串聯者，串聯，27b25, 68b31。數之串聯　85a4。
Such(univerality)　τοιόνδε, τοιόυτον，「如此」（普遍性）。等於「通式」　33b23：等於「普遍」　60b21。
Syllogism　συλλογισμός　綜合論法（三段論法）　14b2, 15b8。「這是什麼？」為綜合論法之起點，34a31, 78b24。
Tautology (the same thing said twice)　ἤδεις（τὸ αὐτὸλεγειν）　沓語（一事再說）　30b33, 31a5。
Ten δεκάς　十。10　為終數　986a8, 73a20, 84a12。本　10, 82a1。
Terms　τέρμα　詞項，項目。外項　τὰ ἄκρα，中項（等項）ἴσως　994b4, 14b3, 31a25：正項　ὑποκειμένου，負項　οὐχ ὑποκειμένου　46b16, 67b16。
"Thaten"　ἐκεινώνον　「那個的」。為事物之材料（物質）底層，亦可為屬性的個體底層，33a7, Θ7。
Theology　θεολογικὴ　神學。為第一原理　26a19, 64b1。
Theorems　θεωρήμα　定理　90a14, 26a9, 83b18。
Theoretical knowledge　θεωρητικὴ　理論知識，理論學術　E1, K7, 993b20。
Thinking, Thought　νόησις　思想。思想合於公式　52a29, b1, 75a3：思想與思想機能（心）及思想對象並論　Λ7, 9（參看「理知」）：異於製作　32b15：思想　φρόνισις　與認識並舉　78b16：事物的存在不依賴於人們的思想　1011b7。

"Third man" τρίτος ἄνθριοπος 「第三人」 990b17, 39a2, 59b8, 79a13。

"This" τόδε τί 「這個」，個體（「這個」等於本體） 2b9, 17b25, 30a4, 39a5, 42a27, 70a10, 89a13。

"Thisness" τὸ τόδε τί 「這這個」（等於「個別性」或獨立性） 29a28, 39a6。

Time χρόνος 時間。時間之量性，20a29：先於時間 28a32, 38b27, 49a11：時間為運動之屬性 71b10：時間與運動均常在，71b7。參看「範疇」。

Total δλότητος 共，共計 24a1-8。

Truth ἀληθής 真，真理，真實 993a3, b20, 9a1, b2, Θ10, 11b25。絕對真實與相關真實 11b3：真假之為「是」與「非是」 E4, Θ10, 65a21。

Two δύο 二（參看「未定之二」）。為第一個（或起碼的）「眾」 56b27, 85b9。

Unequal, the τὸ ἄνισον 不等 54a33, 81a25, 87b5, 88b32, 89b6-15, 91b35 不等性 1b23, 55b12：不等之二即「大與小」87b7：是「相等」或「不是相等」 ἴσον ἢ οὐκ ἴσον 異於「等或不等」 ἴσον δ ἢ ἄνισον 55b11。

Unit (one,monad) μονὰς 單位㈠ 16b25, 43b34, 89b35, M6-8。單位如一個沒有位置的點 84b26, 異於點 69a12：作為度量單位之數 80b19, 30, 82b6：單位之差異 83a2：各種單位 16b21：單位之品種相同或不相同 991a3, b24, M6-8。參看「計量」。

Universal,the (universality), "such", "so-and-so" τοίονδε, καθόλον 普遍，共相（普遍性），「如此」「一般如此」 2b8, 3a8, 23b29, 28b34, 38b11, 42a15, 60b21, 69a26, 86a32：普遍非本體 Z13, 3a7, 53b16, 60b21, 87a2：原理是否有普遍性 M10, 3a7, 60b19, 71a20：普遍稱為「共通物身」 69a30：稱為「共通云謂」 3a9：為認識之對象（知識依憑於普遍性） 3a14, 36a28, 59b26, 60b20, 87a16：為元一四類之一類 52b36：先於定義，18b32：普遍理念（意式）不離個別事物 86b4。

Universe οὐραυός（κοσμὸς） 宇宙（世界，天地） 986b10, 998b23, 998a17, 28b12, 27, 42a5。理性為宇宙之先天原因，65b3∵宇宙（世界）為一整體 69a19∵宇宙諸本體不是插曲 ἐπεισοδίωδη 76a1∵只有一個宇宙（世界） 74a31。

Unlike ἀνόμοια 不似，（不相似） 18a19, 54a33。

Virtue,of itself, in(per se) καθὰυτὸ 「由己」∵virtue of which in (secundum quid) καθὸ 「由彼」，「由何」 Δ18, 15b17, 17a7, 18a4, 20a15, 29b13。

Void κένον 空 48b9。德謨克利特之「空」 985b5, 9a28。

Well-being ἑυδαιμονία 人生幸福 50b1。

What, “Waht a thing is”, (quiddity) τί, το τί ἔστι 「什麼」，「什麼是」（怎是），「何謂」。Z17, 22a27, 25b31, 26b36, 28a17, 30a17, 43b25, 78b24, 89b36。「什麼」為辯論之起點 34a32, 78b24。

Whether…or τὸ πόπερον 「抑或」（用作「對論」詞項） I5, （55b31）。

Whole ὅλος 全，全體 13b22, 52a22, Δ26。全體性同於統一性 23b36∵全體為元一四類之一 52b36。

“Why” δία τί 「怎麼」，「為什麼」（同於「原因」） 983a18, 41a11。

Will προαίρεσις（ἤ ὄρεξις） 意志（或願望） 18b23, 20b24, 25b25, 48a11, Θ2-6, 72a26。

Wisdom(philosophy) σοφία 智慧，哲理 A2, Λ1, K1, 2, 951b28, 995b12, 996b9∵59a18。

參考書目

(Ⅰ)「亞氏總集」近代印本及譯本

1. 普魯士研究院印本：《亞氏全集》：
卷一二貝刻爾校訂希臘文本：
羅司輯錄殘篇；
卷三文藝復興期拉丁譯本；
卷四白朗第輯詮疏；
卷五鮑尼茲編亞氏文獻索引。
戴白納印本（範疇，釋文，解析前後編，氣象學，宇宙論，動物之發生，為亞歷山大所作修辭學，尚未印，其餘業經各家重校出版）。
2. 巴黎第杜印本：《亞氏全集》五卷。第白納爾，俾色馬克爾與海埃茲合校。
3. 「路白叢書」，希英對照本：（解析後編，命題，詭辯，成壞論，氣象學，動物志，動物之發生，殘篇尚未出版）。
Aristotlis Opera,Berlin 1831—1870
Vol.1,2,Greek Text ed.by I. Bekker;
Fragments ed.by V.Rose;
Vol.3,Renaissance Latin trans.;
Vol.4,Scholia ed.by C.A. Brandis;
Vol.5,Index Aristotelicus ed.by H.Bonitz.
Teubner Texts.
The Didot Edition,by Dübner, Büssemaker,and Heitz,5 Vols.Paris,1848—1874.
Loeb Editions,Text and Trans.London,N.Y.

(II)「形而上學」（哲學）希文印本及譯本

1. 德國印本與譯本：

一、希維格勒（A.Schwegler）希德對照本，附詮疏，四卷（杜平根Tubingen），1847-1848。

二、鮑尼兹（H.Bonitz）希文校印本與詮疏，二卷（波恩），1848—1849。

三、布林格爾（A.Bullinger）希文校印本（慕尼黑），1892。

四、基利斯特（W.Christ）希文校印本（萊比錫），二版，1895。

五、鮑尼兹（H.Bonitz）德文譯本（柏林），1890。

六、洛爾費斯（E.Rolfes）德文譯本（萊比錫），1904。

七、拉孫（A.Lasson）德文譯本（耶那Jena），1907。

2. 法文譯本

柯爾（G.Colle）法文譯本附詮疏，卷一，1912；卷二、卷三，1922；卷四1931（魯文與巴黎）。

3. 英美印本與譯本

一、羅斯（W.D.Ross）希文校訂本與詮疏，二卷（牛津），1924。

二、泰勞（T.Taylor）英譯本（倫敦），一八〇一。

三、麥洪（J.H.M'Mahon）英譯本，附注釋，與分析（倫敦），一八五七。

四、泰勞（A.E.Taylor）英譯本，附注釋，卷一（芝加哥），一九〇七。

五、羅斯（W.D.Ross）英譯本，二版（牛津），一九二六。

六、「路白叢書」內「哲學」希英對照本：特來屯尼克（H.Tredennick）譯並注釋（倫敦與紐約），一九三三。

路白希英對照本中所引校訂用（甲）原抄本（Gr.MSS.）：

E抄本（巴黎本Parisianus），第十世紀。

A抄本（勞倫丁本Laurentianus 87.12號），第十二世紀。
J抄本（文杜龐本Vindobonensis），第十世紀。
S抄本（勞倫丁本81.1號），第十三世紀。
T抄本（梵蒂岡本Vaticanus 256），一三二一。
E，J，S，T四種抄本多相符：A抄本異文較多。

（乙）拉丁譯本：

威廉（Wilhem of Moerbeke）譯本，第十三世紀下葉（Γ抄本）。
貝沙林（Cardinal Bessarion）譯本，約一四五〇。

4.俄文譯本（莫斯科），一九三四。

(三)有關形而上學之重要參考書籍

1.倭鏗：《亞學研究之方法》 R.Eucken,*Die Method der Aristotelischen Forschung* (Berlin),1854.

耶格爾：《亞氏哲學編成歷史之研究》 W.W.Jaeger,*Studien zur Entstehungsgeschichte der Metaphysik des A.* (Berlin)，1912.

耶格爾：《亞里斯多德》 W.W.Jaeger,*Aristoteles*(Munich),1923：英譯本（牛津），1948.

白來坦諾：《亞里斯多德與其宇宙觀》 F.Bretano,*Aristoteles und Seine Weltanschauung* (Leipzig),1911.

洛爾費斯：《亞氏哲學》 E.Rolfles,*Die Philosophie des Aristoteles* (Leipzig)，1923.

海埃貝格：《亞氏著作中之數理》	J.L.Heiberg,*Mathmatisches zu Aristoteles* (Leipzig),1904.
斯丹查爾：《柏拉圖與亞里斯多德之數與形式》	J.Stenzal,*Zahl und Gestalt bei Platonund A.*(Leipzig),1924.
亞尼姆：《亞氏神學論文之編成》	H.von Arnim,*Die Entstehung der Gotteslehre des A.*(Vienna),1931.
哈德門：《亞里斯多德與意式問題》	N.Hartmann,A.*und das Problem des Begriffs* (Berlin),1939.
維埃斯：《亞氏哲學中之原理與原因》	H.Weiss,*Kausalität und zufall in der Philosophie des A.*(Basel),1942.
2.羅賓：《亞里斯多德以後之柏拉圖意式論與數論》	L.Robin,*Théorie Platonicienne des Idées et des Nombres d'après Aristote* (Paris),1908.
羅賓：《亞里斯多德》	L.Robin,*Aristote* (Paris),1944.
維爾納：《亞里斯多德與柏拉圖意式論》	C.Werner,*Aristote et l'Idéalisme Platonicien* (Paris),1910.
哈末林：《亞氏體系》	O.Hamelin,*Le Système d'Aristote* (Paris), 1920.
曼西翁：《亞氏對於實是之論證》	S.Mansion,*Le jugement d'existence Chez Aristote*(Lonvain and Paris),1944.
3.亞力山大羅夫：《亞里斯多德》、《蘇聯大百科全書》卷三，6-7頁；又一九五〇年本6-12頁	Г.Ф.Александров,"*Аристотель*"(Moscow), 1934. 漢文譯本（北京人民出版社），一九五四。

4. 格洛忒：《亞里斯多德》 G.Grotë, *Aristotles* (London), 1883.

開士：《亞里斯多德》（《不列顛百科全書》內，本題） T.Case, Art.「Aristotles「 in Ency.Brit. (Camb.), 1910.

斯篤克斯：《亞氏學說》 J.L.Stocks, *Aristotlianism* (N.Y.), 1925.

慕爾：《亞里斯多德》 G.R.G.Mure. *Aristotles* (London), 1932.

泰勞：《亞里斯多德》 A.E.Taylor, *Aristotles* (London), 1943.

羅斯：《亞里斯多德》 W.D.Ross, *Aristotles* (London), 1956 (5th ed.).

旭特：《論亞氏著作之歷史》 R.Shute, *On the History of A. Writings* (Oxford), 1888.

龍斯：《亞氏對於自然科學之研究》 T.E.Lones, *Aristotles' Research in Natural Science* (London), 1912.

希司：《亞氏著作中之數理》 T.L.Heath, *Mathematics in A.* (Oxf.), 1949.

奧溫：《亞氏哲學中之實是原理》 J.Owens, *The Doctrine of Being in A's Metaphysics* (Toronto), 1951.

5. 希凡白：《亞氏書目》 M.Schwab, *Bibliographie de Aristote* (Paris), 1896.

拉康伯：《拉丁文亞氏書詳目》，卷I G.Lacombe, *Aristoteles Latinus: Codices descripsit, Vol.* I (Rome), 1939.

莫賴：《亞氏著作之古代書目》 P.Moraux, *Les listes ancienne des Ouvrages d'Aristote* (Louvain), 1951.

不列顛博物院印本書目：《亞里斯多德書目》 British Museum Cat. "*Aristotle*" (London), 1884.

(IV) 希臘哲學重要參考書

蔡勒：《希臘哲學》

E.Zeller,*Die Philosophie der Griechen,4th edition* (Berlin),1921;英譯本二冊，一八九七，倫敦。

文特爾龐：《古代哲學史》

W. Windelband, *Geschichte der alten Philosophie* (Berlin); 英譯本，一八九九，紐約。

第爾士：《先蘇格拉底諸哲殘篇》

H. Diels, *Die Fragmente der Vor Sokratiker, 3rd ed*. (Berlin), 1912.

里特爾與柏來勒：《希臘哲學史》

H. Ritter and L. Preller: *Historia Phil. Graecae, 8th ed.*(by Wellmann) Gotha, 1898.

賴茨與希那特溫：《希臘古諺》

Leutsch and Schneidwin, Paroemiographi Graeci.

菩納脫：《早期希臘哲學》

J. Burnet, *Early Greek Philosophy, 3rd ed*. (London), 1920.

譯後記

一、亞氏著作的編成、傳習與翻譯

1. 亞里斯多德（西元前三八四—前三二二）著作可分三類：第一類爲「對話」，大都是早年在雅典柏拉圖學院中（西元前三六六—前三四八）寫的。西元前第二世紀初海爾密浦（Hermippus）曾編有《亞氏書目》。第一世紀安得洛尼可（Andronicus）重訂亞氏全部遺著時，亦曾編有《總目》，這總目今已失傳。稍後又有希茜溪（Hesychius）書目。西元後第三世紀初，第歐根尼．拉爾修著《學者列傳》，其中亞氏本傳亦附有一書目，內容與《海爾密浦書目》略同。《第氏書目》一百數十書名中列有「對話」十九種。這些「對話」所含題旨、思想與筆調，都是仿效柏拉圖的，敘事屬句較現存講稿爲清潤；西元前後的拉丁作家常傳誦這些「對話」，作爲文章典範。這一類書籍均已逸失。

亞氏生平曾爲學術研究收集了大量材料，作成箚記。舊傳諸「書目」中若干逸書屬於此類。一八九○年在埃及葦紙堆中發現的「雅典憲法」應是這類遺稿中「一百四十八種希臘城邦憲法」內的一篇。亞氏箚記遍涉自然科學與社會科學各部門；這一類書籍的損失甚爲可惜。

第三類就是現存《亞氏全集》。其中大部分篇章爲呂克昂學院中的講義，均簡略而未殺青。所涉事例，經與希臘史傳相校勘，顯見這些學術講話是對西元前三三五至前三二三年的聽眾說的。後人常推測這些遺稿可能是學生筆記。但現存各書大體上思想一致，理解無誤，造語充實，卷章亦多能互相聯貫，因此，近人推論這些書，也可能大多數是亞氏自己著錄的。

屬稿既曆多年，前後或作或輟。故複沓與差池在所不免；各書往往有未完成的篇章，像是正待補綴的。憑這些講稿的內容與舊傳的詮疏，略可考訂其著作的先後：「名學」六種（《範疇》、《釋文》、《解析前後編》、《命題》、《詭辯糾謬》）《物學》、《說天》、《成壞論》、《靈魂論》、《歐台謨倫理學》，可能是中年期（西元前三四七—前三三五）在亞索、里斯布、貝拉所作。《動物史》、《形而上學》（哲學）和《政治學》若干卷帙可能也在此時先已著筆，到亞氏重回雅典（西元前三三五）後陸續完成。《氣象學》、《生物》、《生理》等自然哲學諸短篇以及《尼哥馬可倫理學》、《詩學》、《修辭學》等也是這時期（西元前三三五—前三二三）講授或著錄的。現行《亞氏全集》，如「貝刻爾校訂本」，所包括的《集題》、《異聞志》以及心理、生理、倫理若干短篇，則大都亞氏門人色烏弗拉斯托、斯特拉托（Strato）與後世漫步學派的文章。後世漫步學派的作品趨重於自然科學各個部門；這該是亞氏尚實思想所應有的後果。西元後數世紀間，漫步學派曾被當作自然科學專家，爲柏拉圖學派的一個分支。

2. 傳說呂克昂學院第一代繼任人色烏弗拉斯托，將亞氏和他自己的手稿交與門弟子納留（Neleus）收藏。納留後來帶著這些紙卷回返小亞細亞的瑟柏雪（Scepsis）。在亞太力王朝徵書民間時，這些稿件藏入了地窖，歷一百五十年。約西元前一百年，有蒂渥人亞貝雷根（Apellicon of Teos）收購了這批故紙，歸還雅典。又幾經波瀾，而學院第十一代繼承人羅德島的安得洛尼可（盛年西元前四〇）應用這些舊稿與院中傳習的講義相校勘，重新編整了

《亞氏全集》。此後流傳亦便增廣，各個學派均誦習這些文章。亞氏行文謹於名詞分析，未經藻飾，很少逞詞鋒的筆觸。世人慢慢的注意到其中蘊蓄有珍重的創意、深嚴的批判與「理知的乾光」。

西元後第二世紀亞斯巴修（Aspasius）等詮疏家興起，相繼窮治亞氏經典，完成了十分詳備的注釋。這種樸學遺風直至第十四世紀初，蘇福尼亞（Sophonias）還在孜孜兀兀地做增補工作。其中功績最大的當是亞芾洛第西亞的亞歷山大（盛年約西元後二〇五）。

3. 五二九年拜占庭皇帝朱斯丁寧（Justinian I）以亞氏學術違異宗教教義與政治體制，壓抑了此項研究。亞氏學者自君士坦丁移轉到波斯王朝的勢力範圍，散佈在敘利亞及北非洲各地。亞歷山大城繼君士坦丁之後爲亞學中心。第五世紀就有敘文注釋的亞氏書籍；此後敘文譯本盛行於地中海南岸，直至第十二世紀。第八世紀阿拉伯伊斯蘭教勃起，次第佔領地中海南部各城市，更進展到西班牙。阿拉伯文的翻譯與注釋較敘利亞文爲尤盛。第十到十二世紀間阿爾加瑞（Algazeh）、阿維瑟那（Avicenna）與阿微勒斯（Averröes）相繼爲阿拉伯的亞氏學權威。阿微勒斯生長在西班牙，並不嫻習希臘文，竟將由敘文轉譯的阿文本亞氏全書疏解殆遍。而且這些詮疏向東又被傳譯爲希伯來文，向北傳譯爲拉丁文。

4. 羅馬拉丁文化的發展得於希臘者甚多。然拉丁學者直接閱讀希臘原著的並不多。亞氏之學，在第六世紀卑棲烏（Boethius）整理「名學」的拉丁譯本並加以注釋之後，才流行起來。中古時，西方各國向拜占庭地區與伊斯蘭教地區求取書籍很不容易，巴黎等地的學者只得到西班牙去搜羅阿微勒斯的阿拉伯文著述，從中汲取希臘—希伯來—敘利亞—阿拉伯學術思想的含混產物。一二〇四年十字軍入君士坦丁，東西方恢復了交通。希臘學術迅速傳佈於西歐各國。亞氏書直接由希文譯出，訂正了先前轉譯本的許多謬誤。摩爾培克的威廉（Wilhem of Moerbeke）在第十三世紀完成了全書的拉丁譯文。此後拉丁詮疏家也像希臘前輩一樣，積累了卷帙浩繁的注釋。哥羅業（Cologne）杜敏尼修道院的亞爾培托（Albertus Magnus）素以專精亞學著稱，他的學生就是湯瑪斯·阿奎那（Thomas Aquinas, 1225?-1274），把亞氏學術結合於天主教義，成爲當代神哲權威。

一四五三年君士坦丁陷落於土耳其人手中，希臘語文學者紛紛西遷。於是義大利到處可有希臘文教師；巴圖亞（Padua）一時蔚成亞學的新中心。在不列顛、法蘭西、日耳曼、義大利等地，亞氏之學普遍成爲高等學校的課本。十四世紀，巴黎的文教法令規定了學校中除聖經外，凡世俗一切知識均以亞氏書籍爲準。十五世紀末哥倫布尋求新大陸的信心，實際得之於亞氏物學著作中的地圓諸論證（《說天》298a9-15）。

5. 正在這些時候，歐洲興起了新學，在思想上逐漸突破文化知識的傳統體系。亞氏自然哲學上許多觀念均被懷疑。一五九〇年義大利的一位數學教師伽利略在碧沙的斜塔上所做鉛球下墜實驗，就旨在否定亞氏物理學中一條錯誤規律。歐洲一般學生從此不再認眞修習亞氏學課。像牛津學者霍布士（Hobbes, 1588-1679）竟公然加以詆毀了。事實上賢哲輩生，羅吉爾·培根、弗蘭西斯·培根、哥伯尼、伽利略、牛頓、拉瓦錫、達爾文等都在思想方法與實際研究中越出了前人的藩籬，發現了更新鮮的花草，或是爬上了更高的峰巒，因而望見了更遠的地平線。亞里斯多德在自然科學方面的權威似乎可以在十七世紀以後加以結束，讓他的著作保留爲世界學術發展史上豐富而且可貴的材料。

可是亞氏許多名詞、術語、觀念已深入西方各門學術與人生和宇宙思想之中。十八世紀，不少抱殘守闕的人相信這些古典仍然有啓發人類思緒的作用。近代日耳曼哲學家，寫出了不少巨著，其中可見到亞氏名學哲學的影響仍然重大。文藝界原來保持著對《修辭學》的尊敬，《詩學》殘篇於這一世紀又特別風行。《哲學》1053a頁5-14行言及天體運動均勻而有規律，那麼組成運動的時間與距離之單位，就該在天體運動上覓取。十九世紀許多的科學家在實踐這樣一句陳言，做了長久辛勤的努力；我們現用的標準時間與標準度量就是根據近代天文紀錄與地球經線測量來制定的。在生物學方面，亞氏雖用「目的論」否定恩培多克勒的「進化論」，但在解剖、分類、胚胎學上，他實際是進化論的先導。所以達爾文（1809-1882）自述生平時，嘗謂居維葉（G.L.C.F.D.Cuvier, 1769-1832）與林耐（Linnaeus, 1707-1778）各有成就，對於他彷彿是兩位神祇，可是這兩人比之亞里斯多德老先生則猶學童而已。

6. 十九世紀，亞學研究又重新展開。柏林研究院一八三〇—一八七〇年間用四十年功夫校印了希臘文《亞氏全集》（貝刻爾本——參看附錄三）供應了各國近代翻譯的底本。一八八二—一九〇九年間，又以二十八年功夫編印了希臘拉丁詮疏及拉丁譯文。法國第杜本也在一八四七—一八七四年間校印完成。其他各國學者也時常出版各專篇的校訂本與新譯本。

《亞氏全書》英文譯本在一九〇八—一九三〇年間陸續完成。革命前的俄國已出版《修辭學》、《倫理學》、《政治學》及《名學》一部分的俄文譯本。一九二七年以後又先後譯出了《名學》一部分，《詩學》、《形而上學》（哲學）以及生物、物理方面的重要著作。

7.中國直至明末，知識份子才接觸到古希臘的學術著作。徐光啓、李之藻等在翻譯西方天算書籍之後，已對亞氏著作進行誦習，並準備做大規模介紹西學工作。但清初的讀書人又回到中國的故紙堆中。西方學術介紹工作沒有人後繼。亞氏崇尚理想而又切務實物，這種精神原可能對中國傳統文化早做一番針砭。明清間人倘讀得這些書籍，這比我們現代中國人應更有實益。現在我們將是主要地作爲文化史上最重要的學案來考核這些譯文。亞氏曾論及古代神話不免荒誕，而千年相承，當無數詩文皆已湮沒，而此類卷帙獨存於時代淘汰之餘，彼視之爲荒谷遺珍（1074b13）；我們於亞氏的遺書也懷著同樣的心情。

二、希臘各家之說與亞氏思想體系

(一)各家之說

1.亞氏在《形而上學》（哲學）卷A中曆敘了希臘諸先哲思想概要，予以綜合和各別的評議。其他各卷也隨處夾入有對各家的批判。拉丁學者素以卷A及本書爲希臘哲學思想的總結。正像亞氏所說古代哲學方當年青，尚在發言囁嚅的時代，諸先哲用詞造語每簡率而渾樸，或誇張過當；後世讀者要明瞭他們的詞旨，頗費功夫。因此我們在這裡將各學派的源流與其要旨做一番介紹；我們明白了這些先哲的持論，也就容易省識亞氏行文的脈絡，而瞭解本書所用學術名詞的來歷與其眞義。

2. 自然哲學家各派。西元前第六世紀間希臘伊雄尼亞（Ionia）沿海諸城市發展了地中海的貿易，文化知識也跟著商業而興盛起來。米利都人泰勒斯（約西元前六四〇—前五五〇）開始了對全自然的探索。古希臘人本用神話來解釋宇宙與萬物的原始，在朦朧中透露著智慧的曙光：宇宙起於「混沌」（χάος），萬物皆生於「土」（γῆ）。泰勒斯脫出了神話的隱蔽，直從物質方面尋求這「原始」（ἀρχή），他說宇宙始於「水」（ὕδωρ），萬物都是水變成的；大地浮於水上。一個海洋居民發生這樣的想法是很自然的。這裡應注意到泰勒斯的水，包括一切潤濕而可變形的液體。這「原始」，或「萬物的起點」，就是以後哲學上的「原理」，而原理與「原因」（αἴτιον）當初是可相通用的名詞。他的繼承者阿那克西曼德改變古哲以韻文敘事的習慣，用散文來說理，發展了泰勒斯的新思想。他認爲萬物原始當有某一「未定物」（τὸ ἄπειρον）爲之基先；這未定物，無定形，無定限，不生不滅。這「未定物」，因暖冷爲燥濕之變，就分化爲世間諸有定物，而水爲最先出現的一物。第三傳是阿那克西米尼，他貫通了前兩代的思想，認爲「氣」（ἀήρ）就是這原始的「未定物」。他說「氣」，因冷暖或緊縮或彌散而爲疏密之變，就產生雲、雨、水、土以及萬物：這氣包括空氣、蒸汽等一切氣體。米利都學派是西方天文物理等實學的初創者，後世就稱他們爲「自然學家」（φύσεως）

以別於「神話學家」（μυθικῶs）。

3. 伊雄學派。米利都城於四九四年毀於兵燹。自然哲學的研究傳播到伊雄尼亞其他城市。愛非斯的赫拉克利特（約西元前五三〇—前四七〇）於萬物互變思想又進展了一步。他認取冷暖燥濕之爲相對反變化者，亦正在相生相成；宇宙萬有莫不含蘊有對反兩儀，其間消長未有已時，而無不求歸於平衡。他懸想這些互變的物原應是「火」（πὺρ）；有熱，能動，善變。這樣的「火」有兩類命意，一是實指所見的火，另一是非目見而能致萬物生滅以至全宇宙生滅的一種動力。赫氏物原是抽象也是實物，是宇宙的組成材料，也是宇宙演變的基因。赫氏於萬物演變觀念發展爲「一切消逝」（πάντα ρεῖ）之說：「人不能兩度涉足同一河流」就是他的名言。這樣赫氏的「火」還是米利都自然哲學物原唯一論的傳統；而在萬物常「動」這一點上他卻開啓了一個新的思想途徑，引出埃利亞學派的相反辯證。當時抽象名詞既十分貧乏，赫氏用當代語法與實例表達他複雜的思想，常失之隱晦，因此當時大家稱他爲「曖昧學派」（σκοτεινὸς）；後世則別稱之爲「雜說派」或「折中派」（ἐκλεκτικός）。

4. 埃利亞學派。相反於伊雄學派的動變論，埃利亞學派建立了不變的「實是」（τὸ ὄν）。亞里斯多德謂一元論始出於哥羅封的曲藝家齊諾芳尼，他雖以歌詠爲業而能做名學辨析，於宇宙原理主靜主一，譏訕當代多神習俗，主張歸於一神（θέος）。埃利亞的巴門尼德（盛年約西元前四八五）習知自然哲學與數論，紹述了齊氏的名學辯證。他想到人們苟有所思，必有實指的事物存在於思想之中，「無是物」就無可認識，無可思索；所以宇宙間應無「非是」

（μὴ ὄν），而萬物之各是其是者必歸於一是。巴氏擺脫了古希臘的神祕情調，也越出了自然學派的物質世界，他勘落愛非斯學派的動變觀念，也否定某些多元思想，主張宇宙常住（永恆），常靜（不動），有限。萬物本於「元一」〔（ἕν καὶ πᾶν）〕，始於一，終於一；萬象幻化非世界實義。這些就是巴門尼德教諭詩篇中所釋的「眞道」（λόγος）。巴氏雖在哲學思想上引向於非物質境界，他對自然間實物的敘述，還是承認感性世界的分歧與萬物的眾多的。他的門弟子芝諾就獨重抽象思考，輕薄事物，專務純理論，在空實、動靜、無限有限、時間、運動等觀念論題上做出細緻的分析；芝諾確乎可稱爲辯證家（διαλεκτικός）。一元論派自齊氏之一於「神」，巴氏之一於「名」（道），至芝諾而一於「實」（πλέον），凡三傳而所一者三變。這三變與自然學家於物質上所一的水氣火之三變相似。

5. 恩培多克勒。阿格里根的恩培多克勒（約西元前五〇〇—前四三〇）稍後於巴氏，別創了新說，他以世界爲地、水、氣、火四種「物根」（ῥιζώματα）的一個動變集體，而愛憎（φιλότης，νεῖκος）爲動變的主因。他認爲宇宙是完整的球體（σφαῖρος），這就是埃利亞的元一或神，卻又承認物原有四種之多，這也可算是一個調和折中的學派。他說萬物分離，起於憎鬥；其合成則由於友愛。宇宙既愛憎並在，故萬物此消彼長，或一或多，循環不息。這與赫拉克利特的兩儀平衡原理相似，而恩氏更清楚的表白了「物」與「力」在宇宙間的兩項基本作用。恩氏稱地、水、氣、火四者爲「物根」，同性勻整，不生，不滅，不變。這四種創造萬物的素材，以後被稱爲「元素」（στοιχεῖα）。作爲一個化學分析家，「四大」之說未免武斷，作爲一個理論家，這「元素」觀念應可算二千餘年來化學上的指導思想。

6. 伊雄新學派。克拉左美奈的阿那克薩哥拉（約西元前五〇〇—前四二八）年稍長於恩氏，而立說則在後。他對於那數百年來諸先哲所追蹤的物原別稱之爲「物種」（σπέρματα）。這些物種如禽獸之羽毛毫髮爲同類微粒所集成；一禽獸死後，其毛髮還分解爲微粒，其他禽獸又集攝此類微粒，而各成其毛髮。於骨肉或其他事物亦然。這樣的「物種」就不止一或四，而是爲數甚多或竟爲數無限了。這些就是亞里斯多德所舉「相似微分」（ὁμοιομέρος）。照這分析法，物原就不是單純物而是混合物（μίγμα）。阿那克薩哥拉又由靈魂或心腦支配全身的活動這類現象推論全宇宙也得有一個大心，他說萬物混雜，「理性」（νοῦς）起而爲之安排，宇宙遂以立其秩序。這樣，以「相似微分」爲物原，以「理性」爲心原，阿那克薩哥拉愼重地舉出宇宙兩因，該是第一個明朗的二元論者。

7. 義大利數論派。薩摩的畢達哥拉斯（盛年西年前五三二）的生平蔽於種種傳說，後世也難以明其眞際。約在西元前五三〇年，他離鄉至義大利，卜居克洛頓城，在那裡創立了一個宗教團契，奉行奧非克宗，守著某些齋戒，進行天文的觀察、記錄與推算。畢氏爲西方數理先師，其門弟子也一直以數理傳宗。畢氏思想的概要：1. 靈魂輪回說（μετεμψύχωσις），每個靈魂均由於無明志業，從神界降生世界，或爲人畜或爲鳥魚，歷經輪回，淨化了的靈魂就可復歸神天。世間興衰應於天象變化，人天兩道爲相關的有機組合。2. 萬物皆原於一（ἑνός），萬物亦合於一，一者整體，有限。一與多、奇與偶、有限與無限爲對成，萬物從一，從奇，從有限，以各成其爲事物。(3)物體組成皆憑數比，數比即創造的祕密：生物由此以得其身命；琴弦由此以成其和聲。八度音程的比例一向傳說是畢達哥拉斯發明的（宮調C2：1，徵G3：2，變徵F4：3）。天體有常規的運行，萬物有盛衰的節奏，皆有數（ἀριθμός）存乎其間，得其數便得有自然的祕密。

數論學派列卵石爲「四陣圖」（圖一），這圖共十點，三邊，底數各四；三面看來，都是四行。四陣圖表明數由一生二，進於三四，止於十，十爲數限；逐行的比例是：1：2，2：3，3：4，即樂律（ἁρμόνια）。數的德性爲完全、勻稱、諧和，三者天心所示亦人心所求。數論派就把這樣的數應用於各門學術。古時計數未有符號，也沒有0，更無算式，有所交易，有所論說，就列卵石以明其數。數論派把數聯繫於幾何圖形，1、2、3、4分別代表點、線、面、體（1090b23）（圖二）。亦即決定這些形狀所需要的最少卵石數。勾股平方等於弦平方的所謂「畢氏定理」，正是聯繫算術與幾何的偉大成功，當時以奇偶爲限數與無限數的觀念也是由卵石演出的：奇數順次相加輒成正方形：1 + 3 = 4 ⁘ 1 + 3 + 5 = 9 ⁙ 餘者類推。偶數順次相加則爲長方而形不定：2 + 4 = 6 ⁖ 2 + 4 + 6 = 12 ⁖ 餘者類推。又雙行列點可由偶然遞伸至於無限 ⋯⋯→，奇數則止於末一餘點 ⋯⋯→，不復可以遞伸，這樣「奇偶」、「一多」、「有限無限」三個品種的對成，可相比擬，或竟說可以相通了。

數論派再以幾何圖形聯繫於事物，如謂火的基本形式爲四面體，氣爲八面體，水爲二十面體，土爲六面體，即立方，超四大元素「乙太」（αἰθήρ）爲十二面體。這些可算是古代的結晶學，但這是想像的結晶學。數論派把這些神祕的數應用於實物或庶事上，時常有窒礙，也有些怪誕。跟著點線面體四數以後，他們以5代表質，6代表靈魂，7代表理性……。另一系列事物則以1爲腦，2爲心，3爲臍……。於同數的事物，其間就該有相符的德性。單位之一作爲列數的基元，萬物由數來組成，列數的基元便轉化爲物質的基元。這樣的單位之一與列數就不僅是算術數，而實際上已各具有特殊的素質或秉賦。數論的基本疑難是元一有對或無對的問題：若承認一的絕對性就不得以「雙」或「多」爲之匹配；數論派建立「一多」對成時，無法確實說明由一生多的過程。另一方面，一元論派也無法抹掉宇宙間已有的形形色色。

數論派於當代算術、幾何、天文以及一切自然科學，常有卓越的創見，也包含了好些幻想與迷信。中國古代的「河圖洛書」與相類似。亞里斯多德在《哲學》中用很多章節（如M、N卷等）辟除這些迷信，說明列數應限於計算之用，「一」只是計量的單位，消釋了幾百年來各派所附加於元一與列數的神祕性（如Π、

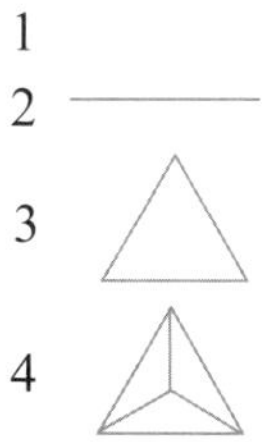

圖二

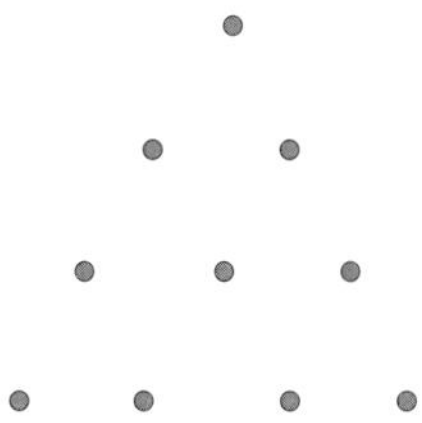
圖一

N1各章），說明無限只是數與時間等事物所具有的屬性，入於關係範疇（K10）。亞氏在這方面所表現的理知，有助於數學的健康發展。可是直至二千年後，天算學家如刻卜勒還深信天體間的數比、樂律與幾何圖案，他發現那奠定近代天體力學的太陽系三律，只是他數十年間畢達哥拉斯式大量幻想中觸及的一些眞理。

8. 原子學派。米利都的留基伯（盛年西元前四六〇）和他的弟子阿布德拉的德謨克利特（西元前四六〇—前三二〇）的原子理論，可說是義大利與埃利亞兩派學術的綜合。留基伯把數學基元應用於物質，建立了具有量度的不可區分物「原子」（ἄτομα），作爲組成一切事物的實體基元。「原子」可以拆散，可以重新再組事物，但它們本身各都是永存而不變的，這樣，「原子」基本上符合於巴門尼德「元一」的性質；原子論派爲那名義上的元一，或芝諾的觀念上之實一招徠了一個新的著落。原子論派也熟悉於芝諾等的「空實」、「一多」、「是與非是」等對成辯證，但他們辯證研究的功夫又轉到了物質世界。德謨克利特於「原子」做成更具體的說明：原子各包含有活動的能力，於組成萬物時，因形狀、秩序、位置三項差異（卷A第四章，又1042b12）而產生形形色色的萬物。「原子」這名稱在西元後十八世紀又重新爲英國化學家道爾頓所採用，這表明近代科學探索物質的途徑正還是德謨克利特先已行進的途徑。原子論是希臘自然哲學上最後最高的成就。

9. 蘇格拉底與柏拉圖學派。希臘思想原先重於自然哲學即物學方面。在後，修辭與辯證之法既盛，學者的論題逐漸從宇宙論轉向社會與倫理等問題。蘇格拉底（西元前四六八—前三九九）允稱這方面的翹楚。亞里斯多德曾說到「普遍定義」與「歸納思辨」在學術進境上兩件重要發明（1078b29）應歸功於蘇格拉底。蘇格拉底建立「定義」（ὁρισμὸς）以對付詭辯派（智者）混淆的修辭，從而勘落了百家的雜說。但他的道德觀念與社會思想不符希臘人的傳統素習，他的風尚也不合於當代的政治氣氛，竟在七十歲時被當作詭辯雜說的代表，以惑亂青年的罪名受刑。好多相從的青年在蘇氏歿後，以學術成名，開闢了好些新學派，其中柏拉圖尤爲傑出。

10. 蘇格拉底在辯證中，由某些事例引出一些「公式」，再逐次增上，歸納新的事例來擴充或修訂這些公式，由公式造成的「定義」，就可作爲是非的標準。這可說是「意式」（ἰδέα）的先啓。關於柏拉圖（西元前四二七—前三四七）的意式論，其中多少得之師說，多少是他自己的思想，至今尚無定論。柏拉圖曾從義大利學派承受了豐富的數理知識，也從克拉底魯那裡詳悉了赫拉克利特的「消逝」說。他的意式可以看作是蘇格拉底的「定義」，也可以看作是義大利學派的「數比」。赫拉克利特既明識於感覺世界之刻刻變化而不可捉摸，柏拉圖因而指望在非感覺事物上求得不動不變的實是。從若干事物中抽繹其共通性質，爲之設立通名，這通名就代表了這一類事物的永恆實是。這樣人們於變動不息的萬物原來無法認識者，就可由這些常住實是求得其眞知識。巴門尼德一元論派執一拒多，執是拒非；柏拉圖的意式則「以一統多」（τὸ ἓν ἐπὶ πολλῶν）；抽象而具有普遍性的「意式」由此凌駕於物質個體之上。

但我們若想從柏拉圖諸「對話」中完全確定意式論的實義是不可能的。這些「對話」既是半文藝半哲學的體裁，所用名詞後世也難嚴格加以界定。柏拉圖的思想與年俱進，前篇與後篇思致並不完全一貫。亞里斯多德在《哲學》中所誹議的意式論大都是柏拉圖歿後，亞卡台米中所流行的學說。譬如MN卷反覆論述數與意式各題時，迭舉「一多」（τὸ ἓν καὶ πλῆθος）對成諸品種：1.「一」與「大和小」，2.「單位」與「未定之兩」，3.「等」與「不等」，而詰責其間的謬妄，這些從義大利學派的「有限」與「無限」（或有定未定）對成中發展的別名，實際是斯泮雪浦等持論的重點。在數學成長初期，這些應是重要的疑難；在今日數理上已有許多確定的名詞與公認的定埋，這些迷惑大都就不復存在。在沒有完善的數學語言時，要想精確地說明數學問題，總是十分費勁。本書譯文的一些注釋多少表達了數學語言成長的經歷。

柏拉圖認爲計點事物的數可以脫離那一堆事物而成爲本2、本3等意式數（象數），這些象數若作爲自然數來應用，便毋庸訾議。意式論者有時超過這些想法，企圖從數上找出它實際不具備的特質，這常引人入於幻誤。他們於意式數與可感覺事物的計點數之間另設一系列的間體數，也是過度地虛擬。柏拉圖從可感覺物形態上看，很少有準確的幾何圖形，但幾何卻在處理那些理想的「象形」，他比照著，推想在數上亦應有類此的「象數」。這些象形既有獨立存在，那些象數也應獨立存在。這些都難做成確解。數學家過度重視數的作用，這在各民族文化發展史上是相同的。柏拉圖學院的繼承者們重數學過於哲學，幾乎忽忘了先師的

「意式」，而以「象數」爲「基本實是」。亞氏因此不憚煩地反覆申述哲學研究的範圍，愼重指明大家所要考察的本體應爲星辰、生物以及自然萬有，而不該是數和圖形與意式；數與圖形只是數理各門中的專門材料。

(二)亞里斯多德的思想體系

1. 亞里斯多德作爲一個思想家，其主要成就在於名學分析；他用幾何論證方式或歸謬法使人見到各家立論或假設之悖解處，常是簡明而銳利；批評諸先哲時，常能洞中前人的弱點。有些辯難，今人看來或覺煩瑣，在古時則這些都是被重視的問題。我們已知道《哲學》的編成是多年間斷續的論文、講稿或筆記的匯合；文內多套語，保留著講堂氣味。哲學議論要求精審而又務廣含，故造句甚爲繁複。運用古代不豐富的字彙做析微闡幽的功夫，精粹的論斷與反覆的叮嚀往往互見。列寧在《哲學筆記》中嘗稱譽亞氏的思想條理能夠摧毀柏拉圖唯心主義和一切唯心主義，但在許多問題的辯證中也陷於質樸的混亂。我們若發現這書中一些不符的行文與晦澀的句逗，應該不足深異。全書綜合而論，大致貫串而且具備著哲學論文上應有的細緻。

2. 矛盾律。於列敘前賢哲學思想並曆舉了哲學諸主題後，他對於神話學家的「混沌」傳說，赫拉克利特的「永恆消逝」，阿那克薩哥拉的「萬物混合」，普羅塔哥拉的「人爲物準」等名論，都用相反（矛盾）律加以勘察。Γ卷與K卷第五第六章否定折中論者與詭辯學派的「意見兩可」與「現象兩可」論，徹底消除了在論理上的兩可（「是又不是」）與兩不可（「也無是也無不是」）的模棱態度，使世人認識這些學說雖似各具勝義，談言微中，卻實際無益於格物致知。他的辯難有時似亦簡率，並未舉出充分理由；但就建立矛盾律的諸證明看來，他要爲人世昭明是非而維護公理的心願是悃愊而誠摯的。

3.範疇與本體。凡物必有所「是」，或是人，是馬；或是白是黑，或是長是短。日常的言談或學術的理論就只在各述其所「是」。這樣的云謂，亞氏曾在較早的名學著作中釐定了十「範疇」（σχήματα τῆς κατηγορίας）（參看「索引」「範疇」條，見338頁）1.本體——人，2.質——白，3.量——六尺長，4.關係——倍，5.時——今朝，6.處——室內，7.主動——撫摩，8.被動——被撫摩，9.狀態——健康，10.位置——坐著。在「哲學」中他依照這些範疇（或「云謂諸格」）處理各種各類的事物；其中9.與10.兩範疇常被刪除，而4.—8.五範疇也有時不論。在前三範疇上，哲學特重本體。在本體中亞氏又分別了可感覺本體與非感覺本體。他所論述的非感覺本體仍有所實指，在卷Λ中提示了1.原動者，2.寄託在群星的精靈，3.靈魂在身死後可以獨立存在的理性部分，這三項爲非感覺本體。意式論者所重的理知對象如「意式」、「意式數」、「假想直線」、「本圓」等，以及通名如「普遍」、「科屬」與「底層」等他都認爲不能脫離個別事物而獨立存在，也就不能確乎爲「本體」。

4.是非、眞假、主從之辨。在「實是」上，他又析出了三類重要分別：1.諸範疇之是非出於感覺，其爲「是」爲「非」與「有無」相同。2.而「眞假」之爲是非則爲理知或判斷上的或確或誤；前者就一單純事物認明其是非，後者則因兩事物之「離合」以求其是非。3.另一類如

「某某是人」，其所是者爲「本性之是」；「某某是有文化的」，則其所是者爲「屬性之是」。哲學所尚爲「由己」之是；「偶然」從屬的事情不能確立專門的學術。這些分別好像是通俗常談，實際則往往賢哲還不免弄錯。大家懂得「事有輕重、物有本末」，但在現世的紛紜中，事物卻常被顚倒了本末輕重。

5. 物質與通式。亞氏的基本思想「物質與形式」（器與理）（ὕλη καὶ εἶδος）類似畢達哥拉斯學派的「無定限與有定限物」，也類似柏拉圖的「未定之兩」與「一」。亞氏於數百年來各家所立諸對成（τἀναντία）研究有素（參看索引三，「對成」、「對反」條），於對反的性質也做出了說明，並確言「不能在一科屬或一底層上同時出現者方爲眞對反」，他把「形式與物質」作爲每一個體所通有的原理或原因，並不完全當作對成看待。他所用名詞與所引事例比其前人爲切實而通達。雖近代各國翻譯都用matter這字爲之代替，他所謂ὕλη並不限於可感覺物質；例如「科屬」並不是能由官感認取的實物，亞氏卻也將「科屬」作爲「品種之物質」。他的「物質」，其基本含義爲未定形的材料。可感覺事物有好些等級：1.那些僅有空間運動的如星辰，2.那些能改換的（具有質），3.那些能增減的（具有量），4.那些能生滅的（本體）。後一等級逐級包含前各等級。感性事物可以包含理性材料。物質與通式常相聯結，永不分離，各不做獨立存在。物質又有各級差異，每一差異都有相應的通式；差異由原始物質演進至於最後切身物質，相應地也就由原始形式演進至於最後特殊形式；最後的形式（理）與物質（器）之結合就是一個個別本體。例如：土水火氣爲原始物質，憑某種形式（比例）

結合而成肌肉、血液；肌肉、血液等物質，又憑某種形式結合成手足五官等；手足五官等，做最後的切身物質（即軀體），與靈魂相結合，就成爲一個活人。這可算在諸先哲分歧的一元論與各式各樣的對成觀念上獲得了最後的綜結。

6. 四因。亞氏在「物學」中曾標舉了四因（αἰτία）也就是四理或四原（ἀρχή）：1.物因（底因）、2.式因（本因）、3.動因（效因）、4.極因（善因）（ὕλη, εἶδος, ὕφ οὐ, τέλος）。他把「動變淵源」與「終極目的」兩項加之於上述「物質」與「形式」兩項，憑這四項，解釋一切事物與其演變。卷A對於諸先哲批評的要點就在說自然哲學家們只見到「物因」，後起的思想家如柏拉圖則又見到了「式因」，而忽於闡明動變淵源；阿那克薩哥拉的理性類似「動因」，但他生平未曾把「理性」變代清楚；其他各家也都沒有省識到宇宙有止於至善的終極目的。亞氏在本書各卷中隨處列示四因，於Λ卷中又特舉了宇宙的總動因，也論到了「善」這重要題目。但舊書目中所記亞氏「論善」的專篇現已失傳。四因在應用上有時將式因、動歷、極因三者合併爲一類，以與物因相並稱，這樣，四理仍又還原爲「物質與通式」兩理。

7. 潛能與實現。在把一切獨立本體分析成一個通含的理器綜合之後，亞氏再以相比擬的平衡分析闡明了「潛能與實現」（δύ-ναμις καὶ ἐνέργεια）。這是從研究動變與生滅過程中所得的新觀念。倘一事物成爲X，則原來必非X。但演變或創生不能出於絕對不存在的事物；這必須先有一個能變成爲X的事物存在。這「潛在」事物與完全「實現」的事物，作爲一個動態對論，相應於上述那個「物質」與「形式」的靜態對論。一元論者的「執一拒多」總難否定世上形形色色的萬有之創生與其存在；二元論或多元論的癥結，在難於說明「由無成有」或「由一化多」的機緣。亞氏以這些對成兩端之一爲潛在，另一爲實現，大理石潛在地是一個藝神雕像，這樣來解答希臘哲學史上傳統的迷惑。

7. 原動者。亞氏追求萬物動因而想到必須有一個自身不動而致動於萬物的永恆實是，這在Λ卷中做了詳細論述。他以當代的天文學爲依據，從日月星辰來推論「原動者」（κινοῦν πρῶτον）的存在與其性質，是純理知的產物，並無宗教感情。他說這原動者就是理性，也就是神；這神已不同於希臘神話中人神相擬的諸神，也不是後世聖經中所崇拜的上帝。若說畢達哥拉斯是迷信與智慧的混合，亞里斯多德該是理知的化身。但在他建立這宇宙「最高實是」時，他又顯露了柏拉圖純意式的氣息。先師歿後，他行遍了當代文化學術的曠野，畢竟還常出入於柏拉圖的籬落。只是在他自己的歷程中，發現了許多實事實物，找到好些認識萬物、分析萬物的方法，開闢了不少學術研究的門徑。這些方法嘉惠了後學。希臘晚出的思想家們豐富的想像力超越了感性事物而群務以抽象觀念爲本體；這些抽象事物往往將人們引出現實世界，使之自囿於這些抽象事物所點綴的迷園。亞氏囑咐後學：可感覺世界的萬物正是學術研究的主題（1090a28）；他硜硜然以自然本體爲重，堅持著「理知要符於對象」，「普遍不離個別」，「通式不自外於萬有」。

經典名著文庫 039

形而上學

研究所有哲學的基本問題之學問

作　　者 —— 亞里士多德（Aristotle）
譯　　者 —— 吳壽彭
導　　讀 —— 尤煌傑
發 行 人 —— 楊榮川
總 經 理 —— 楊士清
總 編 輯 —— 楊秀麗
文庫策劃 —— 楊榮川
副總編輯 —— 黃惠娟
責任編輯 —— 魯曉玟
封面設計 —— 姚孝慈
著者繪像 —— 莊河源
出 版 者 —— **五南圖書出版股份有限公司**
地　　址 —— 臺北市大安區 106 和平東路二段 339 號 4 樓
電　　話 —— 02-27055066（代表號）
傳　　眞 —— 02-27066100
劃撥帳號 —— 01068953
戶　　名 —— 五南圖書出版股份有限公司
網　　址 —— https://www.wunan.com.tw
電子郵件 —— wunan@wunan.com.tw
法律顧問 —— 林勝安律師
出版日期 —— 2018 年 10 月初版一刷
2022 年 1 月初版三刷
2024 年 4 月二版一刷
定　　價 —— 720 元

國家圖書館出版品預行編目資料

形而上學：研究所有哲學的基本問題之學問／亞里士多德著；吳壽彭譯．一 二版．一 臺北市：五南圖書出版股份有限公司，2024.04
面；　公分
ISBN 978-626-366-119-6（平裝）

1. 形上學

160　　112007717